21世纪高职高专规划教材·机电系列

电机与拖动

牛永奎　张　晶　主编

清华大学出版社
北京交通大学出版社
·北京·

内容简介

本书是为适应我国高职教育的发展需要，参照教育部对高职教育的要求，按“必需”、“够用”的原则进行编写的。以常用电机的结构和工作原理为基础，突出实际应用。

全书共分13章，主要内容有直流电机、直流电机的电力拖动、变压器、三相异步电动机、三相异步电动机的电力拖动、单相异步电动机、同步电机、步进电动机、伺服电动机、测速发电机、直线电动机、电动机的选择和实验。

本书可作为高职电气自动化技术、供用电技术、机械制造及自动化技术等专业的一门基础课教材，还可作为成人教育及函授培训教材，也可供有关教师和工程技术人员及广大读者参考。

图书在版编目(CIP)数据

电机与拖动／牛永奎，张晶主编．—北京：清华大学出版社；北京交通大学出版社，2007.4 (2016.3重印)

(21世纪高职高专规划教材·机电系列)

ISBN 978－7－81082－966－3

Ⅰ．电…　Ⅱ．①牛…　②张…　Ⅲ．①电机－高等学校：技术学校－教材　②电力传动－高等学校：技术学校－教材　Ⅳ．TM3

中国版本图书馆CIP数据核字（2007）第038742号

责任编辑：韩　乐　　特邀编辑：李晓敏

出版发行：清华大学出版社　　邮编：100084　　电话：010－62776969
　　　　　北京交通大学出版社　　邮编：100044　　电话：010－51686414

印 刷 者：北京瑞达方舟印务有限公司

经　　销：全国新华书店

开　　本：185×260　印张：15.5　字数：397千字

版　　次：2007年8月第1版　2016年3月第5次印刷

书　　号：ISBN 978－7－81082－966－3/TM·15

印　　数：1 1001～1 1800册　定价：24.00元

本书如有质量问题，请向北京交通大学出版社质监组反映。对您的意见和批评，我们表示欢迎和感谢。
投诉电话：010－51686043，51686008；传真：010－62225406；E-mail：press@bjtu.edu.cn。

21世纪高职高专规划教材·机电系列
编审委员会成员名单

出版说明

高职高专教育是我国高等教育的重要组成部分，它的根本任务是培养生产、建设、管理和服务第一线需要的德、智、体、美全面发展的高等技术应用型专门人才，所培养的学生在掌握必要的基础理论和专业知识的基础上，应重点掌握从事本专业领域实际工作的基本知识和职业技能，因而与其对应的教材也必须有自己的体系和特色。

为了适应我国高职高专教育发展及其对教学改革和教材建设的需要，在教育部的指导下，我们在全国范围内组织并成立了"21世纪高职高专教育教材研究与编审委员会"（以下简称"教材研究与编审委员会"）。"教材研究与编审委员会"的成员单位皆为教学改革成效较大、办学特色鲜明、办学实力强的高等专科学校、高等职业学校、成人高等学校及高等院校主办的二级职业技术学院，其中一些学校是国家重点建设的示范性职业技术学院。

为了保证规划教材的出版质量，"教材研究与编审委员会"在全国范围内选聘"21世纪高职高专规划教材编审委员会"（以下简称"教材编审委员会"）成员和征集教材，并要求"教材编审委员会"成员和规划教材的编著者必须是从事高职高专教学第一线的优秀教师或生产第一线的专家。"教材编审委员会"组织各专业的专家、教授对所征集的教材进行评选，对列选教材进行审定。

目前，"教材研究与编审委员会"计划用2～3年的时间出版各类高职高专教材200种，范围覆盖计算机应用、电子电气、财会与管理、商务英语等专业的主要课程。此次规划教材全部按教育部制定的"高职高专教育基础课程教学基本要求"编写，其中部分教材是教育部《新世纪高职高专教育人才培养模式和教学内容体系改革与建设项目计划》的研究成果。此次规划教材编写按照突出应用性、实践性和针对性的原则编写并重组系列课程教材结构，力求反映高职高专课程和教学内容体系改革方向；反映当前教学的新内容，突出基础理论知识的应用和实践技能的培养；适应"实践的要求和岗位的需要"，不依照"学科"体系，即贴近岗位群，淡化学科；在兼顾理论和实践内容的同时，避免"全"而"深"的面面俱到，基础理论以应用为目的，以必需、够用为度；尽量体现新知识、新技术、新工艺、新方法，以利于学生综合素质的形成和科学思维方式与创新能力的培养。

此外，为了使规划教材更具广泛性、科学性、先进性和代表性，我们希望全国从事高职高专教育的院校能够积极加入到"教材研究与编审委员会"中来，推荐"教材编审委员会"成员和有特色、有创新的教材。同时，希望将教学实践中的意见与建议及时反馈给我们，以便对已出版的教材不断修订、完善，不断提高教材质量，完善教材体系，为社会奉献更多更新的与高职高专教育配套的高质量教材。

此次所有规划教材由全国重点大学出版社——清华大学出版社与北京交通大学出版社联合出版，适合于各类高等专科学校、高等职业学校、成人高等学校及高等院校主办的二级职业技术学院使用。

21世纪高职高专教育教材研究与编审委员会

2007年7月

前　言

本书从高职教育的实际情况出发，注重理论联系实际；力求通俗易懂、深入浅出，突出实际应用环节。紧扣高职办学新理念，结合高职教学的基本要求，以理论深度够用为度，紧密结合生产实践，注重学生的实践应用能力的培养，力求基本概念清晰明确，用实例强化概念的应用；理论推导简化，易于掌握，具有实用性。通过本教材的学习，对于各种电机，力求使学生达到：懂结构和原理、会选择和使用、能维护和修理。

本书在编写过程中力求突出以下几个特点。

1．理论分析难度适中，注重结果应用而对分析方法仅做定向阐述，不做理论证明。

2．本书的章首都有知识目标、能力目标和学习方法。章末都附有思考题与习题并配有部分习题答案，有利于学生的预习和复习。

3．本书以常用电机的结构和工作原理为基础，力求理论够用，突出实际应用。

4．增加新技术，对控制电机部分的内容适当加强。

5．实验项目多，每个实验内容少而精。适合于分组进行实验。

6．附录部分介绍常用的三相异步电动机的检修知识，便于学生维修电机。

全书共分13章，主要内容有直流电机、直流电机的电力拖动、变压器、三相异步电动机、三相异步电动机的电力拖动、单相异步电动机、同步电机、步进电动机、伺服电动机、测速发电机、直线电动机、电动机的选择和电机与拖动实验。

本书可作为高职电气自动化技术专业、供用电技术专业、机械制造及自动化技术等专业的一门专业基础课教材，还可作为成人教育及函授培训教材，也可供有关教师和工程技术人员及广大读者参考。

本书由大连水产学院职业技术学院牛永奎副教授和张晶副教授任主编，牛永奎编写第1、2、6、7、10、11、12章。张晶编写第3、4、5、8、9、13章和附录。何首贤教授审阅了全书并提出了许多宝贵的意见和建议。在此表示感谢！

由于编者的学术水平有限，书中难免有错误和不妥之处，敬请师生和读者批评指正。

编　者

2007年7月

目　录

第 1 章　直 流 电 机

【知识目标】 掌握直流电机的基本结构、直流发电机和直流电动机的基本原理、电枢绕组的节距和单叠、单波绕组的排列规律与特点，以及直流电机的运行特性。

【能力目标】 学习直流电机的拆卸、接线方法；会计算电枢绕组的各种节距；能绘制单叠、单波绕组的展开图，并根据铭牌数据计算其他相关未知量，为使用和维修直流电机打好基础。

【学习方法】 结合实物和实验进行学习。

1.1　直流电机的结构与工作原理

直流电机有直流发电机和直流电动机两种类型。将机械能转化为电能的直流电机是直流发电机，将电能转化为机械能的直流电机是直流电动机。与交流电机相比，直流电机结构复杂，成本高，维护麻烦。但直流电机具有良好的调速性能、较大的启动转矩和较强的过载能力等优点，一般应用于对启动和调速有较高要求的场合，如金属切削机床、轧钢机、电力机车、起重机、造纸及纺织机械等。

1.1.1　直流电机的结构

直流发电机和直流电动机的结构相同，主要由定子和转子两大部分组成。定子和转子之间存在着气隙。

1. 定子

定子是电机固定不动的部分，主要用来产生磁场。它包括以下几部分。

(1) 主磁极

主磁极由铁芯和励磁绕组两部分组成。当励磁绕组中通入直流电流后，铁芯中即产生励磁磁通，并在气隙中建立励磁磁场。励磁绕组通常用圆形或矩形的绝缘导线制成一个集中的线圈，套在磁极铁芯外面。主磁极铁芯一般用 1～1.5 mm 厚的低碳钢板冲片叠压铆接而成，主磁极铁芯柱体部分称为极身，靠近气隙一端较宽的部分称为极靴，极靴与极身交接处形成一个突出的肩部，用以支撑励磁绕组。极靴沿气隙表面成弧形，使磁极下气隙磁通密度分布更合理。整个主磁极用螺杆固定在机座上。直流电机的结构如图 1-1 所示，其正剖面图如图 1-2 所示。

主磁极总是 N、S 两极成对出现。各主磁极的励磁绕组通常是相互串联连接，连接时要能保证相邻磁极的极性按 N、S 交替排列。

(2) 换向极

换向极也由铁芯和绕组构成，其结构如图 1-3 所示。中小容量直流电机的换向极铁芯是用整块钢制成的，大容量直流电机和换向要求高的电机，换向极铁芯用薄钢片叠成。换向极绕组与电枢绕组串联，因通过的电流大，导线截面较大，匝数较少。换向极装在主磁极之间，换向极的数目一般等于主磁极数，在功率很小的电机中，换向极的数目有时只有主磁极极数的一半，或不装换向极。换向极的作用是改善换向，防止电刷和换向器之间出现过强的火花。

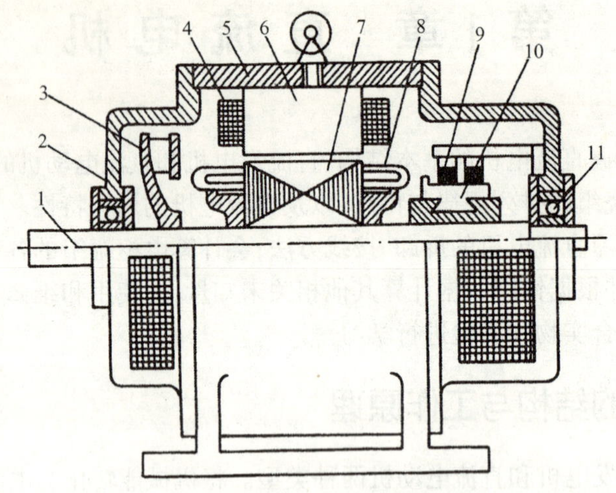

图 1-1 直流电机的结构

1—轴；2—端盖；3—风扇；4—励磁绕组；5—机座；6—磁极

7—电枢铁芯；8—电枢绕组；9—电刷；10—换向器；11—轴承

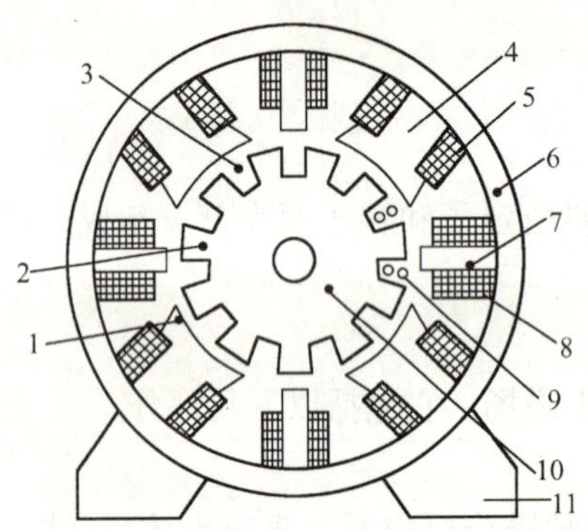

图 1-2 直流电机的正剖面图

1—极靴；2—电枢齿；3—电枢槽；4—主磁极；5—励磁绕组；6—机座（磁轭）

7—换向极；8—换向极绕组；9—电枢绕组；10—电枢铁芯；11—底脚

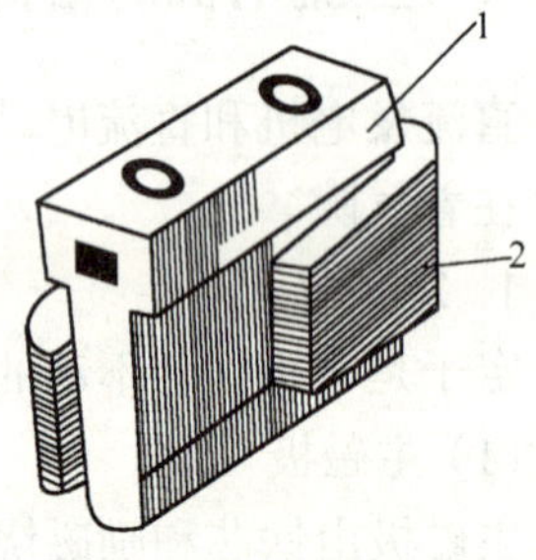

图 1-3 换向极结构

1—换向极铁芯；2—换向极绕组

(3) 电刷装置

电刷装置由电刷、刷盒、压紧弹簧和刷杆座等组成。电刷是用碳——石墨等做成的导电块，电刷装在刷盒内，用压紧弹簧把它压紧在换向器的表面上。压紧弹簧的压力可以调整，保证电刷与换向器表面有良好的滑动接触。刷盒固定在刷杆上，刷杆装在刷杆座上，彼此之间都绝缘。刷杆座装在端盖或轴承盖上，根据电流的大小，每一刷杆上可以有几个电刷组成的电刷组，电刷组的数目一般等于主磁极数。电刷的作用是与换向器配合引入、引出电流。电刷盒的装配如图 1-4 所示。

(4) 机座和端盖

机座一般用铸钢或厚钢板焊接而成，用来固定主磁极、换向极及端盖，借助底脚将电机固定于基础上。机座还是磁路的一部分，通过磁通的部分称为磁轭。端盖主要起支撑作用，固定于机座上，其上放置轴承，支撑直流电机的转轴，使直流电机能够旋转。

2. **转子**

转子是电机的转动部分。转子的主要作用是感应电动势，产生电磁转矩，是机械能转换为电能（发电机）或电能转换为机械能（电动机）的枢纽。它主要包括以下几部分。

(1) 电枢

电枢又包括铁芯和绕组两部分。

① 电枢铁芯。电枢铁芯一般用0.5 mm厚的涂有绝缘漆的硅钢片冲片叠成，这样铁芯在主磁场中转动时可以减少磁滞和涡流损耗。铁芯表面有均匀分布的齿和槽，槽中嵌放电枢绕组。电枢铁芯也是磁的通路，固定在转子支架或转轴上，其冲片如图1-5所示。

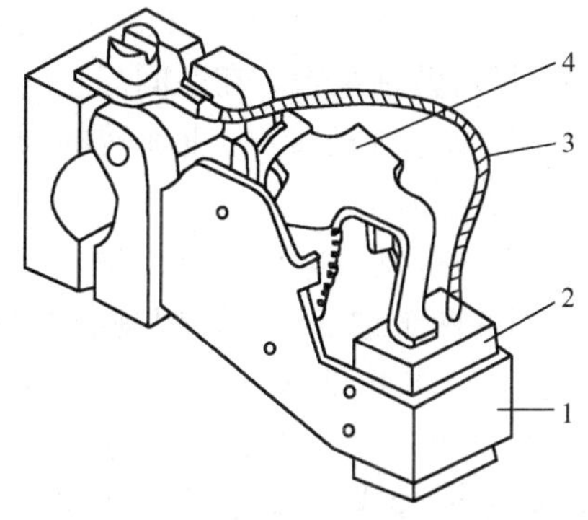

图1-4　电刷盒的装配

1—刷盒；2—电刷；3—铜丝辫；4—压紧弹簧

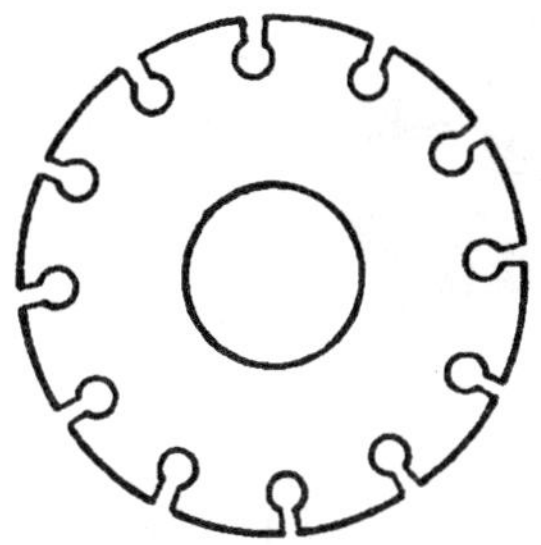

图1-5　电枢铁芯冲片

② 电枢绕组。电枢绕组是用绝缘铜线绕制成的线圈按一定规律嵌放到电枢铁芯槽中，并与换向器作相应的连接。线圈与铁芯之间及线圈的上下层之间均要妥善绝缘，用槽楔压紧，再用玻璃丝带或钢丝扎紧。电枢绕组是电机的核心部件，电机工作时在其中产生感应电动势和电磁转矩，实现能量的转换。

(2) 换向器

换向器的作用是与电刷配合，将直流电动机输入的直流电流转换成电枢绕组内的交变电流，或是将直流发电机电枢绕组中的交变电动势转换成输出的直流电压。

换向器是一个由许多燕尾状的梯形铜片间隔云母片绝缘排列而成的圆柱体，每片换向片的一端有高出的部分，上面铣有线槽，供电枢绕组引出端焊接用。所有换向片均放置在与它配合的具有燕尾状槽的金属套筒内，然后用V形钢环和螺纹压圈将换向片和套筒紧固成一个整体。换向片组与套筒、V形钢环之间均要用云母绝缘，直流电机换向器的侧剖面如图1-6所示。

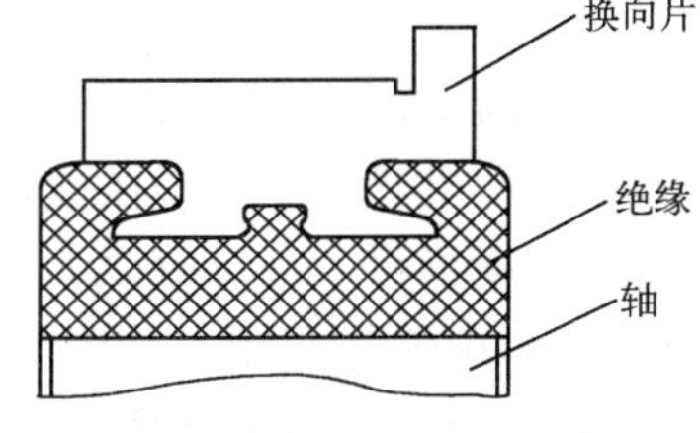

图1-6　直流电机换向器的侧剖面

(3) 转轴和轴承

转轴和轴承用于安装电枢和换向器。

3. 气隙

静止的磁极和旋转的电枢之间的间隙称为气隙。在小容量电机中,气隙约为0.5~3 mm。气隙数值虽小,磁阻很大,为电机磁路的主要组成部分。气隙大小对电机运行性能有很大影响。

1.1.2 直流电机的基本原理

1. 直流发电机的基本工作原理

直流发电机的基本工作原理图如图1-7所示。图中N、S是静止的主磁极,用于产生磁通。在两磁极之间能够转动的电枢铁芯上装有电枢绕组线圈abcd。线圈的两个端头接在相互绝缘的两个铜质的换向片1、2上,它们固定于转轴上且与转轴绝缘。在空间静止的A和B电刷与换向片滑动接触,使旋转的线圈与外面静止的电路相连。

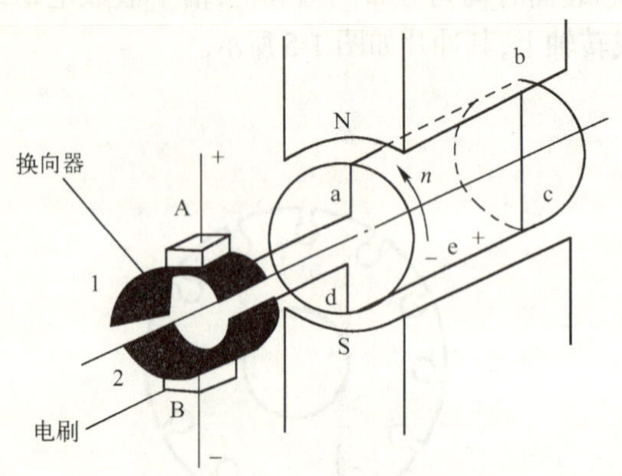

图1-7 直流发电机的基本工作原理图

当原动机拖动发电机电枢以恒定转速转动时,线圈的两个边ab和cd切割磁力线,根据电磁感应定律可知,在其中产生感应电动势,其方向可由右手定则判定。电枢逆时针方向旋转,此时导线ab中感应电动势方向由b指向a;而导线cd中感应电动势的方向由d指向c。因电动势是从低电位指向高电位,此时A刷为正电位,B刷为负电位。外电路中的电流由A刷经负载流向B刷。

当电枢旋转180°,线圈ab边转至S极中心上,线圈cd边转到N极中心下,它们的感应电动势方向发生改变。ab的感应电动势方向变为由a指向b,cd中的感应电动势方向变为由c指向d。a所接的换向片1转至与B刷相接触,d所接的换向片2转至与A刷相接触。这时,A刷仍具有正电位,B刷仍具有负电位。外电路中的电流,仍是由A刷经负载流向B刷。

可见,电枢旋转时,在线圈内部产生交变的电动势,由于换向器与电刷的配合作用,使电刷A总是与位于N极下的线圈边接触,电刷B总是与位于S极上的线圈边接触,因此电刷A的极性总为正,电刷B的极性总为负,在电刷两端可获得直流电动势。这就是直流发电机的基本工作原理。

2. 直流电动机的基本工作原理

直流电动机是把电能转换成机械能的装置。其基本工作原理如图1-8所示。直流电动机工作时电枢绕组接于直流电源上,如A刷接电源正极,B刷接电源负极。电流从A刷流入,经线圈abcd,再由B刷流出。如图1-8所示瞬间,在N极下的线圈边ab中的电流方向是由a到b;在S极上的线圈边cd中的电流方向是由c到d。根据电磁力定律知道,载流导体在磁场中要受力,其方向可由左手定则判定:ab边受力的方向向左,cd边受力的方向向右。两个电磁力对转轴所形成的电磁转矩为逆时针方向,电磁转矩使电枢逆时针方向旋转。

当线圈转过180°,换向片2转至与A刷接触,换向片1转至与B刷接触。电流由正极经换向片2流入,cd边的电流方向由d流向c,ab边的电流方向由b流向a,再由换向片1经B刷流回负极。线圈中的电流方向改变了,导体所在磁场的极性也改变了,电磁力及电磁力对转轴所形成的电磁转矩的方向未变,仍为逆时针方向,这样可使电动机沿一个方向连续旋转下去。

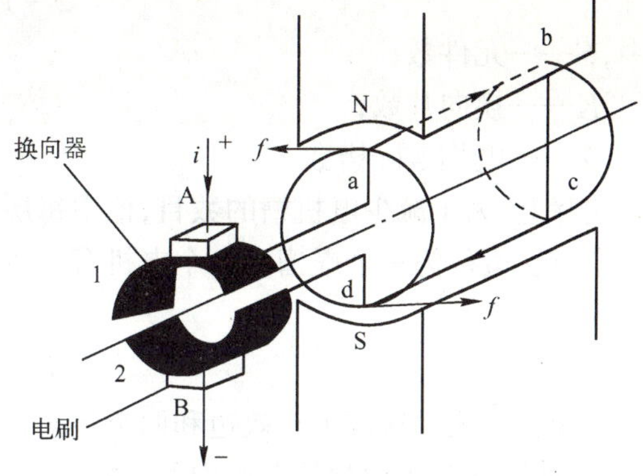

图1-8 直流电动机的基本工作原理图

通过电刷和换向器,使每一磁极下的导体中的电流方向始终不变,因而产生单方向的电磁转矩,电枢始终向一个方向旋转,这就是直流电动机的基本工作原理。

综上所述,不论是直流发电机还是直流电动机,电刷之间的外部电压是直流,而线圈内部的电流却是交变的,所以换向器是直流电机中的关键部件。直流电机原则上既可以作为发电机运行,也可以作为电动机运行,只是外部条件不同罢了。

1.2 直流电机的电枢绕组

1.2.1 概述

无论是直流发电机还是直流电动机,感应电动势和电磁转矩都在电枢绕组中产生,电枢绕组是直流电机的核心,是实现机电能量转换的枢纽,电枢绕组的名称由此而来,并为此把直流电机的转子称为电枢。

在实际电机中,电枢绕组是由许多分布在转子表面的线圈按一定规律连接而成的闭合绕组。根据连接规律的不同,电枢绕组可分为单叠绕组、单波绕组、复叠绕组、复波绕组及混和绕组五种型式。直流电机对电枢绕组的要求是:在保证产生足够大的感应电动势和电磁转矩的前提下,尽可能地节约有色金属和绝缘材料,并且要求结构简单,运行可靠,散热良好。

1. 绕组元件

构成绕组的线圈称为绕组元件,是用绝缘铜线绕制而成的。元件的开始端头称为首端,终了端头称为末(尾)端。嵌放在电枢铁芯槽中的直线部分称为有效边,连接两个有效边的部分称为端接部分。一个元件可以是单匝也可以是多匝。

2. 线圈数、槽数和换向片数之间的关系

直流电机的电枢绕组是双层的,即每个槽分上下两层嵌放元件的有效边。每个元件的一个有效边嵌放在一个槽的上层,另一个有效边嵌放在另一个槽的下层,如图1-9所示。

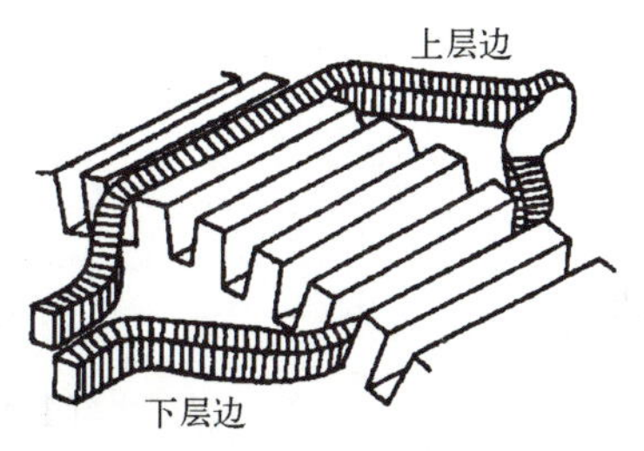

图1-9 元件的嵌放

由于一个元件有两个边,而一个槽的上下层可以嵌放不同元件的两个边,所以元件数和槽数相等。一个元件有两个端头,分别连到不同的两个换向片上,而每一个换向片上连接两个不同元件的两个端头,元件数等于换向片

数。因而元件数等于换向片数，也等于槽数，即

$$S = K = Z \tag{1-1}$$

式中，S——元件数；

K——换向片数；

Z——电枢实际槽数。

实际上，为了减少电机槽的数目，槽中每层可嵌二个、三个或更多的元件边。一个上层边和一个下层边称为一个虚槽。一个电机有 Z 个实槽，每个实槽有 u 个虚槽，则电枢铁芯的虚槽数为

$$Z_u = uZ \tag{1-2}$$

因为每个元件有两个有效边和两个端头，每个虚槽可嵌放两个有效边，每个换向片可接两个端头，所以在包含虚槽的电机中元件数等于换向片数，也等于虚槽数，即

$$S = K = Z_u \tag{1-3}$$

3. 叠绕组和波绕组

叠绕组是指相串联的后一个元件端接部分紧叠在前一个元件端接部分的上面，整个绕组呈褶叠式前进；波绕组是指相串联的两个元件像波浪式一样前进如图 1-10 所示。

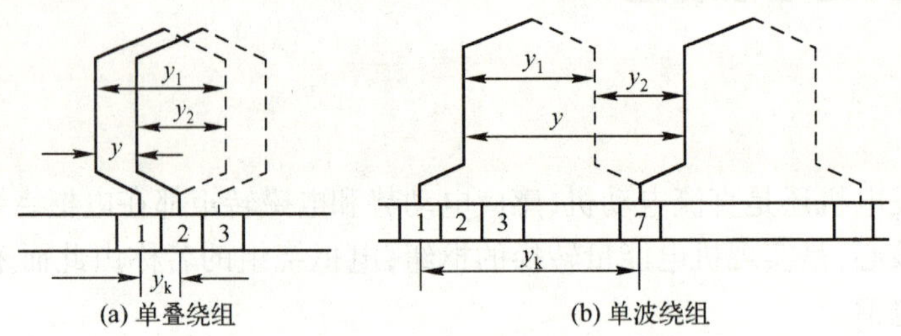

图 1-10 电枢绕组和节距

1.2.2 电枢绕组的节距

为了正确地把各元件安放入电枢槽内，并且和相应的换向片按一定规律连接起来，就必须先了解电枢绕组的节距。

1. 极距

极距 τ 就是一个磁极在电枢表面的空间距离，即

$$\tau = \frac{\pi D}{2p} \tag{1-4}$$

式中，τ——极距；

D——电枢直径；

P——磁极对数。

实际上，常用一个磁极表面所占的虚槽 Z_u 来计算极距，即

$$\tau = \frac{Z_u}{2p} \tag{1-5}$$

2. 第一节距

第一节距 y_1 是指一个线圈两个有效边之间在电枢表面上的跨距，以虚槽数表示，如图

1-10所示。由于线圈边要放入槽内，所以 y_1 应是整数。而为了让绕组能感应出最大的电动势，应使 y_1 接近或等于极距。即

$$y_1=\frac{Z_u}{2p}\mp\varepsilon \tag{1-6}$$

式中，ε——正分数，是将 y_1 补成整数的一个正分数。若 $\varepsilon=0$，则 $y_1=\tau$，称为整距绕组；若取正号，则 $y_1>\tau$，称为长距绕组；若取负号，则 $y_1<\tau$，称为短距绕组。为了节省铜线及某些工艺要求，一般采用短距或整距绕组。

3. 第二节距

第二节距 y_2 是指相串联的两个相邻线圈中，第一个线圈的下层边与相邻的第二个线圈的上层边之间的距离，用虚槽数表示。

4. 换向节距

换向节距 y_k 是线圈的两端所连接的换向片之间的距离，用该线圈跨过的换向片数来表示。

5. 合成节距

合成节距 y 是指相串联的两个相邻线圈对应的有效边之间的距离，用虚槽数表示。

1.2.3 单叠绕组

单叠绕组是指元件的首端和末端分别接到相邻的两片换向片上，后一个元件叠在前一个元件上，元件的连接如图1-10(a)所示。从图中可以看出，合成节距 y 和换向节距 y_k 相等，即

$$y=y_k=1 \tag{1-7}$$

1. 单叠绕组的连接规律

单叠绕组的连接规律可用绕组展开图来表示。绕组展开图，是想像把电枢沿轴向剖开展成平面所见到的绕组图。以下是绘制展开图的步骤。

第一步：计算绕组的各节距，包括 τ、y、y_1。

第二步：画槽、画元件，按顺序编号。电机有多少个槽，就有多少个标号，并且标号是连续的，但起始标号可从任意槽开始。由于直流电机电枢绕组是双层的，所以每槽用两条短线表示，实线表示上层，虚线表示下层。注意：实线上的标号既表示槽号又表示元件号，同时还表示该元件的上层边所在的位置。

第三步：画换向片，按顺序编号。用小方块代表各换向片，换向片与电枢周长相同，换向片的编号也是按顺序从左向右，并以第一元件上层边所连接的换向片作为第一换向片号。

第四步：排列、连接绕组。根据各节距按规律排列连接。

第五步：放置主磁极。主磁极应N、S极交替地、均匀地放置在各槽之上，每个磁极的宽度约为极距的0.7倍。

第六步：安放电刷。放置电刷时应使正负电刷间的感应电动势最大，或被电刷短路的元件感应电动势最小。在展开图中，直流电机的电刷置于磁极中心线下，电刷大小与换向片相同，电刷数与主磁极数相同。在实际生产过程中，直流电机电刷的位置是通过实验方法来确定的。

为了直观起见，下面通过例子说明单叠绕组的连接规律。

【例1-1】 已知一台直流电机，$2p=2$，$S=K=Z_u=8$，画出单叠绕组展开图。

【解】 计算绕组的各节距分别为

极距 $$\tau=\frac{Z_u}{2p}=\frac{8}{2}=4$$

第一节距 $$y_1=\frac{Z_u}{2p}=\frac{8}{2}=4$$

合成节距 $$y=y_k=1$$

按照上述步骤绘制单叠绕组的展开图，如图 1-11 所示。

2. 单叠绕组的并联支路图

画出元件的连接及有关的换向片和电刷，就构成了绕组的并联支路图。并联支路图，也就是绕组的电路简图。

单叠绕组的瞬时并联支路图如图 1-12 所示。从图中可知，同一磁极下相邻线圈构成一条支路，如 N 极下的 2、3、4 三个线圈依次串联，S 极下的 6、7、8 三个线圈依次串联。电刷 A 接触 1 号和 2 号换向片，电刷 B 接触 5 号和 6 号换向片。电枢旋转时，各元件的位置都在不断地变化。每条支路所包含的元件号不断变化，但它所包含的元件数基本不变。单叠绕组的支路数与磁极数相等，即

$$2a=2p \tag{1-8}$$

式中，a——并联支路对数；

p——磁极对数。

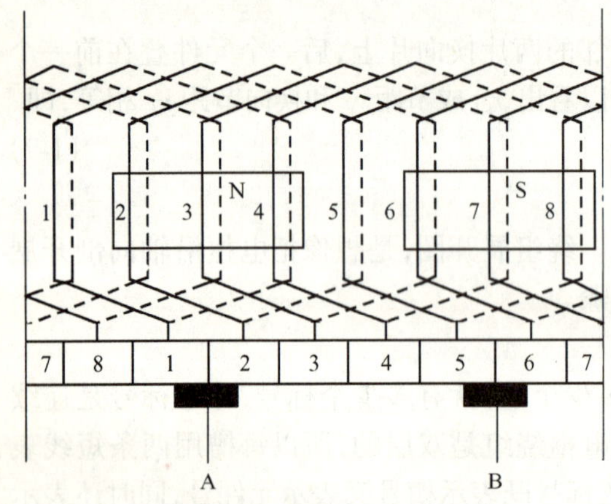

图 1-11 单叠绕组的展开图

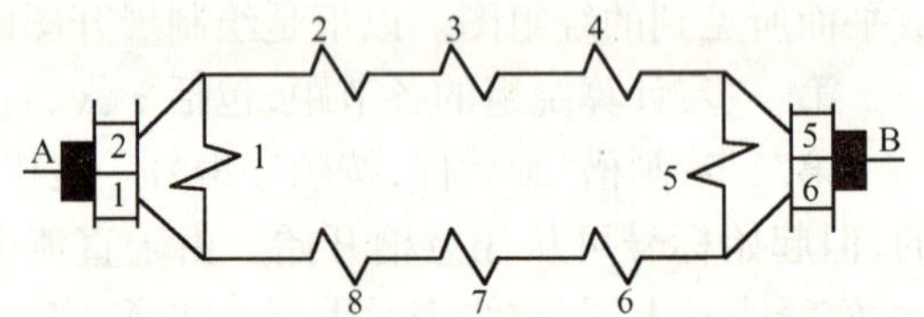

图 1-12 单叠绕组的瞬时并联支路图

3. 单叠绕组的特点

综上所述，单叠绕组具有以下特点：

- $y=y_k=1$；
- $2a=2p$；
- 电刷数等于主磁极数，电刷位置应使支路感应电动势最大，电刷间电动势等于并联支路电动势；
- 电枢电流等于各并联支路电流之和。

1.2.4 单波绕组

单波绕组是直流电机电枢绕组的另一种最基本型式。由于线圈连接呈波浪形，所以称作波绕组。

1. **单波绕组的排列规律**

(1) 单波绕组的节距

单波绕组线圈的第一节距和上述单叠绕组相同,但其端接部分的形状和连接规律与单叠绕组不同。单波绕组直接相连的两个线圈的对应边不是在同一个主磁极下面,而是分别处于相邻两对主磁极中的同极性磁极下面,合成节距约等于两个极距。即

$$y = y_k = \frac{K \pm 1}{p} = \frac{Z_u \pm 1}{p} \tag{1-9}$$

上式应满足 y 或 y_k 为整数的条件。当取正号时,第 p 个线圈的末端将置于第 1 个换向片的右边,称为右行绕组;当取负号时,第 p 个线圈的末端将置于第 1 个换向片的左边,称为左行绕组。左行绕组端接线较短,易于制作,故得到广泛应用。如图 1-10(b)所示。这样,两个线圈在磁场中的相对位置基本上是相同的,这使得两者产生的感应电动势方向相同,电磁转矩方向也相同。

(2) 单波绕组的展开图

单波绕组的展开图制图步骤与单叠绕组基本相同,这里略去。图 1-13 是 $2p = 4, Z_u = 15$ 左行单波短距绕组的展开图。

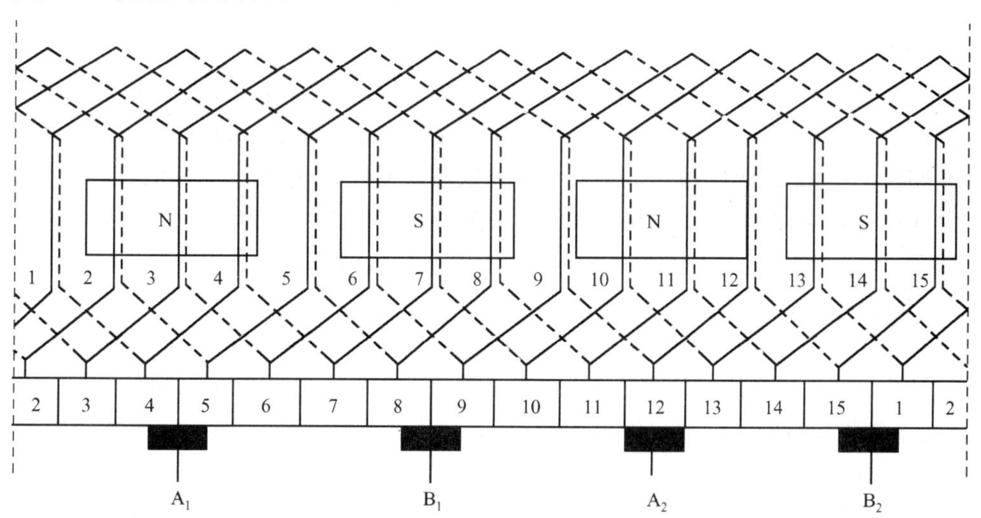

图 1-13　单波短距绕组的展开图

2. **单波绕组并联支路图**

单波绕组的瞬间并联支路图如图 1-14 所示。由图可知,单波绕组只有一对并联支路,支路对数与磁极对数 p 无关,即 $a = 1$。

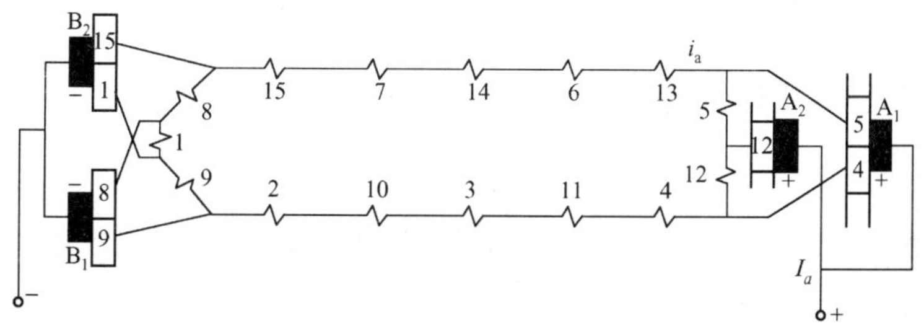

图 1-14　单波绕组的瞬时并联支路图

3. 单波绕组的特点

单波绕组具有以下特点：

- $y = y_k = \frac{K \pm 1}{p} = \frac{Z_u \pm 1}{p}$；
- 并联支路对数 $a = 1$；
- 电枢电动势等于支路感应电动势，正负电刷间电动势最大；
- 电枢电流等于并联支路电流之和。

1.3 直流电机的铭牌数据及主要系列

1.3.1 直流电机的铭牌数据

直流电机机座的外表面上都有一个铭牌，上面标有电机的型号和各种数据等，供用户使用时参考。铭牌数据主要包括电机型号、额定功率、额定电压、额定电流、额定转速和励磁电流、励磁方式、励磁电压、工作方式、绝缘等级等，此外还有电机的出厂数据，如出厂编号、出厂日期等。

1. 直流电机的型号

国产电机的型号一般采用大写的汉语拼音字母和阿拉伯数字表示，其格式为：第一个字符用大写的汉语拼音表示产品系列代号；第二个字符用阿拉伯数字表示设计序号；第三个阿拉伯数字是机座中心高；第四个阿拉伯数字表示电枢铁芯长度代号；第五个阿拉伯数字表示端盖的代号。例如型号是 Z_4-200-21 的直流电机，Z 是系列（即一般用途直流电动机）代号，4 是设计序号，200 表示机座中心高度（单位为 mm），21 中的 2 是电枢铁芯长度代号，1 是端盖的代号。

2. 直流电机的额定值

(1) 额定功率

额定功率 P_N 是指在规定的工作条件下，长期运行时的允许输出功率，单位为 W。对于发电机来说，是指正负电刷之间输出的电功率；对于电动机，则是指轴上输出的机械功率。

(2) 额定电压

额定电压 U_N 是指额定运行状况下，直流发电机的输出电压或直流电动机的输入电压，单位为 V。

(3) 额定电流

额定电流 I_N 是指在额定情况下，直流发电机输出或直流电动机输入的电流，单位为 A。

直流发电机的额定电流为
$$I_N = \frac{P_N}{U_N} \tag{1-10}$$

直流电动机的额定电流为
$$I_N = \frac{P_N}{U_N \eta_N} \tag{1-11}$$

(4) 额定效率

额定效率为
$$\eta_N = \frac{P_N}{P_I} \times 100\% \tag{1-12}$$

式中，P_N——额定（输出）功率；

P_I——输入功率。

(5) 额定转速

额定转速 n_N 是指在额定功率、额定电压、额定电流时电机的转速,单位为 r/min。

(6) 额定励磁电压

额定励磁电压 U_f 是指在额定情况下,励磁绕组所加的电压,单位为 V。

(7) 额定励磁电流

额定励磁电流 I_f 是指在额定情况下,通过励磁绕组的电流,单位为 A。

若电机运行时,各物理量都与额定值一样,称额定运行状态。电机在实际运行时,由于负载的变化,经常不在额定状态下运行。电机在接近额定的状态下运行时才经济。

3. 直流电机出线端的标志

直流电机每个绕组的出线端子都有明确的标志,用字母标注在接线柱旁或引出导线的金属牌上标志,如表 1-1 所示。

表 1-1　直流电机出线端的标志

绕组名称	出线端标志	
	新国家标准	旧国家标准
电枢绕组	A_1　A_2	S_1　S_2
换向极绕组	B_1　B_2	H_1　H_2
补偿绕组	C_1　C_2	BC_1　BC_2
串励绕组	D_1　D_2	C_1　C_2
并励绕组	E_1　E_2	B_1　B_2
他励绕组	F_1　F_2	T_1　T_2

注:下标 1 是首端,为正极;下标 2 是末端,为负极。

1.3.2 直流电机的主要系列

所谓系列电机,就是在应用范围、结构型式、性能水平、生产工艺等方面有共同性,功率按某一系数递增的成批生产的电机。搞系列化的目的是为了产品的标准化和通用化。我国直流电机主要有以下系列。

① Z_2 系列。是指一般用途的中小型直流电机。

② Z 和 ZF 系列。是指一般用途的中大型直流电机,其中“Z”为直流电动机系列,“ZF”为直流发电机系列。

③ ZT 系列。是指用于恒功率且调速范围较宽的宽调速直流发电机。

④ ZZJ 系列。冶金辅助拖动机械用的冶金起重直流电动机,它具有快速启动和承受较大过载能力的特性。

⑤ ZQ 系列。电力机车、工矿电机车和蓄电池供电的电车用的直流牵引电动机。

⑥ Z-H 系列。船舶上用的直流电动机。

⑦ ZA 系列。是指用于矿井和易爆气体场合的防爆安全型直流电机。

⑧ ZU 系列。是指用于龙门刨床的直流电动机。

⑨ ZW 系列。是指无槽直流电动机,在快速响应的伺服系统中作执行元件。

⑩ ZLJ 系列。是指力矩直流电动机,在伺服系统中作执行元件。

⑪ BFG 系列。是指直流三换向片永磁电动机,用于盒式录音机、电动玩具等。

还有许多系列,请参阅电机手册。

1.4 直流电机的电枢反应

直流电机的磁场是由电机中的各个绕组(包括励磁绕组、电枢绕组、换向绕组等)共同产生的,其中励磁绕组起着主要作用。

1.4.1 直流电机的空载磁场

1. 直流电机空载磁场的产生

直流电机空载(即发电机与外电路断开,没有电流输出,电动机轴上不带机械负载)运行时,其电枢电流等于零或近似等于零。因而空载磁场可以认为仅仅是励磁电流通过励磁绕组时产生的励磁磁通势 F_f 所建立的。

励磁绕组通入电流将建立磁场。铁磁材料的导磁率远比空气大得多,磁力线绝大部分集中于铁磁材料内。在直流电机中,如图 1-15 所示,从 N 极出来的磁通,绝大部分经气隙到电枢,而后再进入 S 极经定子磁轭闭合。与励磁绕组和电枢绕组相链的磁通称为主磁通 Φ_0。还有一小部分磁通,从磁极出来,经气隙就闭合了,这一小部分磁通,称为漏磁通。它只与励磁绕组相链,而不与电枢绕组相链,因漏磁路的磁阻很大,故漏磁通仅为主磁通的 15%～20%。

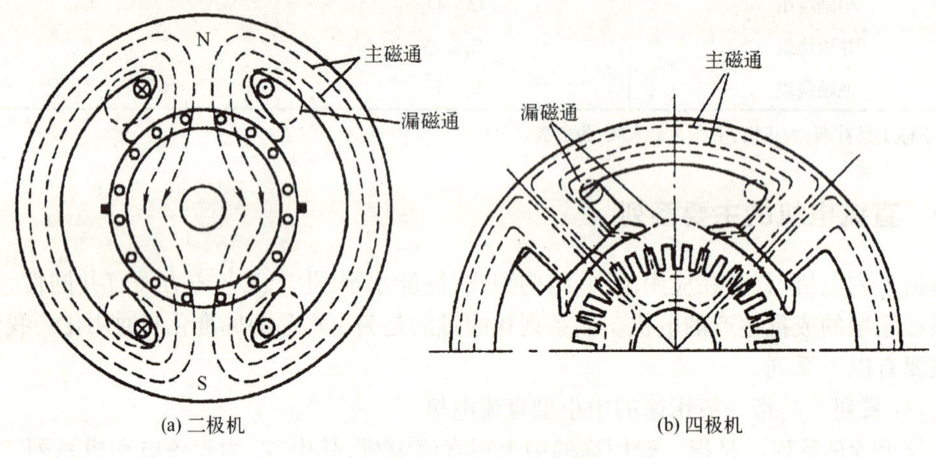

(a) 二极机　　(b) 四极机

图 1-15　直流电机的磁路

主磁通对应主磁路,由气隙、电枢的齿槽部分、电枢磁轭、主磁极、定子磁轭五部分组成。因此根据磁路定律,产生空载磁场的励磁磁通势全部降落于气隙和铁磁材料这两大部分之中,即励磁磁通势为气隙磁通势和铁磁材料磁通势之和。虽然气隙长度在整个闭合磁路中只占很小的一部分,但是,由于空气的磁导率远比铁磁材料的磁导率小,所以,气隙的磁阻极大。可以认为,磁路的励磁磁通势几乎都消耗在气隙部分,而对应产生的磁场常称为空载气隙磁场。

空载时,励磁磁动势主要消耗在气隙上。当忽略铁磁材料的磁阻时,主磁极下气隙磁密(气隙磁通密度)的分布就取决于气隙的大小和形状。由于在磁极极靴范围内气隙较小,磁阻最小,因此气隙磁密在极靴范围内达到最大值且均匀分布。在极靴的两端,气隙是越向外越大,磁阻也越来越大,气隙磁密减小得很快,到两极间的几何中性线上气隙磁密急剧下降到零。因此,在一个磁极极距范围内,气隙磁密分布近似为梯形。如图 1-16 所示。

2. 直流电机的磁化曲线

为了产生一定的感应电动势和电磁转矩,要求直流电机每极必须有一定数量的磁通量,即每极要有一定的励磁磁势。在设计电机时,可以根据磁路进行计算。取不同的磁通量,计算出对应的励磁磁势的值,点绘出每极磁通量和励磁磁势间的关系曲线,即直流电机的磁化曲线 $\Phi_0=f(F_f)$。制造好的直流电机,可以用实验的方法求得磁化曲线,直流电机的磁化曲线如图 1-17 所示。

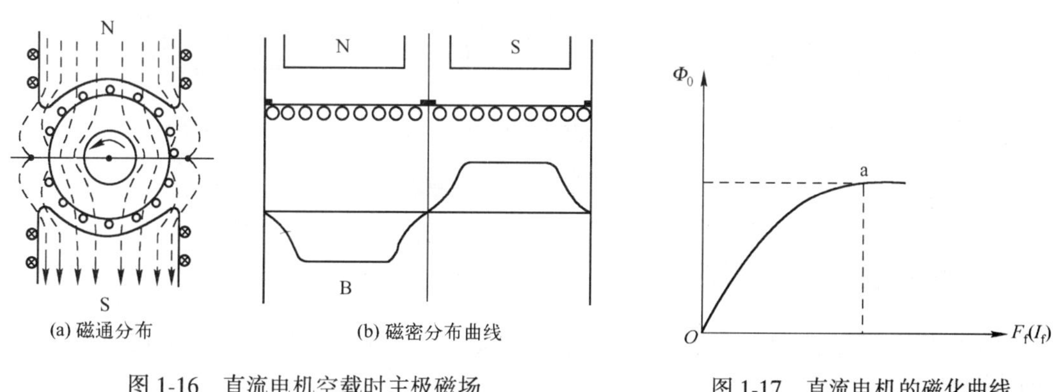

图 1-16　直流电机空载时主极磁场

图 1-17　直流电机的磁化曲线

当磁势较小时电机的磁路中铁磁部分没有饱和,磁化曲线几乎是一段直线。当磁势再增大,因铁磁部分逐渐趋于饱和,磁阻逐渐增大,磁通量的增加没有磁势快,磁化曲线开始弯曲。磁化曲线的形状反映磁路的饱和程度,所以磁化曲线又称为饱和曲线。磁通将饱和与未饱和的转折点称为膝点。电机在正常运行时,常将磁通值取在膝点附近,可使磁通势不太大时获得较大的磁通,使电机的各种材料得到更合理的使用。

1.4.2　直流电机的负载磁场

直流电机负载运行时,电枢绕组中便有电流流过,产生电枢磁通势。该磁通势所建立的磁场,称为电枢磁场。电枢磁场与主极磁场共同作用,在气隙内建立一个合成磁场。如图 1-18 所示。

直流电动机的励磁绕组通入电流,便产生主磁场(空载磁场)。应用右手螺旋定则,就可以确定主磁场的方向,如图 1-18(a)所示。在电枢表面上磁感应强度为零的地方是物理中性线 m-m,它与磁极的几何中性线 n-n 重合,几何中性线与磁极轴线相互垂直。

当直流电动机负载运行时,电枢绕组中流过电流,有电流就有磁场,在不考虑主磁场时,电枢磁场的分布如图 1-18(b)所示。从图中可以看出,不论电枢如何转动,电枢电流的方向总是以电刷为界限来划分的。在电刷两边,N 极下的导体和 S 极上的导体电流方向始终相反,只要电刷固定不动,电刷两边的电流方向不变。因此,电枢磁场的方向不变,即电枢磁场是静止不动的,它的强弱由电枢电流决定。

图 1-18(c)为合成磁场,它是由主磁场和电枢磁场共同产生的。

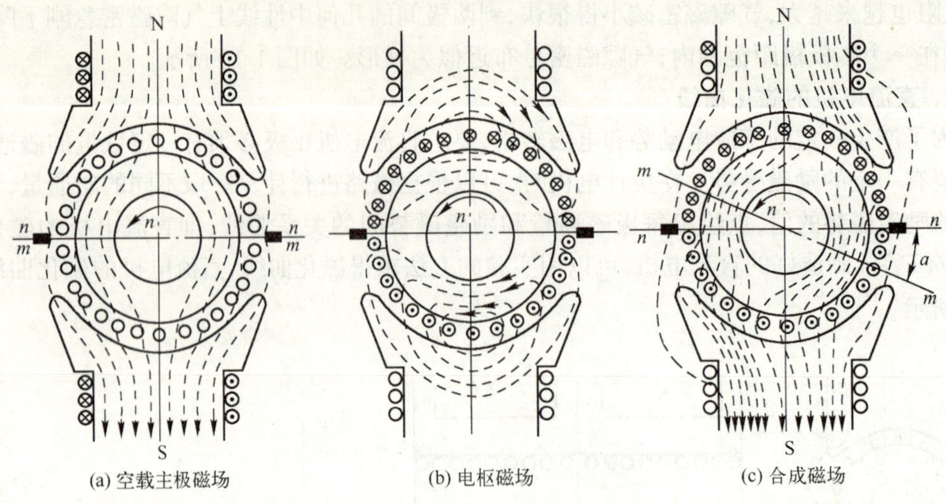

(a) 空载主极磁场　(b) 电枢磁场　(c) 合成磁场

图 1-18　直流电动机气隙磁场

1.4.3　直流电机的电枢反应

直流电机在工作过程中,定子主磁极产生主磁场,电枢电流产生电枢磁场,电枢磁场对主磁场的影响叫做电枢反应。

电枢反应发生时,会有两个结果:一是使气隙磁场畸变,一极尖磁场加强,另一极尖磁场减弱;二是去磁效应,由于磁饱和,每一磁极的两个极尖磁通的增加量与减少量不相等,减少量大于增加量,从而使总磁通量有所减小。具体表现在:原来的几何中性线 n-n 处的磁感应强度不等于零,磁感应强度为零的位置,即电磁物理中性线 m-m 逆旋转方向移动一角度(电动机),与几何中性线不再重合。如果电枢电流越大,电枢磁场越强,电枢反应的影响就越大,物理中性线偏移的角度也就越大,这样会给电机的换向带来困难。发电机的电枢反应结果与电动机类似。

1.5　直流电机的电枢电动势和电磁转矩

1.5.1　直流电机的电枢电动势

当直流电机的电枢旋转时,在气隙磁场的作用下电枢绕组将产生感应电动势 E_a,在发电机运行状态下 E_a 为电源电动势,推动电流 I_a 向用电负载输出电功率;而在电动机运行状态下,E_a 为反电动势,阻碍电流 I_a 由电源吸收电功率。我们所讨论的电动势是指两电刷间的电动势,即电枢绕组每一条支路的感应电动势。从电刷两端看,每条支路在任何瞬间所串联的元件数是相等的,而且每条支路里的元件边分布在同一磁极下的不同位置,所以每个元件内感应电动势的瞬时值是不同的,但任何瞬时构成支路的情况基本相同,因此每条支路中各元件电动势瞬时值总和可以认为是不变的。若要计算支路电动势,只要先求出一根导体的平均电动势 e_{av},再乘以一条支路的总导体数 $N/2a$,就可以求出电枢感应电动势 E_a,即

$$E_a = \frac{N}{2a} e_{av} \tag{1-13}$$

而一根导体的平均感应电动势为

$$e_{av}=B_{av}lv \tag{1-14}$$

式中，BS_{av}——一个磁极范围内气隙磁密的平均值(T)；

e_{av}——一根导体的平均感应电动势(V)；

l——电枢导体的有效长度(m)；

v——电枢导体运动的线速度(m/s)。

B_{av}与每极磁通的关系为

$$B_{av}=\frac{\Phi}{\tau l} \tag{1-15}$$

而线速度

$$v=\frac{2p\tau n}{60} \tag{1-16}$$

可得

$$e_{av}=\frac{2p\Phi n}{60} \tag{1-17}$$

当电刷与位于几何中性线上的元件相接触时，电枢感应电动势为

$$E_a=\frac{N}{2a}\times 2p\Phi\times\frac{n}{60}=\frac{pN}{60a}\Phi n=C_e\Phi n \tag{1-18}$$

式中，C_e——电动势常数，$C_e=\frac{pN}{60a}$。

p——磁极对数；

a——并联支路对数；

N——电枢总导体数。

1.5.2 直流电机的电磁转矩

当直流电机的电枢绕组中有电流通过时，在气隙磁场作用下将产生电磁转矩 T_{em}，电动机运行状态下 T_{em}为拖动转矩，带动机械负载旋转，输出机械功率；而在发电机运行状态下，T_{em}为制动转矩，阻碍机组旋转，吸收原动机的机械功率。

载流导体在磁场中要受到电磁力的作用。根据电磁力定律，任一导体所受到的电磁力为

$$f=Bli \tag{1-19}$$

设电枢总电流为 I_a，则流过每一根导体的电流为 i_a。

$$i_a=\frac{I_a}{2a} \tag{1-20}$$

先求出一根导体所受到的平均电磁力 f_{av}

$$f_{av}=B_{av}li_a \tag{1-21}$$

每根导体产生的平均电磁转矩为

$$T_{av}=f_{av}\frac{D}{2} \tag{1-22}$$

式中，T_{av}——平均电磁转矩(N·m)；

D——电枢直径(m)，$D=2p\tau/\pi$。

电枢表面共有 N 根导体，则总的电磁转矩为

$$T_{em}=\frac{pN}{2\pi a}\Phi I_a=C_T\Phi I_a \tag{1-23}$$

式中，C_T——转矩常数，由电机的结构决定，$C_T=\frac{pN}{2\pi a}$。

根据电磁转矩和电枢电动势的表达式，可以得出同一台电机的转矩常数与电动势常数之间的比例关系为

$$C_T=\frac{30}{\pi}C_e=9.55C_e \tag{1-24}$$

1.6 直流电机的换向

直流电机运行时，随着电枢和换向器的旋转，电枢绕组的元件将依次地由一个支路转入另一个支路，元件中的电流将改变方向，这个过程称为换向。换向表现为在电刷和换向器间常出现火花，如果火花过大，就会烧坏电刷和换向器，使电机不能继续运行。

1.6.1 直流电机的换向过程

图 1-19 表示一个单叠绕组元件的换向过程。电刷不动，绕组和换向片以速度 n 自右向左运动。

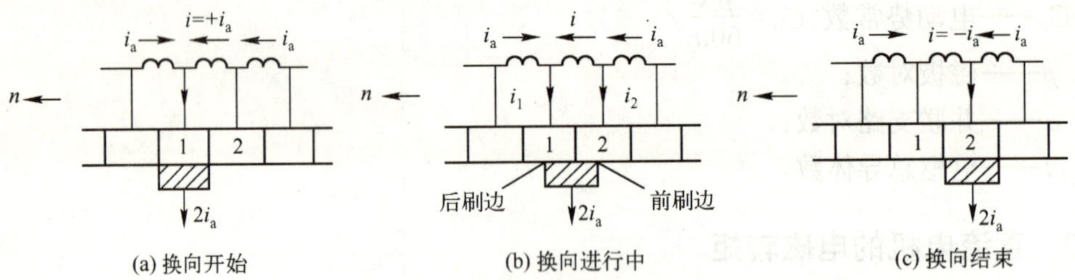

(a) 换向开始　(b) 换向进行中　(c) 换向结束

图 1-19 元件的换向过程

换向前元件 1 属于右边支路，流过其中的电流 $i=i_a$(图 1-19(a))；换向后元件 1 转入左边支路，元件中的电流 i 由 i_a 变为 $-i_a$(图 1-19(c))。流经换向片 1 的电流 i_1 由 $2i_a$ 减小至零，流经换向片 2 的电流 i_2 由零增至 $2i_a$，在换向过程中，$i_1+i_2=2i_a$ 不变。

如果 i_1、i_2 的变化和换向片与电刷接触面积的变化成正比，即 i_1 均匀地减小，i_2 均匀地增大，这种理想的换向称为直线换向。直线换向时，当换向片 1 将与电刷脱离前，流经换向片 1 的电流已趋近于零，所以当换向片 1 与电刷断开时，在电刷与换向器之间不会出现火花。

1.6.2 影响换向的电磁原因

实际上元件在换向过程中，电流的变化将产生感应电动势，它会影响电流的换向。

1. 电抗电动势

换向时换向元件中换向电流的大小、方向发生急剧变化，因而会产生自感电动势。由于同时换向的线圈不止一个，除了各自产生自感电动势外，各线圈之间还会产生互感电动势。自感电动势和互感电动势的总和称为电抗电动势 e_x。根据楞次定律，电抗电动势 e_x 具有阻碍换向元件中电流变化的趋势，故电抗电动势的方向与线圈换向前的电流方向一致。

2. 切割电动势

直流电机负载运行时，电枢反应使主极磁场畸变，几何中性线处的磁密度不为零，换向元

件恰好处在几何中性线上，切割电枢磁场的磁力线，产生一种电动势，称为切割电动势 e_v。实际上切割电动势 e_v 的方向也与线圈换向前的电流方向一致。

由于电抗电动势和切割电动势的存在，它们将在换向元件中产生附加电流 I_{ad}，它与线圈换向前的电流方向一致，即阻碍换向，使得换向电流随时间的变化较没有附加电流时要延迟。

当换向结束瞬间、被电刷短路的线圈瞬时脱离电刷时，I_{ad}不为零。因换向元件是电感线圈，所以其中存在一部分磁场能量 $LI_{ad}^2/2$，这部分能量达到一定数值后，以弧光放电的方式转化成热能，散失在空气中，因而在电刷与换向器之间出现火花。

1.6.3 改善换向的方法

1. 安装换向极

改善换向，防止火花过强的最有效方法是安装换向极。通过前面的分析已经知道，直流电机换向困难的原因是由产生的附加电流 I_{ad}所导致，所以改善换向的方法必须从消除附加电流入手。容量在 1 kW 以上的直流电机，几乎都须装设换向极，用以改善换向。

(1) 换向极的安装位置

由于绕组元件是在它的两个有效边接近几何中性线时开始换向，所以换向极必须安装在主磁极之间的几何中性线处，如图 1-20 所示。换向元件的有效边在切割换向极所产生的磁场时，产生一个与 e_x 方向相反的旋转电动势 e_k。装设换向极的目的，是让它在几何中性线处产生一个磁场，既抵消电枢磁场，又抵消电感电动势，从而起到改善换向的作用。

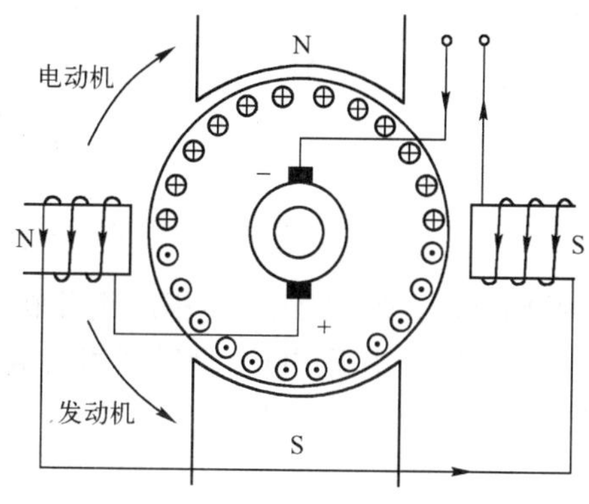

图 1-20　换向极的连接与极性

(2) 换向极的极性

换向极的极性应能保证它在换向元件中产生的旋转电动势 e_k 的方向与元件中换向前电流方向相反，即 e_k 应能有助于元件中电流 i 改变方向。对于发电机，换向元件边即将进入的换向极极性应与它即将离开的主磁极极性相反；对于电动机，换向元件边即将进入的换向极极性应与它即将离开的主磁极极性相同。

(3) 换向绕组的连接方式

换向绕组与电枢绕组串联。当负载变化时，电枢电流变化使电感电动势随之变化，换向磁极的磁通量也随电枢电流的变化而变化，且与电枢电流成正比，基本上可以抵消电感电动势和切割电动势带来的影响。由于换向磁极的绕组气隙较大，所以一般不会饱和，故能很好地改善换向。

2. 选择合适的电刷，增加电刷与换向片之间的接触电阻

直流电机电刷的型号规格很多，其中碳－石墨电刷的接触电阻最大，石墨电刷和电化石墨电刷次之，铜－石墨电刷的接触电阻最小。

直流电机如果选用接触电阻大的电刷，有利于换向。使用维修中欲更换电刷时，必须选用与原来同一型号的，如果实在配不到相同型号的，应尽量选择特性与原来接近的电刷，并全部更换。

1.7 直流电机的基本方程式

1.7.1 直流电机的励磁方式

直流电机一般都是在励磁绕组中通以励磁电流产生磁场的,励磁绕组获得电流的方式称为励磁方式。直流电机按励磁方式可分为他励和自励两大类。他励电机的励磁绕组由其他直流电源供电,与电枢绕组之间没有电的直接联系;自励电机的励磁绕组由电机本身供给电源。自励电机按励磁绕组与电枢绕组连接方式的不同,又可分为并励、串励和复励三种。如图1-21所示。

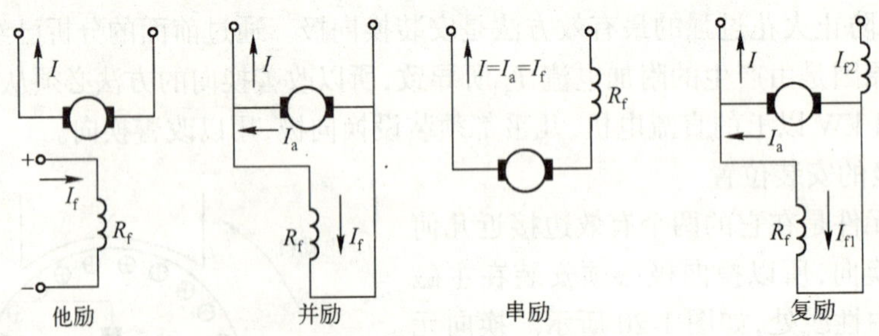

图 1-21 直流电机的励磁方式

并励电机,励磁绕组与电枢绕组并联。他励和并励电机的励磁电流通常仅为电机额定电流的1%～3%。串励电机,励磁绕组与电枢绕组串联,励磁电流即是电枢电流。复励电机,既有并励绕组又有串励绕组,并励绕组流过的电流小,导线细,匝数多;串励绕组流过的电流大,导线粗,匝数少。

1.7.2 直流电机的损耗

直流电机的损耗按其性质可分为机械损耗、铁损耗、铜损耗和附加损耗四种。

1. 机械损耗

不论是发电机还是电动机,当电机转动时,必须先克服摩擦阻力,因此产生机械损耗 p_{mec}。它包括轴与轴承摩擦损耗、电刷与换向器摩擦损耗,以及电枢旋转部分与空气的摩擦损耗等。这些损耗与转速高低有关。

2. 铁损耗

当直流电机旋转时,电枢铁芯中因磁场反复变化而产生的磁滞损耗和涡流损耗叫铁损耗 p_{Fe}。

以上分析的机械损耗 p_{mec} 和铁损耗 p_{Fe} 合起来又称为空载损耗 p_0。因为这两种损耗在直流电动机转动起来还没有带负载时就已经存在。

$$p_0 = p_{mec} + p_{Fe} \tag{1-25}$$

由于机械损耗和铁损耗都会引起与旋转方向相反的制动转矩,而且是空载时就存在,这个转矩叫空载转矩 T_0。它与 p_0 的关系为

$$p_0 = T_0\Omega \tag{1-26}$$

式中，Ω——机械角速度，$\Omega=\frac{2\pi n}{60}$。

3. **铜损耗**

当直流电机运行时，在电枢回路和励磁回路中都有电流流过，因此在绕组电阻上产生的损耗叫铜损耗 p_{Cu}。

(1) 电枢回路铜损耗。

电枢回路铜损耗 p_{Cua}包括电枢绕组铜耗，与电枢绕组串联的串励绕组、换向极绕组及补偿绕组的铜耗，电刷与换向器的接触电阻上的铜耗。

$$p_{\mathrm{Cua}}=I_{\mathrm{a}}^2R_{\mathrm{a}} \tag{1-27}$$

式中，I_{a}——电枢电流；

R_{a}——电枢回路总电阻。

(2) 励磁回路的铜损耗。

由于励磁回路的铜耗 p_{Cuf}很小，而且几乎是一个不变的值，一般把它归入不变损耗范畴。

$$p_{\mathrm{Cuf}}=I_{\mathrm{f}}^2R_{\mathrm{f}} \tag{1-28}$$

式中，I_{f}——励磁电流；

R_{f}——励磁回路总电阻。

不论是直流发电机还是直流电动机，电枢电流都随负载的变化而变化，因而直流电机中的电枢铜损耗又叫可变损耗。直流电机的机械损耗和励磁电流一定时的铁损耗只与转速有关，当电机的转速变化不大时，由机械损耗和铁损耗合成的空载损耗是基本不变的，故空载损耗又叫不变损耗。

4. **附加损耗**

附加损耗 p_{ad}又称杂散损耗。对于直流电机，这种损耗是由于电枢铁芯表面有齿槽存在，使气隙磁通大小脉振和左右摇摆，在铁芯中引起的铁损耗和换向电流产生的铜耗等。这些损耗是难以精确计算的，一般约占额定功率的0.005～0.01。

1.7.3 直流发电机的基本方程式

直流发电机是将机械能转换为电能的电磁装置。它在将机械能转换为电能的过程中，与一切能量转换一样，也要遵循能量守恒定律。即发电机输入的机械能与输出的电能及在能量转换过程中产生的能量损耗之间要保持平衡关系。当发电机带负载时，向外电路输出电功率，电枢绕组中流过电流。绕组中的电流与磁场作用产生电磁转矩 T_{em}，T_{em}的方向与旋转方向相反，起制动作用。电磁转矩吸收机械功率，为使发电机的转速保持恒定，原动机须向发电机轴上不断地输入机械功率。

由电磁转矩吸收机械功率并转换成等量的电功率，可用下式说明。

$$P_{\mathrm{em}}=T_{\mathrm{em}}\Omega=\frac{pN}{2\pi a}\Phi I_{\mathrm{a}}\frac{2\pi n}{60}=\frac{pN}{60a}\Phi nI_{\mathrm{a}}=E_{\mathrm{a}}I_{\mathrm{a}} \tag{1-29}$$

由机械功率转换成电功率的这部分功率，称为电磁功率 P_{em}，即

$$P_{\mathrm{em}}=T_{\mathrm{em}}\Omega=E_{\mathrm{a}}I_{\mathrm{a}} \tag{1-30}$$

同理，直流电动机在机电能量转换过程中，为了连续转动而输出机械能，电源电压 U 也必须大于E_{a}，以不断向电动机输入电能，将电功率属性的电磁功率 $E_{\mathrm{a}}I_{\mathrm{a}}$ 转换为机械功率属性的电磁

功率 $T_{em}\Omega$，反电动势 E_a 在这里起着关键性的作用。

直流发电机稳态运行的基本方程式，包括电动势平衡方程式、转矩平衡方程式和功率平衡方程式。下面以并励发电机为例加以讨论。

1. **电压平衡方程式**

根据发电机的工作原理，在图 1-22 中将有关各物理量按惯例标出正方向。

根据电路基尔霍夫定律可得电枢回路的电动势平衡方程式为

$$U = E_a - I_a R_a \tag{1-31}$$

式中，$I_a = I + I_f$；I 是发电机的输出电流。$I_f = U/(R_f + R_{fad})$

2. **功率平衡方程式**

当直流发电机接上负载后，原动机输送给发电机的机械功率为 P_1，在发电机的内部，一小部分能量被机械摩擦和铁芯的磁滞、涡流所消耗，绝大部分能量转换为电磁功率 P_{em}，即

$$P_1 = P_{em} + p_{mec} + p_{Fe} + p_{ad} = P_{em} + p_0 \tag{1-32}$$

$$\begin{aligned} P_{em} &= E_a I_a = (U + I_a R_a) I_a = UI_a + I_a^2 R_a \\ &= U(I + I_f) + I_a^2 R_a = UI + UI_f + I_a^2 R_a \\ &= P_2 + p_{Cuf} + p_{Cua} \end{aligned} \tag{1-33}$$

式中，P_2——发电机的输出功率，$P_2 = UI$。图 1-23 是并励直流发电机的功率流程图。

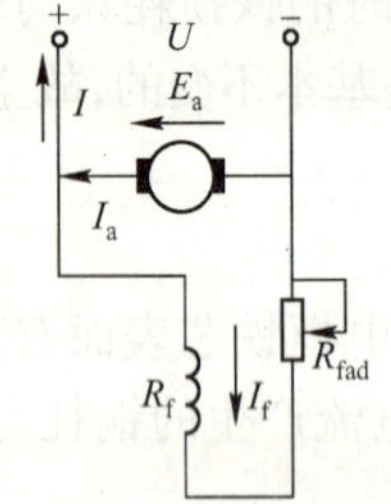

图 1-22 并励发电机电路图

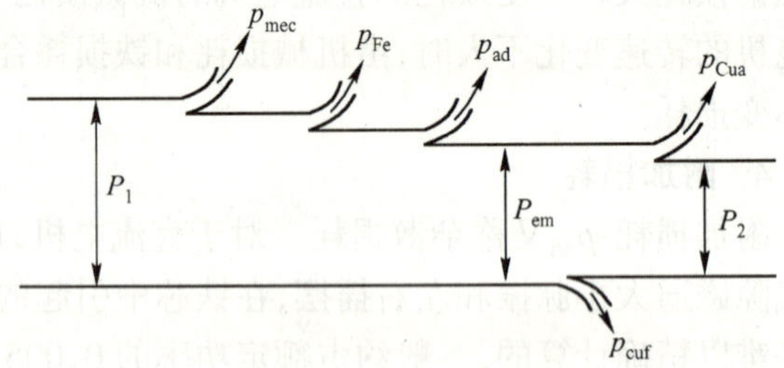

图 1-23 并励直流发电机的功率流程图

3. **转矩平衡方程式**

原动机输入的转矩 T_1，拖动发电机旋转。空载运行时，要克服由空载损耗所对应的空载转矩 T_0，T_0 是制动转矩，它的方向总与电机的旋转方向相反。负载时电枢中有电流，与磁场作用产生电磁转矩 T_{em}，T_{em}与 T_1 的方向相反，也是制动转矩。在负载运行时，只有原动机的驱动转矩与电磁转矩 T_{em}和空载转矩 T_0 之和相等，发电机才能以恒定转速旋转。此时的转矩平衡方程式为

$$T_1 = T_{em} + T_0 \tag{1-34}$$

1.7.4 直流电动机的基本方程式

直流电动机的基本方程式是指直流电动机稳定运行时电路系统的电压平衡方程式，机械系统的转矩平衡方程式及能量转换过程中的功率平衡方程式。这些方程式反映了直流电动机内部的电磁过程，又表达了电动机内外的机电能量转换，说明了直流电动机的运行原理。

1. 电压平衡方程式

当直流电动机运行时,电枢绕组切割气隙磁场产生感应电动势 E_a。由右手定则可判定电动势 E_a 的方向与电枢电流 I_a 的方向相反,如图 1-24 所示。

如果以图 1-24 中各物理量的方向为参考正方向,则可以写出他励直流电动机的电压平衡方程式为

$$\begin{aligned} U &= E_a + I_a R_a \\ U_f &= I_f R_f \end{aligned} \quad (1\text{-}35)$$

式中,R_a——电枢回路的总电阻;

R_f——励磁回路的电阻;

I_f——励磁电流。

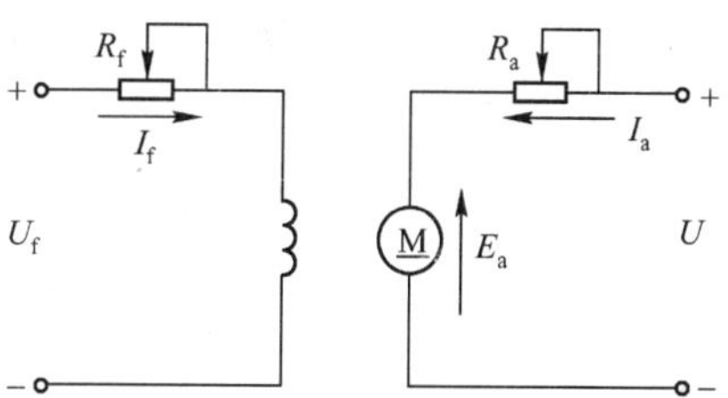

图 1-24 他励直流电动机的电路图

上式表明,直流电动机在电动运行状态下,电枢电动势 E_a 小于端电压 U。

2. 转矩平衡方程式

直流电动机的电磁转矩可以直接根据公式 $T_{em} = C_T \Phi I_a$ 计算。对直流电动机来说,其电磁转矩等于反抗转矩之和。当它以恒定转速运行时,电磁转矩 T_{em}并不只等于电动机轴上的输出转矩,电磁转矩 T_{em}应与电动机轴上的负载转矩 T_L 和电动机本身的阻转矩 T_0 之和相平衡,才能保持匀速旋转,即

$$T_{em} = T_L + T_0 \quad (1\text{-}36)$$

3. 功率平衡方程式

当他励直流电动机接上电源时,电枢绕组中流过电流 I_a,电网向电动机输入的电功率为

$$\left.\begin{aligned} P_1 &= UI = UI_a \\ P_1 &= (E_a + I_a R_a) I_a = E_a I_a + I_a^2 R_a \\ P_1 &= P_{em} + p_{Cua} \end{aligned}\right\} \quad (1\text{-}37)$$

上式说明,输入的电功率一部分被电枢绕组消耗,一部分作为电磁功率转换成机械功率。当电机转动后,还要克服各类摩擦引起的机械损耗 p_m、电枢铁芯产生的铁损耗 p_{Fe}及附加损耗 p_{ad},所以电动机转换出来的机械功率,一部分消耗在机械损耗和铁损耗上,大部分从电动机轴上输出,故输出的机械功率为

$$P_2 = P_{em} - p_{Fe} - p_m - p_{ad}$$

若忽略附加损耗,则

$$\begin{aligned} P_2 &= P_{em} - p_{Fe} - p_m = P_{em} - p_0 \\ P_2 &= P_1 - p_{Cua} - p_0 = P_1 - \sum p \end{aligned} \quad (1\text{-}38)$$

他励电动机的励磁铜耗由其他电源供给,并励电动机的励磁铜耗由电动机电源提供,所以并励电动机的功率平衡方程式中还应包括励磁铜耗。

直流电动机的效率为

$$\eta = \frac{P_2}{P_1} \times 100\% = \frac{P_2}{P_2 + \sum p} \times 100\% \quad (1\text{-}39)$$

一般中小型直流电动机的效率在 75%～85%之间,大型直流电动机的效率约在 85%～94%之间。

他励直流电动机的功率平衡关系可以用功率流程图表示,如图 1-25 所示。

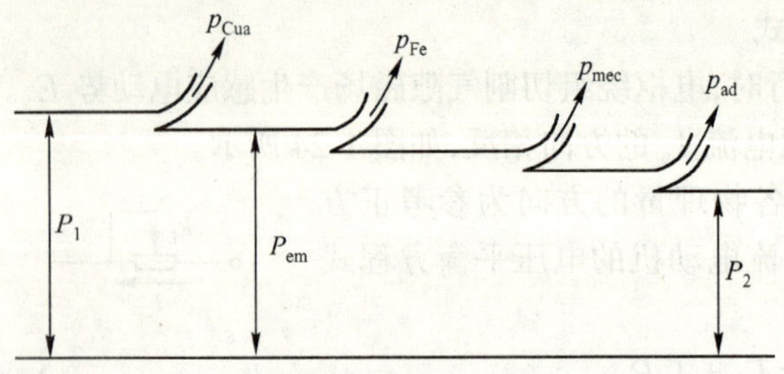

图 1-25 他励直流电动机的功率流程图

【例 1-2】 一台他励直流电动机的额定数据为：$P_N = 17$ kW, $U_N = 220$ V, $n_N = 3000$ r/min, $I_N = 87.7$ A，电枢回路总电阻 $R_a = 0.114\ \Omega$，忽略电枢反应影响。求：①电动机额定负载时的输出转矩；②额定电磁转矩；③额定效率。

【解】 ① 额定输出转矩：

$$T_N = \frac{P_N}{\Omega} = \frac{9.55P_N}{n_N} = \frac{9.55 \times 17 \times 10^3}{3000} = 54.1 \quad (\text{N}\cdot\text{m})$$

② 额定电磁转矩：

$$C_e\Phi = \frac{U_N - I_{aN}R_a}{n_N} = \frac{220 - 87.7 \times 0.114}{3000} = 0.07$$

$$T_{em} = 9.55C_e\Phi I_{aN} = 9.55 \times 0.07 \times 87.7 = 58.63(\text{N}\cdot\text{m})$$

③ 额定效率：

$$\eta_N = \frac{P_N}{P_1} \times 100\% = \frac{P_N}{U_N I_N} \times 100\% = \frac{17 \times 10^3}{220 \times 87.7} = 88\%$$

1.8 直流发电机的运行特性

直流发电机的运行特性是指直流发电机运行时，端电压 U、负载电流 I 和励磁电流 I_f 这三个基本物理量之间的函数关系。保持其中一个量不变，其余两个量就构成一种特性。在分析中，因直流发电机的转速由原动机给出，故认为转速不变。

1.8.1 直流发电机的空载特性

1. 直流发电机的空载特性曲线

直流发电机的空载特性是指 $n = n_N$，负载电流 $I = 0$ 时，空载电压与励磁电流之间的关系，即

$$U_0 = E_0 = f(I_f) \tag{1-40}$$

直流他励发电机空载运行时，励磁电路接外电源 U_f。调节励磁电路的电阻，使励磁电流 I_f 从零开始逐渐增加，直至电枢空载电压 $U_0 = (1.1 \sim 1.3)U_N$ 为止，然后逐渐减小 I_f，U_0 也随之减小，测取空载端电压 U_0 及励磁电流 I_f；改变励磁电流大小和方向，重复上述过程即可得到空载特性曲线。如图 1-26 所示。此曲线与磁化曲线相似，这是由于 $U_0 = E_0 = C_e\Phi n_N$，n_N 及 C_e 都是常数，故把磁化特性曲线改换一下尺标，即得直流发电机的空载特性 $U_0 =$

$f(I_f)$。

空载特性是直流发电机最基本的特性,它表明直流发电机空载运行时,输出端电压与励磁电流之间的关系,实质上表明直流发电机的磁路性质。所以对并励和复励发电机也都以他励方式测取其空载特性。

2. 并励发电机的空载自励过程

并励直流发电机的励磁电流 I_f 由发电机本身的电枢绕组来供给,而在没有励磁电流的前提下,电枢绕组是怎样建立起电压的呢?

并励发电机电压建立的过程,称为自励过程。自励的首要条件是发电机必须有剩磁。直流发电机在经过一次他励运行之后,在主磁极铁芯中将保留有一定的剩磁。一般发电机的剩磁量约为额定磁通量的 2%～5%。当原动机拖动发电机以恒定转速旋转时,电枢绕组便产生一个微小的电动势。在此电动势的作用下,就有一个小电流流过励磁绕组。励磁电流产生的磁通,有可能与剩磁方向相同也有可能与剩磁方向相反。自励的第二个条件是励磁绕组与电枢绕组的连接要正确,使励磁电流产生的磁通与剩磁方向相同。这样,电机的磁场将增强,感应电动势又可以升高,励磁电流又可加大,使磁通进一步加强。并励直流发电机的自励过程可以用图 1-27 来表示。

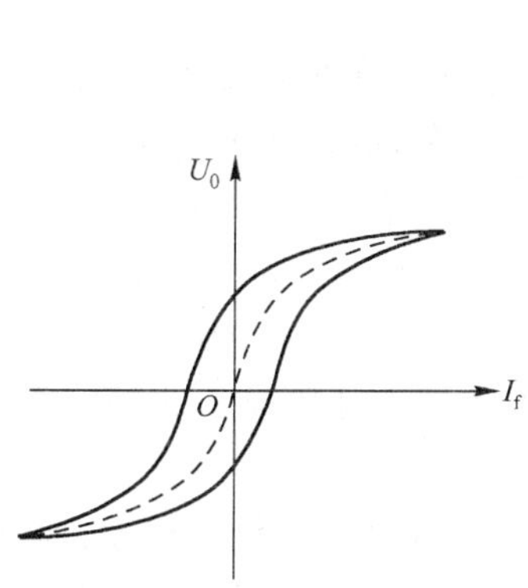

图 1-26　他励直流发电机的空载特性曲线

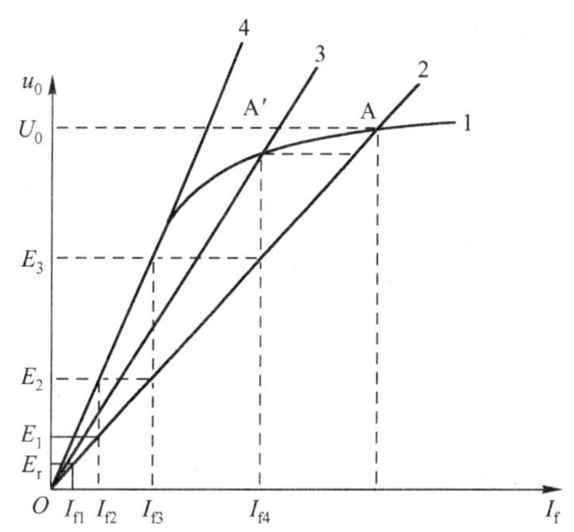

图 1-27　并励发电机的自励过程

满足以上两个条件,只能说明有了自励的可能性,但是否可以达到所需的稳定电压,还必须从发电机的磁路关系上考虑:励磁绕组的端电压 U_0 与励磁电流 I_f 的关系应满足图 1-27 曲线 1 所示的空载特性;从励磁电路上观察,在稳定状态下,$U_0=U_f$ 又必须满足

$$U_0=R_fI_f \tag{1-41}$$

当 R_f 保持不变时,U_0 随 I_f 成正比变化,即 $U_0=R_fI_f$ 的关系为一直线,如图 1-27 直线 2 所示,其斜率为

$$\tan\alpha=U_0/I_f=I_fR_f/I_f=R_f \tag{1-42}$$

故直线 2 称为励磁电阻线。

图 1-27 中,曲线 1 和直线 2 交于 A 点。此时励磁电流产生的空载电动势正好与励磁电路中电阻压降平衡,励磁电流不再增加,电机进入空载稳定状态,交点 A 就是并励发电机的空载电压的稳定点。

由此可见,并励发电机的空载电压值取决于空载特性和励磁电阻线的交点A,因此增加励磁电路中的电阻可以改变 R_f,即增大励磁电阻线的斜率,则交点A将沿着空载特性曲线向原点移动。空载电压逐步下降,当励磁电路的电阻线与空载特性曲线的直线部分重合时,便没有固定的交点,空载电压不稳定,如图1-27中曲线4所示。此种状态称临界状态,对应的电阻称为临界电阻。所以,励磁电路的总电阻必须低于相应的临界电阻。

总结起来,直流并励发电机的自励条件如下。

① 直流发电机必须有剩磁。如果发现剩磁没有或太弱时,应用其他直流电源励磁一次,以恢复剩磁。

② 励磁绕组与电枢的连接正确,否则励磁绕组接通后,电枢电压反而下降,如遇到这种现象,应将励磁绕组的两个接线端对调或将电机的旋转方向反向。

③ 励磁电路电阻应小于发电机运行转速对应的临界电阻。因为当励磁电阻高于临界电阻时,交点电压与剩磁电压差不多,直流发电机的输出电压无法增大。

1.8.2 直流发电机的外特性

1. 他励直流发电机的外特性

他励直流发电机的外特性是指发电机接上负载后,在保持励磁电流不变的情况下,电枢的端电压 U 随负载电流变化的规律,即 $n=n_N, I_f=I_{fN}, U=f(I)$。

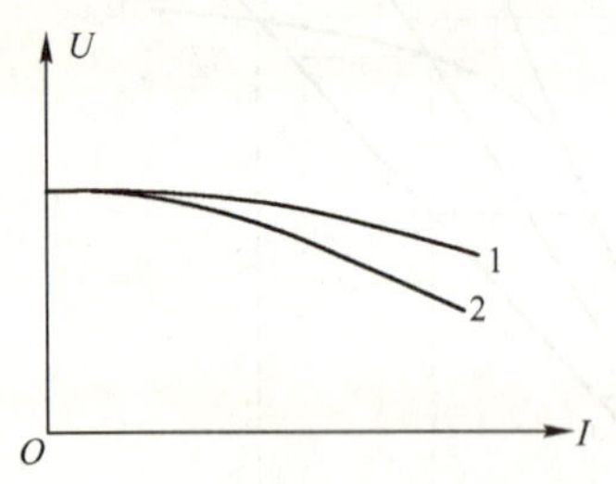

图1-28 直流发电机的外特性曲线

他励直流发电机的外特性如图1-28曲线1所示。它是一条略微向下倾斜的曲线,表明他励直流发电机端电压随负载电流的增加略有下降。

电压下降的原因有两个:一是电枢电流的增大,使电枢反应的去磁作用增大,发电机的电枢电动势随之减小;二是电枢回路电阻的电压降增大,导致发电机端电压下降。

发电机端电压随负载电流变化的程度,通常用电压变化率 $\Delta U\%$ 来衡量。即从空载到额定负载,端电压的变化对额定电压的百分比。它反映了发电机对外供电的稳定性。

$$\Delta U\% = \frac{U_0 - U_N}{U_N} \times 100\% \tag{1-43}$$

通常情况下,他励直流发电机的电压变化率约为5%~10%,基本属于恒压电源。

2. 并励直流发电机的外特性

并励直流发电机的外特性是指励磁回路总电阻 $R_f=$ 常数,端电压 U 与负载电流 I 的关系曲线,即 $U=f(I)$。它与他励直流发电机的外特性在 $I_f=$ 常数的情况不同,并励直流发电机端电压随负载电流变化时,励磁电流也随之变化,故不能保持常数。

并励直流发电机的外特性如图1-28中曲线2所示。与他励直流发电机的外特性曲线相比,在同一负载电流下,端电压较低。并励直流发电机端电压随负载电流的增大而下降的原因,除了与电枢反应的去磁作用和电枢回路的电阻压降相关以外,还因为励磁电流随端电压下降而减小,从而引起主磁通和电枢电动势的进一步下降,所以并励直流发电机的外特性与他励相比下降得快。并励直流发电机的电压变化率 $\Delta U\%$ 大约为20%。

1.8.3 直流发电机的调节特性

直流发电机的调节特性是指当 $n = n_N$, $U =$ 常数时，励磁电流 I_f 随负载电流 I 的变化关系，即 $I_f = f(I)$。

当输出电流 I 增大时，为使端电压 U 不下降，必须适当增大励磁电流 I_f，在消除电枢反应去磁作用的基础上，使 Φ 和 E_a 不但不减小而且略有增大，以补偿内阻压降 I_aR_a 的增大。图 1-29 为他励发电机的调节特性。

并励发电机的电枢电流，比他励发电机仅仅多了一个励磁电流，所以调节特性与他励发电机相差不大。

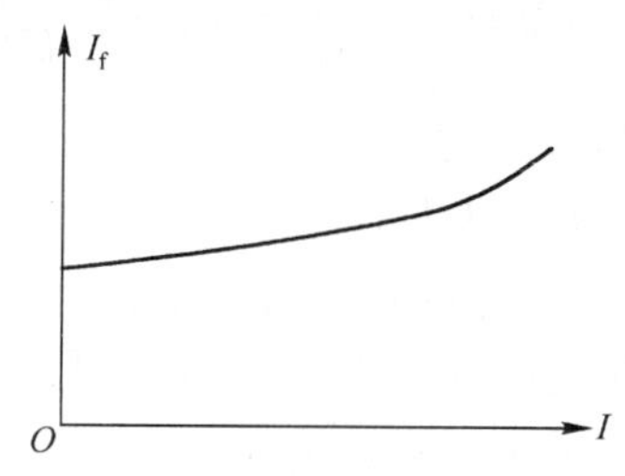

图 1-29 他励发电机的调节特性曲线

1.9 直流电动机的工作特性

1.9.1 他励(并励)直流电动机的工作特性

直流电动机的工作特性是指 $U = U_N =$ 常数，电枢回路不串入附加电阻，励磁电流是额定值时，电动机的转速 n、电磁转矩 T_{em} 和效率 η 与输出功率 P_2 之间的关系。下面以他励电动机为例进行讨论。

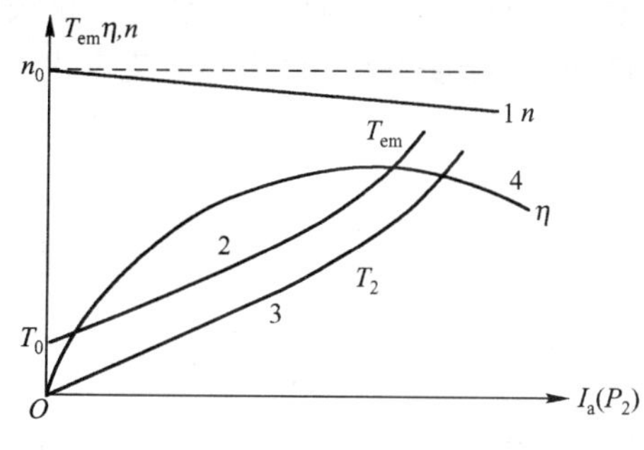

图 1-30 他励电动机工作特性曲线

1. 转速特性 $n = f(P_2)$

由
$$U = E_a + I_aR_a = C_e\Phi n + I_aR_a \tag{1-44}$$
得
$$n = \frac{U - I_aR_a}{C_e\Phi} \tag{1-45}$$

当电动机轴上的机械负载增大时，输出的机械功率 P_2 随之增大，输入功率 P_1 和电枢电流 I_a 也随之增加，电枢电阻压降增大，使转速 n 降低。但随着电枢电流的增加，电枢反应也增强，去磁作用使气隙磁通减小，又使转速上升。如图 1-30 曲线 1 所示，转速特性 $n = f(P_2)$ 是一条略微向下倾斜的曲线。

2. 转矩特性 $T_{em} = f(P_2)$

由转矩平衡方程式：$T_{em} = T_2 + T_0 = 9.55\dfrac{P_2}{n} + T_0$ 可知，如果 n 不变，则输出转矩 T_2 与 P_2 成正比关系。$T_2 = f(P_2)$ 特性曲线是一条过坐标原点的直线。考虑到 P_2 增大时，n 略有下降，故 $T_2 = f(P_2)$ 曲线呈上翘趋势，如图 1-30 曲线 3 所示。

空载转矩 T_0 在转速变化不大的情况下，可认为是一恒定值，因此转矩特性 $T_{em} = f(P_2)$ 特性曲线与 $T_2 = f(P_2)$ 特性曲线平行，并比 $T_2 = f(P_2)$ 特性曲线高一个数值 T_0，如图 1-30 曲线 2 所示。

3. 效率特性 $\eta = f(P_2)$

直流电动机的效率公式为

$$\eta=\frac{P_2}{P_1}\times100\%=\left(1-\frac{\sum p}{P_1}\right)\times100\%$$
$$=\left(1-\frac{p_0+p_{\mathrm{Cua}}}{UI_{\mathrm{a}}}\right)\times100\%=\left(1-\frac{p_0+I_{\mathrm{a}}^2R_{\mathrm{a}}}{UI_{\mathrm{a}}}\right)\times100\% \tag{1-46}$$

式中，$\sum p=p_{\mathrm{Cua}}+p_0$；

$P_1=UI_{\mathrm{a}}$。

直流电机的损耗分为不变损耗和可变损耗两部分。当电动机的输出功率从零逐渐增大时，可变损耗很小，电动机损耗以不变损耗为主。此过程效率上升很快。当输出功率达到一定值时，效率下降。效率特性 $\eta=f(P_2)$是一条先上升后下降的曲线。如图 1-30 曲线 4 所示，曲线中出现了最大值 $\eta_{\max}$。用数学方法可以求得 $\eta_{\max}$，对式(1-46)求导，并令 $\mathrm{d}\eta/\mathrm{d}I_{\mathrm{a}}=0$，可得他励直流电动机获得最大效率的条件是

$$p_0=p_{\mathrm{Cua}} \tag{1-47}$$

可见，当电动机的可变损耗等于不变损耗时其效率最高。从效率曲线上可以看出，电动机空载、轻载时效率低，满载时效率高，过载时效率反而降低。在使用和选择电动机时应尽量使电动机工作在满负荷状态。

1.9.2 串励直流电动机工作特性

串励电动机的励磁绕组与电枢绕组相串联，电枢电流即为励磁电流。串励电动机的工作特性与并励电动机有很大区别。当负载电流较小时，磁路不饱和，主磁通与励磁电流(负载电流)按线性关系变化，而当负载电流较大时，磁路趋于饱和，主磁通基本不随电枢电流变化。因此讨论串励电动机的转速特性、转矩特性和机械特性必须分段讨论。

在负载较轻时，电机的磁路没有饱和，每极磁通与励磁电流呈线性变化。

$$\Phi=k_{\mathrm{f}}I_{\mathrm{f}}=k_{\mathrm{f}}I_{\mathrm{a}} \tag{1-48}$$

其中，k_{f} 是比例系数。

串励电动机的转速特性为

$$n=\frac{U}{C_{\mathrm{e}}\Phi}-\frac{RI_{\mathrm{a}}}{C_{\mathrm{e}}\Phi}=\frac{U}{k_{\mathrm{f}}C_{\mathrm{e}}I_{\mathrm{a}}}-\frac{R}{k_{\mathrm{f}}C_{\mathrm{e}}} \tag{1-49}$$

串励电动机的转矩特性为

$$T_{\mathrm{em}}=C_{\mathrm{T}}\Phi I_{\mathrm{a}}=k_{\mathrm{f}}C_{\mathrm{T}}I_{\mathrm{a}}^2 \tag{1-50}$$

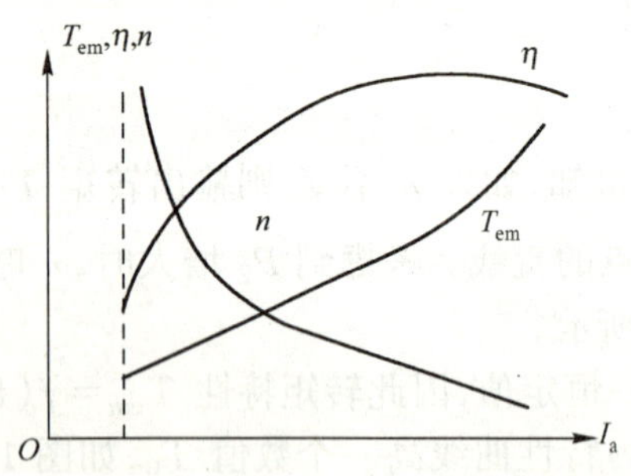

图 1-31 串励直流电动机的工作特性曲线

可见，随着 I_{a} 的增加，Φ 增加较快，故转速 n 下降很快；当磁路饱和后，Φ 的增加变缓，转速 n 的下降也逐渐变缓；当负载电流趋于零时，电机转速趋于无穷大。因此串励电动机不可以空载或轻载运行。电磁转矩与负载电流的平方成正比。当负载电流较大时，磁路已经饱和，磁通 Φ 基本不随负载电流变化，串励电动机的工作特性与并励电动机的工作特性相同。图 1-31 为串励直流电动机的工作特性曲线。

思考题与习题

1-1　直流电机由哪些主要部件构成？各部分的主要作用是什么？

1-2　简述直流发电机的工作原理。

1-3　简述直流电动机的工作原理。

1-4　在直流电机中，为什么要用电刷和换向器？它们起什么作用？

1-5　单叠绕组的特点有哪些？

1-6　单波绕组的特点有哪些？

1-7　画图表示单叠绕组的各种节距。

1-8　画图表示单波绕组的各种节距。

1-9　直流电机绕组元件的电动势和电刷两端的电动势有什么区别？

1-10　什么是直流电机的电枢反应？

1-11　直流电机的电枢反应对气隙磁场有什么影响？

1-12　在直流发电机中是否有电磁转矩？如果有，电磁转矩的方向与电枢旋转方向相同还是相反？

1-13　直流电动机工作时电枢回路是否有感应电动势产生，如果有，电动势的方向与电枢电流的方向相同还是相反？

1-14　直流电机的换向极应安装在电机的什么位置？

1-15　直流电机的换向极绕组如何接线？

1-16　什么是换向？直流电机改善换向的方法有哪几种？

1-17　画图表示直流电机的励磁方式有哪几种？在各种不同励磁方式的电机里，电机的输入、输出电流与电枢电流和励磁电流有什么关系？

1-18　直流发电机的空载特性曲线与磁化曲线有何区别？又有何联系？

1-19　如何判断直流电机是发电机运行还是电动机运行？它们的电磁转矩、电枢电动势、电枢电流、端电压的方向有何不同？

1-20　并励直流发电机的自励条件是什么？如发电机正转时能自励，反转时能否自励？

1-21　画图表示他励直流电动机的功率流程图。

1-22　画图表示并励直流发电机的功率流程图。

1-23　为什么并励直流发电机的外特性比他励直流发电机的外特性向下倾斜严重？

1-24　一台直流发电机，$P_N = 145$ kW，$U_N = 230$ V，$n_N = 1450$ r/min，求该电机额定电流。

1-25　一台直流电动机，$P_N = 10$ kW，$U_N = 230$ V，$n_N = 1500$ r/min，$\eta_N = 90\%$，其额定电流是多少？

1-26　一台直流发电机，$P_N = 145$ kW，$U_N = 230$ V，$n_N = 2850$ r/min，$\eta_N = 85\%$，求该电机的额定电流及额定负载时的输入功率。

1-27　计算单叠绕组 $2p = 4$，$S = K = 18$ 的节矩 y_1、y_2、y_k，并绘出绕组展开图，安放主磁极和电刷，求出并联支路数。

1-28　计算单波绕组 $2p = 4$，$S = K = 19$ 的节矩 y_1、y_2、y_k，并绘出绕组展开图，安放主磁极和电刷，求出并联支路数。

1-29　一台直流电机，$2P = 6$，单叠绕组，电枢绕组的总导体数 $N = 398$，气隙每极磁通 Φ

$=2.1\times10^{-2}$ Wb,当转速分别为 $n=1500$ r/min 和 $n=500$ r/min 时,求电枢绕组的感应电动势。

1-30　一台直流电机,$2P=6$,电枢绕组的总导体数 $N=398$,气隙每极磁通 $\Phi=2.1\times10^{-2}$ Wb,电枢电流 $I_a=10$ A,求当采用单叠绕组和单波绕组时,电磁转矩分别为多大?

1-31　一台直流电机,$P_N=1.7$ kW,$U_N=230$ V,$2P=4$,单波绕组,电枢绕组的总导体数 $N=468$,气隙每极磁通 $\Phi=1.03\times10^{-2}$ Wb,$n=1500$ r/min,求:

(1) 额定电流;

(2) 电枢绕组的感应电动势。

1-32　一台并励直流电动机,额定电压 $U_N=220$ V,额定电枢电流 $I_{aN}=75$ A,额定转速 $n_N=1000$ r/min,电枢回路电阻 $R_a=0.26\ \Omega$(包括电刷接触电阻),励磁回路总电阻 $R_f=91\ \Omega$,额定负载时电枢铁损耗 $p_{Fe}=600$ W,机械损耗 $p_m=1989$ W。试求:

(1) 电动机在额定负载运行时的输出转矩;

(2) 额定效率。

1-33　一台并励直流电动机的额定数据如下:$P_N=17$ kW,$U_N=220$ V,$n_N=3000$ r/min,$I_N=88.9$ A,$R_a=0.114\ \Omega$,励磁电阻 $R_f=181.5\ \Omega$,忽略电枢反应。试求:

(1) 电动机的额定输出转矩;

(2) 额定负载时的电磁转矩;

(3) 额定负载时的效率。

1-34　一台并励直流发电机,$P_N=90$ kW,$U_N=230$ V,$R_a=0.04\ \Omega$,励磁电阻 $R_f=60\ \Omega$,$2\Delta U_b=2$ V,铁耗和机械损耗之和 $p_{Fe}+p_{mec}=2$ kW,附加损耗 $p_{ad}=0.01P_N$。

试求:

(1) 额定负载时输入功率 P_{1N};

(2) 额定效率。

1-35　一台并励直流发电机,$P_N=6$ kW,$U_N=230$ V,$n_N=1450$ r/min,$R_a=0.921\ \Omega$,励磁电阻 $R_f=177\ \Omega$,$2\Delta U_b=2$ V,铁耗和机械损耗之和 $p_{Fe}+p_{mec}=313.9$ W,附加损耗 $p_{ad}=60$ W。试求:

(1) 额定负载下的输入功率;

(2) 电磁功率;

(3) 电磁转矩;

(4) 额定效率。

第 2 章　直流电机的电力拖动

【知识目标】 掌握电力拖动系统的运动方程式、生产机械的负载特性、直流电动机的机械特性、电力拖动系统的稳定运行条件等知识。

【能力目标】 学会直流电机的接线方法、直流电动机的启动方法、调速方法、反转方法和电磁制动方法。

【学习方法】 在具体操作中学习。

2.1　电力拖动系统的运动方程式

原动机带动生产机械运转称为拖动,以电动机带动生产机械运转的拖动方式称为电力拖动,其中电动机为原动机,生产机械又称负载。

电力拖动系统中所用的电动机种类很多,生产机械的性质也各不相同。在各种结构形式的电力拖动系统中,最简单的拖动系统是电动机直接拖动生产机械的单轴拖动系统,首先我们来分析其运动方程式。

2.1.1　运动方程式

电力拖动系统的运动方程式描述了系统的运动状态,系统的运动状态取决于作用在原动机转轴上的各种转矩。下面分析电动机直接与生产机械的工作机构相接时,拖动系统的各种转矩及运动方程式。电动机的电磁转矩 T_{em} 通常与转速 n 同方向,是驱动性质的转矩;生产机械的工作机构转矩,即负载转矩 T_L 通常是制动性质的转矩。如果忽略电动机的空载转矩 T_0,根据牛顿第二定律可知,拖动系统旋转时的运动方程式为

$$T_{em} - T_L = J\frac{d\Omega}{dt} \tag{2-1}$$

式中,J——运动系统的转动惯量,单位为 kg·m²;

Ω——系统旋转的角速度,单位为 rad/s;

$J\frac{d\Omega}{dt}$——系统的惯性转矩,单位为 N·m。

在实际工程计算中,经常用转速 n 代替角速度 Ω 来表示系统的转动速度,用飞轮惯量或称飞轮矩 GD^2 代替转动惯量 J 来表示系统的机械惯性。Ω 与 n、J、GD^2 的关系为

$$\Omega = \frac{2\pi n}{60} \tag{2-2}$$

$$J = m\rho^2 = \frac{G}{g}\cdot\frac{D^2}{4} = \frac{GD^2}{4g} \tag{2-3}$$

式中,n——转速,单位为 r/min;

m、G——旋转体的质量与重量,单位分别为 kg 与 N;

ρ、D——转动部分的惯性半径与直径，单位为 m，$\rho^2=\left(\frac{D}{2}\right)^2=\frac{D^2}{4}$；

g——重力加速度，$g=9.8\ \mathrm{m/s^2}$。

把式(2-2)、(2-3)代入式(2-1)，可得运动方程式的实用形式为

$$T_{\mathrm{em}}-T_{\mathrm{L}}=\frac{GD^2}{375}\cdot\frac{\mathrm{d}n}{\mathrm{d}t} \tag{2-4}$$

式中，GD^2——旋转体的飞轮矩，单位为 $\mathrm{N\cdot m^2}$；

$\frac{\mathrm{d}n}{\mathrm{d}t}$的单位为 r/(min·s)。

所以式(2-4)中的 375 具有加速度量纲，即为 $\mathrm{m/s^2}$；而飞轮矩 GD^2 是反映物体旋转惯性的一个整体物理量。电动机和生产机械的 GD^2 可从产品样本和有关设计资料中查到。

由式(2-4)可知，系统的旋转运动分为以下三种状态。

(1) 当 $T_{\mathrm{em}}=T_{\mathrm{L}}$，$\frac{\mathrm{d}n}{\mathrm{d}t}=0$ 时，系统处于静止或恒转速运行状态，即处于稳态。

(2) 当 $T_{\mathrm{em}}>T_{\mathrm{L}}$，$\frac{\mathrm{d}n}{\mathrm{d}t}>0$ 时，系统处于加速运行状态，即处于瞬态过程。

(3) 当 $T_{\mathrm{em}}<T_{\mathrm{L}}$，$\frac{\mathrm{d}n}{\mathrm{d}t}<0$ 时，系统处于减速运行状态，也是处于瞬态过程。

可见，当$\frac{\mathrm{d}n}{\mathrm{d}t}\neq0$ 时，系统处于加速或减速运行，即处于动态，所以常把$\frac{GD^2}{375}\cdot\frac{\mathrm{d}n}{\mathrm{d}t}$或($T_{\mathrm{em}}-T_{\mathrm{L}}$)称为动负载转矩，而把 T_{L} 称为静负载转矩，运动方程式(2-4)就是动态的转矩平衡方程式。

2.1.2 运动方程式中转矩方向的确定

在电力拖动系统中，随着生产机械负载类型和工作状况的不同，电动机的运行状态将发生变化，即作用在电动机转轴上的电磁转矩(拖动转矩)T_{em}和负载转矩(制动转矩)T_{L} 的大小和方向都可能发生变化。因此运动方程式(2-4)中的转矩 T_{em}和 T_{L} 是带有正、负号的代数量。在应用运动方程式时，必须注意转矩的正、负号。一般规定如下：

首先选定电动机处于电动状态时的旋转方向为转速 n 的正方向，然后按照下列规则确定转矩的正、负号。

① 电磁转矩 T_{em}与转速 n 的正方向相同时为正，相反时为负。

② 负载转矩 T_{L} 与转速 n 的正方向相反时为正，相同时为负。

③ 惯性转矩$\frac{GD^2}{375}\cdot\frac{\mathrm{d}n}{\mathrm{d}t}$的大小及正、负号由 T_{em}和 T_{L} 的代数和决定。

2.2 生产机械的负载特性

电力拖动的运动方程式，集电动机的电磁转矩 T_{em}、生产机械的负载转矩 T_{L} 及系统的转速 n 之间的关系于一体，定量地描述了拖动系统的运动规律。但是要对运动方程式求解，首先必须知道电动机的机械特性 $n=f(T_{\mathrm{em}})$和生产机械(负载)的机械特性 $n=f(T_{\mathrm{L}})$。

生产机械运行时常用负载转矩标志其负载的大小，不同的生产机械的转矩随转速变化的规律不同，负载的机械特性也称为负载转矩特性，简称负载特性。

生产机械的负载转矩特性基本上可以分为以下三类。

2.2.1　恒转矩负载特性

恒转矩负载特性，是指生产机械的负载转矩 T_L 的大小与转速 n 无关的特性，即无论转速 n 如何变化，负载转矩 T_L 的大小都保持不变。根据负载转矩的方向与转向的关系，恒转矩负载又分为反抗性恒转矩负载和位能性恒转矩负载两种。

1. 反抗性恒转矩负载

这类负载的特点是：负载转矩的大小恒定不变，而负载转矩的方向总是与转速的方向相反，即负载转矩的性质总是起反抗运动作用的阻转矩性质。显然，反抗性恒转矩负载特性在第一和第三象限内，如图 2-1 所示。皮带运输机、轧钢机、机床的刀架平移和行走机构等由摩擦力产生转矩的机械都属于反抗性恒转矩负载。

2. 位能性恒转矩负载

这类负载是由拖动系统中某些具有位能的部件(如起重类型负载中的重物)造成，其特点是不仅负载转矩的大小恒定不变，而且负载转矩的方向也不变。例如起重机，无论是提升重物还是下放重物，由物体重力所产生的负载转矩的方向是不变的。因此，位能性恒转矩负载特性位于第一与第四象限内，如图 2-2 所示。

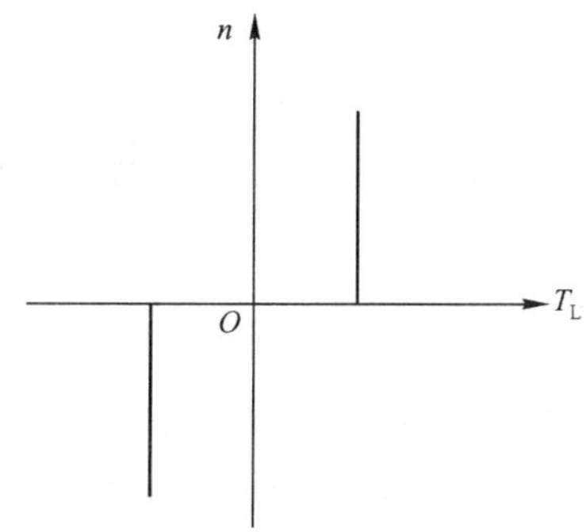

图 2-1　反抗性恒转矩负载特性

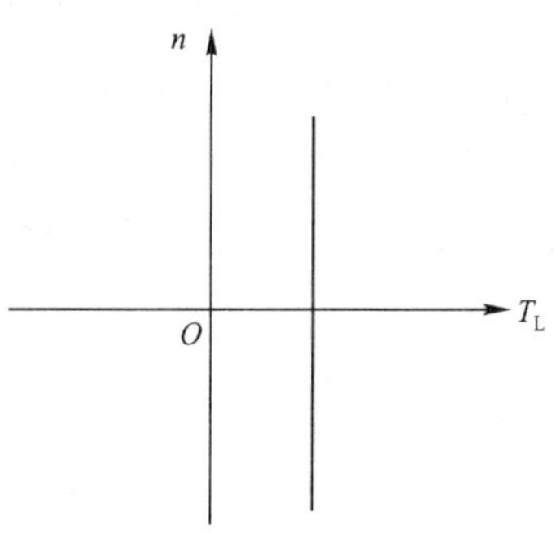

图 2-2　位能性恒转矩负载特性

2.2.2　恒功率负载特性

恒功率负载的特点是：负载转矩与转速的乘积为一常数，即负载功率 $P_L = T_L\Omega = \frac{2\pi}{60}T_L n =$ 常数，也就是负载转矩 T_L 与转速 n 成反比。恒功率负载特性是一条双曲线，如图 2-3 所示。

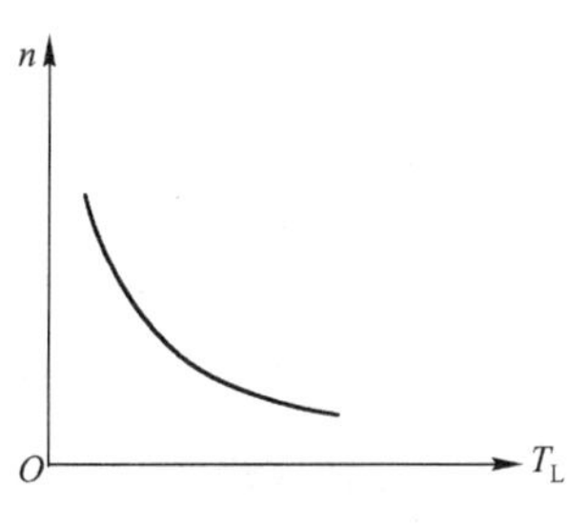

图 2-3　恒功率负载特性

某些生产工艺要求具有恒功率负载特性。例如车床的切削，粗加工时需要较大的吃刀量和较低的转速，精加工时需要较小的吃刀量和较高的转速；又如轧钢机轧制钢板时，小工件需要高速度低转矩，大工件需要低速度高转矩，这些工艺要求都是恒功率负载特性。

2.2.3 通风机类负载特性

水泵、油泵、通风机和螺旋桨等机械的负载转矩基本上与转速的平方成正比，即 $T_L \propto kn^2$，其中 k 是比例常数。这类机械的负载特性是一条抛物线，如图 2-4 中曲线 1 所示。

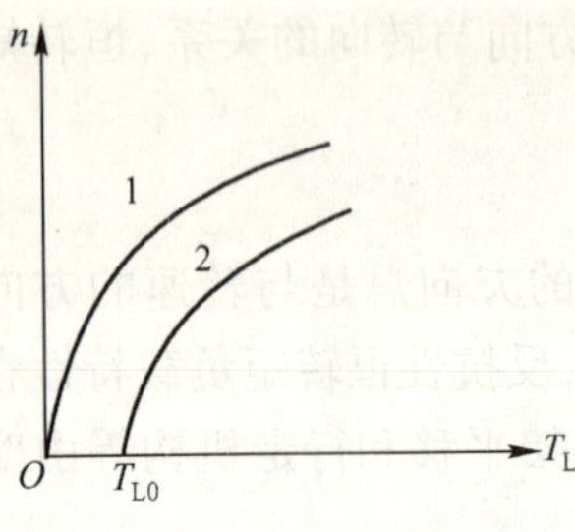

图 2-4 通风机类负载特性

以上介绍的恒转矩负载特性、恒功率负载特性及通风机类负载特性都是从实际各种负载中概括出来的典型的负载特性。实际生产机械的负载特性可能是以某种典型特性为主，或者是几种典型特性的结合。例如，实际通风机除了主要是通风机类负载特性外，由于其轴承上还有一定的摩擦转矩 T_{L0}，因而实际通风机的负载特性应为 $T_L = T_{L0} + kn^2$，如图 2-4 中曲线 2 所示。

2.3 直流电动机的机械特性

电动机的机械特性是指电动机的转速 n 与其电磁转矩 T_{em} 之间的关系：$n = f(T_{em})$。

2.3.1 直流电动机机械特性的表达式

他励直流电动机的接线如图 2-5 所示。

电枢回路的总电阻称为电枢内阻 R_a，电枢回路有时还串入附加电阻，此时电枢回路电阻包括附加电阻。为了使电动机能正常工作，在励磁电路中一般加入一个可调节大小的电阻，用于调节励磁电流的大小。

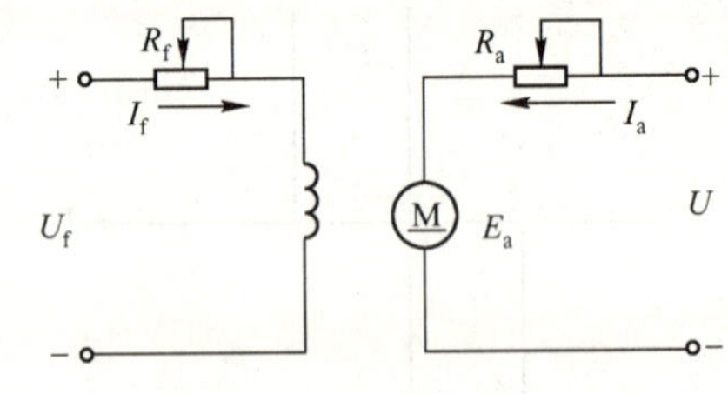

图 2-5 他励直流电动机的接线

我们已经知道直流电动机的电磁转矩为：$T_{em} = C_T \Phi I_a$；感应电动势为：$E_a = C_e \Phi n$；电枢回路电压平衡方程式为：$U = E_a + I_a R_a$。由此可得机械特性方程式为

$$n = \frac{U}{C_e \Phi} - \frac{R_a}{C_e C_T \Phi^2} T_{em} \tag{2-5}$$

当 U、R_a、Φ 的数值不变时，直流电动机的机械特性方程式可写为

$$n = n_0 - \beta T_{em} = n_0 - \Delta n \tag{2-6}$$

式中，n_0——电磁转矩 $T_{em} = 0$ 时的转速，称为理想空载转速。$n_0 = U/(C_e \Phi)$。电动机实际空载运行时，由于 $T_{em} = T_0 \neq 0$，所以实际空载转速 n_0' 略小于理想空载转速 n_0。

β——机械特性的斜率，$\beta = R_a/(C_e C_T \Phi^2)$；

Δn——转速降落，$\Delta n = R_a T_{em}/(C_e C_T \Phi^2)$。

在同样的理想空载转速下，β 值较小时，直线倾斜不大，即转速随电磁转矩的变化较小，称此机械特性曲线为硬机械特性；β 值越大，直线倾斜越厉害，机械特性为软机械特性。电动机的机械特性分为固有机械特性和人为机械特性。

2.3.2　固有机械特性

当他励直流电动机的电源电压、磁通为额定值，电枢回路未接附加电阻时的机械特性称为固有机械特性。其固有机械特性的方程式为

$$n=\frac{U_N}{C_e\Phi_N}-\frac{R_a}{C_eC_T\Phi_N^2}T_{em}\tag{2-7}$$

式中，U_N、n_N 可以从铭牌数据中查到，电枢电阻可由近似公式估算得到。一般电动机额定运行时，铜损耗是总损耗的 1/2～1/3，则电枢电阻为

$$R_a=\left(\frac{1}{2}\sim\frac{1}{3}\right)\frac{U_NI_N-P_N}{I_N^2}\tag{2-8}$$

得到 R_a 后，$C_e\Phi_N$ 可根据额定运行时的电压平衡方程式得出

$$C_e\Phi_N=(U_N-I_NR_a)/n_N\tag{2-9}$$

$$C_T\Phi_N=9.55C_e\Phi_N\tag{2-10}$$

如果要画出电动机的机械特性，可以按照上面的计算步骤，在机械特性方程式中代入不同的电磁转矩，就可以得到不同的转速。他励直流电动机的固有机械特性如图 2-6 所示。

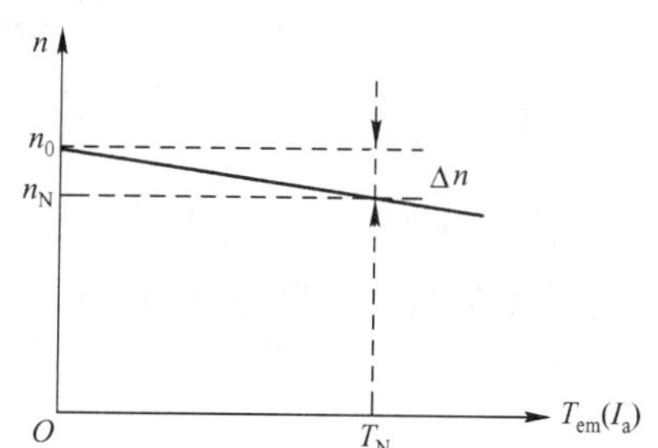

图 2-6　他励直流电动机的固有机械特性

可以看出，他励直流电动机的固有机械特性是一条直线。因为电枢电阻较小，对应额定电磁转矩时的转速降落也很小。所以他励直流电动机的固有机械特性是硬特性。

2.3.3　人为机械特性

如果人为地改变电动机机械特性中磁通、电源电压和电枢回路串联电阻任意一个或两个甚至三个参数，这样的机械特性称为人为机械特性。

1. 电枢回路串接电阻人为机械特性

当电源电压和磁通都是额定值时，电枢回路串入电阻，这时的人为机械特性方程式为

$$n=\frac{U_N}{C_e\Phi_N}-\frac{R_a+R_{ad}}{C_eC_T\Phi_N^2}T_{em}\tag{2-11}$$

与固有机械特性相比，电枢回路串电阻的人为机械特性的特点是：

① 理想空载转速保持不变；

② 斜率 β 随 R_{ad} 的增大而增大，转速降 Δn 增大，特性曲线变软。图 2-7 是 R_{ad} 不同时的一组人为机械特性。改变电阻的大小，可使电动机的转速发生变化。

2. 改变电枢电压的人为机械特性

当他励直流电动机由电压可调的电源供电时，保持额定磁通不变，电枢回路也不串电阻，改变电枢外加电压可得到另一类人为机械特性。由于电动机的外加电压不允许超过额定值，因此改变电枢电压只能在额定值以下进行。改变电枢电压的人为机械特性为

$$n=\frac{U}{C_e\Phi_N}-\frac{R_a}{C_eC_T\Phi_N^2}T_{em} \quad (2\text{-}12)$$

由上式看出，降低电枢电压后，理想空载转速 n_0 下降，特性曲线的斜率 β 不变，因此降低电枢电压情况下的人为机械特性是一组平行线，如图 2-8 所示。改变电枢电压可以调速。当负载转矩不变时，电压越低，转速也越低。

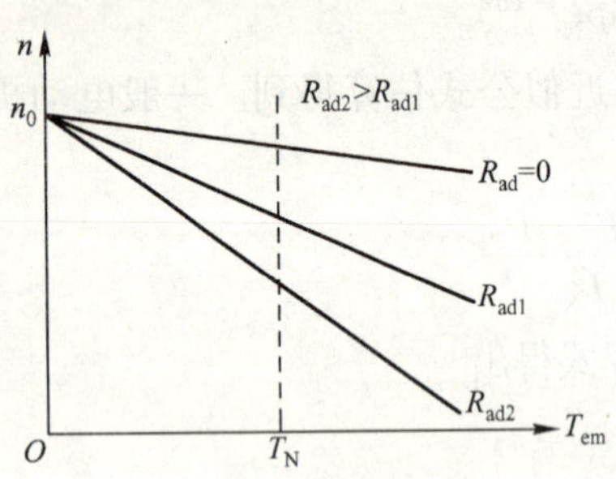

图 2-7 他励直流电动机电枢回路串电阻人为机械特性

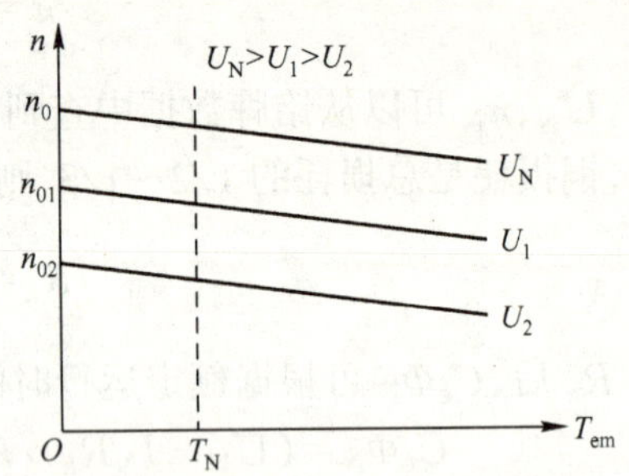

图 2-8 他励直流电动机降压人为机械特性

3．减弱磁通时的人为机械特性

保持电动机的电枢电压为额定值，电枢回路不串接电阻，改变他励直流电动机励磁绕组的串联电阻 R_{fad}，就可以改变励磁电流，从而改变磁通。由此得出减弱磁通时的人为机械特性为

$$n=\frac{U_N}{C_e\Phi}-\frac{R_a}{C_eC_T\Phi^2}T_{em} \quad (2\text{-}13)$$

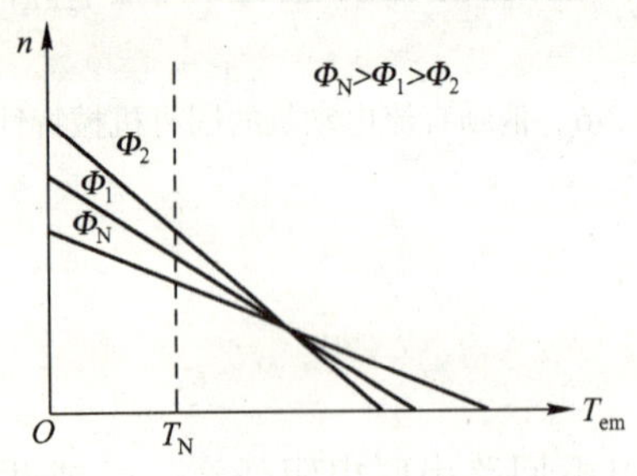

图 2-9 他励直流电动机减弱磁通时的人为机械特性

由于电机设计时，Φ_N 处于磁化曲线的膝点，接近饱和值，因此，磁通一般从额定值 Φ_N 减弱。与固有机械特性相比，减弱磁通时的人为机械特性的特点是：

① 理想空载转速与磁通成反比，减弱磁通 Φ，n_0 升高；

② 斜率 β 与磁通的平方成反比，弱磁使斜率增大。

减弱磁通时的人为机械特性如图 2-9 所示。它是一组随 Φ 减弱，理想空载转速升高，曲线斜率变大的直线。

【例 2-1】 一台直流电动机的铭牌数据为：$P_N=13\ \text{kW}$，$U_N=220\ \text{V}$，$I_{aN}=68.6\ \text{A}$，$n_N=1500\ \text{r/min}$。

① 试绘制固有机械特性曲线；

② 试绘制下述情况下的人为机械特性。

- 电枢电路串入电阻 $R_{ad}=0.9\ \Omega$
- 电源电压降至 $U=\frac{1}{2}U_N=110\ \text{V}$
- 磁通减至 $\Phi=\frac{2}{3}\Phi_N$

【解】 ① 试绘制固有机械特性曲线。

计算电枢电阻 R_a、$C_e\Phi_N$ 及 n_0：

$$R_a=\left(\frac{1}{2}\sim\frac{1}{3}\right)\frac{U_NI_{aN}-P_N}{I_{aN}^2}=\frac{220\times68.6-13\times1000}{68.6^2\times2}=0.223(\Omega)$$

$$C_e\Phi_N=(U_N-I_NR_a)\cdot\frac{1}{n_N}=\frac{220-68.6\times0.223}{1500}=0.136$$

$$n_0=\frac{U_N}{C_e\Phi_N}=\frac{220}{0.136}=1618(\text{r/min})$$

计算额定电磁转矩 T_N:

$$C_T\Phi_N=9.55C_e\Phi_N=9.55\times0.136=1.30$$

$$T_N=C_T\Phi_NI_{aN}=1.30\times68.6=89.2(\text{N}\cdot\text{m})$$

固有机械特性曲线如图 2-10 曲线 1 所示。

② 绘制人为机械特性曲线。

- 电枢电路串入电阻 $R_{ad}=0.9\ \Omega$, $n_0=1618$ r/min,电磁转矩 $T_{em}=89.2$ N·m 时,电枢电流为 $I_{aN}=68.6$ A,电动机的转速为

$$n=n_0-\frac{I_{aN}(R_a+R_{ad})}{C_e\Phi_N}=1618-\frac{68.6\times(0.223+0.9)}{0.136}=1052\quad(\text{r/min})$$

其串联电阻的人为机械特性如图 2-10 曲线 2 所示。

- 电源电压降至 $U=110$ V,在理想空载时,理想空载转速 n'_0 为

$$n'_0=\frac{U}{C_e\Phi_N}=\frac{110}{0.136}=809\quad(\text{r/min})$$

额定电磁转矩时,电枢电流仍为 $I_{aN}=68.6$ A,此时电动机的转速为

$$n'=n'_0-\frac{I_{aN}R_a}{C_e\Phi_N}=809-\frac{68.6\times0.223}{0.136}=697\quad(\text{r/min})$$

其降压的人为机械特性如图 2-10 曲线 3 所示。

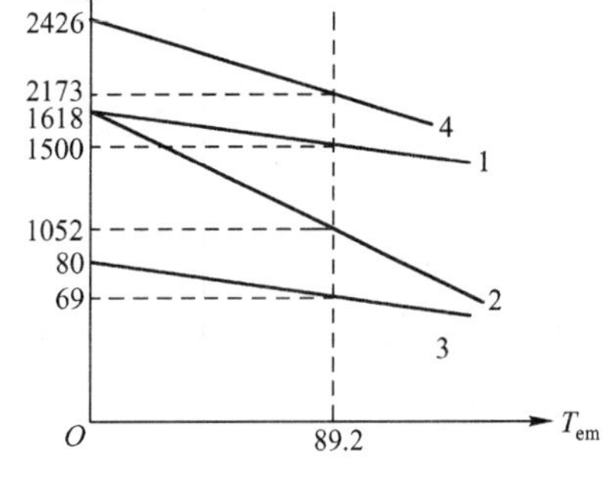

图 2-10　(例 2-1)电动机的机械特性曲线

- 磁通减至 $\Phi=\frac{2}{3}\Phi_N$,电动机在 $T_{em}=0$ 时,理想空载转速 n''_0 为

$$n''_0=\frac{U_N}{C_e\Phi}=\frac{U_N}{\frac{2}{3}C_e\Phi_N}=\frac{220}{\frac{2}{3}\times0.136}=2426\quad(\text{r/min})$$

当 $T_N=89.2$ N·m 时,因磁通减少,电动机的转速为

$$n''=n''_0-\frac{R_a}{\frac{2}{3}C_e\Phi_N\times\frac{2}{3}C_T\Phi_N}T_N=2426-\frac{0.223}{\frac{4}{9}\times0.136\times1.30}\times89.6$$

$$=2426-253=2173\quad(\text{r/min})$$

其减弱磁通的人为机械特性如图 2-10 曲线 4 所示。

2.4　电力拖动系统的稳定运行条件

2.4.1　电力拖动系统的稳定运行

一台电动机拖动生产机械,以多高的转速运行,取决于电动机的机械特性和生产机械的负

载特性。如果知道了生产机械的负载转矩特性 $n=f(T_L)$ 和电动机的机械特性 $n=f(T_{em})$，把两种特性配合起来，就可以研究电力拖动系统的稳定运行问题。

设有一电力拖动系统，原来处于某一转速下运行，由于受到外界某种扰动，如负载的突然变化或电网电压的波动等，导致系统的转速发生变化而离开了原来的平衡状态，如果系统能在新的条件下达到新的平衡状态，或者当外界扰动消失后能自动恢复到原来的转速下继续运行，则称该系统是稳定的；如果当外界扰动消失后，系统的转速或是无限制地上升，或是一直下降至零，则称该系统是不稳定的。

一个电力拖动系统能否稳定运行，是由电动机机械特性和负载转矩特性的配合情况决定的。当把实际系统简化为单轴系统后，电动机的机械特性和负载的转矩特性可画在同一坐标图中，图 2-11 给出了恒转矩负载特性和电动机的两种不同机械特性的配合情况。下面以图 2-11 为例，分析电力拖动系统稳定运行的条件。

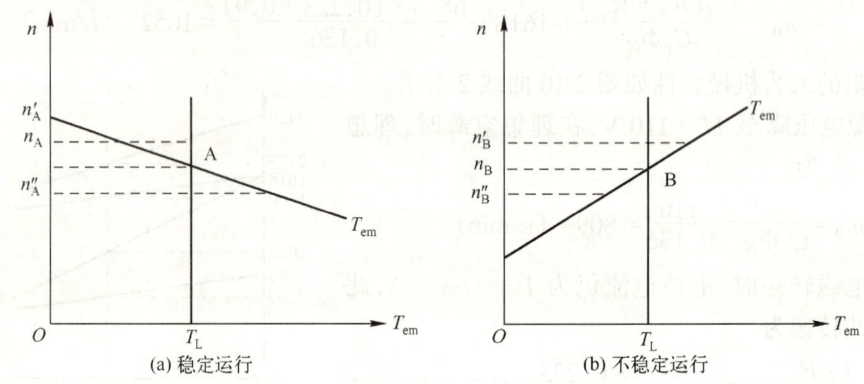

图 2-11 电力拖动系统稳定运行的条件

由运动方程式可知，系统处于恒转速运行的条件是电磁转矩 T_{em} 与负载转矩 T_L 相等。所以图 2-11 中，电动机机械特性和负载转矩特性的交点 A 或 B 是系统运行的工作点。在 A 或 B 点处，均满足 $T_{em}=T_L$，且均具有恒定的转速 n_A 或 n_B，但是，当出现扰动时，它们的运行情况有以下区别。

当在 A 点运行时，若扰动使转速获得一个微小的增量 Δn，转速由 n_A 上升到 n'_A，此时电磁转矩小于负载转矩，所以当扰动消失后，系统将减速，直到回到 A 点运行。若扰动使转速由 n_A 下降到 n''_A，此时电磁转矩大于负载转矩，所以当扰动消失后，系统将加速，直到回到 A 点运行，可见 A 点是系统的稳定运行点。

当在 B 点运行时，若扰动使转速获得一个微小的增量 Δn，转速由 n_B 上升到 n'_B，这时电磁转矩大于负载转矩，即使扰动消失了，系统也将一直加速，不可能回到 B 点运行。若扰动使转速由 n_B 下降到 n''_B，则电磁转矩小于负载转矩，扰动消失后，系统将一直减速，也不可能回到 B 点运行，因此 B 点是不稳定运行点。

2.4.2 电力拖动系统的稳定运行条件

通过以上分析可见，电力拖动系统的工作点在电动机机械特性与负载转矩特性的交点上，但是并非所有的交点都是稳定工作点。也就是说，$T_{em}=T_L$ 仅仅是系统稳定运行的一个必要条件,而不是充分条件。要实现稳定运行,还需要电动机机械特性与负载转矩特性在交点($T_{em}=T_L$)处配合得好。因此,电力拖动系统稳定运行的充分必要条件是:

① 必要条件。电动机的机械特性与负载的转矩特性必须有交点,即存在 $T_{em}=T_L$。

② 充分条件。在交点 $T_{em}=T_L$ 处,满足$\frac{dT_{em}}{dn}<\frac{dT_L}{dn}$。或者说,在交点的转速以上存在 $T_{em}<T_L$,而在交点的转速以下存在 $T_{em}>T_L$。

由于大多数负载转矩都随转速的升高而增大或者保持恒定,因此只要电动机具有下倾的机械特性,就能满足稳定运行的条件。

应当指出,上述电力拖动系统的稳定运行条件,无论对直流电动机还是对交流电动机都是适用的,具有普遍意义。

2.5　他励直流电动机的启动和反转

2.5.1　他励直流电动机的启动

直流电动机的启动,是指直流电动机接通电源后,转子转速由零过渡到稳定转速的全过程,虽然直流电动机的启动过程持续的时间是很短的,但正确的启动方法是安全合理使用直流电动机的重要条件之一,因此对直流电动机的启动过程和启动方法要进行分析研究。

生产机械对直流电动机的启动有以下要求:

① 启动转矩足够大,即 $T_{st}>T_L$,电动机才能顺利启动;

② 启动电流不可太大;

③ 启动设备操作方便,启动时间短,运行可靠,成本低廉。

他励直流电动机的启动方法有三种:

① 直接启动;

② 减压启动;

③ 电枢回路串电阻启动。

1. 直接启动

直接启动是指在接通励磁电压后,不采取任何限制启动电流措施,把他励直流电动机的电枢直接接到额定电压的电源上启动,又称为全压启动。启动瞬间,电枢转速 $n=0$,感应电动势 $E_a=0$,启动电流为

$$I_{st}=\frac{U_N-E_a}{R_a}=\frac{U_N}{R_a} \tag{2-14}$$

启动转矩为

$$T_{st}=C_T\Phi I_{st} \tag{2-15}$$

直接启动不需要专用启动设备,操作简便,主要缺点是启动电流太大,对于一般他励直流电动机,因 R_a 很小,I_{st}可达$(10\sim20)I_N$,这样大的启动电流可使换向器产生强烈的火花,同时很大的启动转矩可能会使轴受到直流电动机不允许的机械冲击,严重时将损坏电力系统中的传动装置。所以全压启动只限于容量很小的直流电动机。

2. 降压启动

降压启动是在启动前将施加在电动机电枢两端的电源电压降低,以减小启动电流 I_{st},为

了获得足够的启动转矩 $T_{st}>T_L$,启动时电流通常限制在$(1.5\sim2)I_N$内,则启动电压应为

$$U_{st}=I_{st}R_a=(1.5\sim2)I_NR_a \tag{2-16}$$

随着转速 n 的上升,电动势 E_a 也逐渐增大,I_a 相应减小,启动转矩也减小。为使 I_{st}保持在$(1.5\sim2)I_N$范围,启动过程中电压 U 必须不断升高,直至电压升到额定电压 U_N,电动机进入稳定运行状态,启动过程结束。

目前可调电压的直流电源多用可控硅整流装置组成,自动控制程度较高。

3. 电枢回路串电阻启动

在电枢回路串电阻可以限制启动电流,启动瞬间串入的电阻最多,在启动过程中将电阻逐级切除。一般启动电阻是多级电阻。他励直流电动机电枢串三级启动电阻的接线图如图 2-12 所示。图 2-13 是他励直流电动机电枢串三级电阻启动的机械特性图。图中 KM 为接通电源用的直流接触器主触点,KM_1、KM_2、KM_3 为启动过程中切除启动电阻 R_{st}的三个接触器的主触点。

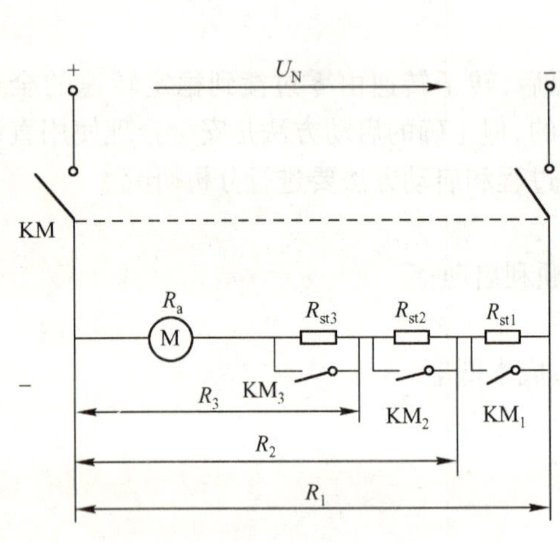

图 2-12 他励直流电动机电枢串三级启动电阻的接线图

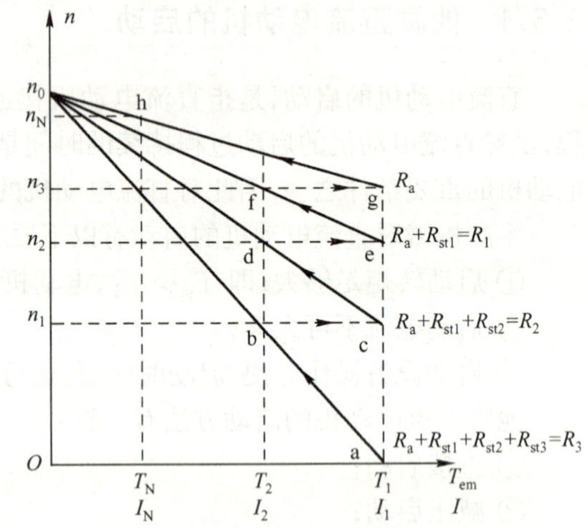

图 2-13 他励直流电动机电枢串三级启动电阻的机械特性

启动时,保持励磁电流不变,然后使接触器 KM 主触点闭合,接通电枢电源,此时接触器主触点 KM_1、KM_2、KM_3 断开,启动电阻全部串入电枢,设电枢电压为 U,则启动瞬间电流为

$$I_1=\frac{U}{R_a+R_{st1}+R_{st2}+R_{st3}}=\frac{U}{R_1} \tag{2-17}$$

式中,R_1——电枢电路总电阻;

I_1——尖峰电流,它不能太大,也不能太小。

按技术规定:额定功率 $P_N<150$ kW 时,取 $I_1\leqslant2.5I_N$;额定功率 $P_N>150$ kW 时,取 $I_1<2I_N$。

由电流 I_1 产生启动转矩 T_{st1},在电磁转矩 T_{st1}的作用下,电动机开始升速,随着 n 的上升,感应电动势 E_a 相应增加,电枢电流 I_a 下降。当 I_a 下将到 I_2 时,KM_1 主触点闭合,切除 R_{st1},电枢电流 I_a 又升到 I_1,转速继续上升,I_a 又开始下降,待 I_1 又下降到 I_2 时,KM_2 接触器动作,切除 R_{st2},I_a 再次升到 I_1,转速继续上升,I_a 又开始下降,待 I_1 再次下降到 I_2 时,KM_3

动作，切除 R_{st3}，电磁转矩，再升到 T_1，此时附加电阻全部切除，直流电动机的转速沿着固有特性继续上升，直至启动过程结束。

2.5.2 他励直流电动机的反转

要使电动机反转，必须改变电磁转矩的方向，而电磁转矩的方向由磁通方向和电枢电流的方向决定，所以，只要将磁通 Φ 和 I_a 任意一个参数方向改变，电磁转矩即改变方向。因此直流电动机的反转方法有以下两种。

1. 只改变励磁电流的方向

保持电枢两端电压极性不变，将励磁绕组反接，使励磁电流反向，磁通 Φ 即改变方向。

2. 只改变电枢电压极性

保持励磁绕组两端电压极性不变，将电枢绕组反接，电枢电流 I_a 即改变方向。

由于他励直流电动机的励磁绕组匝数多，电感大，励磁电流从正向额定值变到负向额定值的时间长，反向过程缓慢，而且在励磁绕组反接断开瞬间，绕组中将产生很大的自感电动势，可能造成绝缘击穿，所以实际应用中大多采用改变电枢电压极性的方法来实现电动机的反转。但在电动机容量很大，对反转速度要求不高的场合，则因励磁电路的电流和功率小，为了减小控制电器的容量，常采用改变励磁绕组极性的方法实现电动机的反转。

2.6 他励直流电动机的调速

为了满足生产工艺的要求，往往需要改变工作速度，例如，金属切削机床，由于工件的材料和精度的要求不同，工作速度也就不同。在负载不变的情况下，人为地改变电动机的转速，称为调速 。

调速可用机械方法、电气方法、机械电气相结合的方法，本书只讨论电气调速。电气调速是人为地改变电动机的参数，使电力系统运行于不同的人为机械特性上，从而在相同的负载下，得到不同的转速。

根据直流电动机的转速公式 $n=\dfrac{U}{C_e\Phi}-\dfrac{R_a+R_{ad}}{C_e\Phi}I_a$ 可知，当电流不变时，要改变电动机的转速有以下三种方法。

① 降压调速。减低电枢电源电压，使理想空载转速 n_0 下降，导致转速 n 下降。

② 电枢回路串电阻调速。在电枢回路串入不同数值的附加电阻 R_{ad}，使机械特性斜率变大，转速降变大，转速下降。

③ 弱磁调速。减少他励电动机的励磁电流，使主磁通 Φ 减小，导致理想空载转速和转速降都增加，在一定负载下，转速 n 将增加。

必须注意，调速与速度变化是两个不同的概念。速度变化是指生产机械的负载转矩受到扰动时，系统将在电动机的同一条机械特性上的另一位置达到新的平衡，因而使系统的转速也随着变化。调速是在负载不变情况下，人为地改变电动机的有关参数，使电动机运行在另一条机械特性曲线上而使系统的转速发生相应的变化。

2.6.1 调速指标

电动机调速性能的好坏，常用下列各项指标来衡量。

1. **调速范围**

调速范围是指电动机拖动额定负载时，所能达到的最高转速 n_{max} 与最低转速 n_{min} 之比。用 D 表示，即

$$D=\frac{n_{max}}{n_{min}} \tag{2-18}$$

不同的生产机械对调速范围的要求不同，例如，车床 $D=20\sim100$，龙门刨床 $D=10\sim40$，轧钢机 $D=3\sim120$，造纸机 $D=3\sim20$ 等。

要扩大调速范围 D，必须提高 n_{max} 和降低 n_{min}，但 n_{max} 受到电动机的机械强度和换向条件的限制，n_{min} 受到相对稳定性的限制。

2. **调速的相对稳定性**

调速的相对稳定性是指负载转矩变化时，转速随之变化的程度，常用静差率 δ 来衡量。静差率表示电动机在某一机械特性上运行时，由理想空载到额定负载所出现的转速降与理想空载转速之比，用百分数表示为

$$\delta=\frac{\Delta n}{n_0}\times100\%=\frac{n_0-n_N}{n_0}\times100\% \tag{2-19}$$

显然，在相同的情况下，电动机的机械特性越硬，静差率就越小，相对稳定性就越好。但静差率与机械特性的硬度又有不同之处，两条互相平行的机械特性的硬度相同，但静差率不同。

不同生产机械对 δ 的要求不同，一般设备对静差率要求不高，$\delta<(30\%\sim50\%)$，精密机床要求 $\delta<(1\%\sim5\%)$。

静差率与调速范围是互相联系的两个指标，由于最低转速取决于低速时的静差率，因此，调速范围必然受到低速特性静差率的制约。以减压调速为例，推出调速范围 D 与低速静差率 δ 的关系。

$$\begin{aligned}D&=\frac{n_{max}}{n_{min}}=\frac{n_{max}}{n_{01}-\Delta n_N}=\frac{n_{max}}{n_{01}(1-\Delta n_N/n_{01})}\\&=\frac{n_{max}}{\Delta n_N(1-\delta)/\delta}=\frac{n_{max}\delta}{\Delta n_N(1-\delta)}\end{aligned} \tag{2-20}$$

由上式可知，当 n_{max}、Δn_N 均为恒值时，调速的相对稳定性要求越高，即静差率 δ 越小，则调速范围 D 也越小，若要求 D 大时，必须设法提高机械特性的硬度，减少额定转速降 Δn_N 的数值。

3. **调速的平滑性**

调速的平滑性可用平滑系数表示，其定义是相邻两级转速之比，即

$$K=\frac{n_i}{n_{i-1}} \tag{2-21}$$

K 值越接近 1，调速平滑性越好。当 $K=1$ 时，称为无级调速，即在调速范围内，转速可以达到任意值。

4. **调速的经济性**

调速的经济性是指对调速设备的投资和电能损耗、调速效率等经济效果的综合比较。无论采用哪一种调速方法，都希望初始投资越小越好，运行费用越低越好。

5. **调速时电动机的允许输出**

允许输出是指电动机在得到充分利用的情况下，调速过程中轴上所能输出的功率和转矩。

为了合理使用电动机，既使它充分发挥作用，又要保证它的使用寿命，应使电动机在不同转速下长期工作时，电枢电流等于额定值不变。在电动机稳定运行时，实际输出的功率和转矩由负载的需要来决定，故应使调速方法适应负载的要求。

2.6.2　他励直流电动机电枢电路串电阻调速

电枢电路串电阻调速时，保持 $\Phi=\Phi_N$，$U=U_N$ 不变，调节电枢电路所串电阻 R_{ad}，即可实现转速调节。他励直流电动机电枢电路串电阻调速的机械特性如图2-14所示。

电动机在调速前，带额定负载，稳定工作在机械特性曲线A点。调速开始在电枢电路串入电阻 R_{ad1}，这时转速 n 还来不及变化，感应电动势 E_a 未变，电动机的工作点由A点平移到B点，电枢电流 I_a 降低，电磁转矩 T_{em} 减小，$T_{em}<T_N$，电动机减速运行。随着 n 下降，感应电动势 E_a 减小，电枢电流 I_a 和电磁转矩 T_{em} 逐渐上升，直至 $n=n_1$ 时，即达到C点时，电磁转矩 $T_{em}=T_N$，电动机以 n_1 稳定运行。如果调速开始在电枢电路串入电阻 R_{ad2}，则电动机最后达到D点，以 n_2 稳定运行。

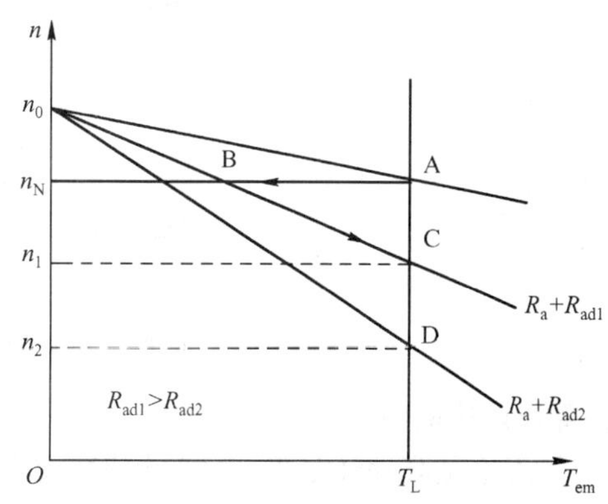

图2-14　他励直流电动机电枢电路串电阻调速的机械特性

图2-14中画出了电枢分别串入 R_{ad1}、R_{ad2} 时的人为机械特性。可见在一定的负载转矩 T_L 下，电枢的电阻越大，电动机的转速越低。在额定负载下，电动机的最高转速是额定转速。

电枢串电阻调速的特点如下：

① 串入电阻后转速只能降低，由于机械特性变软，静差率变大，特别是低速运行时，负载稍有变动，电动机转速波动就很大；

② 调速的平滑性不高；

③ 由于电枢电流大，调速电阻消耗的能量较多，不经济；

④ 调速方法简单，设备投资少。

这种调速方法适用于小容量电动机的调速。

2.6.3　他励直流电动机降低电枢电压调速

保持 $\Phi=\Phi_N$ 不变，电枢电路不串入附加电阻，通过可调压直流电源调节电枢外加电压来调节转速。由于电枢电压 U_a 下降，理想空载转速下降，电动机的转速 n 也相应地下降。因机械特性斜率 β 不变，所以由减压调速可得到一组处于固有特性下方且平行于固有特性的人为特性。图2-15所示为电动机带恒转矩负载的机械特性。

假设电动机原来工作在A点，电枢电压为 U，转速为 n。降低电枢电压为 U_1 后，工作点将转移到相应的人为机械特性上，从而得到较低的转速。调速过程如下：调速开始时，降低电枢电压，这时 n 不变，感应电动势 E_a 不变。电动机工作点由A点沿水平方向跃到B点，电枢电流 I_a 降低，电磁转矩 $T_{em}<T_L$，电动机减速运行。随着 n 下降，E_a 减小，电枢电流 I_a 和电

磁转矩 T_{em}逐渐上升，直至 $n=n_1$ 时，即达到C点时，电磁转矩 $T_{em}=T_L$，电动机以较低的转速 n_1 稳定运行，调速过程结束。当降低电枢电压为 U_2 时，最后稳定运行在E点，转速为 n_2。可见电枢电压不同，就可得到不同的稳定转速。

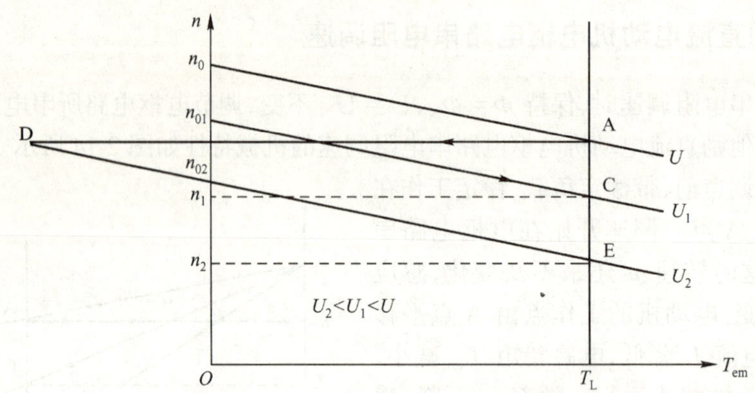

图 2-15 他励直流电动机降低电枢电压调速的机械特性

降压调速的特点。

① 无论是高速还是低速，机械特性硬度不变，静差率小，但有所增大，调速性能稳定，故调速范围广；

② 电源电压能平滑调节，故调速平滑性好，可达到无级调速；

③ 降压调速是通过减小输入功率来降低转速的，低速时，损耗减小，调速经济性好；

④ 调压电源设备复杂，造价高，初始投资大。

降压调速的性能好，主要被广泛用于自动控制系统中。

2.6.4 弱磁调速

弱磁调速时，保持 $U=U_N$，电枢电路不串附加电阻，通过调节励磁回路的附加电阻，减小励磁电流，使磁通下降，从而实现调速。弱磁调速的人为机械特性曲线如图 2-16 所示。

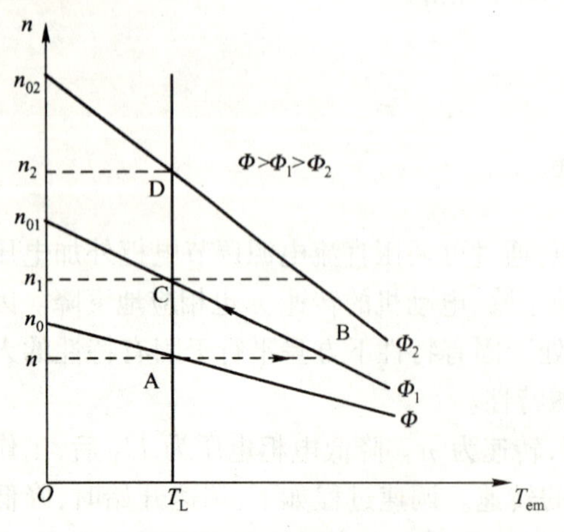

图 2-16 他励直流电动机弱磁调速的机械特性

弱磁调速的过程为：设电动机在A点稳定运行，当突然将磁通从 Φ 降至 Φ_1 时，转速来不及变化，则电动机运行由A点过渡到B点，在B点，$T_{em}>T_L$，电动机立即加速，随着 n 的升高，感应电动势 E_a 增大，电枢电流 I_a 降低，电磁转矩 T_{em}也降低，直到C点 $T_{em}=T_L$，电动机以较高的工作转速 n_1 稳定运行。如果将磁通从 Φ 降至 Φ_2 时，最后电动机稳定运行于D点，以较高的工作转速 n_2 稳定运行。弱磁到 Φ_2 后，人为机械特性为：$n=\dfrac{U_N}{C_e\Phi_2}-\dfrac{R_a}{C_eC_T\Phi_2^2}T_{em}$，由于磁通降低，理想空载转速增大，特性斜率也增大，机械特性变软。

弱磁调速的特点：

① 弱磁调速机械特性较软，受电动机换向条件和机械强度的限制，转速调高的幅度不大；

② 调速平滑，可以实现无级调速；

③ 在功率较小的励磁回路中调节，能量损耗小；

④ 控制方便，控制设备投资少。

【例 2-2】 一台他励电动机，额定功率 $P_N=22$ kW，额定电压 $U_N=220$ V，额定电流 $I_N=115$ A，额定转速 $n_N=1500$ r/min，电枢电阻 $R_a=0.1\ \Omega$，忽略空载转矩，试求：

① 电动机带额定负载，须把转速降到 1000 r/min，电枢回路应串多大电阻？

② 电动机负载为 $0.8T_N$，须把转速降到 1000 r/min，电枢电压须降低到多少伏？

③ 负载转矩为 $0.6T_N$，须把转速升高到 2000 r/min，磁通应降为额定磁通的多少倍？

【解】 ① $C_e\Phi_N$ 为

$$C_e\Phi_N=\frac{U_N-I_NR_a}{n_N}=\frac{220-115\times0.1}{1500}=0.139$$

理想空载转速为 $n_0=\frac{U_N}{C_e\Phi_N}=\frac{220}{0.139}=1583\quad(\text{r/min})$

额定转速降落为 $\Delta n_N=n_0-n_N=1583-1500=83\quad(\text{r/min})$

串电阻后转速降落为 $\Delta n=n_0-n=1583-1000=583\quad(\text{r/min})$

转速降落之比为 $\frac{\Delta n}{\Delta n_N}=\frac{R_a+R_{ad}}{R_a}$

串入电阻为

$$R_{ad}=\frac{\Delta n}{\Delta n_N}R_a-R_a=R_a\left(\frac{\Delta n}{\Delta n_N}-1\right)=0.1\times\left(\frac{583}{83}-1\right)=0.6(\Omega)$$

② 负载为 $0.8T_N$ 时的电枢电流为 $I_a=0.8I_N=0.8\times115=92\quad(\text{A})$

降低的电压为

$$U=I_aR_a+C_e\Phi_Nn=92\times0.1+0.139\times1000=9.2+139=148.2\quad(\text{V})$$

③ 电磁转矩为

$$T_{em}=0.6T_N=0.6C_T\Phi_NI_N=0.6\times9.55\times0.139\times115=91.6\quad(\text{N·m})$$

机械特性方程式为

$$n=\frac{U_N}{C_e\Phi}-\frac{R_a}{C_eC_T\Phi^2}T_{em}$$

$$2000=\frac{220}{C_e\Phi}-\frac{0.1}{9.55(C_e\Phi)^2}\times91.6$$

$$2000(C_e\Phi)^2-220C_e\Phi+0.959=0$$

$$C_e\Phi=0.1054\ \text{或}\ C_e\Phi=0.0045$$

因 $C_e\Phi$ 不能减小得太多，否则电枢电流太大，故取 $C_e\Phi=0.1054$

$$\frac{\Phi}{\Phi_N}=\frac{0.1054}{0.139}=0.758$$

2.7 他励直流电动机的制动

电动机的制动就是对电动机加上一个与旋转方向相反的制动转矩。在一些生产机械中，有时为了使电动机很快地减速或停车,需要制动。制动对提高劳动生产率和保证人身和设备的安全是很必要的。电动机的制动方法有机械制动和电气制动,本节以电气制动为主。电动机的电磁制动是使电动机产生一个与旋转方向相反的电磁转矩进行制动。对电动机制动的要求是,要有足够大的制动转矩,而且制动电流不要超过电机换向和发热所允许的数值。电机的电气制动分为能耗制动、回馈制动和反接制动三种。

2.7.1 能耗制动

1. 能耗制动的实现方法

能耗制动接线原理如图 2-17 所示。能耗制动是把正在电动状态运行的他励直流电动机的电枢从电网上切除,并接到一个外加的制动电阻上构成闭合回路。制动时,保持磁通大小、方向均不变,切断电源,同时接入制动电阻 R_b,由于电动机的转速及方向来不及变化,直流电动机电枢感应电动势 E_a 大小与方向未变,在 E_a 作用下,电枢电流改变方向为负值,电磁转矩也随之改变方向为负值,使电磁转矩对电机起制动作用,这时电动机由拖动系统的惯性作用,将储存的动能转换成电能,消耗在电阻 R_a+R_b 上,直到电动机停止转动为止。所以这种制动方式称为能耗制动。

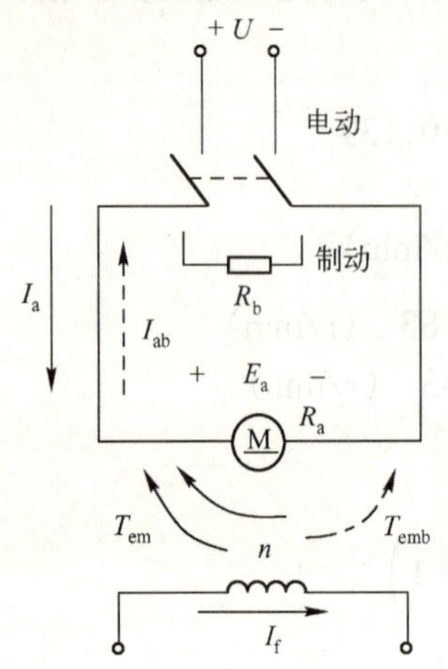

图 2-17 能耗制动接线原理图

2. 能耗制动的特点

能耗制动的控制线路比较简单,制动过程中不需要从电网吸收电功率,比较经济安全,常用于反抗性负载电气制动停车。但在转速降到较低时,制动转矩变得很小,制动作用大为减弱。

2.7.2 回馈制动

在电动状态运行的电动机,若在外部条件作用下使电动机的实际转速 n 大于其理想转速 n_0,电动机即运行在回馈制动状态。

1. 回馈制动的实现方法

(1) 位能性负载高速拖动电动机时的回馈制动

当电动机拖动起重机下放重物,开始时,电动机处于电动状态,电枢电流 I_a、电磁转矩 T_{em} 和转速 n 都是正值。在电磁转矩和重物的位能转矩的作用下,拖动系统将不断加速。由于转速不断升高,电动机的感应电动势将不断增大,电枢电流和电磁转矩逐渐减小。当 $n=n_0$ 时,$E_a=U, I_a=0, T_{em}=0$,电动机处于理想空载状态。在重物的位能转矩作用下,电动机的转速继续增加。当 $n>n_0$ 时,$E_a>U$,电枢电流 I_a 改变了方向,电磁转矩 T_{em}也改变了方向,电动机变成发电运行状态,电磁转矩 T_{em}与转速 n 的方向相反,产生制动。这种制动是把系统的位能经电机转变成电能回馈给电源,故是一种回馈制动。利用回馈制动下放重物,为了防止转速过高,不宜在电枢回路中串入过大的电阻。

(2) 降低电枢电压调速时的回馈制动

降低电枢电压调速时也会出现回馈制动,如图 2-18 所示。

电动机原来稳定运行在电动状态的固有机械特性 A 点上,电枢电压为 U_1,$T_{em}=T_L$,转速为 n_A;当电动机因调速而降低电枢电压到 U_2 时,人为机械特性向下平移,理想空载转速由 n_{01} 降到 n_{02},但因电动机转速不能突变,$n_A>n_{02}$,$E_a>U_2$,致使电枢电流 I_a 和电磁转矩 T_{em} 变为负值,工作点由 A 点突变到 B 点,表示此时电动机处于回馈运行,把系统降速时释放出来的动能,一部分消耗在电枢电路中,另一部分回馈到电源。由于转速 n 仍为正,电枢电流 I_a 和电磁转矩 T_{em} 变为负值,机械特性位于第二象限。

由于电磁转矩变为负值,而负载转矩仍为正,则电动机迅速降速,当到达 n_{02} 点后,电动机回到电动降速运行,最后稳定于 C 点。

2. 回馈制动的特点

① 回馈制动在 $n>n_0$ 时出现,在调速过程中不需改变接线,电动机从电动状态自然转入回馈制动状态运行,线路简单,易于实现。

② 回馈制动时直流电动机变成直流发电机与电网并联运行,它将系统存储的机械能转变成电能回馈给电网。故回馈制动节省能源,经济性好。

2.7.3 反接制动

他励直流电动机的反接制动有电枢反接制动和倒拉反接制动两种方式。

1. 反接制动实现方法

(1) 电枢反接制动

电枢反接制动是将电枢反接在电源上,同时电枢回路要串联制动电阻 R_b,其接线原理如图 2-19 所示。

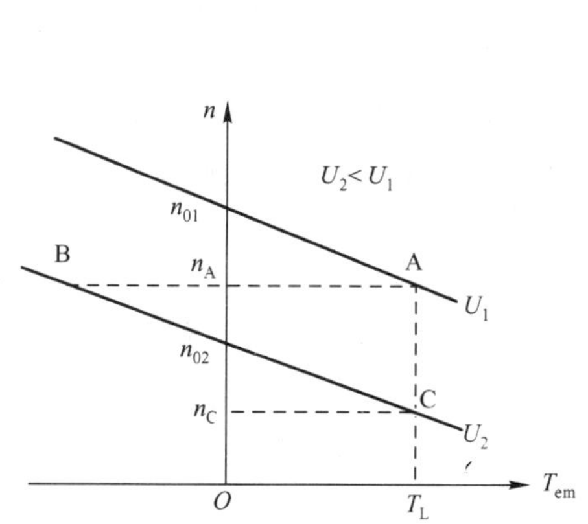

图 2-18　降压调整时的回馈制动机械特性

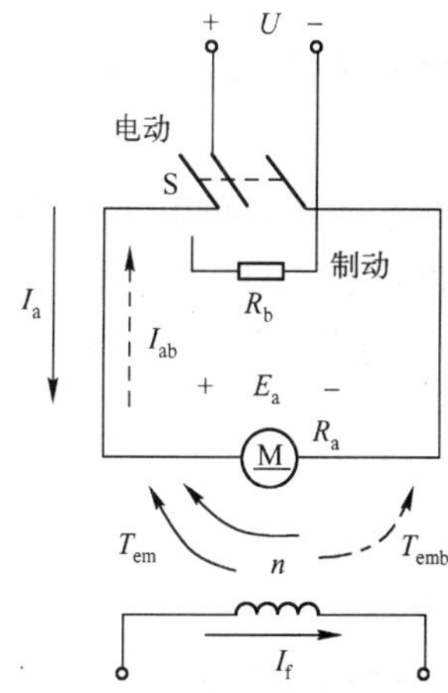

图 2-19　电枢反接制动接线原理图

当开关 S 投向上方,电动机稳定运行于电动状态。为使生产机械迅速停车或迅速反向运行,将转换开关 S 迅速投向下方,则电枢电源反接,同时串入限制电流的制动电阻 R_b。电枢电源反接瞬间,转速不能突变,电动势 E_a 也不能突变,但电压的方向改变,为负值,此时电枢电流为

$$I_a=\frac{-U_N-E_a}{R_a+R_b}=-\frac{U_N+E_a}{R_a+R_b} \tag{2-22}$$

I_a 为负值，说明制动时电枢电流反向，电磁转矩也反向，与转速方向相反，起制动作用，电动机处于制动状态。为了限制电枢电源反接制动过程中的电枢电流不超过允许值 I_{max}，电枢回路应串入电阻为

$$R_b=\frac{U+E_a}{I_{max}}-R_a \tag{2-23}$$

一般 $I_{max}=(2\sim2.5)I_N$。

(2) 倒拉反接制动

倒拉反接制动一般发生在提升重物转为下放的情况下。其原理如图 2-20 所示。

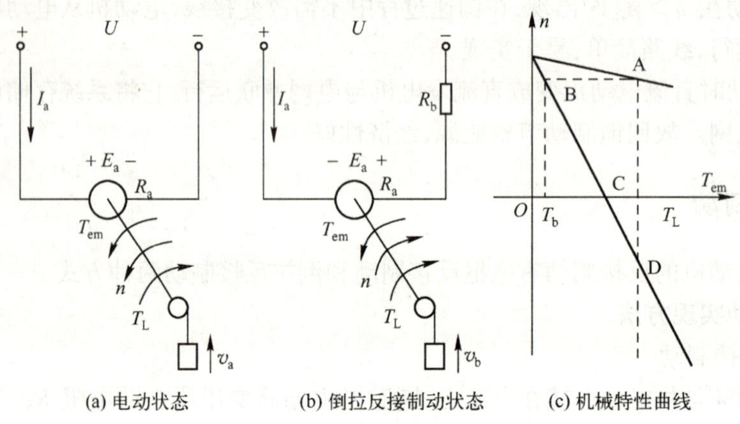

图 2-20 倒拉反接制动原理图

电动机提升重物时，直流电动机工作在电动状态。为了减速，将附加电阻 R_b 串入电枢回路，因电阻 R_b 较大，机械特性变软，此时 $T_{em}<T_L$，系统开始减速，当转速 n 下降到零时，电磁转矩 T_{em} 仍小于负载转矩 T_L，电动机被重物拉着反转，n 变为负值，感应电动势 E_a 也反向，E_a 与外加电压 U 的方向一致。随着转速 n 的反向增加，电磁转矩 T_{em} 增加，当 $T_{em}=T_L$ 时，转速 n 不再变化，系统以恒速下放重物。此时电枢电流为

$$I_a=\frac{U_N-(-E_a)}{R_a+R_b}=\frac{U_N+E_a}{R_a+R_b} \tag{2-24}$$

因系统在重物的作用下使转速 n 反向，使得电动机的电磁转矩 T_{em} 与 n 反向，故被称为倒拉反接制动。

2. 反接制动的特点

① 制动过程中，制动转矩随转速降低的变化较小，制动较强烈。在电动机静止不动时，也存在制动转矩。

② 制动过程中，要从电网吸收大量电能，电枢反接制动到转速为零时，不及时切断电源，电动机会反向启动。

③ 适用的场合：倒拉反接制动适用于位能性负载低速下放重物；电枢电压的反接制动用于要求强烈而迅速反转的场合。

思考题与习题

2-1　什么是电力拖动系统？举例说明电力拖动系统都由哪几部分组成。

2-2　写出电力拖动系统的运动方程式，并说明该方程式中转矩正、负号的确定方法。如何判定系统是处于加速、减速、稳定还是静止的各种运行状态？

2-3　画图表示生产机械的负载特性有哪几种基本类型？

2-4　什么叫电动机的固有机械特性和人为机械特性？

2-5　电力拖动系统稳定运行的充分和必要条件是什么？

2-6　他励直流电动机稳定运行时，电磁转矩和电枢电流的大小由什么决定？

2-7　在同一张图上定性地画出直流电动机的固有机械特性和人为机械特性，应怎样分析？哪些点变化？根据什么公式？

2-8　图2-21中，哪些系统是稳定的？哪些系统是不稳定的？

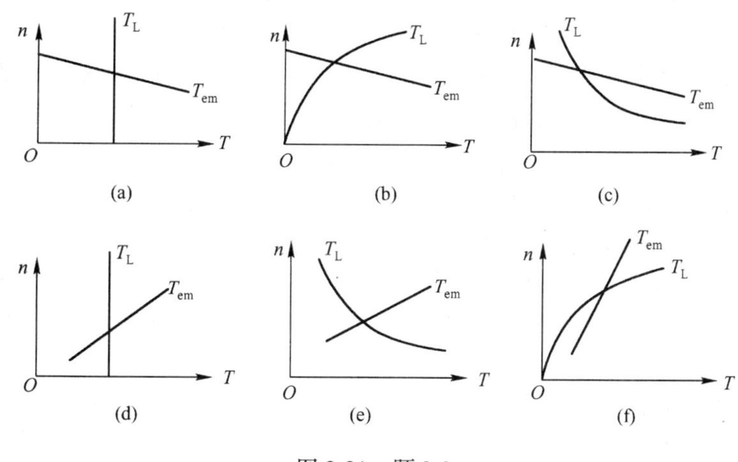

图2-21　题2-9

2-9　他励直流电动机一般为什么不能直接启动？采用什么启动方法比较好？

2-10　调速指标中的静差率与机械特性硬度有何区别？

2-11　速度调节与速度变化有什么不同？

2-12　电动机的输出取决于负载还是取决于调速方法？电动机采用恒转矩调速方法与拖动恒转矩负载二者是否一样？

2-13　直流电动机启动电流的大小和什么因素有关？直流电动机的满载启动电流与空载启动电流是否一样？

2-14　他励直流电动机有几种调速方法？它们的特点如何？

2-15　一台他励直流电动机采用串电阻调速。电阻刚串入时电枢电流变化否？带有额定转矩降速稳定运行后电枢电流多大？为什么？

2-16　研究电机制动有什么意义？制动状态与电动状态的根本区别在哪里？

2-17　一台并励直流电动机，$U_N = 220$ V，$R_a = 0.316\ \Omega$，理想空载转速 $n_0 = 1600$ r/min。试求：电枢电流为50 A时，电动机的转速 n 和电磁转矩 T_{em}。

2-18　一台他励直流电动机，$P_N = 10$ kW，$U_N = 220$ V，$I_N = 53.4$ A，$n = 1500$ r/min，$R_a =$

0.4 Ω。试求下列几种情况下的机械特性方程式,并在同一坐标上画出机械特性曲线。

(1) 固有特性。

(2) 电枢回路串入 1.6 Ω 电阻。

(3) 电源电压降至原来的一半。

(4) 磁通减少 30%。

2-19 他励直流电动机,$P_N = 18$ kW, $U_N = 220$ V, $n_N = 1000$ r/min, $I_N = 94$ A, $R_a = 0.152$ Ω,求在额定负载下:

(1) 降速至 800 r/min 稳定运行,外串多大电阻?

(2) 采用降压方法,使电动机降速至 800 r/min 稳定运行,电源电压应降至多少伏?

(3) 要升速到 1100 r/min 稳定运行,弱磁系数 Φ/Φ_N 为多少?

2-20 他励直流电动机,$P_N = 30$ kW, $U_N = 220$ V, $I_N = 158.5$ A, $n_N = 1000$ r/min, $R_a = 0.1$ Ω, $T_L = 0.8T_N$。试求:

(1) 要使电动机以 500 r/min 转速稳定运行,如何实现? 计算有关参数。

(2) 要使电动机以 1254 r/min 转速稳定运行,如何实现? 计算有关参数。

2-21 有一他励直流电机:$P_N = 30$ kW, $U_N = 110$ V, $I_N = 137$ A, $n_N = 680$ r/min, $R_a = 0.08$ Ω。现将该电动机用在起重装置上下放重物,负载转矩为 $0.3T_N$,电动机运行于回馈制动状态,试求:

(1) 在固有特性上下放重物时电动机的转速。

(2) 负载转矩不变,电动机运行于 $1.2n_N$ 的转速下,求电枢电路串入的电阻,并画出相应的机械特性。

(3) 如要求从 $1.2n_N$ 的下降转速开始通过调节提升负载,提升转速要求达到 $0.5n_N$,则电枢电路需接入多大电阻? 并画出相应的机械特性。

2-22 他励直流电动机的数据为:$P_N = 29$ kW, $U_N = 440$ V, $I_N = 76$ A, $n_N = 1000$ r/min, $R_a = 0.377$ Ω,若忽略空载损耗。

(1) 电动机以 500 r/min 吊起 $T_L = 0.8T_N$ 的负载,求这时接在电枢电路的电阻 R_{ad}。

(2) 用哪几种方法可使负载($0.8T_N$)以 500 r/min 转速下放? 并求出每种方法电枢电路内串接的电阻值。

(3) 在 500 r/min 时起吊负载 $T_L = 0.8T_N$,突然将电枢电压反接,并使电流不超过 $2I_N$,求最后稳定下降转速。

第3章　变　压　器

【知识目标】 掌握变压器的作用、结构和原理，熟悉变压器的分类及运行特性，了解变压器的应用。

【能力目标】 会测量变压器的同名端、会判断变压器的连接组别、能将变压器并联运行、会使用特殊用途的变压器。

【学习方法】 理论联系实际。

3.1　变压器的工作原理和基本结构

3.1.1　变压器的作用和分类

1. 变压器的作用

变压器是发电厂和变电所的主要电气设备。它利用电磁感应原理将一种电压等级的交流电能转换成另一种电压等级的交流电能。变压器具有变换电压、变换电流和变换阻抗的作用。

一般来说，大型火电厂和水电站远离城市用电中心，电能需要经过远距离输送。为了提高输电效率、减少损耗，需要升高输电线路的电压，如 110 kV、220 kV、330 kV、500 kV 等，目前我国正在建设最高电压为 750 kV 的输电线路。但是发电厂的发电机出口电压受到定子绕组绝缘、母线和开关设备等技术条件的限制，电压不可能很高，一般为 6.3 kV 和 10.5 kV，最高不能超过 27 kV。所以必须利用升压变压器将发电机出线端的电压升高，再远距离输电。而用户的用电设备电压却是较低的，大型设备的电压有 6 kV、3 kV，小型设备的电压为 380 V 和 220 V，这又需要降压变压器将输电线路的高压降下来，以适应用电设备的要求。输配电系统需多次进行升压和降压，因而变压器的安装容量约为发电机安装容量的 5～8 倍。

2. 变压器的分类

在电力系统中应用的变压器，称为电力变压器，如升压变压器、降压变压器、配电变压器等。

除电力变压器外，还有供特殊电源用的变压器，如电炉变压器、电焊变压器、整流变压器等；供测量用的变压器，如电压互感器、电流互感器，以及其他变压器，如高压试验用变压器，自动控制系统中的小功率变压器等。

变压器按相数可分为单相变压器、三相变压器和多相变压器；按绕组数目可分为双绕组变压器、三绕组变压器、多绕组变压器和自耦变压器；按冷却方式可分为油浸式变压器、充气式变压器和干式变压器。油浸式变压器又可分为油浸自冷式、油浸风冷式和强迫油循环变压器。

3.1.2　变压器的工作原理

变压器是利用电磁感应原理工作的。

双绕组变压器的两个(或两个以上)互相绝缘的绕组套在共同的铁芯回路上,其中一个绕组接电源,称为一次绕组或原绕组,简称一次侧;另一个绕组接负载,称为二次绕组或副绕组,简称二次侧。

当一次绕组接通交流电源时,在外加电压 u_1 作用下,一次绕组中有交流电流 i_1 流过,并在铁芯中产生交变磁通,其交变频率与外加电压频率一样,该交变磁通同时交链一、二次绕组,根据电磁感应定律,分别在一、二次绕组内产生感应电动势 e_1、e_2。二次绕组便有了电压 u_2,当接上负载后形成闭合回路,便向负载供电 i_2,从而实现交流电能的传递。变压器工作原理示意图如图 3-1 所示。

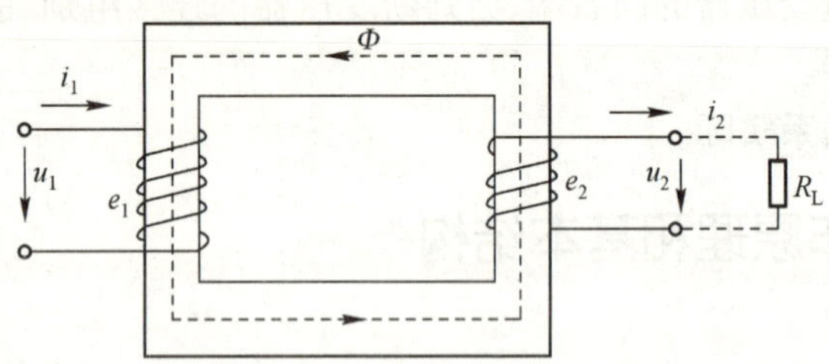

图 3-1　变压器工作原理示意图

3.1.3 变压器的基本结构

变压器主要由铁芯、绕组和附件构成,附件又包括油箱、冷却装置、绝缘套管及保护装置等。三相油浸自冷式变压器结构示意图如图 3-2 所示。

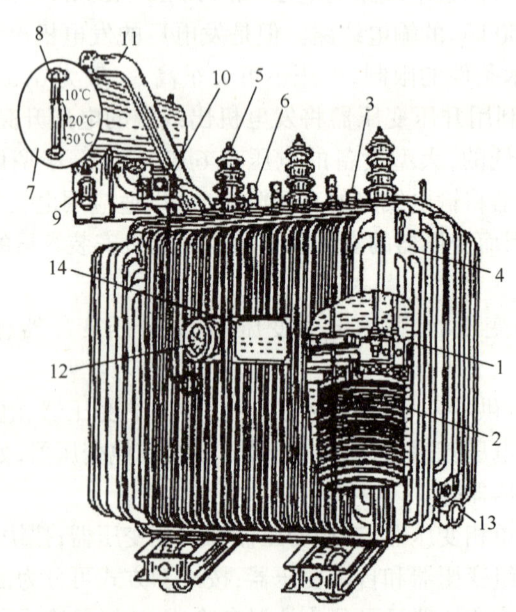

图 3-2　油浸式电力变压器的结构示意图

1—铁芯;2—绕组及绝缘;3—分接开关;4—油箱;5—高压套管;
6—低压套管;7—储油柜;8—油位计;9—吸湿器;10—气体继电器;
11—安全气道;12—信号式温度计;13—放油阀门;14—铭牌

1. 铁芯

铁芯构成变压器的磁路部分,一般是由0.28~0.35 mm厚的硅钢片叠成的。硅钢片的两面涂上绝缘漆绝缘,以减小涡流损耗。为了减小磁阻与励磁电流,铁芯不能有明显的间隙,每层叠片的接缝要互相错开,如图3-3所示。铁芯由铁芯柱和铁轭两部分组成,套装在绕组中的铁芯称为铁芯柱,连接铁芯柱以构成闭合磁路的部分称为铁轭。

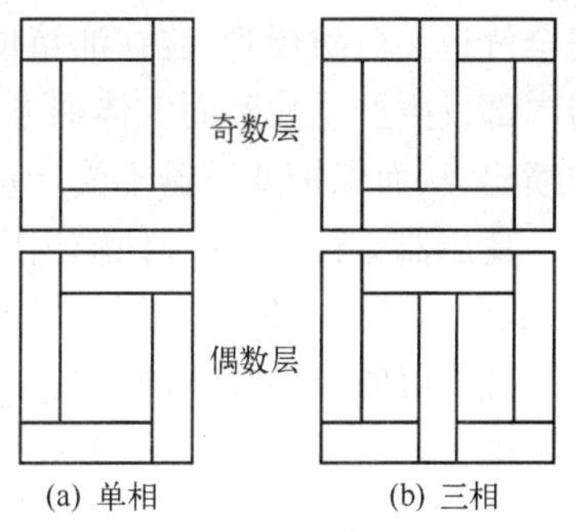

图3-3 变压器铁芯的硅钢片排法

2. 绕组

绕组构成变压器的电路部分,常用绝缘铜线或铝线绕制而成,近年来还有用铝箔绕制的。为了使绕组便于制造和在电磁力作用下受力均匀及机械性能良好,一般电力变压器绕组制成圆形的。

在变压器中,工作电压高的绕组称为高压绕组,工作电压低的绕组称为低压绕组。一般高、低压绕组同心套装在同一铁芯柱上,高压绕组在外层,低压绕组在里层,这样容易绝缘,如图3-4所示。该种结构制造方便,国产电力变压器均采用此结构。

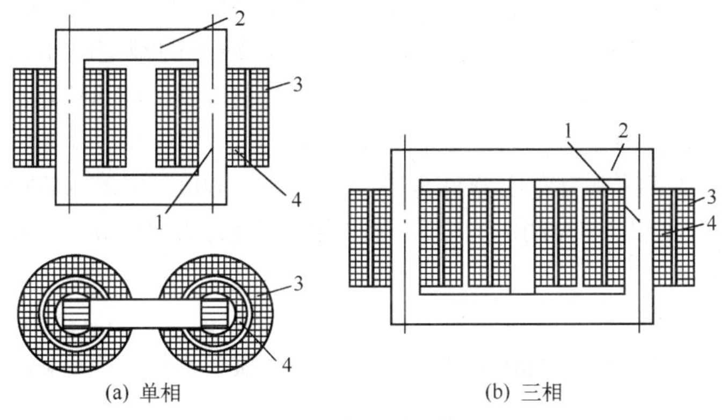

图3-4 变压器的绕组

1—铁芯柱;2—铁轭;3—高压绕组;4—低压绕组

3. 其他结构附件

电力变压器多采用油浸式结构,其附件有油箱、储油柜、气体继电器、安全气道、分接开关和绝缘套管等,其作用是保证变压器的安全和可靠运行。

油浸式变压器的外壳就是油箱,它起着机械支撑、冷却散热和保护的作用。变压器的器身放在装有变压器油的油箱内。变压器油既是绝缘介质,又是冷却介质,它使铁芯和绕组不易潮湿,同时通过变压器油的对流,将铁芯和绕组所产生的热量传递给油箱和散热管,再往空气中散发热量。

储油柜亦称油枕,它是安装在油箱上面的圆桶形容器,通过连通管与油箱相连,从而保证变压器的油箱中始终浸满变压器油,柜内油面高度随油箱内变压器油的热胀冷缩而变动。储油柜旁边还装有放置干燥剂的吸湿器,外面的空气经过吸湿器才能进入储油柜,这样可减少变压器油的氧化和水分的侵入。

在油箱和储油柜之间的连通管中装有气体继电器,当变压器内部发生故障时,变压器油汽化产生气体,使气体继电器动作,发出信号,便于值班人员及时处理或使保护开关自动跳闸。

安全气道又名防爆管,装在油箱顶盖上,其出口用一定厚度的玻璃板或酚醛纸板盖住。当变压器内部发生严重故障而气体继电器失灵时,油箱内的气体和变压器油冲破防爆膜从安全气道中喷出,从而保护变压器不受严重的损害。

变压器运行时,为了使输出电压控制在允许的变化范围内,通过分接开关改变一次绕组匝数,从而达到调节输出电压的目的。通常输出电压的调节范围是额定电压的±5%。

变压器的引出线从油箱内穿过油箱盖时,通过瓷质绝缘套管,以使带电的引出线与接地的油箱绝缘。绝缘套管的结构取决于电压的等级。绝缘套管外形多做成多级伞形,电压愈高级数愈多。

3.1.4 变压器的铭牌

变压器油箱上的铭牌标注了变压器的型号和主要额定参数等,它是选择和使用变压器的依据。

1. 变压器的型号

变压器的型号说明变压器的系列型式和产品规格。变压器的型号是由字母和数字组成的。其中,第一个字母表示相数,后面的字母分别表示导线材料、冷却介质和方式等;斜线前面的数字表示额定容量(kVA),斜线后面的数字表示高压绕组的额定电压(kV)。例如,某变压器型号为 SL7-200/10,其中,S 表示三相;200 表示额定容量为 200 kVA;L 表示铝导线;10 表示高压绕组电压等级为 10 kV;7 表示设计序号。

通常 800 kVA 以下的电力变压器称为小型变压器;1000～6300 kVA 的电力变压器称为中型变压器;8000～63000 kVA 的电力变压器称为大型变压器;90000 kVA 及以上的变压器称为特大型变压器。

新标准的中小型变压器的容量等级为:10、20、30、50、63、80、100、125、160、200、250、315、400、500、630、800、1000、1250、1600、2000、2500、3150、4000、5000、6300 kVA。

2. 变压器的额定值

变压器的额定值是制造厂家设计制造变压器和用户安全合理地使用变压器的依据。以下是变压器的额定值。

(1) 额定容量

额定容量 S_N 是指变压器的视在功率,对三相变压器是指三相容量之和。额定容量的单位是 VA、kVA、MVA。由于变压器效率很高,可以近似地认为高、低压侧容量相等。

单相变压器的额定容量为 $$S_N = U_{1N}I_{1N} = U_{2N}I_{2N} \tag{3-1}$$

三相变压器的额定容量为 $$S_N = \sqrt{3}U_{1N}I_{1N} = \sqrt{3}U_{2N}I_{2N} \tag{3-2}$$

(2) 额定电压

额定电压 U_{1N}/U_{2N}是指变压器空载时,各绕组端头电压的保证值,对三相变压器而言指的是线电压,单位为 V 和 kV。U_{1N}是一次绕组的额定电压;U_{2N}是在一次绕组上加额定电压时,二次绕组的开路电压,即空载电压。

(3) 额定电流

额定电流 I_{1N}/I_{2N}是指变压器允许长期通过的电流,对三相变压器而言指的是线电流,单位为 A 和 kA。

(4) 额定频率

额定频率 f 是指变压器电压或电流每秒交变的次数,我国规定工业用电的标准频率为 50 Hz。

3.2 单相变压器的运行分析

3.2.1 单相变压器的空载运行

变压器的一次绕组接在额定电压的交流电源上,而二次绕组开路,这种运行方式称为变压器的空载运行,如图 3-5 所示。变压器中,接电源的绕组称一次绕组或原绕组,向外供电的绕组称二次绕组或副绕组。N_1 和 N_2 分别为一次、二次绕组的匝数。

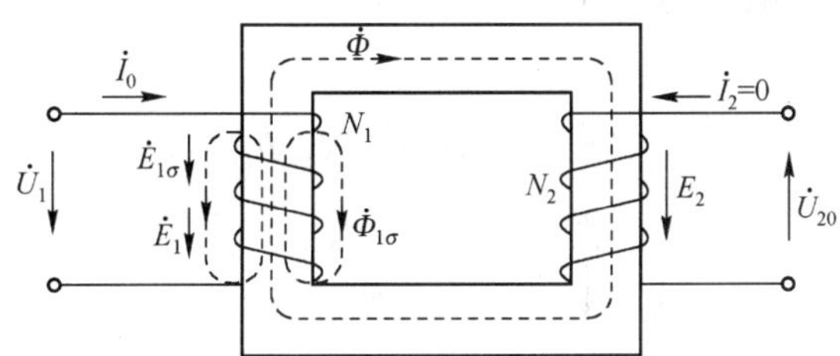

图 3-5 单相变压器的空载运行

1. 空载运行的电磁关系

当变压器空载时,一次绕组产生电流,二次绕组没有电流流过,此时一次绕组中的电流称为空载电流,用$\dot{I}_0$ 表示。空载电流 $\dot{I}_0$ 产生交变磁通,因此,空载电流 $\dot{I}_0$ 也称励磁电流。由于铁芯的磁导率远大于空气的磁导率,所以绝大部分磁通沿铁芯闭合,同时交链一、二次绕组,称为主磁通 $\dot{\Phi}$。另外有很少的一部分磁通沿变压器油和空气路径闭合,只交链一次绕组,称为一次绕组的漏磁通 $\dot{\Phi}_{1\sigma}$。根据电磁感应定律可知,主磁通在一、二次绕组中分别产生感应电动势 $\dot{E}_1$ 和 $\dot{E}_2$;漏磁通 $\dot{\Phi}_{1\sigma}$ 只在一次绕组中产生感应电动势 $\dot{E}_{1\sigma}$,称为漏感电动势。二次绕组的空载电压为 $\dot{U}_{20}$。由于变压器中的电压、电流、磁通和感应电动势都是交变的,为了表明它们之间的内在关系,需要规定正方向。为了利用同样一个方程式表示同一电磁现象,通常都按惯例规定正方向:把变压器的一次侧看成电网的负载,取一次侧的电压与电流的方向一致;把二次绕组看成用电设备的电源,取二次侧的电势、电压与电流的正方向一致;电流的正方向与磁通的正方向符合右手螺旋定则;感应电动势的正方向与磁通的正方向按符合右手螺旋定则确定。

如果主磁通按正弦规律变化,即 $\Phi = \Phi_m \sin\omega t$,则电动势瞬时值为

$$\begin{aligned} e_1 &= -N_1 \frac{\mathrm{d}\Phi}{\mathrm{d}t} = -\omega N_1 \Phi_m \cos\omega t \\ &= \omega N_1 \Phi_m \sin(\omega t - 90^\circ) \\ &= E_{m1} \sin(\omega t - 90^\circ) \end{aligned} \tag{3-3}$$

$$e_2 = -N_2 \frac{\mathrm{d}\Phi}{\mathrm{d}t} = E_{m2} \sin(\omega t - 90^\circ) \tag{3-4}$$

式中,Φ_m——主磁通 Φ 的最大值;

E_{m1}——一次绕组电动势的最大值，$E_{m1}=\omega N_1\Phi_m$；

E_{m2}——二次绕组电动势的最大值，$E_{m2}=\omega N_2\Phi_m$。

其有效值为

$$E_1=\frac{\omega N_1\Phi_m}{\sqrt{2}}=\frac{2\pi fN_1\Phi_m}{\sqrt{2}}=4.44fN_1\Phi_m \tag{3-5}$$

$$E_2=\frac{\omega N_2\Phi_m}{\sqrt{2}}=\frac{2\pi fN_2\Phi_m}{\sqrt{2}}=4.44fN_2\Phi_m \tag{3-6}$$

式中，E_1、E_2——一次、二次绕组的感应电动势有效值；

ω——一次绕组电源角频率，$\omega=2\pi f$；

f——一次绕组电源的频率。

相量表示为：

$$\dot{E}_1=-\mathrm{j}4.44fN_1\dot{\Phi}_m \tag{3-7}$$

$$\dot{E}_2=-\mathrm{j}4.44fN2\dot{\Phi}_m \tag{3-8}$$

同理，漏磁通在一次绕组中也产生漏感电动势为

$$\dot{E}_{1\sigma}=-\mathrm{j}\dot{I}_0\omega L_1=-\mathrm{j}\dot{I}_0X_1 \tag{3-9}$$

式中，L_1——一次绕组的漏电感；

X_1——一次绕组的漏电抗。

变压器空载运行时，二次绕组中没有电流，所以二次绕组的空载电压就等于其感应电动势，即

$$\dot{U}_2=\dot{E}_2 \tag{3-10}$$

变压器的一、二次绕组匝数之比称为变压器的电压比，用 k 表示，即

$$k=\frac{N_1}{N_2}=\frac{E_1}{E_2}=\frac{U_1}{U_2} \tag{3-11}$$

实际的电力变压器负载运行时，存在着绕组电阻和漏电抗的压降，所以有

$$\frac{U_1}{U_2}\approx\frac{E_1}{E_2}=\frac{N_1}{N_2}=k \tag{3-12}$$

式(3-12)表明：变压器的电压比等于电动势之比也等于匝数比。变压器的电压与匝数成正比。对于三相变压器，电压比是指额定相电动势之比。若 $N_2>N_1$，则 $U_2>U_1$，为升压变压器；$N_2<N_1$，则 $U_2<U_1$，为降压变压器。通过改变一次、二次绕组的匝数之比，即可达到改变二次绕组输出电压的目的。

2. 空载运行时的等值电路

(1) 电压平衡方程式

按图 3-5 所标正方向，根据基尔霍夫第二定律，可以列出一次绕组的电动势平衡方程式为

$$\dot{U}_1=-\dot{E}_1-\dot{E}_{\sigma1}+\dot{I}_0R_1=-\dot{E}_1+\dot{I}_0R_1+\mathrm{j}\dot{I}_0X_1=-\dot{E}_1+\dot{I}_0Z_1 \tag{3-13}$$

式中，Z_1 为一次绕组的漏阻抗，$Z_1=R_1+\mathrm{j}X_1$。

由于感应电动势 $\dot{E}_1$ 也是由磁产生的，但考虑到主磁通在铁芯中还会引起铁耗，因此应当

引入一个阻抗 Z_m,将$\dot{E}_1$ 和$\dot{I}_0$ 联系起来。这样,$\dot{E}_1$ 的作用可看做是电流 I_0 流过阻抗 Z_m 时产生的压降:

$$-\dot{E}_1=\dot{I}_0Z_m=\dot{I}_0(R_m+jX_m) \tag{3-14}$$

式中,Z_m——变压器的励磁阻抗,$Z_m=R_m+jX_m$;

R_m——变压器的励磁电阻,是反映铁耗大小的一个等效电阻;

X_m——变压器的励磁电抗,是主磁通在铁芯中引起的等效电抗。

(2) 变压器空载时的等效电路

在变压器中,如果将电与磁的相互关系用纯电路的形式等效地表示出来,就可以简化对变压器的分析和计算,这种电路被称为等效电路。

将式(3-14)代入式(3-13)可得:

$$\dot{U}_1=\dot{I}_0Z_1+\dot{I}_0Z_m=\dot{I}_0(R_1+jX_1)+\dot{I}_0(R_m+jX_m) \tag{3-15}$$

由式(3-15)可画出变压器空载时等效电路,如图 3-6 所示。

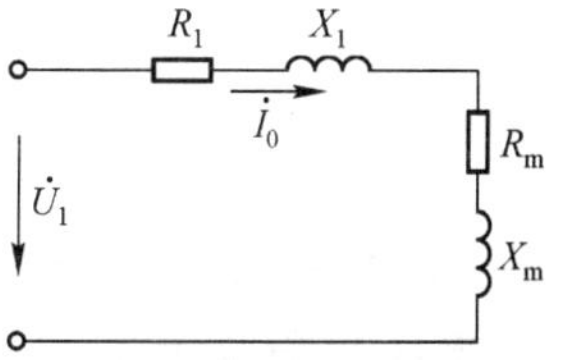

其中

$$Z_m=\frac{E_1}{I_0} \tag{3-16}$$

$$R_m=\frac{p_{Fe}}{I_0^2} \tag{3-17}$$

$$X_m=\sqrt{Z_m^2-R_m^2} \tag{3-18}$$

图 3-6　变压器空载时等效电路

空载变压器相当于两个阻抗值不等的线圈串联,一个是阻抗值为 $Z_1=R_1+jX_1$ 的空心线图,另一个是阻抗值为 $Z_m=R_m+jX_m$ 的铁芯线圈。可以得出,如果铁芯所选用材料的导磁性能越好,则励磁电抗 X_m 越大,空载电流越小;如果铁芯的缝隙较大,则主磁路的磁阻增大,磁导减小,使得 X_m 减小,空载电流增大;如果铁芯的饱和程度越高,则磁导率越低,X_m 越小,空载电流越大。

3.2.2　单相变压器的负载运行

变压器的负载运行是指一次绕组加上额定正弦交流电压,二次绕组接上负载时的运行情况,变压器负载运行示意图如图 3-7 所示。

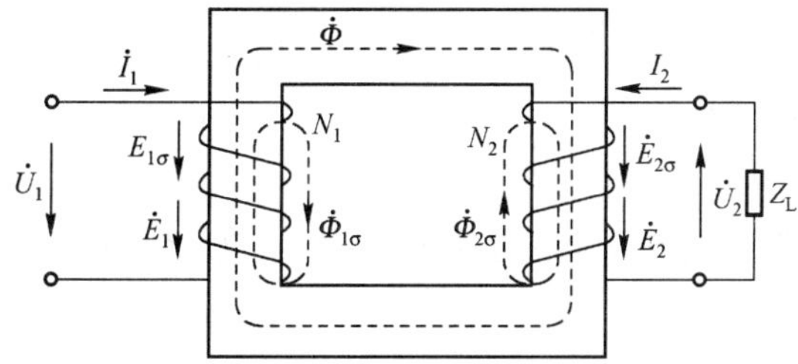

图 3-7　变压器负载运行示意图

1. 磁通势平衡方程式

变压器负载运行时,在二次绕组中产生电流$\dot{I}_2$,一次绕组中的电流变成$\dot{I}_1$,一次绕组中的电流$\dot{I}_1$产生磁通势$\dot{I}_1N_1$,二次绕线中的电流$\dot{I}_2$产生磁通势$\dot{I}_2N_2$,这两个磁通势构成了负载时的合成磁通势,从而产生铁芯内的主磁通。当电源电压和频率不变时可认为主磁通基本不变。

根据磁路的全电流定律,可写出变压器负载运行时的磁通势平衡方程式为

$$\dot{I}_1N_1+\dot{I}_2N_2=\dot{I}_0N_1 \tag{3-19}$$

两边除以N_1,则得电流平衡方程式为

$$\dot{I}_1=\dot{I}_0+\left(-\frac{N_2}{N_1}\right)\dot{I}_2=\dot{I}_0+\left(-\frac{\dot{I}_2}{k}\right) \tag{3-20}$$

上式表明,变压器负载运行时,一次电流$\dot{I}_1$有两个分量,一个是励磁分量$\dot{I}_0$,用以产生负载时铁芯中的主磁通;另一个是负载分量$(-N_2/N_1)\dot{I}_2$,用来抵消二次绕组磁通势$\dot{I}_2N_2$对主磁通产生的影响。

由于I_0远远小于I_1,故忽略I_0时,一、二次绕组电流关系为

$$\begin{gathered}\dot{I}_1=-\frac{\dot{I}_2}{k}\\ \frac{I_1}{I_2}=\frac{N_2}{N_1}=\frac{1}{k}\end{gathered} \tag{3-21}$$

上式说明变压器负载运行时,具有变换电流的作用:一、二次电流与其匝数成反比。

2. 电压平衡方程式

变压器负载运行时,主磁通$\dot{\Phi}_m$分别在一、二次绕组中产生感应电动势$\dot{E}_1$和$\dot{E}_2$。同时$\dot{I}_1$和$\dot{I}_2$还产生只与自身绕组相链的漏磁通$\dot{\Phi}_{1\sigma}$、$\dot{\Phi}_{2\sigma}$,它们在各自绕组内产生漏磁通电动势$\dot{E}_{1\sigma}$、$\dot{E}_2\sigma$。

$$\dot{E}_{1\sigma}=-\mathrm{j}\omega L_1\dot{I}_1=-\mathrm{j}\dot{I}_1X_1 \tag{3-22}$$

$$\dot{E}_{2\sigma}=-\mathrm{j}\omega L_2\dot{I}_2=-\mathrm{j}\dot{I}_2X_2 \tag{3-23}$$

式中,L_2——二次绕组的漏电感;

X_2——二次绕组的漏电抗。

根据图3-7所示正方向和基尔霍夫第二定律,可分别列出变压器负载运行时一、二次绕组的基本方程式如下:

$$\begin{gathered}\dot{U}_1=-\dot{E}_1+\dot{I}_1R_1+\mathrm{j}\dot{I}_1X_1\\ \dot{U}_2=\dot{E}_2-\dot{I}_2R_2-\mathrm{j}\dot{I}_2X_2\end{gathered} \tag{3-24}$$

式中,R_1——一次绕组的电阻;

R_2——二次绕组的电阻。

因负载时漏阻抗压降对端电压来说也是很小的,一般仅为额定电压的4%~5.5%,所以负载时仍可认为

$$\begin{gathered}\dot{U}_1\approx-\dot{E}_1\\ \dot{U}_2\approx\dot{E}_2\end{gathered} \tag{3-25}$$

于是可以得出,负载时的电压比近似等于电动势比,也等于匝数比,则

$$\frac{U_1}{U_2} \approx \frac{E_1}{E_2} = \frac{N_1}{N_2} = k \tag{3-26}$$

3. 绕组折算与等效电路

(1) 绕组折算

由于变压器一、二次绕组匝数不等,不便于分析、计算。变压器的折算就是把一、二次绕组的匝数变换成相同匝数。折算的目的是为了画出变压器一、二次绕组间仅有电联系的等效电路。

在变压器中,通常把二次绕组的各物理量折算到一次绕组中,即让二次绕组的匝数和一次绕组的匝数相等。折算的原则是不改变一、二次绕组的电磁关系和功率关系,变压器中经过折算的各物理量加“′”表示。

① 二次电动势、电压的折算。由于绕组感应电动势与匝数成正比,而折算后的二次绕组与一次绕组有相同的匝数,即 $N'_2 = N_1 = kN_2$。所以折算后的二次 E'_2 比原来 E_2 大 k 倍,即

$$\begin{aligned} E'_2 &= E_1 = kE_2 \\ E'_{2\sigma} &= kE_{2\sigma} \\ U'_2 &= kU_2 \end{aligned} \tag{3-27}$$

② 二次电流的折算。折算前后二次绕组的磁通势应保持不变,即 $I'_2 N_1 = I_2 N_2$,据此原则可得:

$$I'_2 = \frac{N_2}{N_1} I_2 = \frac{1}{k} I_2 \tag{3-28}$$

③ 二次阻抗的折算。折算前后二次绕组的损耗、无功功率和输出功率均应保持不变,据此原则可得

$$\begin{aligned} I'^2_2 R'_2 &= I^2_2 R_2 \\ R'_2 &= \left(\frac{I_2}{I'_2}\right)^2 R_2 = k^2 R_2 \\ I'^2_2 X'_2 &= I^2_2 X^2_2 \\ X'_2 &= \left(\frac{I_2}{I'_2}\right)^2 X_2 = k^2 X_2 \\ Z'_2 = \sqrt{R'^2_2 + X'^2_2} &= k^2 \sqrt{R^2_2 + X^2_2} = k^2 Z_2 \\ I'^2_2 Z'_L &= I^2_2 Z_L \\ Z'_L &= \left(\frac{I_2}{I'_2}\right)^2 Z_L = k^2 Z_L \end{aligned} \tag{3-29}$$

根据以上各式可以看出,折算后的二次绕组各量,凡是单位为“V”的物理量,折算值均等于原值乘以 k;凡是单位为“Ω”的物理量,折算值均等于原值乘以 k^2;电流的折算值等于原值乘以 $1/k$。

(2) 等效电路

二次绕组经过折算后,变压器的基本方程式变为

$$\begin{aligned} \dot{I}_1 + \dot{I}'_2 &= \dot{I}_0 \\ \dot{U}_1 &= -\dot{E}_1 + \dot{I}_1 Z_1 \\ \dot{U}'_2 &= \dot{E}'_2 - \dot{I}'_2 Z'_2 \end{aligned} \tag{3-30}$$

$$\dot{E}_1=\dot{E}'_2=-\dot{I}_0Z_m$$

$$\dot{U}'_2=\dot{I}'_2Z'_L$$

根据上面的方程组，可以画出变压器的“T”形等效电路，如图3-8所示。

“T”形等效电路虽然正确反映了变压器内部的电磁关系，但属于混联电路，进行复数运算比较麻烦。由于变压器的空载电流很小，一般为额定电流的2%～10%，所以在研究负载问题时，可把空载电流忽略不计，即去掉励磁支路，便可得到变压器的简化等效电路，如图3-9所示。其中，$R_k=R_1+R'_2$ 称为短路电阻，$X_k=X_1+X'_2$ 称为短路电抗。分析和计算变压器的负载运行问题时，用简化电路要比“T”形等效电路简单得多，且能满足一般工程上计算的要求。

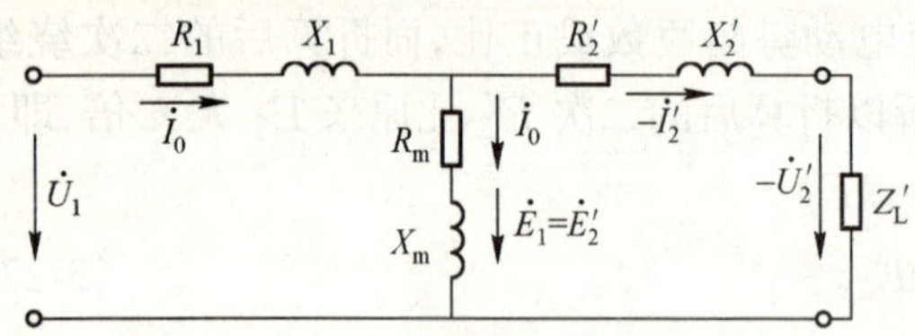

图3-8 变压器“T”形等效电路

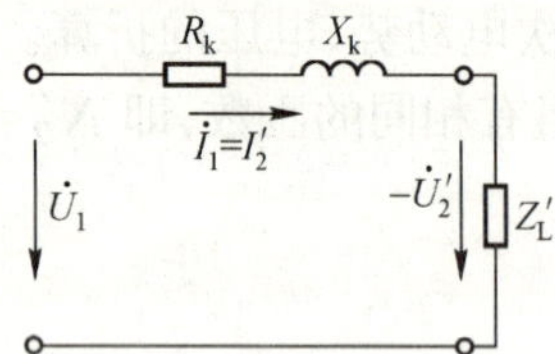

图3-9 变压器的简化等效电路

4．**变压器参数的测定**

变压器的参数直接影响变压器的运行性能，在设计时，这些参数可根据变压器所使用的材料及结构尺寸计算出来，对于已经制成的变压器，可由空载试验和短路试验来测定。

（1）空载试验

变压器空载试验的目的是测出空载电流 I_0、空载电压 U_0 和空载功率 P_0，并计算变比 k 和励磁参数：Z_m、R_m与 X_m。

励磁阻抗 Z_m 与磁路的饱和程度有关，它随着电压的大小而变化，故应取额定电压下的数据来计算励磁参数。变压器空载试验的接线图如图3-10所示。空载试验一般在低压侧加额定电压、高压侧开路，需要测量低压侧空载电压 U_0（即低压侧额定电压）、空载电流 I_0、空载输入功率 P_0 及高压侧的电压 U_1。在试验三相变压器时，可取三相电流的平均值作为空载电流。从图中看出，此时变压器不输出有功功率，变压器空载运行时的输入功率 P_0 为铁芯损耗 p_{Fe}与空载铜损耗之和，由于铜损耗远远小于 p_{Fe}，可以忽略不计即变压器空载运行时的输入功率 P_0 等于变压器的铁芯损耗，$P_0=p_{Fe}=I_0^2R_m$。

根据所测数据，可计算出单相变压器的参数。

变比为
$$k=\frac{U_1}{U_0} \tag{3-31}$$

励磁阻抗为
$$Z_m=\frac{U_0}{I_0} \tag{3-32}$$

励磁电阻为
$$R_m=\frac{P_0}{I_0^2} \tag{3-33}$$

励磁电抗为
$$X_m=\sqrt{Z_m^2-R_m^2} \tag{3-34}$$

由于空载试验是在低压侧做的，所以测量和计算所得的励磁参数是低压侧的值。如果要折算到高压侧，则必须在计算数据上乘以 k^2。

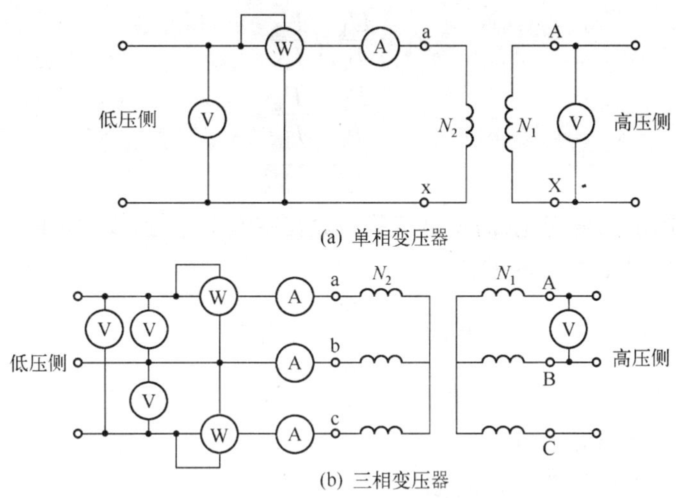

图 3-10 空载试验的接线图

(2) 短路试验

变压器短路试验通常在高压侧进行,其目的是测量短路电流 I_k、短路电压 U_k、短路损耗 P_k,计算短路阻抗 Z_k 和阻抗电压。短路试验的接线如图 3-11 所示。短路试验时,低压侧短接,高压侧加上一个低电压,约为额定电压的 4.5%～10%,使短路电流 I_k 达到额定值。试验时用调压器外施电压从零逐渐增大,直到高压侧短路电流 I_k 达到额定电流 I_{1N}时,测出所加电压 U_k 和输入功率 P_k,并记录试验时的室温 θ(℃)。

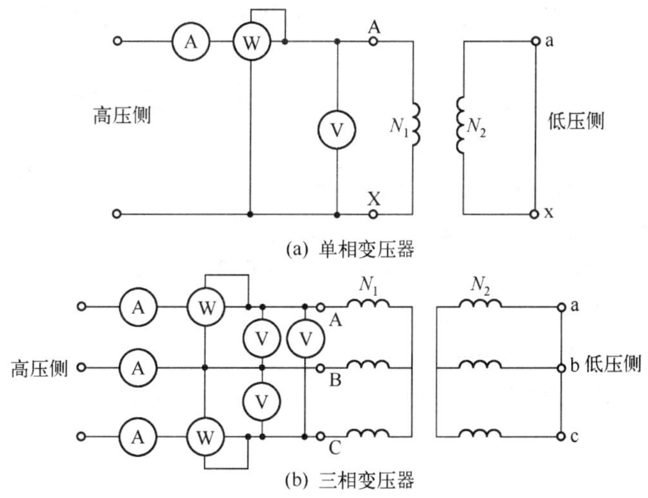

图 3-11 短路试验的接线图

由于短路试验时外加电压很低,主磁通很小,所以铁耗和励磁电流均可忽略不计,这时输出的功率可认为完全消耗在绕组的电阻上,即 $P_k \approx p_{Cu}$。由简化等效电路,根据测量结果,取 $I_k = I_{1N}$时的数据计算室温下的短路参数。

短路阻抗为 $$Z_k=\frac{U_k}{I_k}=\frac{U_k}{I_{1N}} \tag{3-35}$$

短路电阻为 $$R_k=\frac{P_k}{I_k^2}=\frac{P_k}{I_{1N}^2} \tag{3-36}$$

短路电抗为 $$X_k=\sqrt{Z_k^2-R_k^2} \tag{3-37}$$

由于绕组的电阻随温度变化，而短路试验一般在室温下进行，故测得的电阻应换算到国家标准规定的基准工作温度75℃时的值。

对于铜线变压器， $$R_{k75℃}=\frac{234.5+75}{234.5+\theta}R_k \tag{3-38}$$

对于铝线变压器， $$R_{k75℃}=\frac{228+75}{228+\theta}R_k \tag{3-39}$$

式中，θ——试验时的环境温度（℃）；

R_k——温度是 θ 时的短路电阻值（Ω）。

在75℃时的短路阻抗为

$$Z_{k75℃}=\sqrt{R_{k75℃}^2+X_k^2} \tag{3-40}$$

短路试验时，若把短路电压 U_k 表示成额定电压的百分数，可得

$$U_k(\%)=\frac{U_k}{U_{1k}}\times100\%=\frac{I_kZ_k}{U_{1N}}\times100\%=\frac{Z_k}{Z_{1N}}\times100\%=Z_k(\%) \tag{3-41}$$

可见用相对于额定值的百分数表示时，短路电压与短路阻抗是相等的。短路电压通常标在变压器的铭牌上，它的大小反映了变压器在额定负载下运行时的漏阻抗的大小。从运行的角度上看，希望此值小一些，使变压器输出电压波动受负载变化的影响小些，但从限制变压器短路电流的角度来看，则希望此值大一些，这样可以使变压器在发生短路故障时的短路电流小一些。

对于三相变压器，变压器的参数是指一相的参数，因此只要采用相电压、相电流、一相的功率进行计算即可。

【例3-1】 有一台三相铜线变压器，$S_N=100$ kVA，$U_{1N}/U_{2N}=6000$ V/400 V，$I_{1N}/I_{2N}=9.36$ A/144.5 A，Yyn0接法，在室温25℃的试验数据如下：

空载试验低压侧接电源，$U_0=U_{2N}=400$ V，$I_0=9.37$ A，$P_0=600$ W；

短路试验高压侧接电源，$U_k=325$ V，$I_k=I_{1N}=9.63$ A，$P_k=2014$ W；

试求此变压器的空载参数和短路参数。

【解】 三相变压器应采用相值进行计算。因为一、二次绕组接成Y形，所以线电压为相电压的$\sqrt{3}$倍。

变压器的变比为 $$k=\frac{U_{1N}/\sqrt{3}}{U_{2N}/\sqrt{3}}=\frac{6000}{400}=15$$

由空载数据，先求低压侧的励磁参数为

$$Z'_m=\frac{U_0}{\sqrt{3}I_0}=\frac{400}{\sqrt{3}\times9.37}=24.6\ (\Omega)$$

$$R'_m=\frac{P_0}{3I_0^2}=\frac{600}{3\times9.37^2}=2.28\ (\Omega)$$

$$X'_m=\sqrt{Z'^2_m-R'^2_m}=\sqrt{24.6^2-2.28^2}=24.5\ (\Omega)$$

折算到高压侧的励磁参数为

$$Z_m=k^2Z'_m=15^2\times24.6=5535\ (\Omega)$$

$$R_m=k^2R'_m=15^2\times2.28=513\ (\Omega)$$

$$X_m=k^2X'_m=15^2\times24.5=5513\ (\Omega)$$

由短路试验数据，计算室温下的短路参数为

$$Z_k=\frac{U_k}{\sqrt{3}I_k}=\frac{325}{\sqrt{3}\times9.63}=19.5\ (\Omega)$$

$$R_k=\frac{P_k}{3I_k^2}=\frac{2014}{3\times9.63}=7.24\ (\Omega)$$

$$X_k=\sqrt{Z_k^2-R_k^2}=\sqrt{19.5^2-7.24^2}=18.1\ (\Omega)$$

换算到基准工作温度75℃时的数值为

$$R_{k75℃}=R_k\frac{234.5+75}{234.5+\theta}=7.24\times\frac{234.5+75}{234.5+25}=8.63\ (\Omega)$$

$$Z_{k75℃}=\sqrt{R_{k75℃}^2+X_k^2}=\sqrt{8.63^2+18.1^2}=20\ (\Omega)$$

阻抗电压百分数为

$$U_k=\frac{U_{k75℃}}{U_{1N}}\times100\%=\frac{I_kZ_{k75℃}}{U_{1N}}\times100\%=\frac{9.63\times20}{6000/\sqrt{3}}\times100\%=5.56(\%)$$

3.2.3 变压器的运行特性

变压器二次侧对负载来说相当于一个电源。变压器的运行特性包括外特性和效率特性。

1. 变压器的外特性

变压器的外特性是指电源电压和负载的功率因数为常数时，二次绕组端电压随负载电流变化的规律，即它的输出电压与负载电流之间的关系 $U_2=f(I_2)$，如图3-12所示。

从图中看出，在电阻性负载 $\cos\varphi_2=1$ 和电感性负载 $\cos\varphi_2=0.8$ 时，外特性曲线是下降的；而电容性负载 $\cos(-\varphi_2)=0.8$ 时的外特性是上翘的。由于在一般电力变压器中，X_k 比 R_k 大的多，故对不同性质负载的外特性作如下分析。

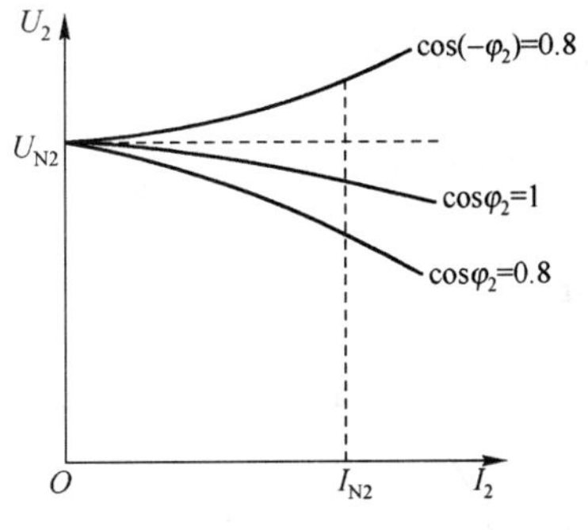

图3-12 变压器的外特性

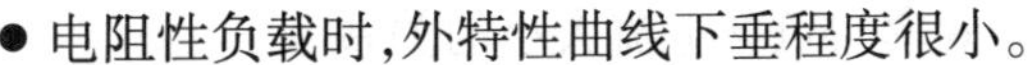

- 电阻性负载时，外特性曲线下垂程度很小。
- 电感性负载时，特性曲线下垂程度增大，也就是说，二次绕组端电压 U_2 将随负载电流 I_2 的增加而下降。而且 φ_2 越大，下降也越多。
- 电容性负载时，外特性曲线上翘。这表明负载时二次侧端电压比空载时高，即 U_2 随 I_2 的增大而升高。

2. 变压器的效率特性

(1) 变压器的损耗

变压器在能量传递的过程中会产生损耗，由于变压器是静止的电器，因此变压器的损耗仅有铜损耗 p_{Cu}和铁芯损耗 p_{Fe}两类。

① 铜损耗。变压器的绕组都有一定的电阻，当电流流过绕组时就要产生损耗，称为铜(损)耗 p_{Cu}。铜耗的大小取决于负载电流和绕组电阻的大小，因而随负载的变化而变化，故称之为可变损耗。

由于短路试验时外电压很低，铁芯中磁密很低，因此铁耗可以忽略不计，所以短路损耗主要是铜耗。

② 铁损耗。由于铁芯中的磁通是交变的，所以在铁芯中要产生磁滞损耗和涡流损耗，统称为铁芯损耗 p_{Fe}。铁耗的大小与硅钢片材料的性质、磁通密度的最大值、硅钢片厚度及交变频率等有关。在其他因素不变的情况下，由于铁芯损耗近似地与 U_1^2 成正比，因此当电源电压 U_1 一定时，铁耗基本上可认为是恒定的，故称之为不变损耗，它与负载电流的大小和性质无关。

由于变压器空载时空载电流 I_0 和绕组电阻都很小，因此空载时的绕组损耗很小，可以忽略不计，所以空载损耗主要是铁损耗。

变压器的总损耗为

$$\sum P = p_{Cu} + p_{Fe} = I_2^2 R_k + P_0 = \left(\frac{I_2}{I_{2N}}\right)^2 I_{2N}^2 R_k + P_0 = \beta^2 P_{kN} + P_0 \tag{3-42}$$

式中，β——负载系数，$\beta = \dfrac{I_2}{I_{2N}}$；

P_{kN}——额定短路功率，$P_{kN} = I_{2N}^2 R_k$。

(2) 变压器的效率特性

① 变压器的效率 η 是指它的输出功率P_2 与输入功率 P_1 的比值，用百分数表示。由于变压器的电压变化率很小，因此如果不考虑负载时输出电压的变化，变压器的输出功率为

$$P_2 = U_2 I_2 \cos\varphi_2 \approx U_{2N} I_2 \cos\varphi_2 = \frac{I_2}{I_{2N}} U_{2N} I_{2N} \cos\varphi_2 = \beta S_N \cos\varphi_2 \tag{3-43}$$

所以变压器的效率为

$$\eta = \frac{P_2}{P_1} \times 100\% = \left(1 - \frac{p_{Cu} + p_{Fe}}{P_2 + p_{Cu} + p_{Fe}}\right) \times 100\% = \left(1 - \frac{\beta^2 P_{kN} + P_0}{\beta S_N \cos\varphi_2 + \beta^2 P_{kN} + P_0}\right) \times 100\% \tag{3-44}$$

上式表明，当负载的功率因数一定时，变压器的效率 η 仅随负载系数β 而变化。

② 效率特性。变压器在负载的功率因数 $\cos\varphi_2 =$ 常值时，效率 η 与负载系数β 之间的关系，即 $\eta = f(\beta)$ 曲线，称为变压器的效率特性，如图 3-13 所示，它表明了变压器的效率与负载电流大小的关系。

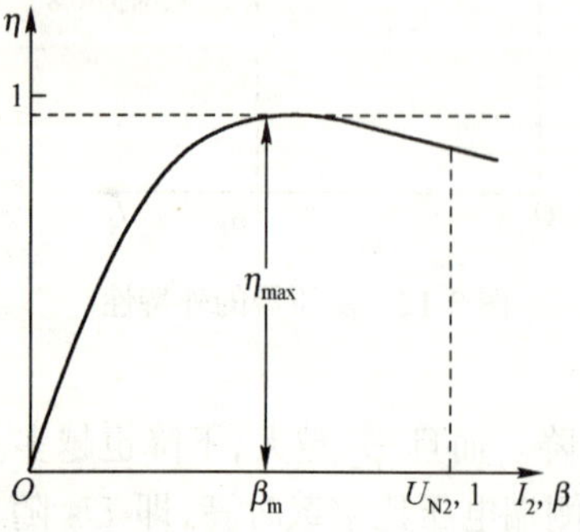

图 3-13　变压器的效率特性

从变压器的效率特性上可以看出，当负载较小时，效率随负载的增大而快速上升，当负载达到一定值，负载的增大反而使效率下降，因此在某一负载下变压器的效率将出现最大效率 η_{max}。通过数学分析可知，当可变

损耗与不变损耗相等时,效率达到最大值,即可求出最大效率时的负载系数 β_m。

$$\beta_m^2 P_{kN} = P_0 \text{ 或 } \beta_m = \sqrt{\frac{P_0}{P_{kN}}} \tag{3-45}$$

将 β_m 代入式(3-44)即可求得最大效率 η_{max}。

由于电力变压器在电网上运行时,铁耗总是存在的,同时变压器不可能一直在满载下运行,因此,为了使总的经济效果良好,铁耗应相对小些,所以一般电力变压器取 $P_0/P_{kN}=1/4\sim1/2$,故最大效率 η_{max}发生在 $\beta_m=0.5\sim0.7$ 范围内。

3.3 三相变压器

现代电力系统广泛使用三相变压器。三相变压器在对称负载运行时,各相的电压和电流大小相等,相位上彼此相差 120°,因而可取一相进行分析。这时三相变压器的任意一相与单相变压器之间就没有什么区别,前面所提到的单相变压器的分析方法及结论完全适用于三相变压器在对称负载下的运行情况。

3.3.1 三相变压器的磁路系统

三相变压器可以由三台同容量的单相变压器组成,称为三相变压器组。另外,还可以由铁轭把三个铁芯柱连在一起构成,称为三相心式变压器。

1. 三相变压器组的磁路

三相变压器组是由三个单相变压器按一定方式连接而组成的,如图 3-14 所示。由于每相的主磁通沿各自的磁路闭合,因此相互之间是独立的。当一次绕组加上三相对称电压时,三相主磁通是对称的,三相的空载电流也是对称的。

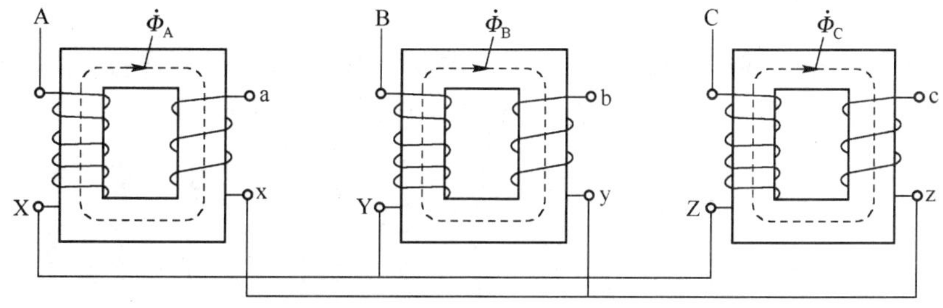

图 3-14 三相变压器组

2. 三相心式变压器的磁路

三相心式变压器各相磁路彼此相关。这种铁芯结构可视为是由三台单相变压器的铁芯合在一起演变而来的,如图 3-15(a)所示。当三相绕组外加三相对称电压时,三相绕组产生的主磁通也是对称的,此时中间铁芯柱内的磁通为$\dot{\Phi}_A+\dot{\Phi}_B+\dot{\Phi}_C=0$,因此可将中间铁芯柱省去, 如图 3-15(b)所示。为了使其结构简单、制造方便,并减小体积和节省硅钢片,将三相铁芯柱布置在同一平面内,形成图 3-15(c)所示的常用的三相心式变压器的铁芯结构,此种铁芯结构的三相磁路长度不相等,中间 B 相最短,两边的 A、C 相较长,所以 B 相磁路的磁阻较其他两相的要小一些;在外加三相电压对称时,三相磁通相等,但三相空载电流不相等,B 相最小,A、C 两相大些。一般电力变压器的空载电流很小,可以不考虑,因而三相变压器的空载电流取三相的平均值。

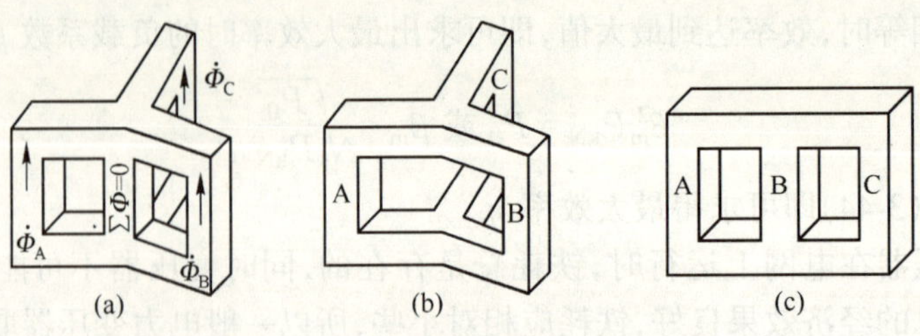

图 3-15 三相变压器的磁路系统

三相心式变压器具有节省材料、效率高、维护方便、占地面积小等优点，所以目前电力变压器广泛采用这种结构，只有在超高压、特大容量的巨型变压器及制造和运输有困难时，才采用三相变压器组。

3.3.2 三相变压器的电路系统（连接组别）

1. 三相变压器绕组的连接

三相变压器的绕组主要采用星形和三角形两种连接方法。为了方便变压器绕组的连接，需要对绕组进行标记，新国标三相变压器绕组的标记为：三相高压绕组首端用 U_1、V_1、W_1 表示，末端用 U_2、V_2、W_2 表示；三相低压绕组首端用 u_1、v_1、w_1 表示，末端用 u_2、v_2、w_2 表示。旧国标三相变压器绕组的标记为：三相高压绕组首端用 A、B、C 表示，末端用 X、Y、Z 表示；三相低压绕组首端用 a、b、c 表示，末端用 x、y、z 表示。

新旧国标中星形连接的高压和低压绕组的中性点用 N、n 表示。为了教学的方便，采用旧国标效果好一些，但在使用时应注意新旧国标标记的对应关系。

(1) 星形连接

将三相绕组的三相末端连接在一起，三个首端向外引出，则为星形连接，用字母 Y 或 y 表示，如果中性点有引出，则用 YN 或 yn 表示，如图 3-16(a)、(b)所示。

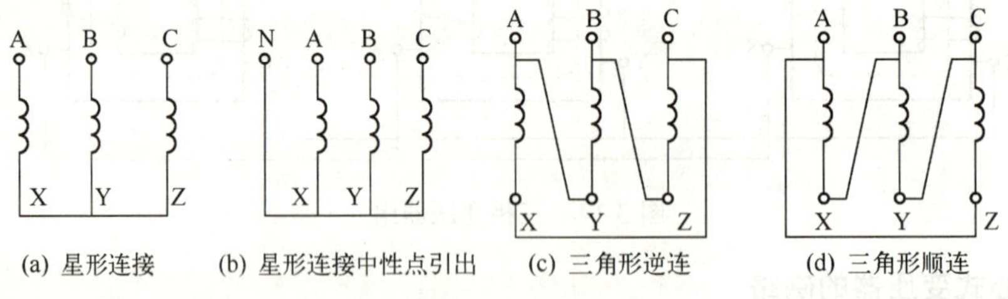

图 3-16 星形和三角形连接法

(2) 三角形连接

将三相绕组的各相绕组首末端相连而成闭合回路，再由三个首端引出，则为三角形连接，用字母 D 或 d 表示。根据各相绕组连接顺序，三角形连接可分为逆连（AX-CZ-BY）和顺连（AX-BY-CZ）两种接法。现在新国标只有顺连法。

2. 连接组别

我国生产的三相电力变压器常有 Yyn、Yd、YNd、Dyn 等四种连接法。其中，大写字母表示高压绕组的连接法，小写字母表示低压绕组的连接法。当有中性线引出时，用 N 或 n 表示。

由于三相变压器的各相绕组之间可采用不同的连接,使得高、低压绕组中的线电动势具有不同的相位差,因此按高、低压绕组线电动势的相位关系,把变压器绕组的连接分成不同组合,称为三相变压器的连接组别。

不论连接组别如何,高低压绕组线电动势的相位差总是30°的倍数,而时钟上相邻两钟点的夹角也是30°,因此三相变压器的连接组别可用时钟法来判别。把高压绕组的线电动势的相量作为分针,始终指向“0”点(或“12”点)这个位置;而以相应的低压绕组的线电动势相量作为时针,指向哪个钟点,就把这个钟点作为连接组别号。例如,Yd11 中的 11 表示连接组的标号,该三相变压器的高压绕组为星形连接,低压绕组为三角形连接,低压绕组的线电动势滞后高压绕组线电动势 330°。

三相变压器高、低压绕组线电动势相量间的相位差,不仅取决于三相绕组的连接法,而且还与绕组瞬时极性有关。无论单相变压器还是三相变压器的高、低压绕组,都是绕在一个铁芯柱上,它们被同一个主磁通所交链。在任何瞬间,两个绕组中电动势或电压极性相同的两个端点,称作同名端(或同极性端),同名端常用“·”表示。如图 3-17 所示。

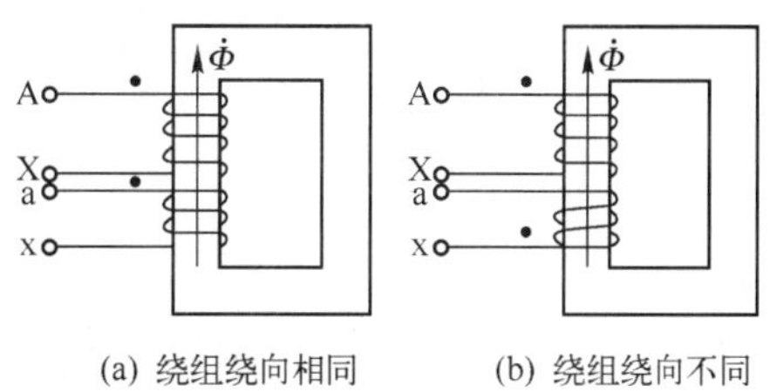

图 3-17 变压器绕组的同名端

用时钟法判别三相变压器的连接组别的步骤:

第一步,按照同名端在连接图中标出高、低压侧绕组相电动势的正方向;

第二步,作出高压侧的电动势相量图,将相量图的B点放在钟面的“12”处,A、B、C按顺时针方向排列;

第三步,将a点与A点重合;

第四步,以高压侧电动势相量为参考,按照高、低压侧同一铁芯柱上绕组的相电动势之间的相位关系,来确定低压侧相电动势的位置,作出低压侧的电动势相量图;

第五步,以$\dot{E}_{AB}$为长针、$\dot{E}_{ab}$为短针确定连接组别号。

(1) Yy 连接组

如图 3-18 所示为三相变压器 Yy 连接时的接线图。高、低压侧绕组均为星形连接,且同名端同时为首端。这时高、低压绕组相电动势间的相位相同,根据线电动势与相电动势的相量关系,确定线电动势$\dot{E}_{AB}$和$\dot{E}_{ab}$。由相量图可知, $\dot{E}_{AB}$和$\dot{E}_{ab}$同相位,若把$\dot{E}_{AB}$作为时钟的分针指向“12”点,$\dot{E}_{ab}$作为时钟的时针也指向“12”点,“12”点是零点,故其连接组标号为“0”,用 Yy0 表示。

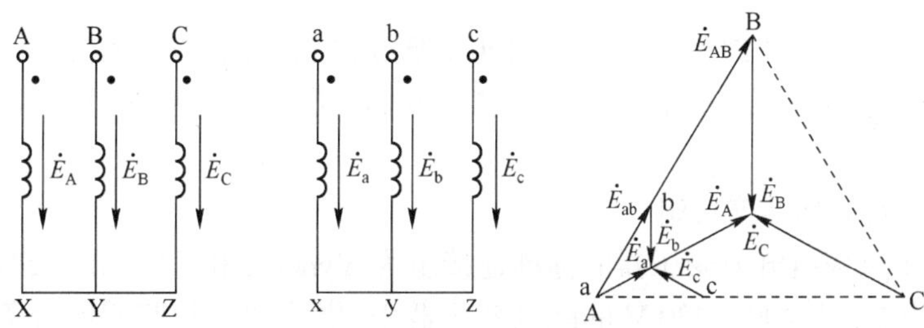

图 3-18 Yy0 连接组

如图 3-19 所示为高、低压绕组的异名端作为首端，高、低压绕组各对应的相电动势相位相反，此时高、低压绕组线电动势$\dot{E}_{AB}$和$\dot{E}_{ab}$相位也相反，即$\dot{E}_{ab}$顺时针转过了 1800 指向“6”点，故连接组别号用 Yy6 表示。

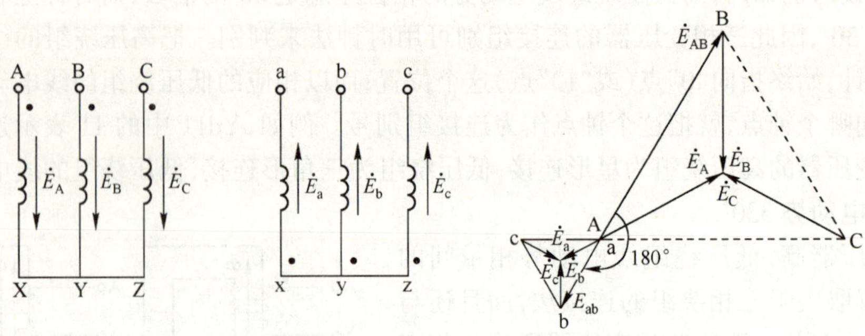

图 3-19 Yy6 连接组

若把 Yy0 连接组的二次绕组端头标志改变一下，把 b 改成 a，c 改成 b，a 改成 c，每个相量都顺移 120°，便可得到 Yy4，把 Yy4 的二次绕组端头再顺移 120°，便可得到 Yy8。同理，把 Yy6 连接组的二次绕组端头顺移 120°，便可得到 Yy10，把 Yy10 二次绕组端头再顺移 120°，便可得到 Yy2。Yy 连接共有六个偶数连接组别号。

(2) Yd 连接组

如图 3-20 所示为三相变压器 Yd 连接时的接线图，高、低压绕组的首端同为同名端，此时，高、低压绕组各对应的相电动势相位相同，但线电动势$\dot{E}_{ab}$在相位上滞后于$\dot{E}_{AB}$的电角度为 330°，当$\dot{E}_{AB}$作为时钟的分针指向“12”时，$\dot{E}_{ab}$作为时钟的时针指向“11”，故连接组别号为“11”，用 Yd11 表示。

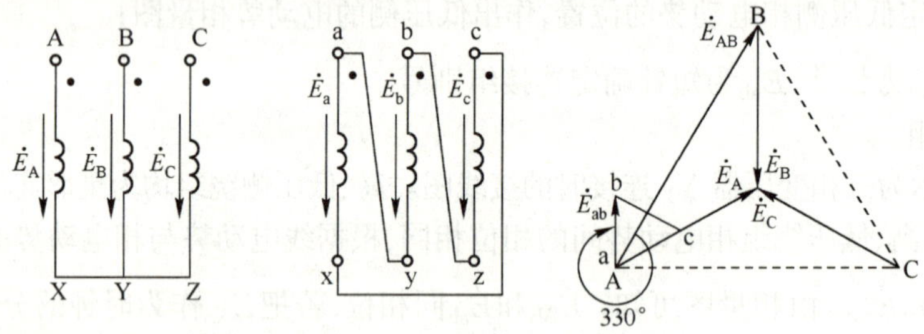

图 3-20 Yd11 连接组

把 Yd11 连接组的二次绕组端头顺移 120°，便可得到 Yd3，再顺移 120°，便可分别得到 Yd7。同理把 Yd5 连接组的二次绕组端头顺移 120°，便可得到 Yd9、Yd1。Yd 连接共有六个奇数组。

(3) 三相变压器的标准连接组

我国规定三相双绕组电力变压器的标准连接组为 Yyn0、Yd11、YNd11、YNy0、Yy0。其中 Yyn0 用于低压侧电压为 400～430 V 的配电变压器中，供给动力与照明混合负载。变压器的容量可达 1800 kVA，高压侧的额定电压不超过 35 kV；Yd11 用于高压侧额定电压为 35 kV 以下，低压侧为 3000 V 和 6000 V 的大中容量的配电变压器；YNd11 用于高压侧需要中点接地的大型和巨型变压器，高压侧的电压都在 110 kV 以上，主要用于高压输电；YNy0 用于高压侧需接地的场合；Yy0 只供三相动力负载。

3. 变压器的并联运行

电力系统广泛采用变压器并联运行的供电方式。变压器的并联运行，就是将两台以上变压器的一、二次侧同标号的出线端连在一起，直接或经过一段线路接到母线上的运行方式。如图 3-21 所示。

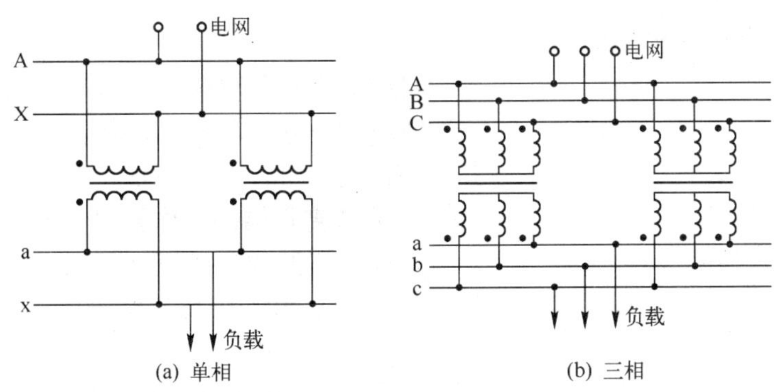

图 3-21 两台变压器的并联运行

(1) 变压器并联运行的优点

变压器并联运行具有以下优点。

① 提高供电的可靠性。并联运行的某一台变压器发生故障或需要检修时，可以将它从电网上切除，而电网仍能继续供电。

② 提高变压器的利用率，改善供电系统的功率因数。当负载有较大变化时，可以调整并联运行的变压器台数，提高运行的经济性。

③ 减小总的备用容量，并可随着用电量的增加而分批增加新的变压器。

(2) 变压器并联运行的理想条件

变压器并联运行必须满足一定的条件，以下是理想的条件。

① 待并的各台变压器的额定电压应相等，即各台变压器的变比应相等。

② 待并的各台变压器的连接组别必须相同。

③ 待并的各台变压器的短路阻抗(电压)的相对值(百分数)要相等。

(3) 变压器并联运行的实际条件

变压器并联运行的实际条件与理想条件略有差别。

① 待并变压器的变比可略有不同，通常规定并联运行的两台变压器电压比(变比)的差值对几何平均值之比，即 $\Delta k=\left(|k_1-k_2|\Big/\sqrt{k_1k_2}\right)\times100\%$ 不应大于 0.5%。k_1 与 k_2 分别为待并的两台变压器的变比。

② 连接组别必须相同，否则将在两台并联运行的变压器的二次绕组中产生很大的空载环流，同时一次侧亦感应很大的环流，会将变压器的绕组烧毁。

③ 实际上不同变压器的短路电压相对值(百分数)总有差异，为了使并联运行的变压器尽可能充分地利用设备总容量，要求并联运行的变压器的短路电压相对值(百分数)之差不超过

其平均值的10%;大、小变压器容量之比不超过3:1,且希望容量大的变压器的短路电压相对值(百分数)比容量小的变压器的短路电压相对值(百分数)要小些,以先达到满载,充分地利用大变压器的容量。

3.4 变压器的应用

3.4.1 自耦变压器

1. **自耦变压器的结构特点**

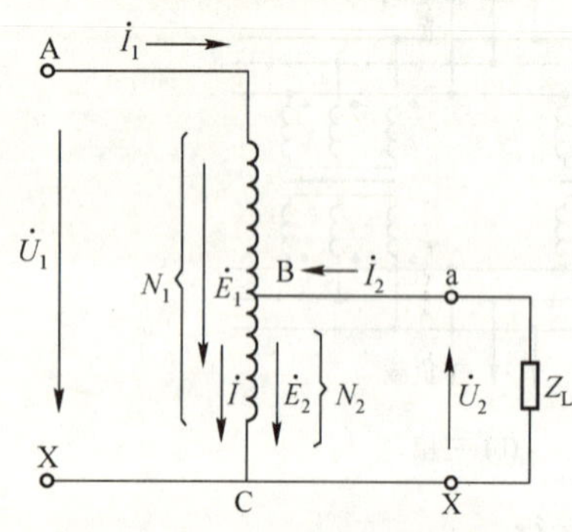

图 3-22　自耦变压器原理图

自耦变压器在结构上没有独立的二次绕组,它将一次绕组的一部分作为二次绕组,是个单绕组变压器。其原理接线图如图3-22所示。

2. **自耦变压器的工作原理**

自耦变压器的工作原理与双绕组变压器相似,也具有变压、变流和变阻抗的作用。

(1) 变压作用

如图3-22所示,AX间匝数为N_1,ax间匝数为N_2。当AX间外施交流电压$\dot{U}_1$时,由于主磁通Φ的作用,在AX间产生感应电动势$\dot{E}_1 = 4.44 f N_1 \dot{\Phi}_m$,而在ax间产生感应电动$\dot{E}_2 = 4.44 f N_2 \dot{\Phi}_m$。如不计漏阻压降,则

$$\frac{U_1}{U_2} = \frac{E_1}{E_2} = \frac{N_1}{N_2} = k \tag{3-46}$$

式中,N_1——一次侧绕组匝数;

N_2——二次侧绕组匝数;

k——自耦变压器的变比。

(2) 变流作用

假定电源流入电流为$\dot{I}_1$,负载电流为$\dot{I}_2$,则绕组N_2中流的电流$\dot{I} = \dot{I}_1 + \dot{I}_2$。根据磁势平衡关系得

$$\dot{I}_1(N_1 - N_2) + \dot{I} N_2 = \dot{I}_0 N_1 \tag{3-47}$$

即

$$\dot{I}_1(N_1 - N_2) + (\dot{I}_1 + \dot{I}_2) N_2 = \dot{I}_0 N_1 \tag{3-48}$$

整理得

$$\dot{I}_1 N_1 + \dot{I}_2 N_2 = \dot{I}_0 N_1 \tag{3-49}$$

忽略空载磁势则

$$I_1 = -\frac{N_2}{N_1} I_2 = -\frac{1}{k} I_2 \tag{3-50}$$

(3) 变阻抗作用

二次侧的负载阻抗Z_L折算到一次侧为Z'_L。因此得

$$\frac{Z'_L}{Z_L} = \frac{U_1 I_1}{U_2 I_2} = \left(\frac{N_1}{N_2}\right)^2 = k^2 \tag{3-51}$$

3. **自耦变压器的优缺点及应用**

在输出容量相同的情况下,自耦变压器比普通双绕组变压器省铁省铜、尺寸小、重量轻、成本低;因用铁用铜量小,损耗小,效率也高。变比 k 越接近 1 ,优点越显著,因此自耦变压器的变比常取 $k=1.25\sim2$。

自耦变压器的一、二次绕组有电的直接联系,当过电压波侵入或公共绕组断线时,二次绕组将承受高电压,因此自耦变压器内部绝缘与过电压保护措施要加强,防止高电压损坏低压侧的电气设备。自耦变压器不能作为安全照明变压器使用。

自耦变压器有单相和三相两种类型,可以升压与降压。自耦变压器主要用于连接不同电压的电力系统中,如用作实验室的调压设备和交流电动机的降压启动设备等。

3.4.2 仪用互感器

在科学试验和电力系统中,往往需要对交流电路中的高电压和大电流进行测量和监视,由于仪表的绝缘和量程所限,且高压、大电流用仪表直接测量时对操作人员也不安全。因此,人们先用变压器将高电压变换为低电压,大电流转换为小电流,然后再用普通的仪表进行测量。这种供测量用的变压器称仪用互感器,仪用互感器的作用是:可用小量程的电流表测量大电流,低量程的电压表测量高电压,使测量回路与高压电网隔离,保证工作人员的安全;同时还为各类继电保护和控制系统提供控制信号。仪用互感器分电压互感器和电流互感器两种。

1. **电压互感器**

电压互感器实质上是一台小容量的降压变压器。其铁芯由性能较好的硅钢片制成,铁芯不饱和,磁通密度约为 0.6~0.8T。它的一次绕组匝数很多,可以有许多抽头,根据不同的测量电压,可适当选取匝数比;二次绕组匝数较少,二次额定电压一般都设计为 100 V。工作时,一次绕组并接在待测的高压电路上,二次绕组接在测量仪表(电压表或功率表)的电压线圈上。电压互感器原理图如图 3-23 所示。

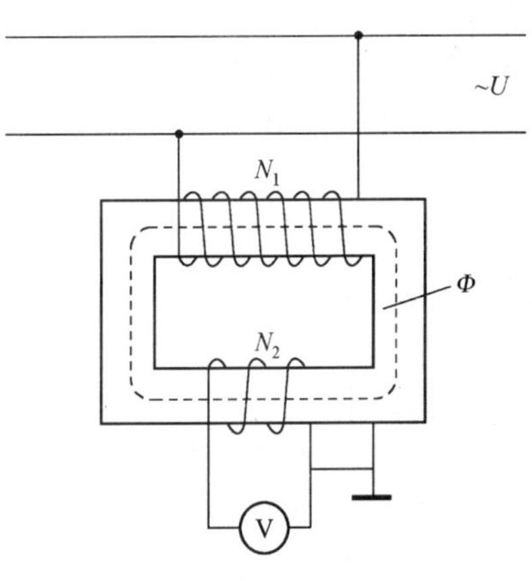

图 3-23　电压互感器原理图

电压互感器二次绕组接阻抗很大的电压线圈,工作时相当于变压器的空载运行状态。因励磁电流和漏阻抗很小,可以忽略漏阻抗压降,则 $\dfrac{U_1}{U_2}=\dfrac{N_1}{N_2}=k$,已知变比 k 时,由二次侧电压表读数乘以变比就可以得到线路的电压值,如果测 U_2 的电压表是按 kU_2来刻度,从表上便可直接读出被测电压值。

电压互感器在测量中会产生两种误差:一是变比误差,指二次侧电压的折算值 U_2(测量值)和一次侧电压 U_1(实际值)间的算术差;二是角误差,即 $-\dot{U}_2'$ 与 $\dot{U}_1$ 之间的相位差。按变比误差的相对值,电压互感器的准确度等级可分成 0.2、0.5、1.0、3.0 四个等级。数值越小,测量的准确度越高。

使用电压互感器必须注意以下几点。

① 电压互感器的二次侧绝不允许短路,否则将产生很大的电流,使绕组过热而烧坏。

② 电压互感器的铁芯和二次绕组应可靠接地,以防止因绝缘损坏时二次侧出现高压,危及操作人员的人身安全。

③ 电压互感器的额定容量是对应准确度确定的,在使用时二次侧所接的阻抗值不能小于规定值,即不能多带电压表或电压线圈,否则电流过大,降低电压互感器的精度等级。

2. 电流互感器

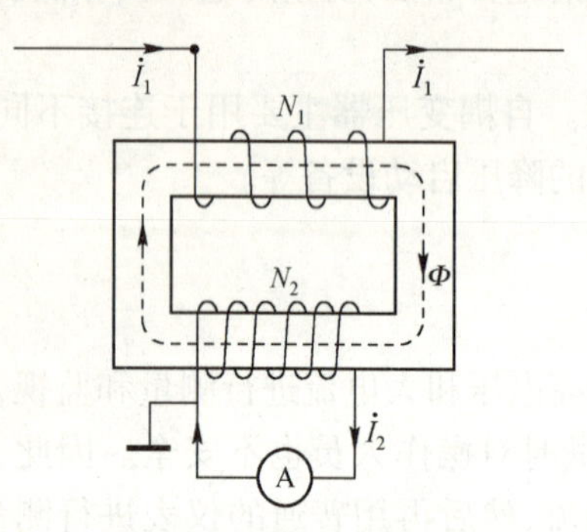

图 3-24 电流互感器的原理图

电流互感器实质上是一台小容量的升压变压器。它的一次绕组匝数很少,有的只有一匝,与被测大电流的线路串联,电流的范围为 10~2500 A,一次绕组还可以有抽头,分别用于不同的电流比例。电流互感器的二次绕组匝数很多,额定电流为 5 A,接测量仪表(电流表或功率表)的电流线圈。如图 3-24 所示是电流互感器的原理图。

电流互感器本身的阻抗是非常小的,它串入被测电路对其电流没有影响。电流互感器工作时二次侧接阻抗很小的电流线圈,相当变压器的短路工作状态。铁芯中的磁通量密度很低,一般只有 0.08~0.1T,忽略励磁电流,由磁势平衡关系可得$\frac{I_1}{I_2}=\frac{N_2}{N_1}=\frac{1}{k}$。因此,一次侧电流等于电流表测得的电流乘以变比 k。

电流互感器也存在变比误差和角误差。按变比误差的相对值,电流互感器的准确度等级有 0.2、0.5、1.0、3.0、10.0 五个等级。同理,数值越小,测量的准确度越高。

使用电流互感器必须注意以下几点。

① 电流互感器工作时,二次侧绝不允许开路,也不允许装设熔断器和开关。因为如果二次侧开路,$I_2=0$,失去二次侧的去磁作用,一次侧的大电流全部成为励磁电流,将使铁芯中磁通密度剧增。这样,一方面使铁芯损耗剧增,铁芯严重过热,甚至烧坏;另一方面还会在二次绕组产生很高的电压,有时可达数千伏以上,能将二次线圈击穿,还将危及测量人员的安全。在运行中换电流表时,必须先把电流互感器二次绕组短接,换好仪表后再断开短路线。

② 电流互感器的铁芯和二次绕组必须可靠接地,以防止绝缘损坏时高压传到二次侧,危及测量人员的人身安全。

③ 电流互感器二次绕组回路串入的阻抗值不得超过有关技术标准的规定,否则将影响电流互感器的准确度。

3.4.3 电焊变压器

电焊变压器又称焊接用变压器。在生产实际中,交流电弧焊应用很广泛。交流电弧焊机就是一台特殊的降压变压器。电焊工艺要求电焊变压器具有以下特点。

① 具有 60~70 V 的空载电压,以保证容易起弧;

② 具有迅速下降的外特性,以适应电弧的特性要求;

③ 工作时常处于短路状态,短路电流一般不超过额定电流的 2 倍;

④ 焊接电流的大小能够调节,以适应不同的焊条和焊件。

因此，电焊变压器必须具有较大的可以调节的漏电抗，电焊变压器的一、二次绕组一般分装在两个铁芯柱上，使绕组的漏电抗比较大。改变漏抗的方法很多，如串可变电抗器法和磁分路法等。

1. 串可变电抗器的电焊变压器

串可变电抗器的电焊变压器由普通变压器和可变电抗器串联组成，如图3-25所示。通过螺杆调节可变电抗器的气隙大小，可以改变电抗的大小，从而得到不同的外特性和不同的焊接电流。当可变电抗器的气隙增大时，电抗器的电抗减少，焊接电流增大；反之，当气隙减小时，电抗器的电抗增大，焊接电流减少。另外，通过一次绕组的抽头，可以调节起弧电压的大小。

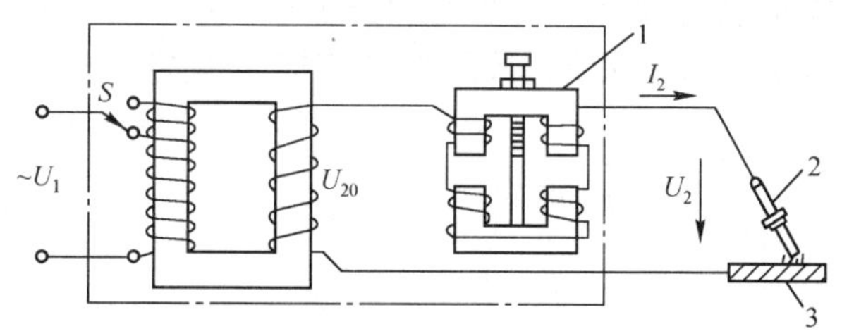

图3-25 带电抗器的弧焊变压器

1—可变电抗器；2—焊把及焊条；3—焊件

2. 磁分路的电焊变压器

磁分路的电焊变压器如图3-26所示，它在一次绕组和二次绕组的两个铁芯柱之间，安装了一个可移动的铁芯。提供了磁分路，当铁芯移出时，一、二次绕组的漏电抗减小，电焊变压器的工作电流增大；当铁芯移进时，一、二次绕组的漏电抗增大，焊接时二次侧电压迅速下降，电焊变压器的工作电流变小。通过调节螺杆可将磁分路动铁芯移进或移出到适当位置，使得漏磁通增大或减小，同时漏电抗也增大或减小，由此即可改变焊接电流的大小。另外，在二次绕组中还常备有分接抽头，以便空载时调节起弧电压的大小。

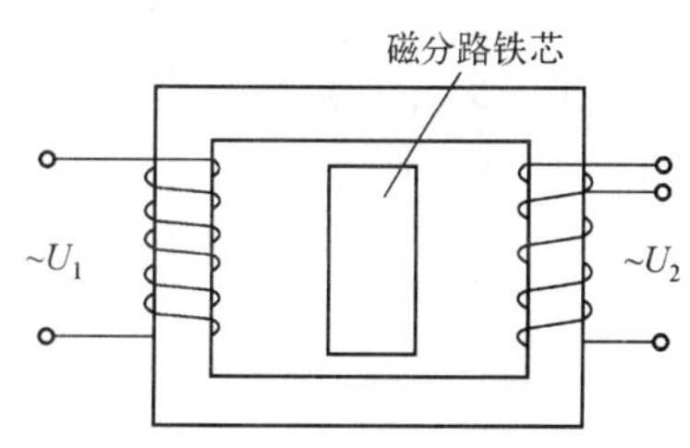

图3-26 磁分路的电焊变压器

思考题与习题

3-1 简述变压器的基本结构。

3-2 电力系统为什么要采用高压输电？

3-3 变压器油在变压器中起什么作用？储油柜及防爆管的作用是什么？

3-4 一台三相变压器，已知 $U_{1N}/U_{2N}=10/3.15$ kV，Yd11连接，绕组每匝的电压为14.189 V，二次额定电流 $I_{2N}=183.3$ A，不计漏磁。试求：① 一次、二次绕组的匝数；② 变压器的额定容量及一次绕组的额定电流；③ 一次、二次绕组的额定相电流；④ 变压器运行在额定容量及 $\cos\varphi_2=1$ 和 $\cos\varphi_2=0.85$(滞后)情况下的负载功率。

3-5 变压器的铁芯和绕组各起什么作用？铁芯为什么要用硅钢片叠成，用整块铁行否？

3-6 为什么变压器的空载损耗可以近似看成是铁耗，短路损耗可以近似看成铜耗？负载时的实际铁耗和铜耗与空载损耗和短路损耗有无差别？为什么？

3-7 变压器带负载时，二次侧电流加大，为什么一次侧电流也加大？

3-8 三相变压器组和三相心式变压器的磁路系统各有什么特点？

3-9 一台单相变压器，$U_{1N}/U_{2N} = 220/110$ V，若将 X 和 x 连接起来，A-X 间加 220 V 交流电压，问 A 和 a 为同名端或异名端时，A-a 间的电压多大？

3-10 什么是变压器的并联运行？并联运行有哪些优点？

3-11 变压器并联运行的理想条件和实际条件是什么？

3-12 电压互感器和电流互感器在使用时应注意哪些？电流互感器运行时二次侧为什么不能开路？

3-13 自耦变压器的主要特点有哪些？它和普通的双绕组变压器有何区别？

3-14 三相变压器的一次、二次绕组按图 3-27 连接，试确定其连接组别号。

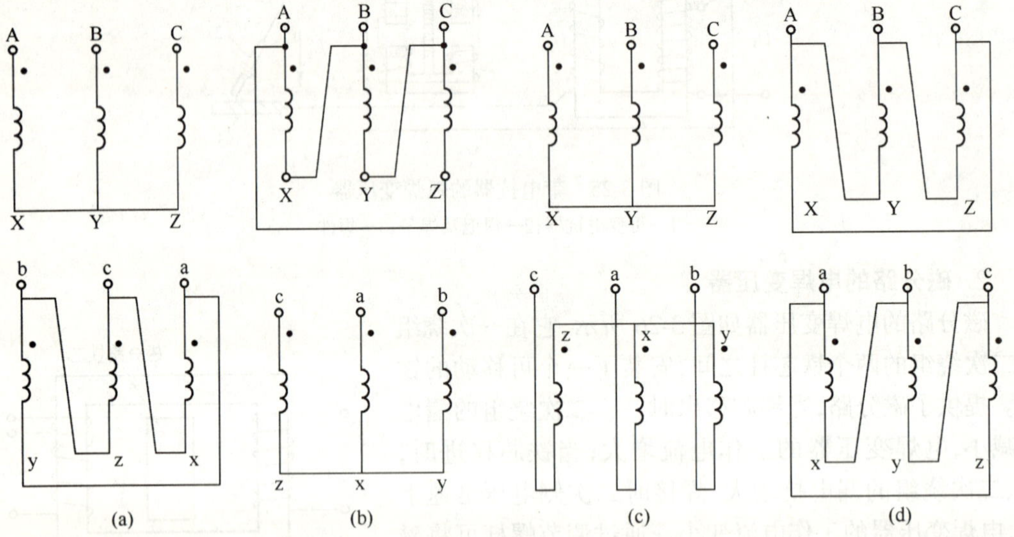

图 3-27 题 3-14 图

3-15 两台三相心式变压器的连接组分别为 Yd11 和 Yd1，它们的电压比相同、容量相等，试用相量图说明如何改动绕组间的接线可使这两台变压器并联运行。

3-16 电弧焊对电焊变压器有什么要求？用什么方法才能满足这些要求？为什么？

3-17 一台铝线三相变压器：$S_N = 750$ kVA，$U_{1N}/U_{2N} = 10000/400$ V，一、二次绕组均为 Y 连接。低压侧空载试验数据为：$U_0 = 400$ V，$I_0 = 60$ A，$P_0 = 3800$ W。高压侧短路试验数据为：$U_k = 400$ V，$I_k = 43.3$A，$P_k = 10900$ W，室温为 20℃。试求此变压器的空载参数和短路参数。

第 4 章　三相异步电动机

【**知识目标**】　掌握三相异步电动机的结构、工作原理；熟悉三相异步电动机的空载和负载运行；掌握三相异步电动机的基本方程、等效电路及工作特性。

【**能力目标**】　学会三相异步电动机参数的测定方法、三相定子绕组的绕线规律和嵌线方法。

【**学习方法**】　先理论，后实践。

异步电机主要用于电动机，其转速与所接电源频率之间不存在严格不变的关系，由于异步电动机是根据电磁感应原理而工作的，因而也称为感应电动机。

异步电动机被广泛应用在工农业、交通运输、日常生活等各个方面。因为它与其他各种电机比较，具有结构简单、制造方便、运行可靠等优点。随着现代交流调速技术的发展，异步电动机在电力拖动系统中获得越来越广泛的应用。

4.1　三相异步电动机的结构和工作原理

4.1.1　三相异步电动机的结构

三相异步电动机由定子和转子两大部分组成，定子和转子之间存在很小的气隙。三相异步电动机的结构如图 4-1 所示。

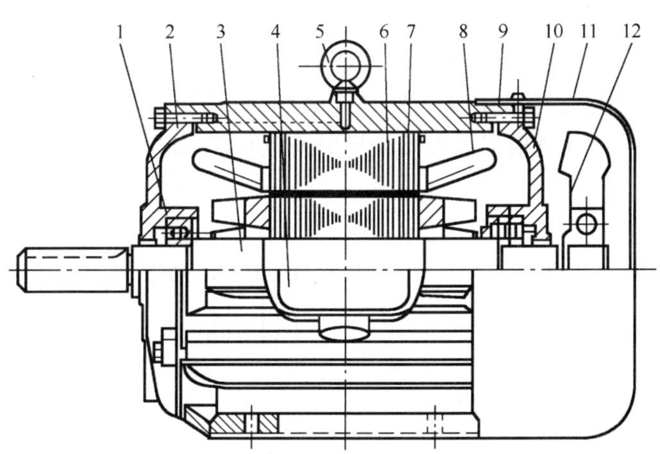

图 4-1　三相笼式异步电动机的结构图

1—轴承；2—前端盖；3—转轴；4—接线盒；5—吊环；6—转子铁芯；7—转子；8—定子绕组；9—机座；10—后端盖；11—风罩；12—风扇

1. 定子

三相异步电动机的定子由定子铁芯、定子绕组、机座和端盖组成。定子的主要作用是产生磁场。

(1) 定子铁芯

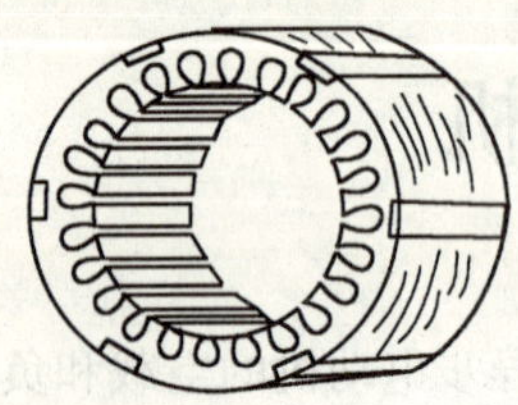

图 4-2　定子铁芯

定子铁芯用来嵌放定子绕组，是三相异步电动机磁路的一部分。定子铁芯的结构如图 4-2 所示。为了减少电机的铁芯损耗，定子铁芯采用 0.5 mm 厚的硅钢片叠成，硅钢片内圆周表面冲有槽，用以嵌放定子绕组。槽的形状有半闭口槽、半开口槽和开口槽，如图 4-3 所示。小容量的电动机由于硅钢片间的涡流电压较小，相叠时利用硅钢片表面的氧化层即可减小涡流损耗。对于容量较大的电动机，在硅钢片两面涂绝缘漆作为片间绝缘。

(2) 定子绕组

定子绕组是三相异步电动机的电路部分，其主要作用是通入交流电产生磁场。它由嵌在定子铁芯槽内的线圈按一定规律组成，根据定子绕组线圈在槽内的布置可分为单层和双层绕组。绕组的槽内部分与铁芯之间必须可靠地绝缘，这部分绝缘称为槽绝缘，如果是双层绕组，两层绕组之间还应有层间绝缘，槽内的导线用槽楔固定在槽内，如图 4-3 所示。

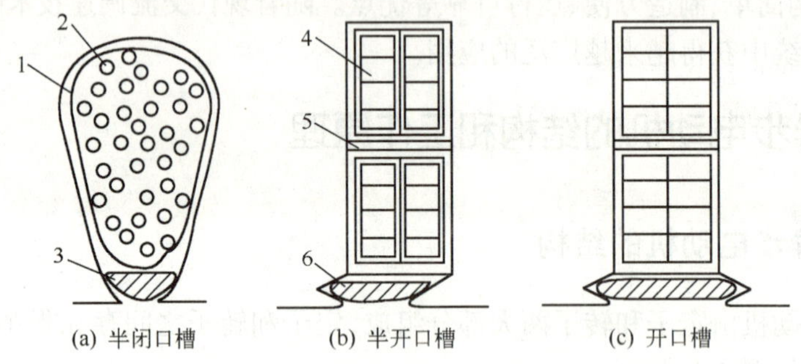

图 4-3　定子铁芯槽形及槽内布置

三相异步电动机的定子绕组必须是对称绕组，即每相绕组匝数和结构完全相同，在空间相差 120°电角度。每相绕组的首端用 U_1、V_1、W_1 表示，末端用 U_2、V_2、W_2 表示。首末端分别引线到电动机的接线盒里，以便根据需要接成星形或三角形，如图 4-4 所示。

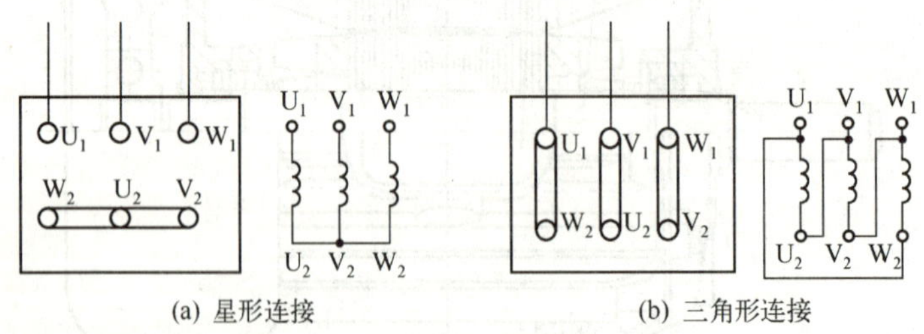

图 4-4　三相异步电动机的接线

(3) 机座和端盖

机座的作用是支撑定子铁芯和固定端盖，在中小型电动机中端盖还具有轴承座的作用，机座还要支撑电动机的转子部分。因此机座必须具有足够的机械强度和刚度。中小型异步电动机通常采用铸铁机座，而大型电动机的机座都是用钢板焊接而成。

2. 转子

三相异步电动机的转子由转子铁芯、转子绕组、转轴和轴承等构成。转子的主要作用是产生电磁转矩。

(1) 转子铁芯

转子铁芯也是电动机磁路的一部分，由0.5 mm厚的硅钢片叠压而成。硅钢片外圆周上冲有槽，以便浇铸或嵌放转子绕组。中小型异步电机的转子铁芯大都直接安装在转轴上，而大型异步电机转子则固定在转子支架上，转子支架再套装固定在转轴上。

(2) 转子绕组

转子绕组的作用是产生感应电动势和电流，并产生电磁转矩。其结构形式有笼式和绕线式两种。

① 笼式转子绕组。笼式转子绕组按制造绕组的材料可分为铜条绕组和铸铝绕组。铜条绕组是在转子铁芯的每一槽内插入一根铜条，每一根铜条两端各用一端环焊接起来。铜条绕组主要用在容量较大的异步电动机中。小容量异步电动机为了节约用铜和简化制造工艺，绕组采用铸铝工艺，将转子槽内的导条及端环和风扇叶片一次浇铸而成，称为铸铝转子。如果把铁芯去掉，绕组就像一个笼子，故称为笼式绕组，如图4-5所示。由于两个端环分别把每一根导条的两端连接在一起，因此，笼式绕组是一个自行闭合的绕组。

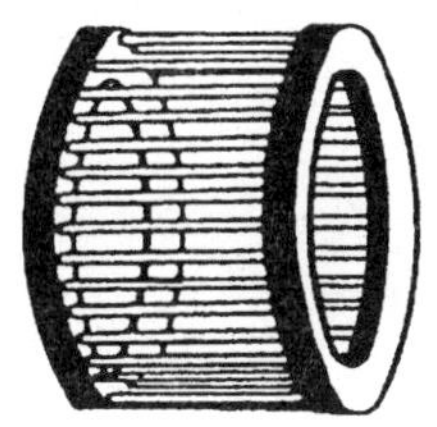

(a) 铜条笼式绕组

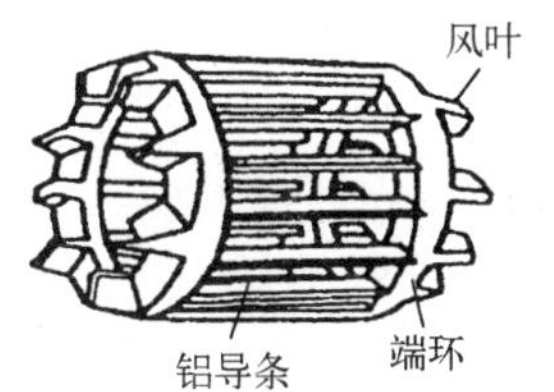

(b) 铸铝笼式绕组

图4-5　笼式转子绕组结构示意图

② 绕线式转子绕组。绕线式转子绕组和定子绕组一样，是由嵌放到转子铁芯槽内的线圈按一定规律组成的三相对称绕组。转子三相绕组一般接成星形，三个末端连在一起，三个首端分别与装在转轴上但与转轴绝缘的三个滑环相连接，再经电刷装置引出。当异步电动机启动或调速时，可以串接附加电阻，如图4-6所示。

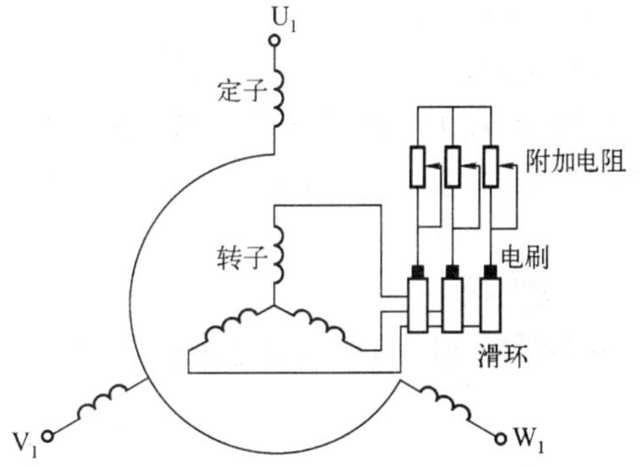

图4-6　绕线式异步电动机接线示意图

3. 气隙

三相异步电动机定子铁芯与转子铁芯之间的气隙比同容量直流电机的气隙小得多。气隙的大小对异步电动机的运行性能影响极大，气隙大则磁阻大，由电网提供的励磁电流也大，使电机的功率因数降低。但是气隙过小时，将使电机装配困难，运行时定、转子可能会发生摩擦，而且气隙过小时高次谐波磁场的影响增大，对电机产生不良影响。一般情况下三相异步电动机的气隙在0.2～1.6 mm之间。

4.1.2 三相异步电动机的定子绕组

三相异步电动机的定子绕组是三相异步电动机的核心部件，是实现机电能量转换的关键。

三相定子绕组按照槽内导体的层数分为单层绕组和双层绕组。单层绕组按连接方式不同分为整距式、链式、交叉式和同心式绕组等。双层绕组又分为叠绕组和波绕组。

1. 定子绕组的基本知识

(1) 线圈

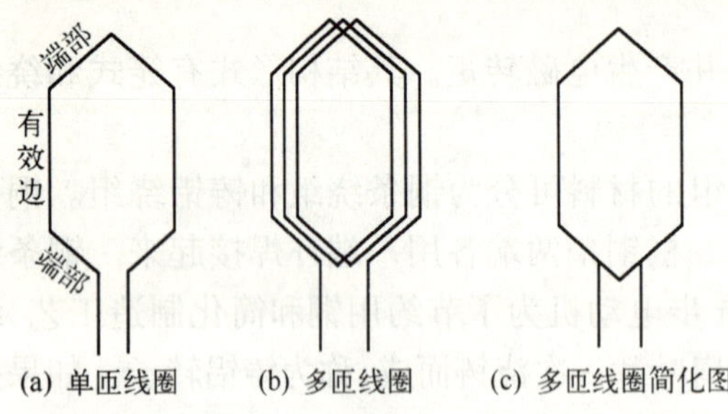

图 4-7 线圈示意图

线圈是构成交流绕组的基本单元，由一匝或多匝线圈串联而成。每个线圈在铁芯槽内的直线部分是线圈产生磁场和电动势的主要部分，故称为有效边或导体。在槽外的部分把有效边连接起来，称为端部，如图 4-7 所示。

(2) 极距

极距 τ 是相邻两磁极轴线之间的距离，通常用定子槽数来表示为

$$\tau=\frac{Z_1}{2p} \tag{4-1}$$

式中，Z_1——定子槽数；

p——极对数。

(3) 节距

节距 y 是一个线圈的两个有效边在定子圆周上跨过的距离，用槽数来表示。$y=\tau$ 时称为整距绕组；$y<\tau$ 时称为短距绕组；$y>\tau$ 时称为长距绕组。由于长距绕组端部跨距大，用铜量大，故很少采用。为使绕组的磁场和电动势较大，应使节距 y 接近或等于极距 τ。

(4) 电角度与机械角度

电机圆周从几何上看为 360°，这种角度称为机械角度。但从电磁观点来看，经过 N、S 一对磁极时，磁场的空间分布曲线或线圈中的感应电动势正好交变一周，相当于 360°，称为 360°电角度。若电机的极对数为 p，则其电角度与机械角度的关系为

$$\text{电角度}=p\times\text{机械角度} \tag{4-2}$$

(5) 槽距角

相邻两槽之间的距离用电角度表示，称为槽距角 α，即

$$\alpha=\frac{p\times 360^\circ}{Z_1} \tag{4-3}$$

(6) 每极每相槽数

在每个磁极下每相绕组所占有的槽数，称为每极每相槽数 q。若定子绕组相数为 m_1，则

$$q=\frac{Z_1}{2pm_1} \tag{4-4}$$

2. 单层绕组

单层绕组每个槽内只嵌放一个有效边，故线圈的总数为总槽数的一半。单层绕组可分为

整距绕组、链式绕组、同心式绕组、交叉式绕组等。

(1) 整距绕组

现以一台 4 极、定子槽数为 24 的三相异步电动机为例，说明整距绕组的特点。

① 计算极距 τ、每极每相槽数 q 和槽距角 α。

$$\tau=\frac{Z_1}{2p}=\frac{24}{4}=6$$

$$q=\frac{Z_1}{2pm_1}=\frac{24}{4\times 3}=2$$

$$\alpha=\frac{p\times 360^\circ}{Z_1}=\frac{2\times 360^\circ}{24}=30^\circ$$

② 分相。在平面上画出 24 根线段表示槽，并将槽依次编号，以第 1 槽为起始位置。按照 $q=2$ 分相，顺序为：U_1、W_2、V_1、U_2、W_1、V_2，则第 1、2 槽属于 U_1 相，其他各相所属的槽号如表 4-1 所示。

表 4-1　各相所属槽号排列

槽号 / 相带 / 极对数	U_1	W_2	V_1	U_2	W_1	V_2
第一对磁极	1、2	3、4	5、6	7、8	9、10	11、12
第二对磁极	13、14	15、16	17、18	19、20	21、22	23、24

③ 绕组展开图。采用整距绕组，线圈的节距 $y=\tau=6$。以 U 相为例，U 相在第一对磁极下的线圈为 1-7、2-8，在第二对磁极下的线圈为 13-19、14-20，把同一个磁极下相邻的两个线圈串联起来构成一个线圈组。U 相的两个线圈组既可串联又可并联。若每相只有一条支路，则把两个线圈组串联起来就构成了 U 相绕组，如图 4-8(a)所示。线圈组串联时应采取“首尾相连”的规律。如图 4-8(b)所示。U 相的两个线圈组还可以并联形成两条支路，如图 4-8(c)所示。同理，可绘出 V、W 相的绕组展开图。

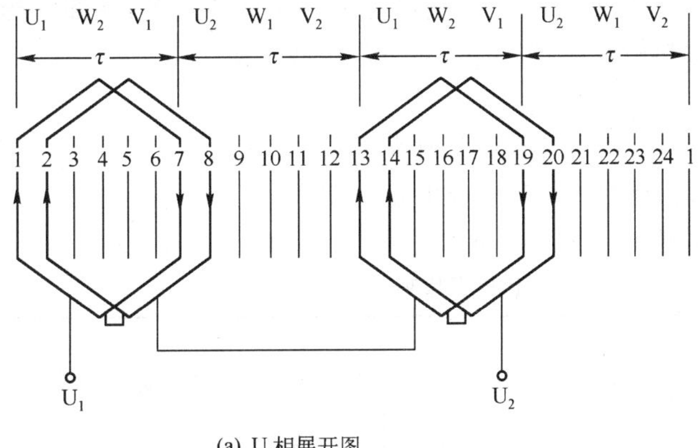

(a) U 相展开图　(b) 一路串联　(c) 两路并联

图 4-8　单层整距绕组 U 相展开图

(2) 链式绕组

由于线圈的感应电动势和磁场决定于槽内的有效边,若保持有效边及其电流不变,则线圈产生的电动势和磁场不变。在上例中,若将每极下每相相邻线圈的端部左右分开,还以U相为例,把槽2和槽7,槽8和槽13、槽14和槽19、槽20和槽1中的有效边构成线圈。再把4个线圈按电流方向串联起来,就构成了U相绕组。线圈串联时应采取"尾接尾、首接首"的连接规律。其展开图如图4-9所示。同理,可绘出V、W相的绕组展开图。

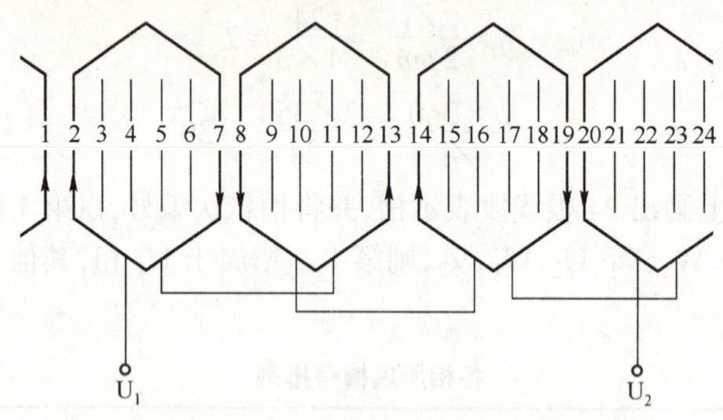

图4-9 单层链式绕组U相展开图

单层链式绕组的优点是采用短距绕组,减少了用铜量;且绕组节距相等,绕线方便。

(3) 同心式绕组

同心式绕组是将每对磁极下属于同一相的导体组成的线圈同心排列,还在上例中,将U相槽内的有效边1-8、2-7组成两个同心线圈,再将这两个线圈串联起来构成一个线圈组。同理,将第二对磁极下的线圈13-20、14-19串联起来形成另一个线圈组,最后将2个线圈组串联起来形成U相绕组。其展开如图4-10所示。同心式绕组的特点是绕组同心排列,端部互相错开,叠压层数较少,有利于嵌线,线圈散热较好;但绕组节距不等,绕线不便。

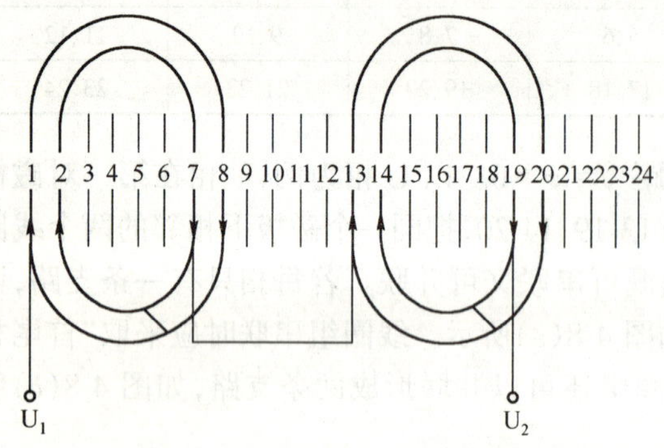

图4-10 单层同心式绕组U相展开图

(4) 交叉式绕组

现以一台 $Z_1=36$、$2p=4$ 的三相异步电动机为例来说明。

经计算其极距 $\tau=9$,每极每相槽数 $q=3$,槽距角 $\alpha=20°$。

按照 $q=3$ 分相,各相相应的槽号如表4-2所示。

表4-2 **各相所属槽号排列**

槽号 \ 相别 / 极对数	U_1	W_2	V_1	U_2	W_1	V_2
第一对磁极	1、2、3	4、5、6	7、8、9	10、11、12	13、14、15	16、17、18
第二对磁极	19、20、21	22、23、24	25、26、27	28、29、30	31、32、33	34、35、36

U 相的绕组展开图如图 4-11 所示。其优点是线圈端部较短，节约用铜量。交叉式绕组主要用于 $q=3$、$2p=4$ 或 6 的小型三相异步电动机中。

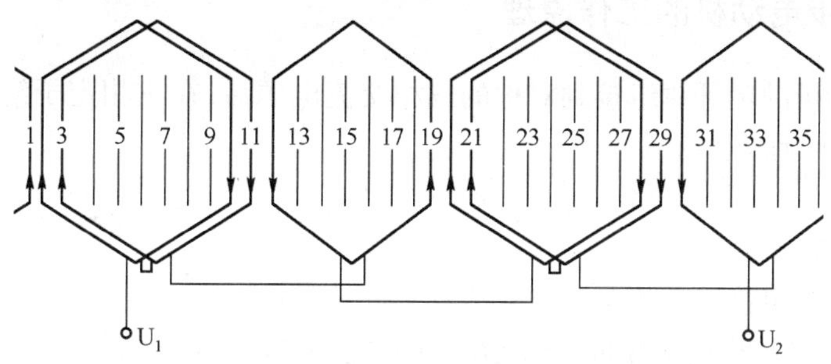

图 4-11　单层交叉式绕组 U 相展开图

单层绕组的优点是每槽只有一个有效边，嵌线方便；且无层间绝缘，槽利用率高，而且链式和交叉式绕组线圈端部较短可以省铜。但不论什么样的绕组形式，其有效边均与整距绕组相同，只是改变了端部的绕向，所以从电磁性能来看，仍然相当于整距绕组。与双层绕组相比，单层绕组的电磁性能较差，故只适用于 10 kW 以下的小型异步电动机。

3. 双层叠绕组

双层绕组的每个槽内放两个不同线圈的两个有效边，一个在上层，另一个在下层。对于一个线圈来讲，它的一个有效边在某一槽的上层，另一个有效边则应放在相距一是节距的另一槽的下层。绕组的线圈数等于槽数。双层绕组的节距可根据需要在一定范围内选择，以改善电机的电磁性能，10 kW 以上的电机一般均采用双层绕组。双层绕组可分为叠绕组和波绕组。在此，仅讨论叠绕组。仍然以 $Z_1=24$、$2p=4$ 的三相异步电动机为例。

① 计算极距 τ、每极每相槽数 q、槽距角 a 及节距 y。

根据公式(4-1)、(4-2)、(4-3)可知，$\tau=6$，$q=2$，$\alpha=30°$

由于短距线圈不仅省铜，更主要的是能改善磁场和电势的波形，因此双层叠绕组通常采用短距。在此，取 $y=\frac{5}{6}\tau=5$。

② 分相。依据 q 分相，结果见表 4-1。

③ 绕组展开图。我们取线圈的号码与槽的号码一致，即第一线圈的上层边在第 1 槽的上层，下层边则放在第 6 槽的下层。在第一对极下属于 U_1 相的槽为 1、2 槽，则属于 U_1 相的线圈为 1 号和 2 号线圈。将此相邻的两个线圈串联起来构成一个线圈组。同理可得 U 相的另外三个线圈组(双层绕组每相共有 $2p$ 个线圈组)。根据需要的并联支路数，将 U 相的四个线圈组串联和并联。当把它们接成一路串联时，应采取“尾接尾、首接首”的接法。U 相绕组的展开如图 4-12 所示。

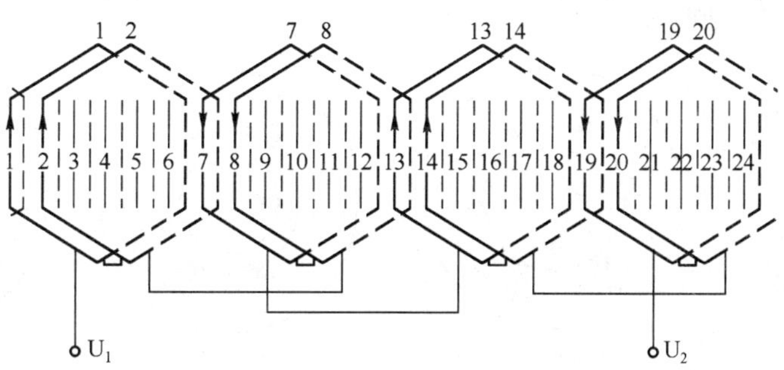

图 4-12　双层叠绕组 U 相展开图

按上述规律可绘出 V、W 相的绕组展开图。

4.1.3　三相异步电动机的工作原理

三相异步电动机的定子绕组接到对称的三相交流电源后，在三相定子绕组中就会通过对称的三相电流，产生旋转磁场。

1. 旋转磁场

(1) 旋转磁场的产生

只要三相定子绕组接入三相交流电就能产生旋转磁场。

三相定子绕组的各相结构相同，彼此在空间位置互差 120°电角度。为简化分析，用彼此互隔 120°电角度的三个线圈来表示。当三相定子绕组接上对称的三相电源后，流过三相对称电流，各相电流的瞬时表达式为

$$\left.\begin{aligned} i_U &= I_m\cos\omega t \\ i_V &= I_m\cos(\omega t-120°) \\ i_W &= I_m\cos(\omega t-240°) \end{aligned}\right\} \tag{4-5}$$

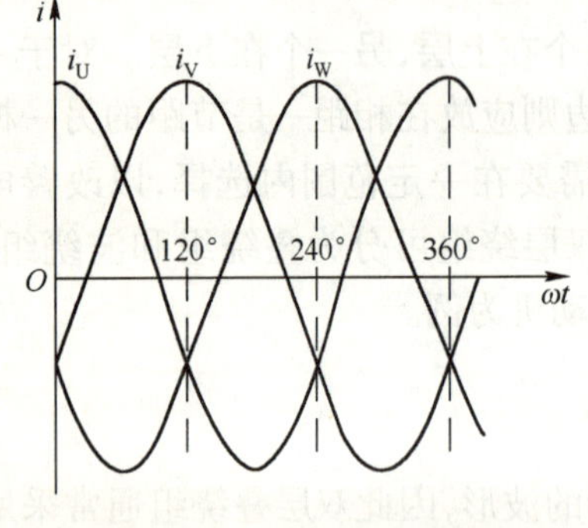

图 4-13　三相电流波形图

三相电流波形如图 4-13 所示。

如果规定电流的正方向从绕组的首端流向末端，那么当各相电流的瞬时值为正值时，电流从该相绕组的首端(U_1、V_1、W_1)流入，从末端(U_2、V_2、W_2)流出。当电流的瞬时值为负时，电流从该相绕组的末端流入，而从首端流出。分析时用⊗符号表示电流流入，⊙表示电流流出。

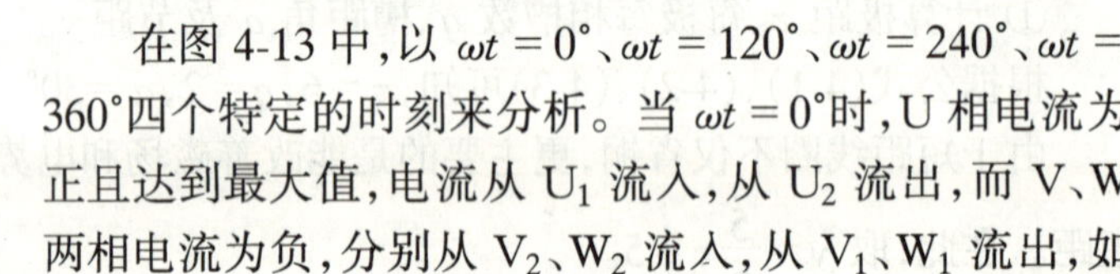

在图 4-13 中，以 $\omega t=0°$、$\omega t=120°$、$\omega t=240°$、$\omega t=360°$四个特定的时刻来分析。当 $\omega t=0°$时，U 相电流为正且达到最大值，电流从 U_1 流入，从 U_2 流出，而 V、W 两相电流为负，分别从 V_2、W_2 流入，从 V_1、W_1 流出，如图 4-14(a)所示。根据右手螺旋定则，可知三相绕组产生的合成磁场的轴线与 U 相线圈的轴线相重合。合成磁场为二极磁场，磁场的方向从上向下，上方为 N 极，下方为 S 极。

用同样的方法可以画出 $\omega t=120°$、$\omega t=240°$、$\omega t=360°$时的电流分布情况，分别如图 4-14(b)、4-14(c)、4-14(d)所示。从中可以发现：当三相对称电流流入三相对称绕组后，所建立的合成磁场，并不是静止不动的，而是旋转的。电流变化一周，合成磁场在空间也旋转一周。若电源的频率为 f，则二极磁场每分钟旋转 60 f Hz，旋转的方向从 U 相绕组轴线转向 V 相绕组轴线再转向 W 相绕组轴线。

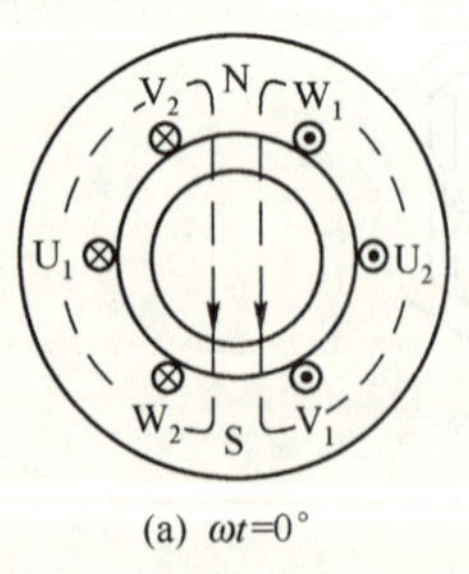

(a) $\omega t=0°$

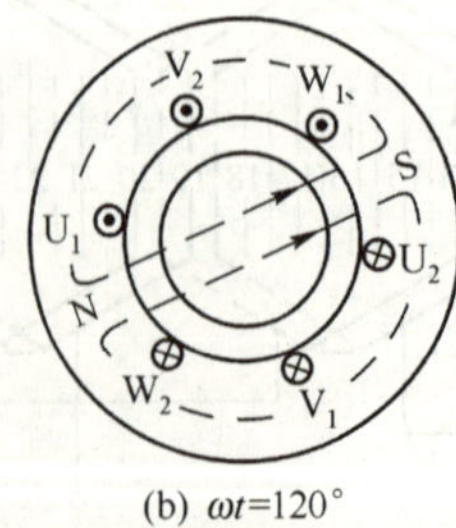

(b) $\omega t=120°$

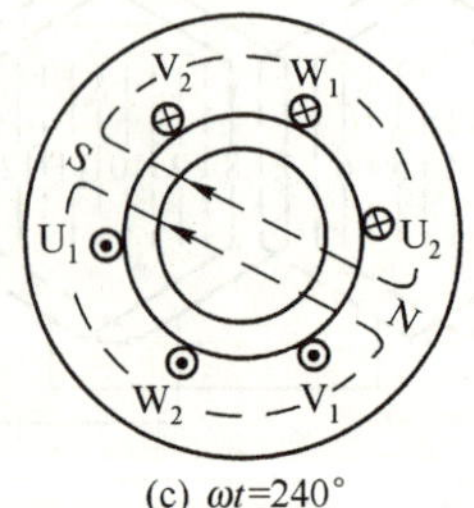

(c) $\omega t=240°$

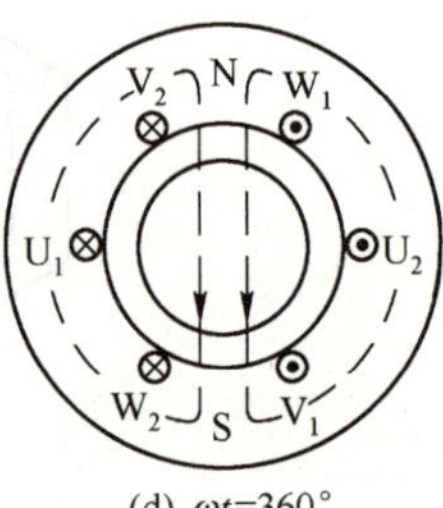

(d) $\omega t=360°$

图 4-14　二极旋转磁场示意图

(2) 旋转磁场的转速

如果U、V、W三相绕组分别由两个线圈串联组成,产生的合成磁场为四极旋转磁场,如图4-15所示。电流变化一周,磁场仅转过1/2周,它的转速为二极旋转磁场转速的1/2。依次类推,当电机的极数为$2p$时,旋转磁场的转速为二极磁场转速的$1/p$,即每分钟转$60f/p$周。旋转磁场的转速称为同步转速,以n_1表示。即

$$n_1=\frac{60f}{p}(\mathrm{r/min}) \tag{4-6}$$

由此可见,对称的三相电流通入对称的三相绕组后所形成的磁场是一个随时间而旋转的磁场。

2. 三相异步电动机的工作原理

① 三相定子绕组通入三相对称电流产生旋转磁场。

磁场的瞬时位置如图4-15所示,设磁场为逆时针方向旋转。该磁场的磁力线通过定子铁芯、气隙和转子铁芯而闭合。

② 转子绕组切割磁场感应电动势和电流。

由于静止的转子绕组与定子旋转磁场存在相对运动,转子槽内的导体切割定子磁场而感应电动势,电动势的方向可根据右手定则确定。由于转子绕组为闭合回路,在转子电动势的作用下,转子绕组中就有电流通过,如不考虑电流与电动势的相位差,则电动势的瞬时方向就是电流的瞬时方向。

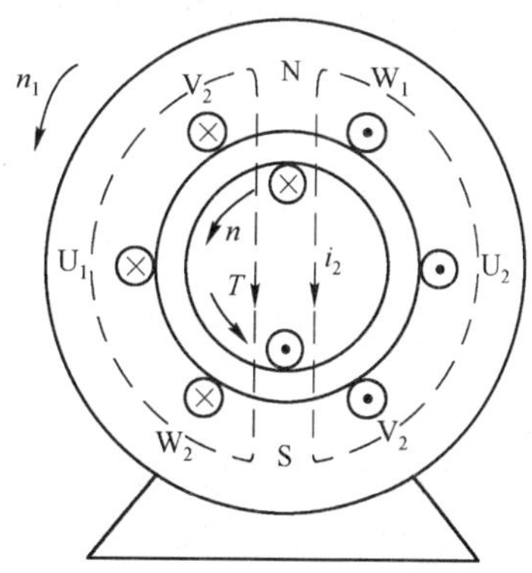

图4-15　三相异步电动机工作原理示意图

③ 转子电流在磁场中受力而产生电磁转矩。

根据电磁力定律,载流的转子导体在旋转磁场中必然会受到电磁力,电磁力的方向可用左手定则确定。所有转子导体受到的电磁力对转轴便形成一逆时针方向的电磁转矩。从图4-15可知,电磁转矩的方向与旋转磁场的方向一致。于是转子在电磁转矩作用下,便沿着旋转磁场的方向旋转起来。如果转子与生产机械连接,则转子受到的电磁转矩将克服负载转矩而做功,从而实现了电能与机械能的转换。

由于转子的旋转方向和旋转磁场的方向是一致的,如果转子的转速n等于旋转磁场的转速即同步转速n_1,它们之间将不再有相对运动,转子导体就不能切割磁场而产生感应电动势、电流和电磁转矩。所以异步电动机的转速n总是略小于同步转速n_1,即与旋转磁场“异步地”转动,故称为异步电动机。

转子与旋转磁场的相对速度即同步转速n_1与转子转速n之差,称为转差Δn。Δn与n_1之比称为转差率,用s表示,即

$$s=\frac{n_1-n}{n_1}\times 100\% \tag{4-7}$$

异步电动机的转速随负载的变化而变化,转差率s也就随负载的变化而变化。但一般情况下,转差率变化不大,空载时s约在0.5%以下;额定负载时s约在1.5%～5%范围内。

4.1.4 三相异步电动机的额定值及主要系列

1. 额定值

(1) 额定功率

额定功率 P_N 是指电动机在额定状态时,其轴上输出的机械功率,单位为 kW。

(2) 额定电压

额定电压 U_N 是指额定运行时,电网加在定子绕组的线电压,单位为 V。

(3) 额定电流

额定电流 I_N 是指电动机在额定电压和额定频率下输出额定功率时,定子绕组的线电流,单位为 A。

(4) 额定转速

额定转速 n_N 是指电动机在额定电压、额定频率及额定功率下,电动机的转速,单位为 r/min。

(5)额定频率

额定频率 f 是指电动机所接电源的频率,单位为 Hz。我国规定标准工业用电的频率为 50 Hz。

对于三相异步电动机,其额定功率可用下式表示为

$$P_N = \sqrt{3}U_N I_N \cos\varphi_{IN} \eta_N \tag{4-8}$$

式中 $\cos\varphi_{IN}$、η_N 分别为电动机额定运行时的功率因数和效率。

此外,铭牌上还标明定子绕组的相数、绕组的接法、绝缘等级及允许温升等。对于绕线式异步电动机,还标明转子额定电压(指定子加额定频率的额定电压时转子绕组开路时滑环间的电压)和转子额定电流。

2. 异步电动机的主要系列

Y 系列异步电动机是封闭自冷式笼式三相异步电动机,其额定电压为 380 V,额定频率为 50 Hz,功率范围为 0.55～90 kW,同步转速为 750～3000 r/min,采用 B 级绝缘。Y 系列异步电动机具有高效节能、启动转矩大、噪声低、振动小、运行可靠等特点,广泛用于驱动无特殊要求的设备,如机床、风机、水泵等。其型号的含义为:字母 Y 表示异步电动机,后面第一组数字表示电动机的中心高,字母 S、M、L 分别表示短、中、长机座,字母后的数字为铁芯长度代号,横线后的数字为电机的极数。例如:

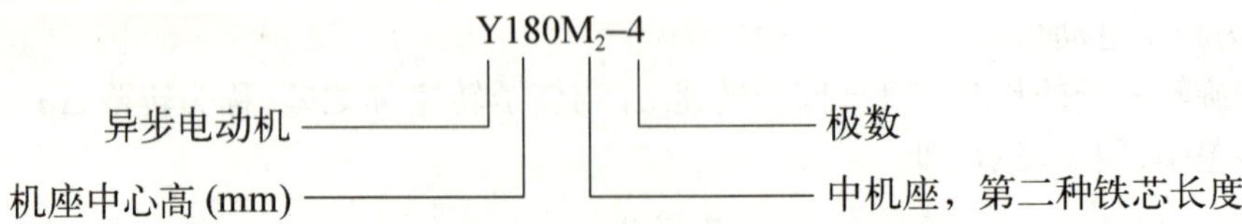

【例 4-1】 一台三相异步电动机 $P_N = 10$ kW, $U_N = 380$ V, $n_N = 1455$ r/min, $\cos\varphi_{IN} = 0.88$, $\eta_N = 86.6\%$, $f = 50$ Hz。试求:①电机的极数 $2p$ 与额定转差率 S_N;②额定电流 I_N。

【解】 ①由于同步转速 $n_1 = \dfrac{60f}{p}$,当极对数 $p = 1$ 时,$n_1 = 3000$ r/min;当极对数 $p = 2$ 时,

$n_1=1500$ r/min；当极对数 $p=3$ 时，$n_1=1000$ r/min；当极对数 $p=4$ 时，$n_1=750$ r/min……则电机的极对数为

$$p=\frac{60f}{n_1}=\frac{60\times 50}{1500}=2$$

电机的极数 $2p=4$

其额定转差率为 $$S_N=\frac{n_1-n_N}{n_1}=\frac{1500-1455}{1500}=0.03$$

② 由额定功率 $P_N=\sqrt{3}U_N I_N\cos\varphi_{IN}\eta_N$ 可知

$$I_N=\frac{P_N}{\sqrt{3}U_N\cos\varphi_N\eta_N}=\frac{10\times 10^3}{\sqrt{3}\times 380\times 0.88\times 0.866}=19.94\ (\mathrm{A})$$

4.2 三相异步电动机的运行分析

4.2.1 三相异步电动机的空载运行分析

1. 空载电流

电动机轴上不带任何机械负载的运行状态称为空载运行状态。当三相异步电动机的定子绕组通过对称的三相电流时，在气隙中形成按正弦规律分布的旋转磁场。由于旋转磁场与转子绕组存在相对切割运动，因而在转子绕组中产生了感应电动势和电流，形成电磁转矩，转子沿旋转磁场方向旋转。因电机轴上不带任何机械负载，电磁转矩只需克服由机械摩擦等因素引起的阻转矩。由于阻转矩很小，因此电磁转矩也很小。此时电动机的转速 n 非常接近于同步转速 n_1，即 $n_1-n\approx 0$，转子的感应电动势和电流接近于零，转子电流产生的转子磁场可忽略不计。

空载时的定子电流称为空载电流 I_0，I_0 包括有功分量 I_{0P}和无功分量 I_{0Q}。I_{0P}用来提供空载时定子的铁损耗，I_{0Q}用来产生励磁磁场，建立气隙主磁通。由于异步电动机的磁路中存在气隙，因此其励磁电流 I_{0Q}比变压器大，空载电流因而也比变压器大，异步电动机的空载电流约为额定电流的20%～50%。由于 $I_{0P}\ll I_{0Q}$，故可认为 $I_0\approx I_{0Q}$，即空载电流为励磁电流。

2. 空载时定子电势平衡

定子磁场除产生主磁通 Φ_{m0}，还产生定子漏磁通 $\Phi_{1\sigma}$，主磁通在每相定子绕组引起的感应电动势为 E_1，定子漏磁通引起的感应电动势可用漏抗压降表示为

$$\dot{E}_{1\sigma}=-\mathrm{j}\,\dot{I}_0X_1 \tag{4-9}$$

式中 X_1 为每相定子绕组的漏电抗，$X_1=2\pi fL_{1\sigma}$，$L_{1\sigma}$为每相定子绕组的漏电感。

设定子绕组所加的电压为$\dot{U}_1$，相电流为$\dot{I}_0$，定子绕组的每相电阻为 R_1，空载时每相定子绕组的电路如图4-16所示。根据基尔霍夫第二定律，空载时每相定子的电势平衡方程式为

$$\dot{U}_1=-\dot{E}_1-\dot{E}_{1\sigma}+\dot{I}_0R_1$$

$$\dot{U}_1=-\dot{E}_1-\dot{I}_0(R_1+\mathrm{j}X_1)=-\dot{E}_1+\dot{I}_0Z_1 \tag{4-10}$$

式中，$Z_1=R_1+\mathrm{j}X_1$，为定子每相绕组的漏阻抗。

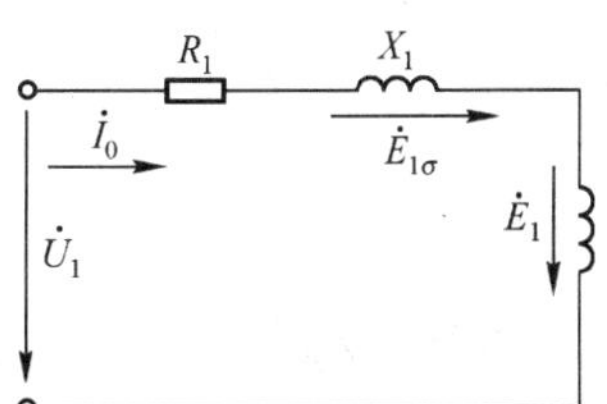

图4-16 异步电动机空载时的定子电路

在异步电动机运行时,主磁通引起的感应电动势 E_1 远大于定子漏阻抗压降,故可将定子漏阻抗压降在作定性分析时忽略不计。可认为

$$\dot{U}_1 \approx -\dot{E}_1, U_1 \approx E_1 \tag{4-11}$$

4.2.2 三相异步电动机负载运行分析

当异步电动机轴上带有机械负载后,电动机的转速下降,旋转磁场与转子的相对运动加大,转子绕组的感应电动势增大,转子电流 I_2 随之增加,转子电流通过转子绕组时产生转子磁场。

1. **转子磁场**

不论是绕线式转子还是笼式转子,其转子绕组都是对称的。对于绕线式转子,由于转子绕组三相对称,转子电流因而也三相对称,其形成的磁场也为旋转磁场。对于笼式转子,由导条组成的绕组为多相对称绕组,其电流为对称的多相电流,对称多相绕组通过对称多相电流时所形成的转子合成磁场,也为旋转磁场,其在空间近似于正弦分布。

(1) 转子磁场的旋转方向

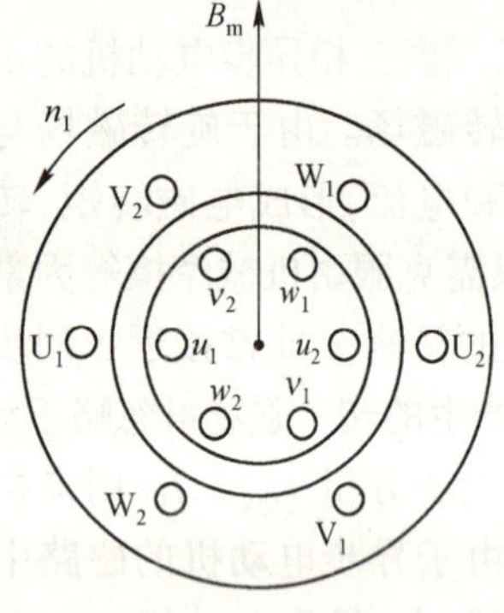

图 4-17 转子绕组的相序

现以绕线式异步电动机为例,如图 4-17 所示。若定子电流的相序为 U、V、W,产生的定子磁场沿逆时针方向旋转。因 $n < n_1$,则它在转子绕组中感应电动势和电流的相序为 u、v、w。由于旋转磁场的转向取决于电流的相序,故可确定转子磁场的旋转方向是按 u、v、w 的相序,逆时针旋转的。因此转子磁场的转向与定子磁场一致。

(2)转子磁场的转速

由于异步电动机的转向与定子旋转磁场的方向一致,且 $n < n_1$,那么旋转磁场以 $(n_1 - n)$ 的相对转速切割转子绕组,在转子绕组中引起感应电动势和电流,其频率为

$$f_2 = \frac{p(n_1 - n)}{60} = \frac{pn_1}{60} \times \frac{n_1 - n}{n_1} = sf_1 \tag{4-12}$$

式中,$f_1 = \frac{pn_1}{60}$为定子绕组感应电动势的频率,即 f_1 等于电源频率 f;$s = \frac{n_1 - n}{n_1}$为转差率。

从式(4-11)可知,转子电流的频率 f_2 与 s 成正比,在转子静止时,$s = 1$,$f_2 = f_1$;异步电动机在额定负载时,额定转差率 s_N 很小,约在 1.5%～5%之间,故正常运行时,f_2 很低,约为 0.75～3 Hz。

多相转子电流形成的转子磁场相对于转子本身的转速为

$$n_2 = \frac{60f_2}{p} = \frac{60f_1}{p} \times s = n_1 \times s = n \times \frac{n_1 - n}{n_1} = n_1 - n \tag{4-13}$$

从式(4-12)可知,转子磁场以 n_2 相对于转子旋转(n_2 的转向决定于转子电流的相序,即与 n 的方向一致),而转子本身相对于定子以转速 n 转动,那么,转子的磁场相对于定子的转速为

$$n_2 + n = n_1 - n + n = n_1 \tag{4-14}$$

式(4-13)说明,转子磁场相对于定子的转速为 n_1,与定子磁场的转速相同。又由于转子

磁场与定子磁场的转向相同,因此说明它们在空间保持相对静止,没有相对运动。

2. **电动势平衡方程式**

由于主磁通 Φ_m 与定、转子绕组相交链,分别在定、转子绕组中引起感应电动势 E_1 和转子电动势 E_{2S},定、转子电流 $\dot{I}_1$ 和 $\dot{I}_2$ 还分别产生定、转子漏磁通 $\dot{\Phi}_{1\sigma}$ 和 $\dot{\Phi}_{2\sigma}$,这些漏磁通会在各自的绕组内引起漏磁电动势 $\dot{E}_{1\sigma}$ 和 $\dot{E}_{2\sigma}$。

$$\begin{aligned}\dot{E}_{1\sigma} &= -\mathrm{j}\,\dot{I}_1 X_1 \\ \dot{E}_{2\sigma} &= -\mathrm{j}\,\dot{I}_2 X_{2S}\end{aligned} \tag{4-15}$$

式中 $X_{2S}=2\pi f_2 L_{2\sigma}$,为转子绕组每相的漏电抗,$L_{2\sigma}$ 为每相转子绕组的漏电感。

另外,定、转子电流 $\dot{I}_1$ 和 $\dot{I}_2$ 流过各自绕组时,还将在各自绕组内产生电阻压降 $\dot{I}_1 R_1$ 和 $\dot{I}_2 R_2$(R_2 为每相转子绕组的电阻)。

根据基尔霍夫第二定律,可得出负载时定子的电动势平衡方程式为

$$\dot{U}_1 = -\dot{E}_1 + \dot{I}_1(R_1 + \mathrm{j}X_1) = -\dot{E}_1 + \dot{I}_1 Z_1 \tag{4-16}$$

由于运行时异步电动机转子绕组自行闭合,故端电压 $U_2=0$,转子的电动势平衡方程式为

$$\begin{aligned}\dot{E}_{2S} + \dot{E}_{2\sigma} &= \dot{I}_2 R_2 \\ \dot{E}_{2S} &= \dot{I}_2(R_2 + \mathrm{j}X_{2S}) = \dot{I}_2 Z_{2S}\end{aligned} \tag{4-17}$$

式中 Z_{2S} 称为每相转子绕组的漏阻抗。

由于 $f_2 = sf_1$,E_{2S} 和 X_{2S} 又可表示为

$$E_{2S} = sE_2 \tag{4-18}$$

$$X_{2S} = sX_2 \tag{4-19}$$

式中 E_2、X_2 分别为转子静止时的感应电动势和漏电抗。

仿照变压器的分析方法,$\dot{E}_1$ 可用励磁阻抗压降的形式表示为

$$\dot{E}_1 = -\dot{I}_0(R_m + \mathrm{j}X_m) = -\dot{I}_0 Z_m \tag{4-20}$$

式中,R_m——励磁电阻,即等效铁耗电阻;

X_m——对应于主磁通 Φ_m 的电抗,称为励磁电抗。$Z_m = R_m + \mathrm{j}X_m$ 称为励磁阻抗。

4.2.3　三相异步电动机的等效电路

三相异步电动机的定、转子是通过磁场联系起来的。与变压器一样,为了便于分析,可以把一台异步电动机内部复杂的电磁关系转换为单纯的电量之间的联系,即用一个在电磁性能和能量关系上与实际异步电动机等效的电路来代替。

由于三相异步电动机运行时定、转子电动势的频率不同,定、转子绕组的相数和有效匝数也不同,因此若要得到等效电路,需要进行频率和绕组的折算。折算的原则是:保持转子磁场不变,只要使等效前后转子电流的大小和相位相等即可;折算前后转子电路的功率和损耗相等。

1. **频率折算**

定子电路的频率为 f_1,转子的频率为 f_2,若要得到等效电路,则应使定、转子的频率相同。

由于 $f_2=sf_1$，当 $s=1$ 即转子静止时，$f_2=f_1$。因此用一个等效的静止转子来代替转动的转子。由于转子对定子的作用是通过转子磁场实现的，若要保持电机的电磁本质不变，则必须使等效静止转子电流 $\dot{I}''_2$ 所产生的磁场与实际转子电流 $\dot{I}_2$ 产生的磁场完全相同，即要求两者大小、转向、转速及其空间相位完全相同。

由于折算后转子的频率为 f_1，所以静止转子所产生的磁场对定子的转速为 $n_1=\dfrac{60f_1}{p}$，即与定子磁场仍然保持相对静止。

由于转子磁场取决于转子电流 $\dot{I}_2$ 的大小和相位，如果折算后静止转子的电流 $\dot{I}''_2$ 与 $\dot{I}_2$ 相同，则可保持转子磁场不变。

从公式(4-17)可知，旋转转子的电流 $\dot{I}_2$ 为

$$\dot{I}_2=\frac{\dot{E}_{2S}}{R_2+jX_{2S}}=\frac{s\dot{E}_2}{R_2+jsX_2} \tag{4-21}$$

如果将上式分子、分母同除以 s，即得到用转子静止时的物理量 $\dot{E}_2$ 和 X_2 表示的转子电流 $\dot{I}''_2$ 为

$$\dot{I}''_2=\frac{\dot{E}_2}{\dfrac{R_2}{s}+X_2} \tag{4-22}$$

从以上分析可知，$\dot{I}''_2=\dot{I}_2$，但 $\dot{I}''_2$ 的频率为 f_1。公式(4-22)表明，用静止的转子电路代替旋转转子的电路时，用 $\dot{E}_2$ 代替 $\dot{E}_{2S}$，用 X_2 代替 X_{2S}，用 $\dfrac{R_2}{s}$ 代替 R_2，就能保持 $\dot{E}_2$ 和转子磁场不变。公式(4-22)中 $\dfrac{R_2}{s}=R_2+\dfrac{1-s}{s}R_2$，这就是说经过频率折算后，在静止的转子电路中，除了转子本身的电阻 R_2 外，还串入一个大小为 $\dfrac{1-s}{s}R_2$ 的附加电阻，转子电流流过 $\dfrac{1-s}{s}R_2$ 时将消耗功率，这部分功率在实际电机中并不存在，但实际电机旋转时要产生机械功率，在转子静止时附加电阻的损耗 $m_2I''^2_2\left(\dfrac{1-s}{s}\right)R_2$ 就模拟了实际电机所产生的机械功率。

2．绕组折算

频率折算后，由于定、转子绕组的相数、有效匝数仍不相同，$E_1\neq E_2$。因此定子电路与转子电路还不能连接起来用一个等效电路来代替，所以还应进行绕组折算。

所谓绕组折算，就是用一个相数、有效匝数与定子绕组完全相同的转子绕组来代替原来相数为 m_2、有效匝数为 N_2 的转子绕组。折算时应保持折算前后转子对定子的电磁效应不变，即转子磁场、转子的视在功率、转子的铜损耗及转子的无功功率保持不变。为了与原来各量相区别，凡转子折算后的量都加“′”表示。

(1) 电流的折算

根据折算前后转子磁场不变的原则可得

$$I'_2=\frac{m_2N_2}{m_1N_1}\cdot I_2=\frac{I_2}{k_i} \tag{4-23}$$

式中，m_1——定子绕组相数；

m_2——转子绕组相数；

N_1——定子绕组有效匝数；

N_2——转子绕组有效匝数；

$k_i=\dfrac{m_1N_1}{m_2N_2}$——电流变比。

(2) 电动势的折算

根据折算前后总视在功率不变的条件可得

$$m_1E'_2I'_2=m_2E_2I_2$$

$$E'_2=\frac{m_2}{m_1}\cdot\frac{m_1N_1}{m_2N_2}\cdot E_2=\frac{N_1}{N_2}\cdot E_2=k_eE_2 \tag{4-24}$$

式中 $k_e=\dfrac{N_1}{N_2}$，称为电动势变比。折算后，转子绕组的有效匝数与定子一样，所以 $E'_2=E_1$。

(3) 阻抗的折算

由折算前后转子铜损耗不变的原则可得

$$m_1I'^2_2R'_2=m_2I^2_2R_2$$

$$R'_2=\frac{N_1}{N_2}\cdot\frac{m_1N_1}{m_2N_2}\cdot R_2=k_ek_iR_2 \tag{4-25}$$

根据折算前后转子无功功率不变的原则可得

$$m_1I'^2_2X'_2=m_2I^2_2X_2$$

$$X'_2=\frac{N_1}{N_2}\cdot\frac{m_1N_1}{m_2N_2}\cdot X_2=k_ek_iX_2 \tag{4-26}$$

经过折算后，异步电动机的基本方程式为

$$\left.\begin{aligned}
\dot{U}_1&=-\dot{E}_1+\dot{I}_1(R_1+\mathrm{j}X_1)=-\dot{E}_1+\dot{I}_1Z_1\\
\dot{E}'_2&=\dot{I}'_2\left(\frac{1-s}{s}R'_2\right)+\dot{I}'_2(R'_2+\mathrm{j}X'_2)=\dot{I}'_2\left(\frac{1-s}{s}R'_2\right)+\dot{I}'_2Z'_2\\
\dot{I}_1&=\dot{I}_0+\left(-\frac{\dot{I}_2}{k_i}\right)=\dot{I}_0+(-\dot{I}_2)\\
\dot{E}_1&=-\dot{I}_0(R_m+\mathrm{j}X_m)=-\dot{I}_0Z_m\\
\dot{E}'_2&=\dot{E}_1
\end{aligned}\right\} \tag{4-27}$$

3. 等效电路

(1) T 形等效电路

经过对转子绕组频率和绕组的折算，转子的相数、每相绕组的有效匝数及频率都与定子电路相同，于是就得到图 4-18 所示的电路，称为异步电动机的 T 形等效电路。在等效电路中励磁支路是用励磁阻抗的形式来表示的。

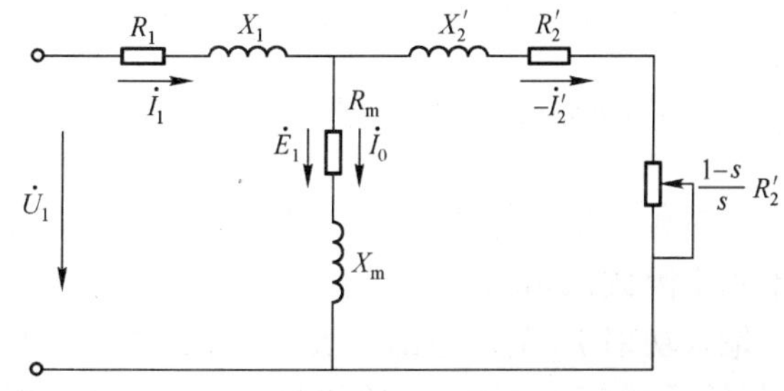

图 4-18　异步电动机的 T 形等效电路

三相异步电动机空载运行时，$n\approx n_1$，$s\approx 0$，等效电路中附加电阻$\frac{1-s}{s}R'_2$趋于无穷大，转子电路相当于开路，$I'_2\approx 0$，$\dot{I}_1\approx\dot{I}_0$。而$\dot{I}_0$基本为无功电流，所以异步电动机空载时，功率因数是滞后的，而且很低。

三相异步电动机带有额定负载时，转差率 $s_N\approx 5\%$，此时转子电路总电阻$\frac{R'_2}{s}\approx 20R'_2$，使转子电路基本上呈电阻性。所以转子电路的功率因数较高，在$\dot{I}_1=\dot{I}_0+(-\dot{I}'_2)$的两个分量中，$-\dot{I}'_2$ 比$\dot{I}_0$ 大得多，即$-\dot{I}'_2$起主要作用。此时定子的功率因数可达到 0.8～0.85。

三相异步电动机启动时 $n=0$，$s=1$，附加电阻$\frac{1-s}{s}R'_2$等于零，相当于电机处于短路状态。所以启动电流很大(可达额定电流的 4～7 倍)。由于 $R'_2<X'_2$，定、转子电路的功率因数都较低。

(2) 简化等效电路

采用 T 型等效电路计算比较复杂，因此在实际应用中常把励磁支路移到电源端，使电路简化为单纯的并联电路。为了减小误差，在励磁支路中串入 R_1 和 X_1，使励磁电流 I_0 近似保持不变。这种电路称为简化等效电路，如图 4-19 所示。

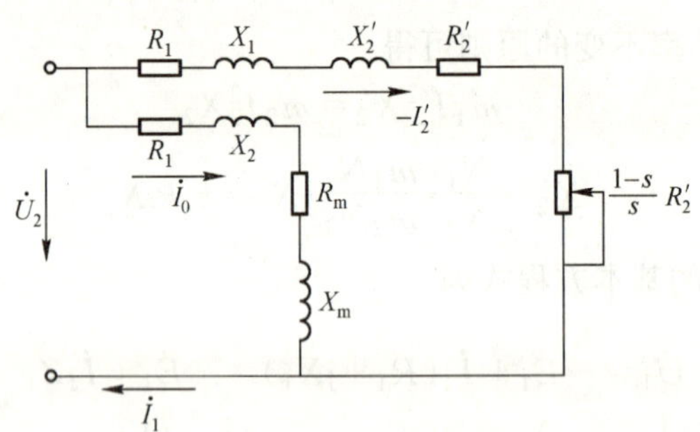

图 4-19 异步电动机的简化等效电路

4.3 三相异步电动机的功率和转矩

三相异步电动机是通过电磁感应原理把电能传送给转子并转化为轴上输出的机械能，在能量转换的过程中，电磁转矩起着关键的作用。

4.3.1 三相异步电动机的功率平衡

当三相异步电动机负载运行时，从电源输入有功功率 $P_1=3U_1I_1\cos\varphi_1$。其中 $\cos\varphi_1$ 为定子的功率因数，即电机的功率因数。

输入功率 P_1 的一小部分供给定子绕组的铜损耗 p_{Cu1}和电动机的铁损耗 p_{Fe}(由于正常运行时，转子频率 f_2 很小，一般约为 0.75～3 Hz，故转子铁损耗很小，可忽略不计。所以电机的铁损耗主要是定子铁芯的铁损耗)，其余大部分由气隙磁场通过电磁感应传递给转子，这部分

功率称为电磁功率 P_{em}。

$$\left.\begin{aligned} P_{em} &= P_1 - p_{Cu1} - p_{Fe} \\ p_{Cu1} &= 3I_1^2R_1 \\ p_{Fe} &= 3I_0^2R_m \end{aligned}\right\} \tag{4-28}$$

从转子的角度看,电磁功率 P_{em}就是转子接受到的全部有功功率。从等效电路可知

$$P_{em} = 3E'_2I'_2\cos\varphi_2 = 3I'^2_2\frac{R'_2}{s} \tag{4-29}$$

式中,$\cos\varphi_2$——转子的功率因数。

传递给转子的电磁功率,其中一小部分供给转子绕组的铜损耗 p_{Cu2},电磁功率减去转子的铜损耗,便是电动机产生的总机械功率 P_{MEC}。

$$P_{MEC} = P_{em} - p_{Cu2} = 3I'^2_2\frac{R'_2}{s} - 3I'^2_2R'_2 = 3I'^2_2\frac{1-s}{s}R'_2 = (1-s)P_{em} \tag{4-30}$$

$$p_{Cu2} = sP_{em} \tag{4-31}$$

总机械功率不能全部输出,因为转子转动时存在着由摩擦引起的机械损耗 p_{mec}和由高次谐波、漏磁通等因素引起的附加损耗 p_{ad},扣除这部分损耗后,剩余的便是电动机轴上输出的机械功率 P_2。

$$P_2 = P_{MEC} - p_{mec} - p_{ad} \tag{4-32}$$

通常把机械损耗 P_{mec}和附加损耗 p_{ad}一起称为空载损耗 p_0。则异步电动机的功率平衡关系可表示为

$$P_{em} = P_1 - p_{Cu1} - p_{Fe} \tag{4-33}$$

$$P_{MEC} = P_{em} - p_{Cu2} \tag{4-34}$$

$$P_2 = P_{MEC} - p_0 \tag{4-35}$$

其功率流程如图 4-20 所示。

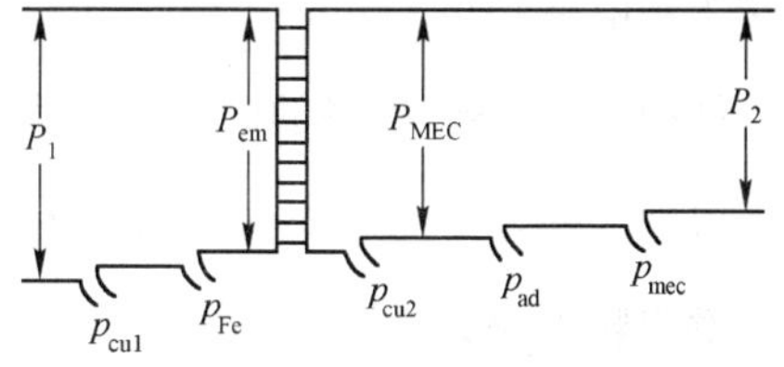

图 4-20　三相异步电动机的功率流程图

4.3.2　三相异步电动机的转矩平衡

由于旋转机械功率等于其机械转矩与机械角速度的乘积,在公式(4-34)的两端除以转子的角速度 Ω,则得

$$\frac{P_2}{\Omega} = \frac{P_{MEC}}{\Omega} - \frac{p_0}{\Omega}$$

即

$$T_2 = T_{em} - T_0 \tag{4-36}$$

上式中 T_{em}为气隙磁场与转子电流相作用产生的电磁转矩,它为电机的驱动转矩。T_0 为由机械损耗和附加损耗引起的空载转矩。它在电机运行时起制动作用。T_2 为电动机输出的机械转矩。

电机稳定运行时,输出转矩 T_2 与负载转矩 T_L 相平衡,即 $T_2 = T_L$,带额定负载时,$T_2 = T_N$,T_N 称为额定转矩

$$T_N = \frac{P_N}{\Omega} = 9.55\frac{P_N}{n_N} \quad (\text{N·m}) \tag{4-37}$$

因此公式(4-36)可写为

$$T_{em} = T_L + T_0 \tag{4-38}$$

式(4-38)为三相异步电动机的转矩平衡方程式，它表明在电机稳定运行时，驱动转矩与制动转矩相平衡。

由于 $s = \frac{n_1 - n}{n_1} = \frac{\Omega_1 - \Omega}{\Omega_1}$，则得 $\Omega = (1-s)\Omega_1$。其中 $\Omega_1 = \frac{2\pi n_1}{60}$，$\Omega = \frac{2\pi n}{60}$，分别为旋转磁场的同步角速度和转子的机械角速度。因此电磁转矩又可写为

$$T_{em} = \frac{P_{MEC}}{\Omega} = \frac{(1-s)P_{em}}{(1-s)\Omega_1} = \frac{P_{em}}{\Omega_1} \tag{4-39}$$

电磁转矩表示为 $T_{em} = \frac{P_{MEC}}{\Omega}$，是以转子本身产生机械功率来表示的；$T_{em} = \frac{P_{em}}{\Omega_1}$ 是以旋转磁场对转子做功为依据的，因为旋转磁场以同步角速度 Ω_1 转动，通过气隙传递到转子的功率为电磁功率 P_{em}，因而 $T_{em} = \frac{P_{em}}{\Omega_1}$。

【例 4-2】 一台 4 极笼式三相异步电动机，$P_N = 10$ kW，$U_N = 380$ V，$f = 50$ Hz，定子绕组为三角形接法，额定运行时，$\cos\varphi_{1N} = 0.83$，$p_{Cu1} = 550$ W，$p_{Cu2} = 314$ W，$p_{Fe} = 274$ W，机械损耗 $p_{mec} = 70$ W，附加损耗 $p_{ad} = 160$ W。试求电机在额定运行时的额定转速、效率、额定电流、额定转矩和电磁转矩。

【解】 ① 旋转磁场的同步转速为 $n_1 = \frac{60f}{p} = \frac{60 \times 50}{2} = 1500$ (r/min)

电磁功率为 $P_{em} = P_N + p_{Cu2} + p_{mec} + p_{ad} = 10000 + 314 + 70 + 160 = 10544$ (W)

额定转差率为 $s_N = \frac{p_{Cu2}}{P_{em}} = \frac{314}{10544} = 0.33$

额定转速为 $n_N = (1 - s_N)n_1 = (1 - 0.03) \times 1500 = 1455$ (r/min)

② 额定负载下的输入功率为

$$P_1 = P_{em} + p_{Cu1} + p_{Fe} = 10544 + 550 + 274 = 11368 \ (\text{W})$$

额定效率为 $\eta_N = \frac{P_N}{P_1} = \frac{10000}{11368} = 88\%$

③ 定子的额定电流为 $I_N = \frac{P_1}{\sqrt{3}U_N\cos\varphi_{1N}} = \frac{11368}{\sqrt{3} \times 380 \times 0.83} = 20.8$ (A)

④ 额定转矩为 $T_N = \frac{P_N}{\Omega} = 9.55\frac{P_N}{n_N} = 9.55 \times \frac{10000}{1455} = 65.63$ (N·m)

⑤ 电机的电磁转矩为 $T_{em} = \frac{P_{em}}{\Omega_1} = 9.55\frac{P_{em}}{n_1} = 9.55\frac{10544}{1500} = 67.13$ (N·m)

4.4 三相异步电动机的参数测定

三相异步电动机的参数有两种：一种为励磁参数 R_m、X_m；另一种为短路参数 R_1、R'_2、X_1、X'_2。这两种参数可以通过空载试验和短路试验来测定。

4.4.1　空载试验

1. 试验步骤

空载试验的目的是为了测定励磁参数 R_m、X_m，机械损耗 p_{mec} 和铁损耗 p_{Fe}。试验时，把三相定子绕组接到额定电压、额定频率的三相电源上，轴上不加任何负载，使电动机处于空载运行。让电动机运行一段时间，使其机械损耗达到稳定值，然后用调压器改变加在定子绕组上的电压，从 $(1.1\sim1.3)U_N$ 开始逐渐降低电压，同时记录电机上所加的相电压 U_1、空载电流 I_0、空载功率 P_0 和电机的转速 n（一般测量 7～9 点）。当电压降到使电动机转速发生明显变化时停止试验。

2. 铁损耗和机械损耗的分离

三相异步电动机空载时，$s\approx0$，$I_2\approx0$，此时转子的铜损耗可以忽略不计。输入到电机的功率 P_0 用来补偿定子铜损耗 p_{Cu1}、铁损耗 p_{Fe} 和机械损耗 p_{mec}，即

$$P_0=3I_0^2R_1+p_{Fe}+p_{mec} \tag{4-40}$$

从空载功率中减去定子铜损耗后，即得铁损耗和机械损耗之和，即

$$p'_0=p_{Fe}+p_{mec}=P_0-3I_0^2R_1$$

由于铁损耗可认为与磁通密度的平方成正比，即可认为与电机端电压的平方成正比；而机械损耗仅与转速有关，考虑到空载试验时转速基本不变，故认为机械损耗与电压大小无关，基本为一恒定值。绘出铁损耗和机械损耗之和 p'_0 与端电压平方的关系曲线 $p'_0=f(U_1^2)$，如图 4-21 所示。将此曲线延长与纵坐标轴交于 O' 点，过 O' 作一水平虚线，把纵坐标分成两部分，虚线以下的纵坐标高度表示与电压平方大小无关的机械损耗 p_{mec}，虚线以上部分纵坐标表示对应 U_1^2 的铁损耗 p_{Fe}。

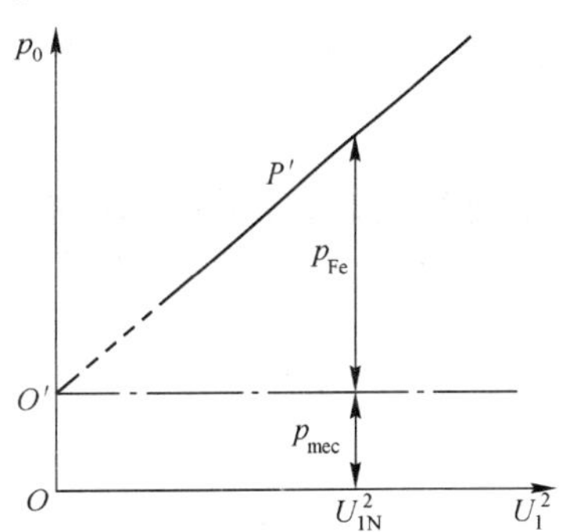

图 4-21　机械损耗与铁损耗的分离

3. 励磁参数的确定

三相异步电动机空载时 $s\approx0$，附加电阻 $\frac{1-s}{s}R'_2$ 趋于无穷大，其等效电路呈开路状态，如图 4-22 所示。根据空载实验测得的数据 I_0 和 P_0，可求出励磁参数。

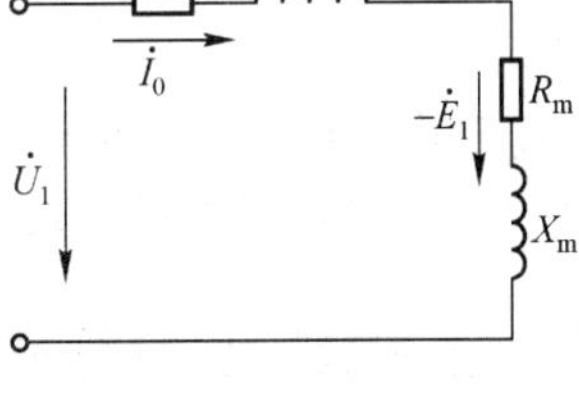

图 4-22　三相异步电动机空载时的等效电路

$$\left.\begin{aligned}Z_0&=\frac{U_1}{I_0}\\R_0&=\frac{P_0}{3I_0^2}\\X_0&=\sqrt{Z_0^2-R_0^2}\\R_m&=\frac{p_{Fe}}{3I_0^2}\\X_m&=X_0-X_1\end{aligned}\right\} \tag{4-41}$$

式中 X_1 为定子的漏电抗，可由下面的短路试验确定。

4.4.2 短路试验

1. 试验步骤

短路试验又称为堵转试验，其目的是测出异步电动机转子电阻 R'_2 和定、转子漏电抗 X_1、X'_2。从等效电路可知，为了测出这些参数，须使附加电阻$\frac{1-s}{s}R'_2=0$，即应使 $s=1, n=0$。因此短路试验时需将转子堵转，把转子卡住。为了使短路电流不致过大，可将电机端电压降低，一般从 $U_1=0.4U_N$ 开始，逐步降低电压，测量 5～7 点，每次记录相电压 U_k、定子电流 I_k 和定子输入功率 P_k。为了避免定子绕组过热，试验应尽快进行。

2. 短路参数的确定

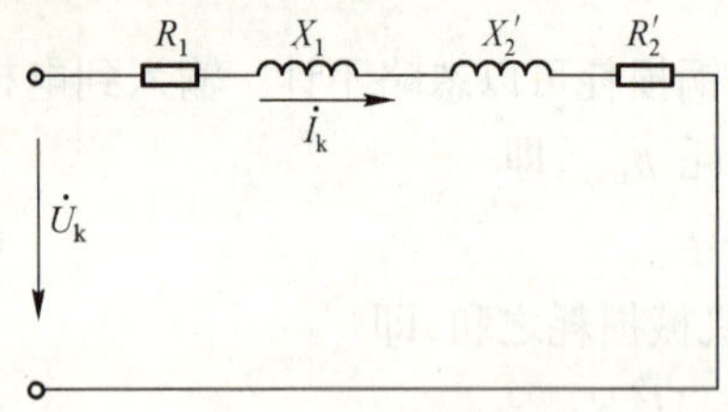

图 4-23 三相异步电动机短路的等效电路

电动机短路试验时的等效电路如图 4-23 所示。由于 $Z_m \gg Z'_2$，可认为励磁支路开路，$I_0 \approx 0$，铁损耗可忽略不计。由于转子堵转，输出功率和机械损耗为零，此时全部输入功率都转化为定子铜损耗 p_{Cu1} 与转子铜损耗 p_{Cu2}。由于 $I_0 \approx 0, I'_2 \approx I_1 = I_k$。因此

$$P_k = 3I_1^2 R_1 + 3I_2'^2 R'_2 = 3I_k^2(R_1 + R'_2) = 3I_k^2 R_k \tag{4-42}$$

根据短路试验数据可求出短路阻抗 Z_k、短路电阻 R_k 和短路电抗 X_k。

$$\left.\begin{aligned} Z_k &= \frac{U_k}{I_k} \\ R_k &= R_1 + R'_2 = \frac{P_k}{3I_k^2} \\ X_k &= X_1 + X'_2 = \sqrt{Z_k^2 - R_k^2} \end{aligned}\right\} \tag{4-43}$$

由于 $R_k = R_1 + R'_2$，故 $R'_2 = R_k - R_1$（R_1 可通过电桥法测定）。而对于 X_1 和 X'_2，在大中型异步电动机中可认为 $X_1 \approx X'_2 = \frac{X_k}{2}$。对于 100 kW 以下的小型异步电动机可取 $X'_2 = 0.97X_k(2p=2、4、6)$，$X'_2 = 0.57X_k(2p=8、10)$。

需要指出的是，三相异步电动机在不同运行状态下，其励磁参数和短路参数将有所变化，如启动时和额定运行时比较，由于集肤效应的影响，R'_2 增大，X'_2 减小。

4.5 三相异步电动机的工作特性

三相异步电动机的工作特性是指电动机在额定电压、额定频率下运行时，电动机的转速 n、定子电流 I_1、功率因数 $\cos\varphi_1$、电磁转矩 T_{em}、效率 η 与输出功率P_2 的关系。

4.5.1 转速特性 $n=f(P_2)$

当电动机空载时，电动机的转速 n 非常接近于同步转速 n_1，$s \approx 0$。随着负载的增加，电动机的输出功率 P_2 和电磁功率 P_{em} 也相应增加。因为电磁转矩 $T_{em} = \frac{P_{em}}{\Omega_1}$，所以 T_{em} 也增加。

为了产生较大的电磁转矩，要求转子电动势和电流增大，转子与气隙磁场的相对切割速度 $n_1-n=sn_1$ 增大，转速将有所下降，转差率 s 增大，这就是说，随着 P_2 的增大转速 n 将下降。

由 $p_{Cu2}=sP_{em}$ 可知，为了使电动机运行时有较高的效率，应使转子铜损耗 p_{Cu2} 较小，即要求转差率 s 较小。一般电动机在额定负载范围内 s 较小，约在 0.015～0.05 的范围内，从空载到额定负载时，转速从 n_1 下降到 $n_N=(1-s_N)n_1=(0.985-0.95)n_1$，因此转速 n 随输出功率 P_2 的增大，其下降并不大。转速特性 $n=f(P_2)$ 是一条稍向下倾斜的曲线。

4.5.2　定子电流特性 $I_1=f(P_2)$

当电动机空载时，$\dot{I}'_2\approx 0$，$\dot{I}_1\approx\dot{I}_0$。随着负载的增大，输出功率 P_2 增大，转子转速下降，转子电流 $\dot{I}'_2$ 增大。根据电磁场平衡方程式 $\dot{I}_1=\dot{I}_0+(-\dot{I}'_2)$，与转子电流 $\dot{I}'_2$ 平衡的定子电流的负载分量 $-\dot{I}'_2$ 也随之增大，定子电流 $\dot{I}_1$ 增大。由于电机正常运行时的效率较高，如忽略电动机的损耗，定子电流 I_1 几乎随输出功率 P_2 成正比地增加。定子电流特性 $\dot{I}_1=f(P_2)$ 是一条直线。

4.5.3　电磁转矩特性 $T_{em}=f(P_2)$

从转矩平衡方程式 $T_{em}=T_2+T_0$ 可知，电磁转矩分为空载转矩与输出转矩两部分。在额定负载下，电动机转速 n 变化很小，故空载转矩 T_0 可认为不变。电动机的输出转矩 $T_2=\dfrac{P_2}{\Omega}$ 近似与 P_2 成正比，所以电磁转矩特性 $T_{em}=f(P_2)$ 可以近似认为是一条直线。

4.5.4　功率因数特性 $\cos\varphi_1=f(P_2)$

电动机空载运行时 $\dot{I}_1\approx\dot{I}_0$，定子电流基本上为无功电流。因此功率因数很低，$\cos\varphi_1<0.2$。当负载增加后，定子电流的有功分量增加，$\cos\varphi_1$ 也随之增加。在接近额定负载时，$\cos\varphi_1$ 达到最大；当负载超过额定负载后，由于转速下降较多，转差率 s 增大，使转子电流与电动势之间的相位差 $\varphi_2=\arctan\dfrac{X'_2}{\dfrac{R'_2}{s}}$ 增大，转子的功率因数 $\cos\varphi_2$ 下降较多，转子电流的无功分量增大，使定子电流的无功分量也随之增大，电动机的功率因数 $\cos\varphi_1$ 因此也下降。

4.5.5　效率特性 $\eta=f(P_2)$

异步电动机的效率可表示为

$$\eta=\frac{P_2}{P_1}=\frac{P_2}{P_2+(p_{Fe}+p_{mec})+(p_{Cu1}+p_{Cu2}+p_{ad})}=\frac{P_2}{P_2+\sum p}\tag{4-44}$$

电动机从空载到额定负载运行，由于主磁通和转速变化较小，故可将 $p_{Fe}+p_{mec}$ 视为不变损耗，而由于定、转子铜损耗和附加损耗随负载的变化即定、转子电流的变化而变化，故称为可变损耗。

在电机空载或轻载时，定、转子电流很小，可变损耗也很小，总损耗 $\sum p$ 增加缓慢，此时 η

随P_2的增大而增大；当可变损耗和不变损耗相等时，电机的效率达到最大值，一般情况下异步电动机的最大效率发生在$(0.7\sim1.0)P_N$的范围内。如果负载继续增大，定、转子电流进一步增加，定、转子铜损耗与电流平方成正比增加，可变损耗增加很快，电动机的效率反而下降。

三相异步电动机的工作特性绘于图 4-24 中。由于三相异步电动机的功率因数和效率的最大值都发生在额定负载附近，因此三相电动机不宜长期在轻载下运行。

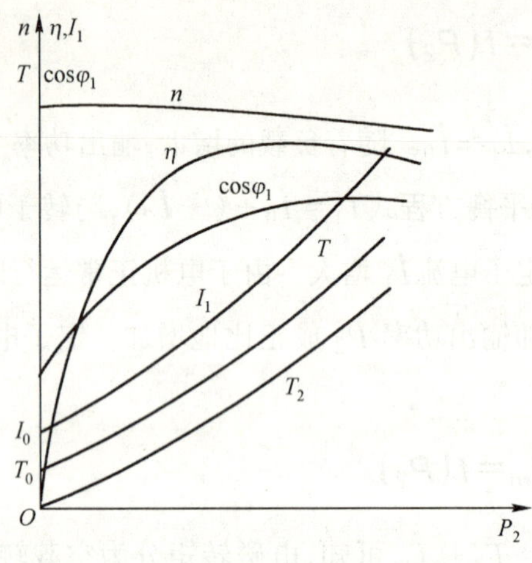

图 4-24 三相异步电动机的工作特性

思考题与习题

4-1 三相异步电动机中的气隙大小对电动机有什么影响？

4-2 三相绕组对称和三相电流对称，其含义是否相同？

4-3 三相异步电动机的旋转磁场是怎样产生的，如果三相电源的一根相线断开，三相异步电动机产生的磁场怎样？

4-4 单层绕组与双层绕组各有什么优缺点？

4-5 一台三相 2 极 24 槽的小型异步电动机，其定子绕组为单层绕组，试通过绕组展开图确定定子绕组采用怎样的绕组形式比较合适？

4-6 有一台三相绕线式异步电动机，如果将其定子绕组短路，转子绕组中通过频率为f的三相交流电流，旋转磁场相对于转子以n_1顺时针旋转，问此时转子的转向如何？转差率s如何计算？如果定子绕组开路，转子是否转动？

4-7 异步电动机等效电路中$\frac{1-s}{s}R'_2$的意义是什么？

4-8 做三相异步电动机空载试验时，为什么不计转子铁损耗，做短路试验时为什么不计定子铁损耗？

4-9 同极数、同容量的高转差率异步电动机和低转差率异步电动机比较，哪一种的效率较高，为什么？

4-10 为什么异步电动机轴上负载增加时，定子电流会随之增加？

4-11　为什么三相异步电动机不应在轻载下长期运行，在什么范围内运行为宜？

4-12　三相异步电动机在运行时如果负载转矩不变，而把电网电压降低，这时电机的铁损耗、铜损耗、机械损耗如何变化？

4-13　一台三相异步电动机频率 $f=50$ Hz，额定转速 $n_N=970$ r/min。试求电动机的极数和额定转差率。

4-14　一台三相异步电动机，$P_N=28$ kW，$U_N=380$ V，$n_N=960$ r/min，$f=50$ Hz。定子绕组为△接法，额定负载时 $\cos\varphi_{1N}=0.88$，定子铜损耗和铁损耗共为 2.1 kW，机械损耗和附加损耗共 1.1 kW。试计算：(1)转子的频率；(2)转子的铜损耗；(3)电动机的效率；(4)定子相电流；(5)电磁转矩。

4-15　一台三相 4 极绕线式异步电动机，$P_N=150$ kW，$U_N=380$ V，额定负载时转子铜损耗 $p_{Cu2}=2210$ W，机械损耗 $p_{mec}=2640$ W，附加损耗 $p_{ad}=800$ W。试求：额定运行时的(1)电磁功率；(2)转差率；(3)转速；(4)电磁转矩；(5)输出转矩。

第 5 章　三相异步电动机的电力拖动

【知识目标】 掌握三相异步电动机的机械特性和三相异步电动机的各种启动方法、调速方法和电磁制动方法。

【能力目标】 学会三相异步电动机实际应用的操作方法和三相异步电动机的节电运行技术。

【学习方法】 边学边做。

5.1　三相异步电动机的机械特性

三相异步电动机的机械特性是三相异步电动机最重要的特性，它是指在电压和频率一定的情况下，三相异步电动机的转速与电磁转矩之间的关系 $n = f(T_{em})$。

5.1.1　三相异步电动机机械特性的三种表达式

三相异步电动机机械特性主要有三种表达式。

1. 物理表达式

三相异步电动机机械特性的物理表达式即电磁转矩的一般公式为

$$T_{em} = C_T \Phi_m I'_2 \cos\varphi_2 \tag{5-1}$$

式中，C_T——异步电动机的转矩常数；

Φ_m——异步电动机的每极磁通；

I'_2——折算到定子侧的转子电流；

$\cos\varphi_2$——转子电路的功率因素。

式(5-1)表明：三相异步电动机的电磁转矩是由主磁通和转子电流的有功分量相互作用产生的，与主磁通成正比，与转子电流的有功分量成正比，物理意义非常明确，所以称为电磁转矩的物理表达式。它常用来定性分析三相异步电动机的运行问题。

2. 参数表达式

三相异步电动机电磁转矩的参数表达式为

$$T_{em} = \frac{m_1 p U_1^2 \frac{R'_2}{s}}{2\pi f_1 \left[\left(R_1 + \frac{R'_2}{s} \right)^2 + (X_1 + X'_2)^2 \right]} \tag{5-2}$$

式中，m_1——定子相数；

p——磁极对数；

U_1——定子相电压；

f_1——电源频率；

R_1、X_1——定子每相绕组的电阻和漏抗；

R'_2、X'_2——折算到定子侧的转子电阻和漏抗。

当电动机的转差率 s（或转速 n）变化时，由式(5-2)计算出相应的电磁转矩 T_{em}，可以绘出如图 5-1 的机械特性曲线。

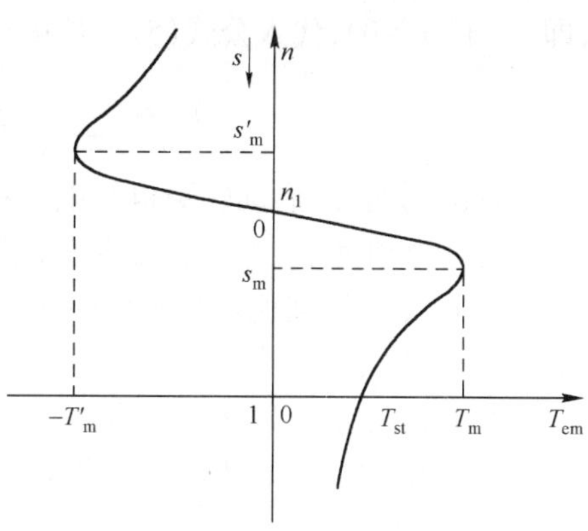

图 5-1　三相异步电动机的机械特性

当同步转速 n_1 为正时，机械特性曲线跨第一、二、四象限。在第一象限时，$0<n<n_1$，$0<s<1$，n_1、T_{em}均为正值，电机处于电动机运行状态；在第二象限时，$n>n_1$，$s<0$，n 为正值，T_{em}为负值，电机处于发电机运行状态；在第四象限时，$n<0$，$s>1$，n 为负值，T_{em}为正值，电机处于电磁制动运行状态。

在机械特性曲线上，转矩有两个最大值，一个出现在电动状态，另一个出现在发电状态。最大转矩 T_m 和对应的转差率 s_m（称为临界转差率）可以通过对式(5-2)求导数$\frac{dT_{em}}{ds}$，并令$\frac{dT_{em}}{ds}=0$，求得

$$s_m=\pm\frac{R'_2}{\sqrt{R_1^2+(X+X'_2)^2}} \tag{5-3}$$

$$T_m=\pm\frac{m_1pU_1^2}{4\pi f_1[\pm R_1+\sqrt{R_1^2+(X+X'_2)^2}]} \tag{5-4}$$

式中，“+”号对应电动状态；“-”号对应发电状态。通常 $R_1\ll(X_1+X'_2)$，故式(5-3)、(5-4)可以近似为

$$s_m\approx\pm\frac{R'_2}{X_1+X'_2} \tag{5-5}$$

$$T_m\approx\pm\frac{m_1pU_1^2}{4\pi f_1(X_1+X'_2)} \tag{5-6}$$

由式(5-5)、(5-6)可以得出：

① 当电源频率 f_1 及电动机参数不变时，最大转矩 $T_m\propto U_1^2$，而 s_m 与 U_1 无关；

② 当 U_1、f_1 及其他参数不变而仅在绕线式转子回路外串电阻 R'_p 时，最大转矩 T_m 不变，而临界转差率 s_m 与 $R'_2+R'_p$ 成正比；

③ 当 U_1、f_1 及其他参数不变而仅改变定、转子漏抗$(X_1+X'_2)$时，T_m 和 s_m 都近似与$(X_1+X'_2)$成反比。

最大转矩对电动机来说具有重要意义。电动机运行时，若负载转矩短时突然增大，且大于最大转矩，则电动机将因为承载不了而停转，为了保证电动机不会因短时过载而停转，一般电动机都具有一定的过载能力。显然，最大转矩越大，电动机短时过载的能力就越强，因此把最大转矩与额定转矩之比称为电动机的过载能力，用 λ_m 表示，即

$$\lambda_m=\frac{T_m}{T_N} \tag{5-7}$$

一般三相异步电动机的 $\lambda_m\approx1.6\sim2.2$，对于冶金用的电动机，$\lambda_m\approx2.2\sim2.8$。$\lambda_m$ 是异步

电动机的重要数据之一,它反映电动机能够承受的短时过载的极限。

异步电动机的另一个重要转矩是启动转矩 T_{st},它是异步电动机刚接入电源时的电磁转矩,即 $s=1(n=0)$,代入公式(5-2)即得启动转矩的公式为

$$T_{st}=\frac{m_1 p U_1^2 R'_2}{2\pi f_1[(R_1+R'_2)^2+(X_1+X'_2)^2]} \tag{5-8}$$

由式(5-8)可知,启动转矩也与电源相电压及电动机的参数有关。

① 当电源频率 f_1 及电动机参数不变时,启动转矩 $T_{st}\propto U_1^2$。

② 当 U_1、f_1 及其他参数不变而使转子回路电阻适当增大时,T_{st}也增大。利用此特点,可在绕线式异步电动机的转子回路中外串电阻来增加启动转矩 T_{st}。

③ 当 U_1、f_1 及其他参数不变而总的$(X_1+X'_2)$增加时,T_{st}减少。

启动转矩 T_{st}与额定转矩 T_N 之比,称为启动转矩倍数,又称启动能力,用 k_{st}表示。

$$k_{st}=\frac{T_{st}}{T_N} \tag{5-9}$$

启动转矩是衡量电动机能否正常启动的依据,只有启动转矩大于启动时的总制动转矩,电动机才能启动。在电机的产品目录或电机手册中可查得 k_{st}的值。一般笼式异步电动机的 $k_{st}=1.0\sim2.0$,起重和冶金专用的笼式异步电动机的 $k_{st}=2.8\sim4.0$。

参数表达式清楚地表示了电磁转矩与电动机各参数之间的关系,用它来分析各种参数对机械特性的影响是很方便的。但是在实际应用时,三相异步电动机的内部参数 R_1, R'_2, X_1, X'_2 不易得到,因此,在绘制机械特性或工程计算中,常利用电动机的技术数据和铭牌数据表示机械特性,称为电磁转矩的实用表达式。

3. 实用表达式

三相异步电动机机械特性的实用表达式为

$$T_{em}=\frac{2T_m}{\dfrac{s}{s_m}+\dfrac{s_m}{s}} \tag{5-10}$$

式中的 T_m 和 s_m 可由异步电动机产品目录查得的数据求得。

$$T_m=\lambda_m T_N \tag{5-11}$$

$$T_N=\frac{P_N}{\Omega_N}=\frac{P_N\times10^3}{\dfrac{2\pi n_N}{60}}=9550\,\frac{P_N}{n_N}(\mathrm{N\cdot m}) \tag{5-12}$$

式中,P_N 的单位为kW,n_N 的单位为r/min。忽略空载转矩,当 $s=s_N=\dfrac{n_1-n_N}{n_1}$时,$T_{em}=T_N$,代入实用表达式即得

$$T_N=\frac{2T_m}{\dfrac{s_N}{s_m}+\dfrac{s_m}{s_N}} \tag{5-13}$$

对上式中的 s_m 进行求解,考虑到 $T_m=\lambda_m T_N$,即得

$$s_m=s_N(\lambda_m+\sqrt{\lambda_m^2-1}) \tag{5-14}$$

求出 s_m 和 T_m 后,在实用表达式中只剩下 T_{em}和 s 两个未知数了。给定一系列的 s 值,按实用表达式(5-11)算出一系列对应的 T_{em}值,就可绘出机械特性 $n=f(T_{em})$曲线,同时还可利

用它进行机械特性的其他计算。

【例 5-1】　一台 Y 连接的三相异步电动机，已知 $P_N = 55$ kW，$U_N = 380$ V，$I_N = 103$ A，$n_N = 1470$ r/min，过载能力 $\lambda_m = 2.3$，求当三相异步电动机的转差率 $s = 0.1$ 时的电磁转矩 T_{em}。

【解】　根据额定转速 n_N 的大小可以判断出同步转速 $n_1 = 1500$(r/min)。

额定转差率为 $s_N = \dfrac{n_1 - n_N}{n_1} = \dfrac{1500 - 1470}{1500} = 0.02$

临界转差率为 $s_m = s_N(\lambda_m + \sqrt{\lambda_m^2 - 1}) = 0.02(2.3 + \sqrt{2.3^2 - 1}) = 0.0874$

额定转矩为 $T_N = 9550\dfrac{P_N}{n_N} = 9550\dfrac{55}{1470} = 357.3(\text{N·m})$

最大转矩为 $T_m = \lambda_m T_N = 2.3 \times 357.3 = 821.8(\text{N·m})$

机械特性的实用表达式为 $T_{em} = \dfrac{2 \times 821.8}{\dfrac{s}{0.0874} + \dfrac{0.0874}{s}}$

当 $s = 0.1$ 时，电磁转矩为 $T_{em} = \dfrac{2T_m}{\dfrac{s}{s_m} + \dfrac{s_m}{s}} = \dfrac{2 \times 821.8}{\dfrac{0.1}{0.0874} + \dfrac{0.0874}{0.1}} = 814.5(\text{N·m})$

以上三种表达式，用途各不相同。物理表达式用于对电动机的运行作定性分析；参数表达式用以分析参数变化时对电动机机械特性的影响；实用表达式用于进行机械特性的工程计算。

5.1.2　三相异步电动机的机械特性

1. 固有机械特性

三相异步电动机的固有机械特性是指三相异步电动机工作在额定电压和额定频率下，定子及转子回路不外接电阻(电抗、电容)时的机械特性 $n = f(T_{em})$。

绘制固有机械特性时要注意：在取点时，应包括启动点、额定工作点、同步转速点和最大转矩点等几个特殊运行点，如图 5-2 所示。

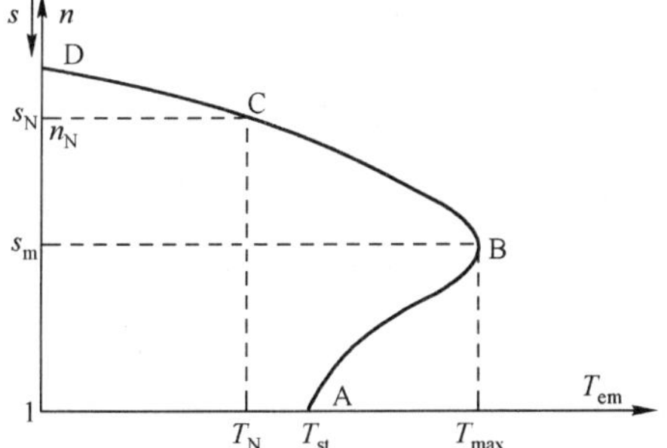

图 5-2　三相异步电动机的固有机械特性

(1) 启动点 A

电动机状态启动点 A 的特点是：$n = 0$，$s = 1$，$T_{em} = T_{st}$，定子电流 $I_1 = I_{st} = (4 \sim 7)I_N$。

(2) 最大转矩点 B

电动机状态的最大转矩点为 B，其特点是：$s = s_m$，$T_{em} = T_m$(均为正值)。电动机在 BD 段上工作是稳定的，在 AB 段上工作是不稳定的。所以 B 点也是电动机稳定运行的临界点。临界转差率 s_m 也是由此而得名。

(3) 额定工作点 C

电动机额定工作点 C 的特点是：$n = n_N$，$s = s_N$，$T_{em} = T_N$，$I_1 = I_N$。额定运行时转差率很小，一般 $s_N = 0.01 \sim 0.06$，所以电动机的额定转速 n_N 略小于同步转速 n_1。

(4) 同步转速点 D

电动机同步转速点 D 的特点是：$n = n_1$，$s = 0$，$T_{em} = 0$，$I_1 = I_0$。D 点是电动状态与回馈制动状态的转折点。

2. **人为机械特性**

由三相异步电动机机械特性的参数表达式可知，异步电动机电磁转矩 T_{em}是由某一转速 n(或 s)下的电源电压 U_1，电源频率 f_1，定、转子电路的电阻和漏抗 R_1、R'_2、X_1、X'_2 决定的。因此，人为地改变这些参数，就可得到不同的人为机械特性。

(1) 降压人为机械特性

如果异步电动机的其他条件都与固有特性一样，则只降低电源电压 U_1 所得到的机械特性，称为降压人为机械特性，如图 5-3 所示，其特点是：

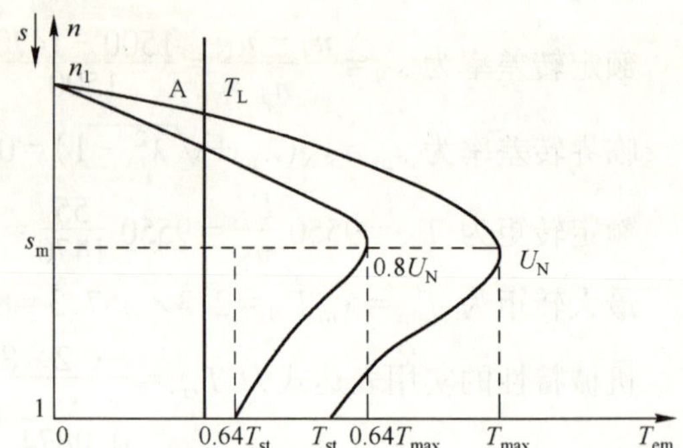

图 5-3　降压人为机械特性

① 降压后同步转速 n_1 不变，即不同 U_1 的人为机械特性都通过固有机械特性的同步转速点；

② 降压后，最大转矩 T_m 随 U_1^2 成比例下降，但 s_m 或 $n_m = n_1(1 - s_m)$与固有特性时的一样；

③ 降压后的启动转矩 T_{st}也随 U_1^2 成比例下降。

由图 5-3 可知，降低电压后的人为机械特性，其线性段的斜率变大，即特性变软。T_{st}和 T_m 均按 U_1^2 关系减小，即电源电压 U_1 下降后，电动机的启动转矩 T_{st}和过载能力均显著下降。如果电动机在额定负载下运行，当电源电压 U_1 下降后，将导致 n 下降，s 增大，转子电流将因转子电动势 $E_{2s} = sE_2$ 的增大而增大，从而引起定子电流增大，导致电动机过载。长期欠压过载运行，必然使电动机过热，电动机的使用寿命缩短。另外，从图中可以看到，如果电压下降太多，使最大转矩小于负载转矩，电动机将停转。

(2) 转子回路串电阻人为机械特性

对于绕线式异步电动机，如果其他条件都与固有特性一样，仅在转子回路串入对称三相电阻 R_s 所得到的人为机械特性简称为转子回路串电阻人为机械特性。如图 5-4 所示。其特点是：

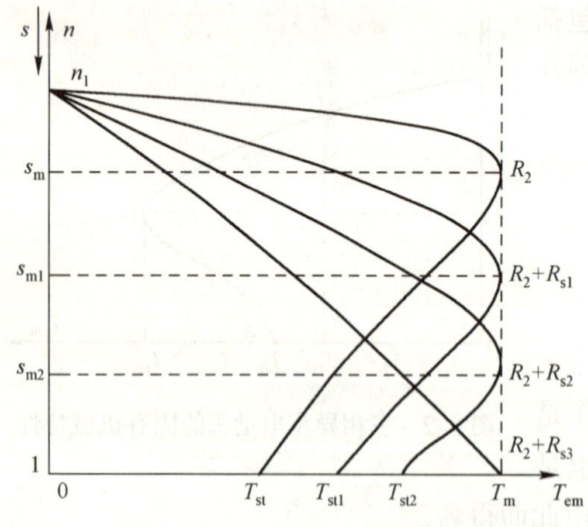

图 5-4　绕线式异步电动机转子回路串接对称电阻人为机械特性

① 同步转速 n_1 不变，即不同 R_s 的人为机械特性都通过固有机械特性的同步转速点；

② 转子串电阻后的最大转矩 T_m 不变，但临界转差率 $s_{m1} > s_m$，且随 R_s 的增大而增大；

③ 当 s_{m1}增大，而 $s_{m1} < 1$ 时，T_{st}随 R_s 的增大而增大；但当 $s_{m1} > 1$ 后，T_{st}随 R_s 的增大而减少。

由图 5-4 可见，在一定范围内增加转子电阻，可以增大电动机的启动转矩。当所串接的电阻(如图中 R_{s3})使 $s_m = 1$ 时，对应的启动转矩将达到最大转矩，如果再增大转子电阻，启动转矩反而会减小。另外，转子串接对称电阻后，其机械特性曲线线性段的斜率增大，特性变软。绕线式异步电动机转子回路串电阻，可以改变转速而用于调速，也可以改变启动转矩，从而改变异步电动机的启动性能。

(3) 定子回路串电抗(或电阻)人为机械特性

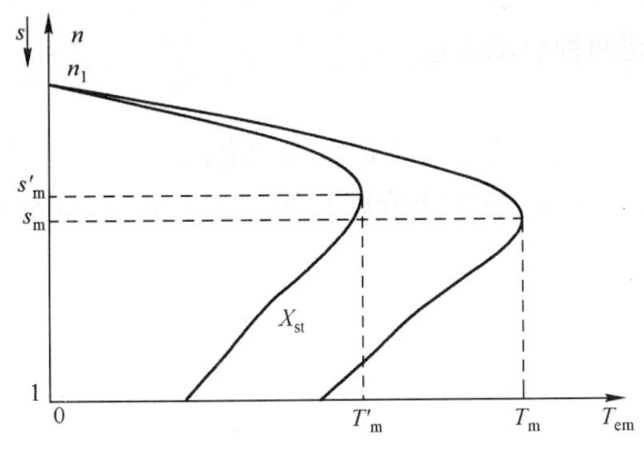

图 5-5 定子回路串接对称电抗人为机械特性

对于三相异步电动机,可以在定子回路中串入对称的三相电抗(或电阻),如图 5-5 所示。其特点是:

① 同步转速 n_1 不变,即不同 X_{st} 的人为机械特性都通过固有机械特性的同步转速点;

② 串电抗后的最大转矩 T_m 下降,临界转差率 $s'_m < s_m$,且随 X_{st} 的增大而减小(或 n'_m 随 X_{st} 的增大而增大);

③ T_{st} 随 X_{st} 的增大而减小。

定子回路串电抗一般用于笼式异步电动机的降压启动,以限制电动机的启动电流。定子回路串电阻时的电路图和人为机械特性与串电抗时相似。串电阻的目的同样是为了限制启动电流,但由于电阻上要产生能量损耗,一般不宜采用。

5.1.3 三相异步电动机的稳定运行

临界转差率 s_m 或临界转速 n_m 是三相异步电动机机械特性的稳定区域和不稳定区域的分界点。从理想空载点即同步转速点到最大转矩点,$n = f(T_{em})$ 曲线是下斜特性。由电力拖动系统稳定运行的必要和充分条件,不难判断出三相异步电动机对常见的恒转矩、恒功率、通风机类负载,都可稳定运行。这是因为在电动机的下斜机械特性部分和这三种不同负载的转矩特性的交点处,均满足$\frac{dT_{em}}{dn} < \frac{dT_L}{dn}$。从最大转矩点到启动点,$n = f(T_{em})$曲线是上斜特性,对恒转矩负载和恒功率负载均因与电动机机械特性的交点处,$\frac{dT_{em}}{dn} > \frac{dT_L}{dn}$,而不能稳定运行,只是对通风机类负载可以稳定运行,但转速太低,损耗大,效率低,工作并不理想。

对恒定的负载来说,额定运行的转差率 s_N 和临界转差率 s_m 的数值最好小一些,这样机械特性可以硬些。对于有冲击性负载的拖动,相反地要求 s_N 和 s_m 的数值要大些,使特性软一些。这样,当冲击性负载到来时,电动机的转速降低较多,拖动系统(特别是带有飞轮装置的)可以放出更多的动能来帮助电动机共同克服冲击性负载。

5.2 三相异步电动机的启动

电力拖动系统对三相异步电动机启动性能的要求主要有:

① 启动转矩要大,以加速启动过程,缩短启动时间,保证生产机械能够正常启动;

② 启动电流要小,以减小启动电流对电网的冲击;

③ 启动设备应力求结构简单、造价低和操作方便;

④ 力求降低启动过程中的能量损耗。

5.2.1 三相笼式异步电动机的启动

三相笼式异步电动机有直接启动和降压启动两种启动方法。

1. 直接启动

直接启动也称全压启动,启动时,电动机定子绕组直接接入额定电压的电网上。这是一种最简单的启动方法,不需要复杂的启动设备,但是它的启动性能恰好与所要求的相反,即启动电流 I_{st}大,而启动转矩 T_{st}不大。

(1) 启动电流 I_{st}大

对于普通笼式异步电动机,启动电流倍数 $k_i = I_{st}/I_N = 4 \sim 7$。

(2) 启动转矩 T_{st}不大

对于普通笼式异步电动机,启动转矩倍数 $k_{st} = T_{st}/T_N = 1 \sim 2$。

这样的启动性能是不理想的。过大的启动电流对电网电压的波动及电动机本身均会带来不利影响,因此,直接启动一般只在小容量电动机中使用,如 7.5 kW 以下的电动机可采用直接启动。如果电网容量很大,可允许容量较大的电动机直接启动。若电动机的启动电流倍数 k_i、额定功率与电源容量满足下列经验公式:

$$\frac{1}{4}\left[3+\frac{\text{电源容量(kVA)}}{\text{电动机功率(kW)}}\right] \geqslant k_i \tag{5-15}$$

电动机便可直接启动,否则应采用降压启动方法。

2. 降压启动

降压启动的目的是限制启动电流。启动时,通过启动设备使加到电动机上的电压小于额定电压,待电动机转速上升到一定数值时,再使电动机承受额定电压,保证电动机在额定电压下稳定工作。以下是常用的降压启动方法。

(1) 定子回路串电阻(或电抗)降压启动

启动时在异步电动机定子三相绕组上串接对称电阻(或电抗),如图 5-6 所示。

启动时,先将开关 QS_2 投向"启动"侧,然后合上主开关 QS_1 进行启动,此时较大的启动电流在启动电阻(或电抗)上产生了较大的电压降,从而降低了加到定子绕组上的电压,起到了限制启动电流的作用。当转速升高到一定数值时,把 QS_2 切换到"运行"侧,切除启动电阻(或电抗),电动机在全压下稳定运行。

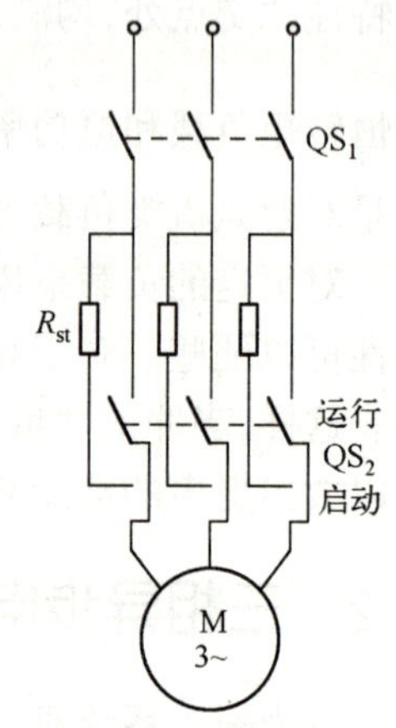

图 5-6 定子回路串电阻(或电抗)降压启动

串电阻降压启动耗能较大,一般只在较小容量的电动机上采用,容量较大的电动机多采用串电抗降压启动。

相对较大的启动电流,异步电动机的励磁电流可以忽略不计,且启动时转差率 $s=1$,根据异步电动机简化等效电路可得启动电流为

$$I_{st} = \frac{U_1}{\sqrt{(R_1 + R'_2)^2 + (X_1 + X'_2)^2}} \tag{5-16}$$

可见,启动电流 I_{st}与 U_1 成正比。

设额定电压 U_N 下的启动电流为 I_{st}、启动转矩为 T_{st};串入电阻(或电抗)后定子电压降为

U'_1，这时的启动电流为 I'_{st}、启动转矩为 T'_{st}。又设电压下降倍数为$\frac{1}{k}(k>1)$，即

$$\frac{U'_1}{U_N}=\frac{1}{k} \tag{5-17}$$

式中，U_N、U'_1 均指相电压。

根据 $I_{st}\propto U_1$、$T_{st}\propto U_1^2$，可得启动电流和启动转矩的下降倍数分别为

$$\frac{I'_{st}}{I_{st}}=\frac{1}{k} \tag{5-18}$$

$$\frac{T'_{st}}{T_{st}}=\frac{1}{k^2} \tag{5-19}$$

可见，采用定子回路串电阻(或电抗)降压启动时，若电压下降到额定电压的$\frac{1}{k}$倍，则启动电流也下降到直接启动电流的$\frac{1}{k}$倍，但启动转矩却下降到直接启动转矩的$\frac{1}{k^2}$倍。这表明，降压启动虽然减小了启动电流，但同时启动转矩也大为减小。因此定子回路串电阻(或电抗)降压启动方法只适用于电动机轻载启动。

启动电阻(或电抗)值的计算可按简化等效电路图进行，其中 $R_s=R_1+R'_2$ 为短路电阻，$X_s=X_1+X'_2$ 为短路电抗。

启动电阻为

$$R_{st}=\sqrt{k_2R_s^2+(k^2-1)X_s^2}-R_s \tag{5-20}$$

启动电抗为

$$X_{st}=\sqrt{k^2X_s^2+(k^2-1)R_s^2}-X_s \tag{5-21}$$

采用串电阻(或电抗)降压启动时，在考虑减少启动电流的同时，应注意校核启动转矩是否满足负载的需要，即

$$T'_{st}=\frac{T_{st}}{k^2}>T_L \tag{5-22}$$

如果不满足上式，应选用其他启动方法。

(2) Y-D 降压启动

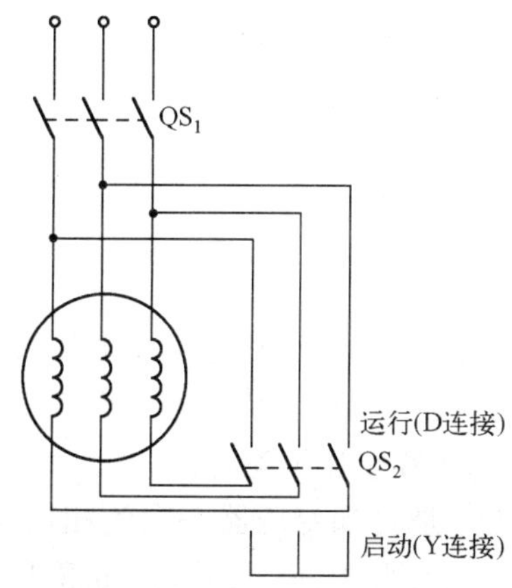

图 5-7　Y-D 降压启动接线原理图

Y-D 降压启动，又称 Y-Δ 降压启动，只适用于正常运行时定子绕组为三角形连接的电动机。其降压启动接线原理图如图 5-7 所示。

启动时先将开关 QS_2 投向“启动”侧，将定子绕组接成星形(Y 接)，然后合上开关 QS_1 进行启动。此时，定子每相绕组电压为额定电压的$\frac{1}{\sqrt{3}}$，从而实现了降压启动；待转速上升至一定数值时，将 QS_2 投向“运行”侧，恢复定子绕组为三角形(D)连接，使电动机在全压下运行。

设电动机额定电压为 U_N，每相漏阻抗为 Z_σ，由简化等效电路可得

Y 连接时的启动电流为

$$I_{\mathrm{stY}}=\frac{U_{\mathrm{N}}}{\sqrt{3}Z_{\sigma}}$$

D 连接时的启动电流(线电流),即直接启动电流为

$$I_{\mathrm{stD}}=\frac{\sqrt{3}U_{\mathrm{N}}}{Z_{\sigma}}$$

于是得到启动电流减小的倍数为

$$\frac{I_{\mathrm{stY}}}{I_{\mathrm{stD}}}=\frac{1}{3} \tag{5-23}$$

根据 $T_{\mathrm{st}}\propto U_1^2$,可得启动转矩减小的倍数为

$$\frac{T_{\mathrm{stY}}}{T_{\mathrm{stD}}}=\frac{1}{3} \tag{5-24}$$

可见,Y-D 降压启动时,启动电流和启动转矩都降为直接启动时的$\frac{1}{3}$。

Y-D 降压启动操作方便,启动设备简单,应用较为广泛,但它仅适用于正常运行时定子绕组作三角形连接的电动机。一般用途的小型异步电动机,当容量大于 4 kW 时,定子绕组都采用三角形连接。由于 Y-D 降压启动转矩为直接启动时的$\frac{1}{3}$,所以这种启动方法多用于空载或轻载启动。

(3) 自耦变压器降压启动

自耦变压器降压启动是通过自耦变压器把电压降低后再加到电动机定子绕组上,以达到减小启动电流的目的,其接线原理如图 5-8(a)所示。

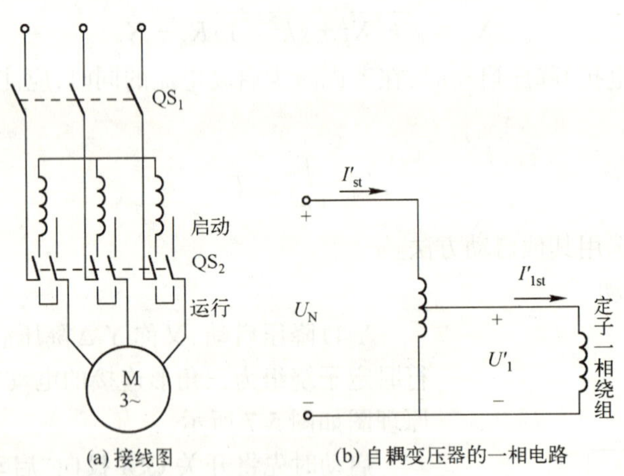

图 5-8　自耦变压器降压启动接线原理图

启动时,把开关 QS_2 投向“启动”侧,闭合开关 QS_1,这时自耦变压器一次绕组加全压,而电动机定子电压为自耦变压器二次抽头部分的电压,电动机在低压下启动。待转速上升至一定数值时,再把开关 QS_2 切换到“运行”侧,切除自耦变压器,电动机在全压下运行。

自耦变压器降压启动时的一相电路如图 5-8(b)所示。U_{N} 是自耦变压器一次侧相电压,也是电动机直接启动时的额定相电压;U'_1 是自耦变压器的二次侧相电压,也是电动机降压启动时的相电压。设自耦变压器的变比为 k_{a},则

$$k_a=\frac{U_N}{U'_1}=\frac{I'_{1st}}{I'_{st}}$$

式中，I'_{1st}——自耦变压器二次侧电流，也是电压降至 U'_1 后流过定子绕组的启动电流；

I'_{st}——自耦变压器一次侧电流，也是降压后电网供给的启动电流。

设电动机的短路阻抗为 Z_s，则

直接启动时的启动电流为

$$I_{st}=\frac{U_N}{Z_s} \tag{5-25}$$

降压后自耦变压器二次侧供给电动机的启动电流为

$$I'_{1st}=\frac{U'_1}{Z_s}=\frac{U_N}{k_a Z_s} \tag{5-26}$$

自耦变压器一次侧，即电网提供的启动电流为

$$I'_{st}=\frac{1}{k_a}I'_{1st}=\frac{1}{k_a^2}\cdot\frac{U_N}{Z_s} \tag{5-27}$$

由式(5-28)、式(5-29)可得电网提供的启动电流减小倍数为

$$\frac{I'_{st}}{I_{st}}=\frac{1}{k_a^2} \tag{5-28}$$

启动转矩减小倍数为

$$\frac{T'_{st}}{T_{st}}=\left(\frac{U'_1}{U_N}\right)^2=\frac{1}{k_a^2} \tag{5-29}$$

可见，采用自耦变压器降压启动时，启动电流和启动转矩都降到直接启动时的$\frac{1}{k_a^2}$。

自耦变压器降压启动适用于容量较大的低压电动机，这种方法可获得较大的启动转矩，且自耦变压器二次侧一般有三个抽头，可以根据需要选用，在 10 kW 以上的三相异步电动机中得到了广泛应用。

启动用的自耦变压器有 QJ_2 和 QJ_3 两个系列。QJ_2 型的三个抽头比$\left(\frac{1}{k_a}\right)$分别为 55%，64%和 73%；$QJ_3$ 型的三个抽头比$\left(\frac{1}{k_a}\right)$分别为 40%，60%和 80%。

为了比较上述启动方法，现将主要数据列于表 5-1 中。

表 5-1　三相笼式异步电动机启动方法比较

启动方法	$\frac{U'}{U_N}$	$\frac{I'_{st}}{I_{st}}$	$\frac{T'_{st}}{T_{st}}$	优缺点
直接启动	1	1	1	启动最简单，启动电流大，启动转矩不大，适用于小容量轻载启动
定子回路串电阻(电抗)降压启动	$\frac{1}{k}$	$\frac{1}{k}$	$\frac{1}{k^2}$	启动设备简单，启动转矩小，适用于轻载启动
Y-D 降压启动	$\frac{1}{\sqrt{3}}$	$\frac{1}{3}$	$\frac{1}{3}$	启动设备简单，启动转矩小，适用于轻载启动，只适用于三角形连接的电动机
自耦变压器降压启动	$\frac{1}{k_a}$	$\frac{1}{k_a^2}$	$\frac{1}{k_a^2}$	启动转矩大，有三种抽头可选，启动设备复杂，可带较大负载启动

【例 5-2】 一台三相笼式异步电动机：$P_N=75$ kW，$n_N=1470$ r/min，$U_N=380$ V，定子 D 连接，$I_N=137.5$ A，启动电流倍数 $k_i=6.5$，启动转矩倍数 $k_{st}=1$，拟带半载启动，电源容量为 1000 kVA，试选择适当的启动方法。

【解】 ① 直接启动。电源允许电动机直接启动的条件是

$$\frac{1}{4}\left[3+\frac{电源容量(kVA)}{电动机功率(kW)}\right]=\frac{1}{4}\left[3+\frac{1000}{75}\right]=4$$

因为电动机的 $k_i=6.5>4$，故不能采用直接启动。

② 定子串电抗(电阻)启动。从①中可知，电源允许启动电流为 $I'_{st}=4I_N$，因此

$$\frac{I'_{st}}{I_{st}}=\frac{1}{k}=\frac{4I_N}{k_i I_N}=\frac{4}{6.5}=\frac{1}{1.625}$$

$$T'_{st}=\frac{1}{k^2}T_{st}=\frac{1}{k^2}k_{st}T_N=\frac{1}{1.625^2}T_N=0.38T_N$$

因为 $T'_{st}<0.5T_N$，所以不能采用这种启动方法 。

③ Y-D 启动。

$$I'_{st}=\frac{1}{3}I_{st}=\frac{1}{3}k_i I_N=\frac{1}{3}\times 6.5I_N=2.17I_N$$

$$T'_{st}=\frac{1}{3}T_N=\frac{1}{3}k_{st}T_{st}=\frac{1}{3}T_N=0.33T_N$$

因为，$T'_{st}<0.5T_N$，所以不能采用 Y-D 降压启动。

④ 自耦变压器启动。选用 QJ_2 系列，其电压抽头比为 55%，64%，73%；选用 55% 抽头时，$\frac{1}{k_a}=0.55$。

$$I'_{st}=\frac{1}{k_a^2}I_{st}=0.55^2\times 6.5I_N=1.96I_N$$

$$T'_{st}=\frac{1}{k_a^2}T_{st}=0.55^2\times 1\times T_N=0.3T_N<0.5T_N$$

可见启动转矩不满足要求。

选用 64% 抽头时，计算结果与上相似，启动转矩也不满足要求。

选用 73% 抽头时，$\frac{1}{k_a}=0.73$

$$I'_{st}=\frac{1}{k_a^2}I_{st}=0.73^2\times 6.5I_N=3.46I_N<4I_N$$

$$T'_{st}=\frac{1}{k_a^2}T_{st}=0.73^2\times 1\times T_N=0.53T_N>0.5T_N$$

可见，选用 73% 抽头时，启动电流和启动转矩均满足要求，所以该电动机可以采用 73% 抽头比的自耦变压器降压启动。

3. 深槽式及双笼式异步电动机

(1) 深槽式异步电动机

深槽式异步电动机的转子槽形深而窄，通常槽深与槽宽之比大到 10～12 或以上。当转子导条中流过电流时，槽漏磁通分布如图 5-9(a)所示。与导条底部相交链的漏磁通比槽口部分相交链的漏磁通多得多，因此若将导条看成是由若干个沿槽高划分的小导体(小薄片)并联而

成，则越靠近槽底部分的小导体的漏电抗越大，而越接近槽口部分的小导体的漏电抗越小。在电动机启动时，由于转子电流的频率较高，$f_2 = 50$ Hz，转子导条的漏电抗较大，因此，各小导体中电流的分配将主要取决于漏电抗，漏电抗越大则电流越小。这样在由气隙主磁通所感应的相同电动势的作用下，导条中靠近槽底处的电流密度将很小，而越靠近槽口则越大，因此沿槽高的导条内电流密度分布如图 5-9(b)所示，这种现象称为电流的集肤效应，由于电流好像是被挤到槽口处，所以又称挤流效应。集肤效应的效果相当于减小了导条的高度和有效截面，如图 5-9(c)，增大了转子电阻，从而满足了启动的要求。

当启动完毕，电动机正常运行时，由于转子电流频率很低，一般为 1～3 Hz，转子导条的漏电抗比转子电阻小得多，因此前述各小导体中电流的分配将主要取决于电阻。由于各小导体电阻相等，导条中的电流将均匀分布，集肤效应基本消失，转子导条电阻恢复(减小)为自身的直流电阻。可见，正常运行时，转子电阻能自动变小，从而满足了减小转子铜耗，提高电动机效率的要求。

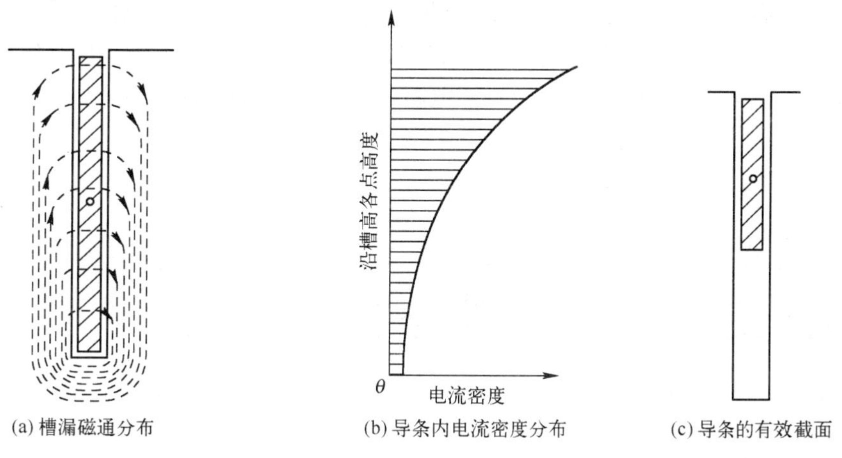

(a) 槽漏磁通分布　(b) 导条内电流密度分布　(c) 导条的有效截面

图 5-9　深槽式转子导条中电流的集肤效应

(2) 双笼式异步电动机

双笼式异步电动机的转子上有两套笼，即上笼和下笼，如图 5-10(a)所示。上笼导条的截面积较小，并用黄铜或铝青铜等电阻系数较大的材料制成，电阻较大；下笼导条的截面积较大，并用电阻系数较小的紫铜制成，电阻较小。双笼式电动机也常用铸铝转子，如图 5-10(b)所示。显然下笼交链的漏磁通要比上笼多得多，因此下笼的漏电抗也比上笼的大得多。

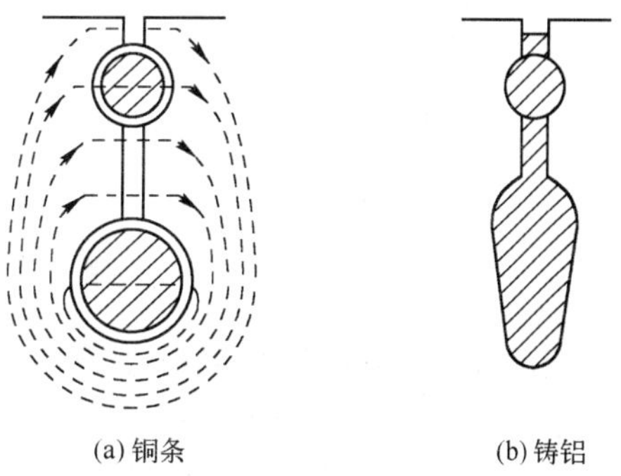
(a) 铜条　(b) 铸铝

图 5-10　双笼式异步电动机的转子槽型

启动时，转子电流频率较高，转子的漏电抗大于电阻，上、下笼的电流分配主要决定于漏电抗，由于下笼的漏电抗比上笼的大得多，电流主要从上笼流过。因此启动时上笼起主要作用，由于它的电阻较大，可以产生较大的启动转矩，限制启动电流，所以常把上笼称为启动笼。

正常运行时，转子电流频率很低，转子漏电抗远比电阻小，上、下笼的电流分配取决于电阻,于是电流大部分从电阻较小的下笼流过,产生正常运行时的电磁转矩,所以把下笼称为运行笼。

双笼式异步电动机的启动性能比深槽式异步电动机好,但深槽式异步电动机结构简单,制造成本较低。它们的共同缺点是其转子漏电抗较普通笼式异步电动机大,因此功率因素和过载能力都比普通笼式异步电动机低。

5.2.2 三相绕线式异步电动机的启动

若三相绕线式异步电动机的转子回路串入适当的电阻,既能限制启动电流,又能增大启动转矩,同时克服了笼式异步电动机启动电流大、启动转矩小的缺点,这种启动方法适用于大中容量异步电动机重载启动或频繁启动。绕线式异步电动机的启动分为转子串电阻及转子串频敏变阻器两种启动方法。

1. 转子串电阻分级启动

为了在整个启动过程中得到较大的加速转矩,并使启动过程比较平滑,应在转子回路中串入多级对称电阻。启动时,随着转速的升高,逐段切除启动电阻,称为串电阻分级启动。图5-11为三相绕线式异步电动机转子串接对称电阻分级启动的接线图和对应的三级启动时的机械特性。

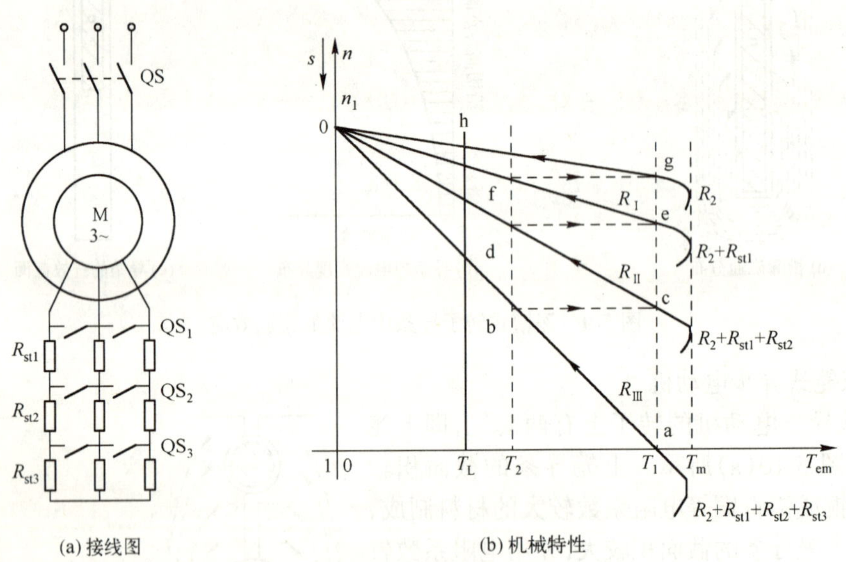

图 5-11 三相绕线式异步电动机转子串电阻分级启动

启动开始时,参见图 5-11(a),开关 QS 闭合,QS_1、QS_2、QS_3 断开,启动电阻全部串入转子回路中,转子每相电阻为 $R_{Ⅲ}=R_2+R_{st1}+R_{st2}+R_{st3}$,对应的机械特性如图 5-11(b)中曲线 $R_{Ⅲ}$。启动瞬间,转速 $n=0$,电磁转矩 $T_{em}=T_1$(T_1 称为最大加速转矩),因 T_1 大于负载转矩 T_L,于是电动机从 a 点沿曲线 $R_{Ⅲ}$ 开始加速。随着 n 上升,T_{em}逐渐减小,当减小到 T_2(对应于 b 点)时,开关 QS_3 闭合,切除 R_{st3},切换电阻时的转矩值 T_2 称为切换转矩。切除 R_{st3}后,转子每相电阻变为 $R_{Ⅱ}=R_2+R_{st1}+R_{st2}$,对应的机械特性变为曲线 $R_{Ⅱ}$。切换瞬间,转速 n 不突变,电动机的运行点由 b 点变到 c,T_{em}由 T_2 升为 T_1。此后,n、T_{em}沿曲线 $R_{Ⅱ}$变化,待 T_{em}

又减小到 T_2(对应于 d 点)时,开关 QS_2 闭合,切除 R_{st2}。此后转子每相电阻变为 $R_{\mathrm{I}} = R_2 + R_{st1}$,电动机运行点由 d 变到 e 点,工作点($n$、$T_{em}$)沿曲线 R_{I} 变化。最后在 f 点开关 QS_1 闭合,切除 R_{st1},转子绕组直接短路,电动机运行点由 f 点变到 g 点后沿固有特性加速到负载点 h 稳定运行,启动结束。

在启动过程中,一般取最大加速转矩 $T_1 = (0.7 \sim 0.85) T_m$,切换转矩 $T_2 = (1.1 \sim 1.2) T_N$。

2. 转子串频敏变阻器启动

所谓频敏变阻器,实质上就是一个铁耗很大的三相电抗器。从结构上看,它好似一个没有二次绕组的三相心式变压器,只是它的铁芯不是用硅钢片而是用厚 30～50 mm 的钢板叠成,以增大铁芯损耗,三个绕组分别绕在三个铁芯柱上,并且接成星形,然后接到转子滑环上,如图 5-12(a)所示。图 5-12(b)为频敏变阻器每相的等效电路,其中 R_1 为频敏变阻器绕组的电阻,X_m 为带铁芯绕组的电抗,R_m 为反映铁损耗的等效电阻。

用频敏变阻器启动的过程如下:启动时如图 5-12(a),开关 QS_2 断开,转子串入频敏变阻器,闭合开关 QS_1,电动机接通电源开始启动。启动瞬间,$n = 0$,$s = 1$,转子电流频率 $f_2 = sf_1 = f_1$(最大),频敏变阻器铁芯中与频率平方成正比的涡流损耗最大,即频敏变阻器的铁损耗大,因此,等效电阻 R_m 也大,此时相当于在转子回路中串入一个较大的电阻。启动过程中,随着转子转速 n 的上升,s 减小,转子频率 $f_2 = sf_1$ 逐步降低,频敏变阻器的铁耗和相应的等效电阻 R_m 也就随之而减小,这就相当于在启动过程中逐渐切除转子回路串入的电阻,启动结束后,转子频率很低($f_2 = 1 \sim 3$ Hz),频敏变阻器的等效电阻和电抗都很小,于是开关 QS_2 闭合,将频敏变阻器切除,转子绕组直接短路。因为等效电阻是随着频率的变化自动变化的,因此称为频敏变阻器,相当于一种无触点的变阻器。在启动过程中,它能自动、无级地减小电阻,如果频敏变阻器的参数选择恰当,可以在启动过程中保持启动转矩不变,这时的机械特性如图5-12(c)中曲线 2 所示,曲线 1 为固有特性。

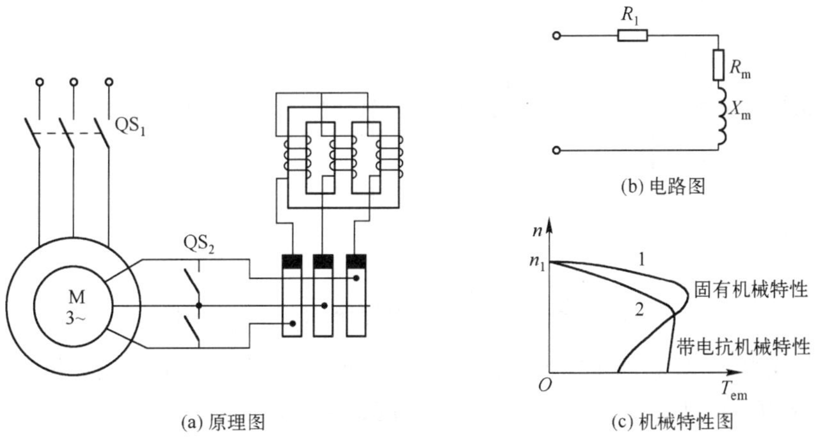

(a) 原理图　(b) 电路图　(c) 机械特性图

图 5-12　三相绕线式异步电动机转子串频敏变阻器启动

频敏变阻器结构简单,运行可靠,使用维护方便,因此应用日益广泛,但与转子回路串电阻的启动方法相比,由于频敏变阻器还具有一定的电抗,在同样的启动电流下,启动转矩要小些。

5.3 三相异步电动机的调速

根据三相异步电动机的转速公式

$$n = n_1(1-s) = \frac{60f_1}{p}(1-s) \tag{5-30}$$

可知，要调节三相异步电动机的转速，可采用改变电源频率 f_1、磁极对数 p、转差率 s 的方法来实现，其中改变转差率的方法又有改变定子电压、转子电阻、转子转差电动势等几种。另外，还可以通过电磁转差离合器来实现调速。

5.3.1 变极调速

改变三相异步电动机的极对数 p，可以改变其同步转速 $n_1 = 60f_1/p$，从而使电动机在某一负载下的稳定运行速度发生变化，达到调速的目的。

对于绕线式异步电动机，在采用改变定子绕组接线来改变磁极数时，必须同时改变转子绕组的接线以保持定、转子极数相等，这使变极接线及控制显得复杂。而笼式异步电动机当定子极数变化时，其转子极数能自动跟随保持相等。所以变极调速一般用于笼式异步电动机。

1. 变极原理

变极是通过改变定子绕组连接方式来实现的，如图 5-13 所示。U 相电流是从首 U_1 进，尾 U_2 出。当两个“半相绕组”首尾相连时(称之为顺串)，根据“半相绕组”内的电流方向，可以判断出磁场的方向，并用“×”和“·”表示，如图 5-13(a)所示。很显然，这时电动机所形成的是一个 $2P=4$ 极的磁场；如果将两个“半相绕组”尾尾相连(称之为反串)或首尾相并联(称之为反并)时，就形成一个 $2P=2$ 极的磁场，分别如图 5-13(b)、5-13(c)所示。

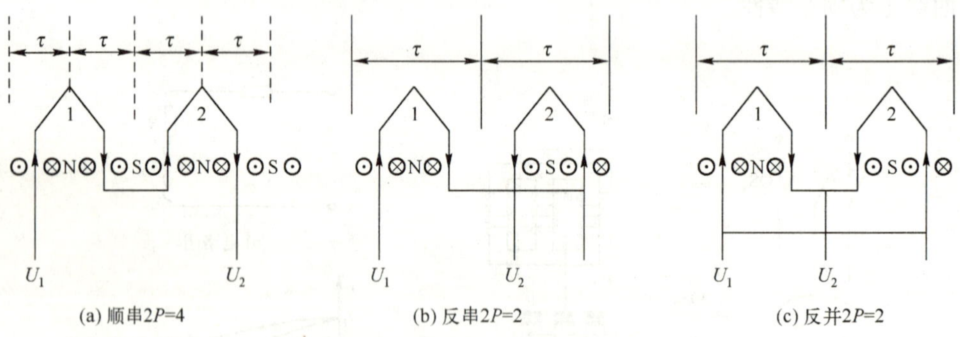

图 5-13 三相笼式异步电动机变极时一相绕组的接法

通过比较可知，只要将两个“半相绕组”中的任何一个“半相绕组”的电流反向，就可将极对数增加一倍(顺串)或减少一半(反串或反并)。这就是单绕组倍极比的变极原理，如 2/4，4/8 极等。

除了上述最简单最常用的倍极比变极的方法之外，也可以用改变绕组接法达到非倍极比的变极目的，如 4/6 极等。有时，所需变极比的倍数较大，利用一套绕组变极比较困难，则可用两套独立的不同极数的绕组，用哪一档速度时就用哪一套绕组，另一套绕组开路。如某电梯用多速电动机有 6/24 极两套绕组，可得 1000 r/min 和 250 r/min 两种同步转速，低速为接近楼层准确停车用。如果把以上两种方法结合起来，即在定子上装两套绕组，每一套又能改变极数，就能得到三速或四速电动机，当然这在结构上要复杂得多。

2. 三种常用的变极方案

变极调速的具体接线方法有很多，常用的变极接线图如图 5-14 所示。变极前每相绕组的两个"半相绕组"是顺串的，图 5-14(a)三相绕组是 Y 连接，5-14(c)是 Δ 连接；变极时每相绕组的两个"半相绕组"各都改接成反并，极数减少一半，而三相绕组都接成 Y 连接，经演变可以看出变极后它们都成了双 Y 连接。所以分别称为 Y-YY 变极和 Δ-YY 变极。图 5-14(b)则是将顺串 Y 变为反串 Y。

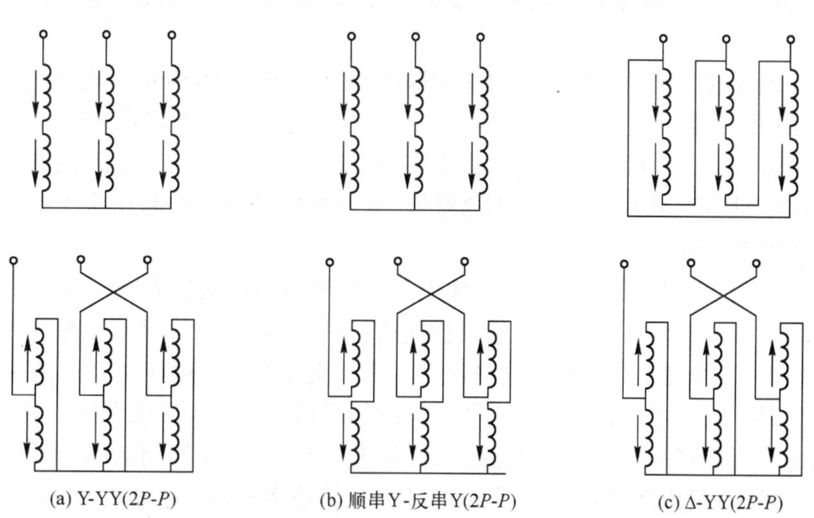

(a) Y-YY(2P-P)　(b) 顺串Y-反串Y(2P-P)　(c) Δ-YY(2P-P)

图 5-14　三相笼式异步电动机常用的三种变极接线图

注意，上述图中在改变定子绕组接线的同时，将 V、W 两相的出线端进行了对调。这是因为在电动机定子的圆周上，电角度是机械角度的 P 倍，当极对数改变时，必然引起三相绕组的空间相序发生变化。如当 $P=1$ 时，U、V、W 三相绕组的空间分布依次为 0°、120°、240°电角度。而当极对数变为 $P=2$ 时，空间分布依次是 U 相为 0°、V 相为 $120°\times2=240°$、W 相为 $240°\times2=480°$（相当于 120°），这说明变极后绕组的相序改变了。所以，为了保证变极调速前后电动机的转向不变，在改变定子绕组接线的同时，必须将 U、V、W 三相中的任意两相出线端对调。

变极调速时，因为 Y-YY 、Δ-YY 和顺串 Y-反串 Y 变极使定子绕组有不同的接线方式，所以允许的负载类型也不相同。

① Y-YY 变极调速。从 Y 连接变成 YY 连接后，极数减小一半，转速增加一倍，功率增大一倍，而转矩基本上保持不变，属于恒转矩调速方式，适用于拖动起重机、电梯、运输带等恒转矩负载的调速。

② Δ-YY 变极调速。从 Δ 连接变成 YY 连接后，极数减半，转速增加一倍，转矩近似减小一半，功率近似保持不变（只增加 15%），因而近似为恒功率调速方式，适用于车床切削等恒功率负载的调速。如粗车时，进刀量大，转速低；精车时，进刀量小，转速高。但两者的功率是近似不变的。

③ 顺串 Y-反串 Y 变极调速。同理可以分析，顺串 Y-反串 Y 连接方式的变极调速也属于恒功率调速。

变极调速具有操作简单、成本低、效率高、机械特性硬等优点,而且采用不同的接线方式既可适用于恒转矩调速,也可适用于恒功率调速。但它是一种有级调速,因而适用于对调速要求不高且不需要平滑调速的场合。

5.3.2 变频调速

改变电源频率,可以平滑调节同步转速 n_1,从而使电动机获得平滑调速。当频率 f 在 0~50 Hz变化时,电动机转速调节范围非常宽。变频调速就是通过改变电动机的电源频率实现速度调节的。

实现变频调速的关键是选用专用的变频调速装置,如图 5-15 所示。现有的可控变频电源的种类有变频机组和静止变频装置,而后者又分为交-直-交变频装置和交-交变频装置。

变频机组由直流电动机和交流发电机组成,调节直流电动机的转速就能改变交流发电机的频率。但由于机组噪声大、效率低、不易维修,故目前广泛采用的是由多个晶闸管元件等组成的静止变频电源装置。

交-直-交变频装置,是先将三相工频电源经整流器整流成直流,然后再经逆变器转换成频率与电压均可调节的变频电源。当然,也可以将三相工频电源直接经三相变频器转换成所需频率的交流电压,即交-交变频。这样比交-直-交变频少一道转换手续,损耗小,效率高,但需要更多的晶闸管元件。有关变频电源的详细情况请参阅有关交流调速的书籍。

变频调速平滑性好,效率高,机械特性硬,调速范围广,只要控制端电压随频率变化的规律,可以适应不同负载特性的要求,是异步电动机尤其是笼式异步电动机调速的发展方向。

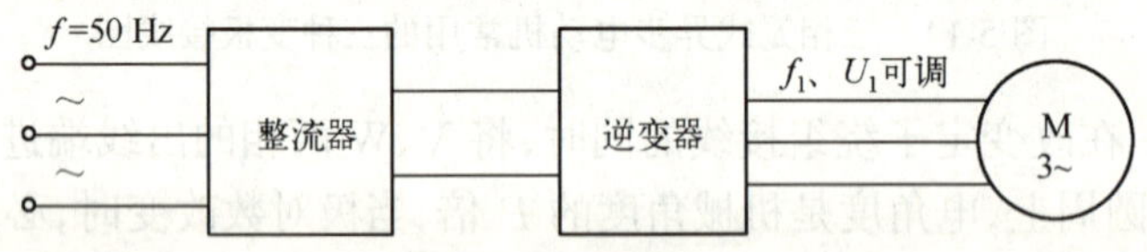

图 5-15 变频调速装置

5.3.3 改变转差率调速

1. 绕线式异步电动机转子串电阻调速

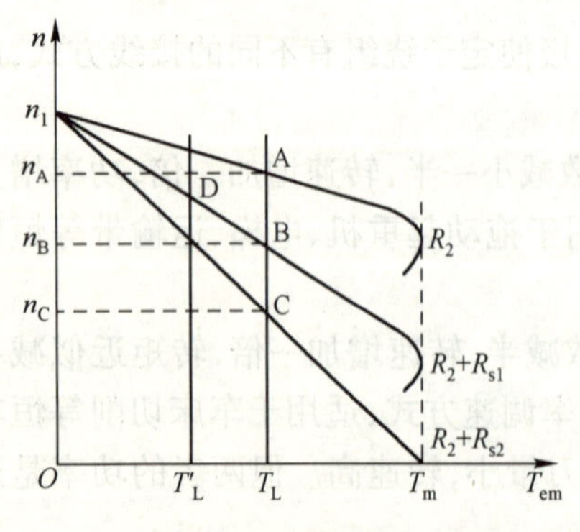

图 5-16 绕线式异步电动机转子串电阻调速

在同一负载转矩下,绕线式异步电动机转子所串的电阻值越大,转速越低。其调速过程分析如下:设电动机原来运行于固有机械特性的 A 点(见图 5-16),转子回路串接电阻 R_s 后,转子电流 I'_2 减小,电磁转矩 T_{em} 相应减小,此时 $T_{em} < T_L$,电动机减速,转差率 s 升高,转差电动势 sE_2 增加,I'_2 和 T_{em} 回升直至 $T_{em} = T_L$ 时,电动机达到新的平衡状态,并在比 n_A 低的新转速 n_B 下稳定运行。

转子串接的附加电阻为

$$R_s = \left(\frac{s' T_{em}}{s T'_{em}} - 1\right) R_2 \tag{5-31}$$

式中，s、T_{em}为转子串接电阻前的量，s'、T'_{em}为串入电阻 R_s 后的量，当负载转矩保持不变，即恒转矩调速时，$T_{em}=T'_{em}$（如图 5-16 中的 A、B 两点），则

$$R_s=\left(\frac{s'}{s}-1\right)R_2 \tag{5-32}$$

如果调速时负载转矩发生了变化（如图 5-16 中的 A、D 两点），则必须用式（5-33）来计算串接的电阻值。

绕线式异步电动机转子串电阻调速，属于恒转矩调速方式，适宜带恒转矩负载调速。由于电动机的负载转矩不变，则调速前后稳定状态的转子电流不变，定子电流 I_1 也不变，输入电功率 P_1 不变；同时因电磁转矩 T_{em}不变，$P_{em}=T_{em}\Omega_1$ 也不变，但总机械功率 $P_{MEC}=(1-s)P_{em}$ 随转速的下降而减小。

绕线式异步电动机转子串电阻调速的主要缺点是：调速电阻 R_s 只能分级调节而且分级数又不宜太多，所以调速的平滑性差；由于转速上限是额定转速，而转子串电阻机械特性变软，转速下限受静差率限制，因而调速范围不大；由于空、轻载时串电阻转速变化不大，因此只宜带较重的负载调速；由于转差功率 sP_{em}是转子回路的总铜耗，即转子本身绕组电阻的铜耗和外串电阻的铜耗之和，低速时，转差率大，则 sP_{em}大，即消耗在外串电阻上的铜耗大，效率 η 低而发热严重。

但是，这种调速方法简单方便，初期投资少，容易实现，而且其调速电阻 R_s 还可兼作启动与制动电阻使用，因而在起重机械的拖动系统中得到应用。

【例 5-3】 一台绕线式异步电动机，转子每相电阻为 0.16 Ω，在额定负载时，转子电流为 50 A，转速为 1470 r/min，效率为 85%。现保持负载转矩不变，将转速降低到 1050 r/min，试求：转子每相应串入的电阻值。

【解】

$$s=s_N=\frac{n_1-n_N}{n_1}=\frac{1500-1470}{1500}=0.02$$

$$s'=\frac{n_1-n}{n_1}=\frac{1500-1050}{1500}=0.3$$

转子每相应串入的电阻值为

$$R_s=\left(\frac{s'}{s}-1\right)r_2=\left(\frac{0.3}{0.02}-1\right)\times 0.16=2.24\ \Omega$$

2. 绕线式异步电动机的串级调速

串级调速是指在转子上串入一个和转子同频率的附加电动势 E_f（代替转子所串的电阻）。

(1) 串级调速原理

异步电动机在固有特性运行时，对应的负载转矩等于 T_L 时的转子电流为

$$I'_2=\frac{sE'_2}{\sqrt{R'^2_2+(sX'_2)^2}} \tag{5-33}$$

在正常运行时，$R'_2\gg sX'_2$，上式可简化为

$$I'_2=\frac{sE'_2}{R'_2} \tag{5-34}$$

设电源电压大小与频率不变，则主磁通基本不变，调速前后负载转矩不变。

在串入 E_f 的瞬间，由于机械惯性使电动机的转速即 s 来不及变化，所以瞬时电流 I'_{2f}为

$$I'_{2f}=\frac{sE'_2 \mp E'_f}{R'_2} \tag{5-35}$$

E_f 与 E_{2s}反相时,取上式中的 E_f 前的“−”,则 $I'_{2f} < I'_2$,对应的 $T_{em} < T_L$, $n\downarrow$, $s\uparrow$, $sE_2\uparrow$,转子电流开始回升,电磁转矩 T_{em}也开始回升,直至 $T_{em}=T_L$,电动机在较以前低的转速下稳定运行。若平滑地调节 E_f,就能平滑地调低速度。

E_f 与 E_{2s}同相时,取上式中的 E_f 前的“+”,则 $I'_{2f} > I'_2$, $n\uparrow$, $s\downarrow$, $sE_2\downarrow$,转子电流开始回降,电磁转矩 T_{em}也开始回降,直至 $T_{em}=T_L$,电动机在较以前高的转速下稳定运行。如果 E_f 足够大,则转速可以达到甚至超过同步转速。若平滑地调节 E_f,就能平滑地调高速度。

(2) 串级调速的实现

实现串级调速的关键是在绕线式异步电动机的转子回路中串入一个大小、相位可以自由调节,其频率能自动随转速变化而始终等于转子频率的附加电动势。串级调速方法可分为电机回馈式串级调速和电气串级调速。

图 5-17 是电机回馈式串级调速原理示意图。该系统是由绕线式异步电动机 YM 与他励直流电动机 ZM 同轴连接共同拖动生产机械。YM 的转子电动势 E_{2s}经整流后作为 ZM 的电枢电源,而 ZM 的电枢电动势则作为 YM 转子回路的附加直流电动势 E_f。改变 ZM 的励磁电流 I_f 的大小与方向即可改变 E_f 的大小和极性,从而实现 YM 的调速。从功率关系分析,假定忽略 YM 转子绕组的铜耗 p_{cu2}、YM 的空载损耗 $P_0=P_{mec}+P_{ad}$、ZM 的所有损耗,则 YM 的电磁功率 P_{em}转换成直接输送给负载的机械功率为$(1-s)P_{em}$。转差功率 sP_{em}经整流变成 ZM 的输入直流电能,经 ZM 转换成机械功率,从 ZM 的轴上又传给机械负载。所以负载得到的功率总为 P_{em}(考虑损耗,实际上要小些),且与转速的大小无关。因此,这种系统适用于恒功率调速。重要的是转差功率 sP_{em}通过 ZM 转换成机械能得到回收,故称电机回馈式串级调速系统。它多用于大功率低调速范围的场合。

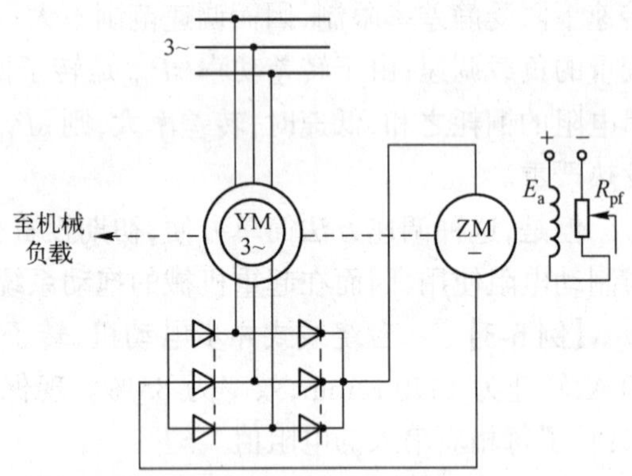

图 5-17 电机回馈式串级调速原理示意图

图 5-18 是晶闸管串级调速原理示意图,系统工作时将异步电动机 YM 的转子电动势 E_{2s}经整流后变为直流电压 U_d,再由晶闸管逆变器将 U_β 逆变为工频交流,经变压器变压与电网电压相匹配而使转差功率 sP_{em}反馈回交流电网。这里的逆变电压可视为加在异步电动机转子回路中的附加电动势 E_f,改变逆变角可以改变 U_β 的值,从而达到调节 YM 转速的目的。

串级调速时的机械特性硬,调节范围大,平滑性好,效率高,是绕线式异步电动机很有发展前途的调速方法。

3. 绕线式异步电动机的斩波调速

绕线式异步电动机斩波调速原理图如图 5-19 所示,在三相桥式整流电路的一端接入绕线式异步电动机的转子绕组,另一端接入外部电阻 R_p,在电阻 R_p 的两端并联一个斩波器,改变斩波器的导通和开断的比率,便可以改变电路中的等效电阻值,达到无级改变电动机转子串接电阻进行平滑调速的目的。

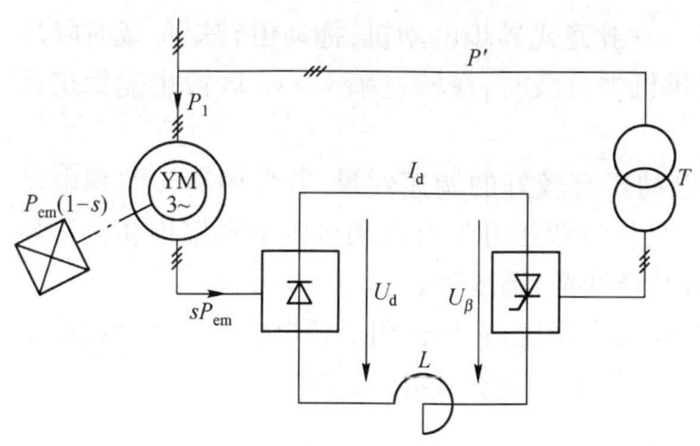

图 5-18　晶闸管串级调速原理示意图

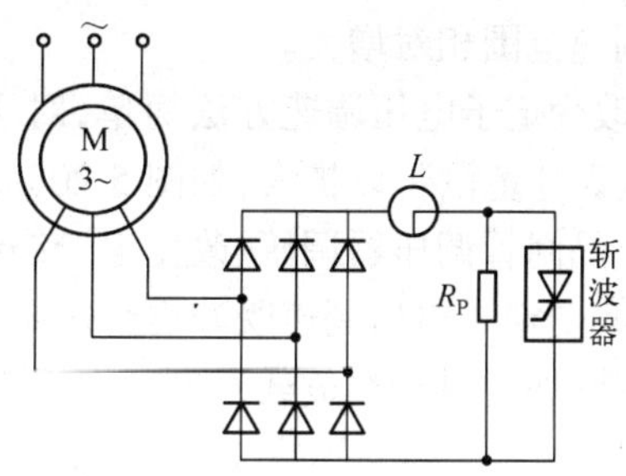

图 5-19　绕线式异步电动机斩波调速原理图

斩波器可由普通晶闸管、可关断晶闸管(GTO)或大功率晶体管(GTR)等功率器件组成。斩波器将按一定周期不断导通和开断。设一周期时间为 T,其中导通时间为 t_{on}、开断时间为 t_{off},则斩波器的导通率为

$$\alpha = \frac{t_{on}}{T} \tag{5-36}$$

此时整流电路中电阻的等效值可近似为

$$R_{dx} = (1-\alpha)R_p \tag{5-37}$$

从原理图上可见,当斩波器一旦导通时,等效电阻 $R_{dx}=0$;斩波器处于断开状态时,等效电阻 $R_{dx}=R_p$。因此,如果改变斩波器的导通率,也就改变了一个周期内的等效电阻值,因而改变了绕线式异步电动机的串接电阻值。通过均匀地改变斩波器的导通率,等效电阻将在 $0\sim R_p$之间均匀变化,可以实现异步电动机的无级调速。此种方法优于有级地改变所串电阻的方法。

4. 改变定子电压调速

降低定子电压时,三相异步电动机的人为机械特性曲线如图 5-20 所示。电压从额定值向下调节时,n_1 不变,电磁转矩 $T_{em}\propto U_1^2$,最大转矩 $T_m\propto U_1^2$,临界转差率 s_m 不变。

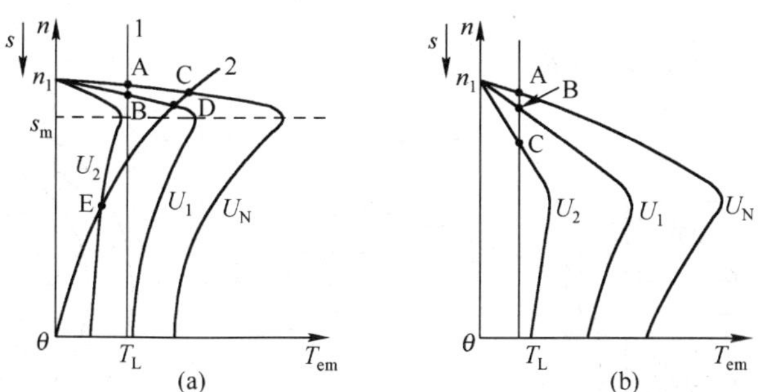

图 5-20　三相异步电动机改变定子电压调速的人为机械特性

$$U_N > U_1 > U_2$$

图 5-20(a)中曲线 1 与 2 分别为恒转矩和通风机类负载特性,降低电压后的运行点分别为

A、B点与C、D、E点，降低电压可以降低转速。一般笼式异步电动机，拖动恒转矩负载时降压调速的调速范围很小，实用价值不大；拖动通风机类负载时，在转差率 $s>s_m$ 区段也能稳定运行，调速范围相对增大。

改变定子电压调速方法简单，对小功率电动机有较好的调速效果，若采用高转差率电动机，其调速范围可以扩大，如图5-20(b)所示。具体的调压方法有电动机定子串接饱和电抗器调压、晶闸管调压器调压、改变定子绕组接线（Y-D变换）调压等。

改变定子电压调速既非恒转矩调速，也非恒功率调速，它最适用于转矩随转速降低而减小的负载（如通风机类负载），也可用于恒转矩负载，最不适用于恒功率负载。

5.3.4 采用电磁转差离合器调速

采用电磁转差离合器调速时，拖动生产机械的电动机并不调速，且与生产机械也没有机械上的直接联系，两者之间通过电磁转差离合器的电磁作用作软连接，如图5-21(a)所示。电磁转差离合器由电枢与磁极两部分组成，其电枢一般是铸钢成圆筒状，与电动机转轴作硬连接，是离合器的主动部分；其磁极包括铁芯与励磁绕组，由可控整流装置通过集电环引入可调直流电流 I_f，以建立磁场和进行调速，磁极与生产机械作硬连接，是离合器的从动部分。

当 $I_f=0$ 时，虽然异步电动机以 n_y 的转速带动电磁转差离合器电枢旋转，但是磁极因没有磁性而并未受到电磁力的作用，因此它静止不动，同时负载也静止不动。这就使电动机和机械负载处于“离”状态。当 $I_f\neq0$ 时，离合器磁极建立磁场，离合器电枢旋转时切割磁场而感应电动势并产生涡流，该涡流与磁极磁场相互作用产生电磁力 f 及电磁转矩 T_{em}，电磁转矩 T_{em} 与电枢转向相反，是制动性质的，如图5-21(b)所示，它企图使电枢停转，但电动机带动电枢继续转动；由作用力与反作用力原理，此时磁极受到大小相等方向相反的电磁力 f 和电磁转矩 T_{em}，迫使磁极沿电枢转向旋转，因此带动生产机械以转速 n 也沿 n_y 方向旋转，这就使电动机和机械负载处于“合”状态。显然 n 不可能达到电动机即电枢转速 n_y，两者必有一转差 $\Delta n=n_y-n$，电磁转差离合器因而得名。它通常与异步电动机装成一个整体，统称电磁调速异步电动机。平滑调节励磁电流 I_f 的大小，即可平滑调速。在同一负载转矩下，I_f 越大，转速也越高。然而，由于离合器的电枢是铸钢，电阻大，其机械特性软，不能满足静差率的要求，调速范围不大。

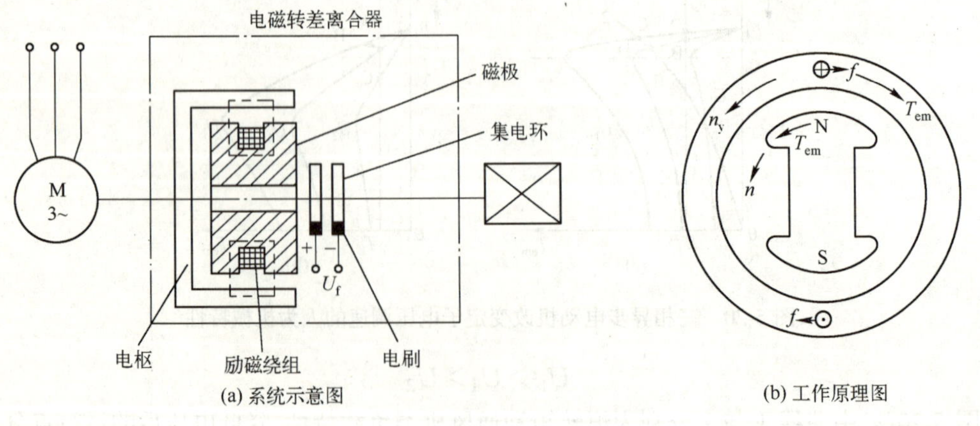

图5-21 电磁转差离合器调速系统

电磁转差离合器调速设备简单、运行可靠、控制方便且可以平滑调速，调速范围较大（调速比 10∶1）因此被广泛应用于纺织、造纸等工业部门及通风机、泵的调速系统中。但是它也存在调压调速类似的缺点。

具有结构简单、运行可靠、维护方便、价格便宜等优势的三相异步电动机，在经济上和应用范围方面都比直流电力拖动系统好得多。为了进一步扩大异步电动机的应用，关键在于提高和改善异步电动机的调速性能，随着晶闸管元件及变流技术的发展，异步电动机变频调速和串级调速对应的变频电源和串级调速装置不断完善，使这两种性能优异的调速方法分别成为笼式异步电动机和绕线式异步电动机调速的发展方向。三相异步电动机各种调速方案比较如表 5-2 所列。

表 5-2　三相异步电动机调速方案比较

调速方法 调速指标	改变同步转速		调节转差率			采用转差离合器
	改变极对数	改变电源频率	转子串电阻 （绕线式）	（串级） （绕线式）	改变定子电压	
调速方向	上调、下调	下调	下调		下调	下调
调速范围	不广	宽广	不广	宽广	较广	较广
调速平滑性	差	好	差	好	好	好
调速相对稳定性	好	好	差	好	较好	较好
适合的负载类型	恒转矩 Y/YY 恒功率 Δ/YY、顺串 Y-反串 Y	恒转矩（f_N 以下） 恒功率（f_N 以上）	恒转矩	恒转矩 恒功率	恒转矩 通风机类	恒转矩 通风机类
电能损耗	小	小	低速时大	小	低速时大	低速时大
设备投资	少	多	少	多	较多	较多

注：上表改变电压调速和采用转差离合器调速的调速指标均是在采用速度负反馈的晶闸管调压调速控制装置和晶闸管可调直流励磁的条件下获得的。

5.4　三相异步电动机的电磁制动

只要三相异步电动机的电磁转矩 T_{em} 与转速 n 的方向相反，电动机就处于制动运行状态，此时电动机运行于机械特性的二、四象限，电磁转矩为制动转矩。三相异步电动机制动运行的作用是快速减速或停车及匀速下放重物。常用的电气制动方法有能耗制动、回馈制动和反接制动三种。

5.4.1　能耗制动

1. 能耗制动的方法

将运行着的异步电动机的定子绕组从三相交流电源上断开后，把其中任两相绕组立即接到串有电阻的直流电源上。

2. 能耗制动的原理

设三相异步电动机在图 5-22(c)中的 A 点运行，此时，图 5-22(a)中 QS_2 的触点断开，QS_1 闭合。为了迅速停车，断开 QS_1 并立即闭合 QS_2，则定子两相绕组通入直流，在定子内形成一个固定磁场。此时转子因惯性旋转,导线切割磁场,在转子中产生感应电动势及转子电流。根据左手定则可确定转矩的方向与转速的方向相反,如图 5-22(b),故为制动转矩。

当直流励磁电流不变时,转子内电阻增加,对应于最大转矩的转速也增加($s_m \propto R_2$),但最大转矩不变,如图 5-22(c)中曲线 1 与 3 所示。曲线 3 为串较大电阻时的特性。

当直流励磁电流增加时,转子串电阻不变,对应于最大转矩的转速不变,但最大转矩增加,如图 5-22(c)中曲线 1 与 2 所示,曲线 2 为直流励磁电流较大时的特性。

由图 5-22(c)所示能耗制动时的机械特性可以看到,改变转子串接电阻或定子直流励磁电流的大小,都可调节制动转矩的大小。当电动机转速下降为零时,制动转矩也为零,因此采用能耗制动能准确停车。

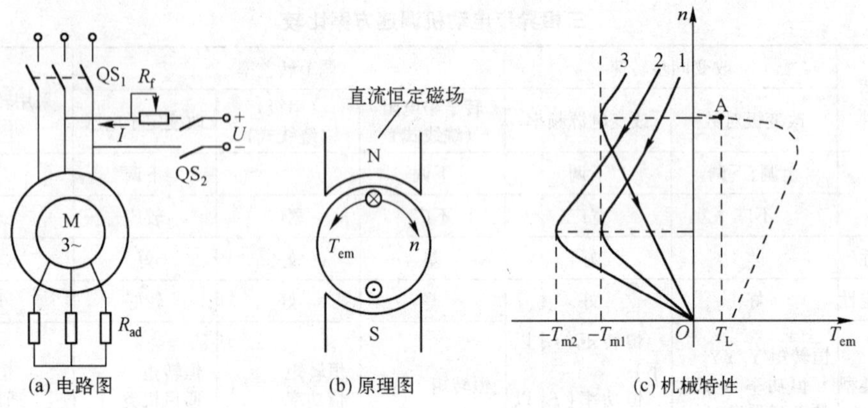

图 5-22 三相异步电动机的能耗制动

3. 能耗制动的特点

能耗制动的优点是制动力强,制动较平稳;缺点是需要一套专门的直流电源供制动用。

5.4.2 回馈制动

当异步电动机因某种外因,例如,在位能负载作用下,如图 5-23 所示,使转速 n 高于同步转速 n_1 即 $n>n_1$ 时,$s<0$,转子感应电动势 sE_2 反向。转子电流的有功分量为

$$I'_2\cos\varphi_2=\frac{E'_2}{\sqrt{\left(\frac{R'_2}{s}\right)^2+X'^2_2}}\cdot\frac{\frac{R'_2}{s}}{\sqrt{\left(\frac{R'_2}{s}\right)^2+X'^2_2}}=\frac{E'_2\frac{R'_2}{s}}{\left(\frac{R'_2}{s}\right)^2+X'^2_2} \tag{5-38}$$

转子电流的无功分量为

$$I'_2\sin\varphi_2=\frac{E'_2}{\sqrt{\left(\frac{R'_2}{s}\right)^2+X'^2_2}}\cdot\frac{X'_2}{\sqrt{\left(\frac{R'_2}{s}\right)^2+X'^2_2}}=\frac{E'_2X'_2}{\left(\frac{R'_2}{s}\right)^2+X'^2_2} \tag{5-39}$$

由式(5-40)及式(5-41)可知,当 $s<0$ 时,转子电流的有功分量改变方向,而无功分量方向不变。相应的相量图如图 5-24 所示。

由图 5-24 可知,$\dot{U}_1$ 和 $\dot{I}_1$ 之间的相位差角 φ_1 大于 90°。此时定子功率 $P_1=m_1U_1I_1\cos\varphi_1$ 为负,说明定子向电网回馈电能。又由于转子电流的有功分量 $I'_2\cos\varphi_2$ 为负,则

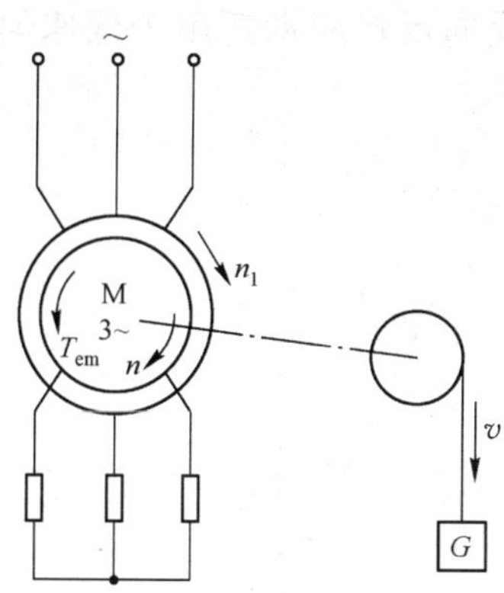

图 5-23　位能负载带动异步电动机进入回馈制动

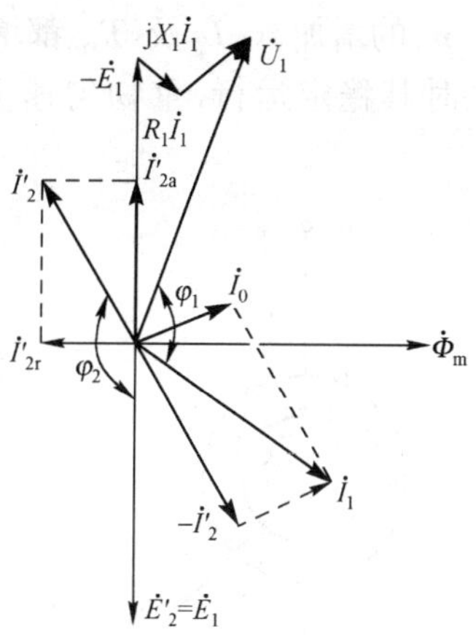

图 5-24　三相异步电动机回馈制动时的相量图

电磁转矩 $T_{em}=C_T\Phi_m I'_2\cos\varphi_2$ 也变负，T_{em}与 n 反向，故此时异步电动机既回馈电能，又产生制动转矩，说明电动机处于回馈制动状态。

回馈制动时，电动机轴上输出的机械功率 $P_2=T_2\Omega$，因 T_{em}变负而变负，故此时异步电动机由轴上输入(即吸收)机械功率。n 为正，且 $n>n_1$，制动转矩与负载位能转矩相等时，电动机在其机械特性第二象限的某点(如图 5-25 中 A 点)稳定运行。

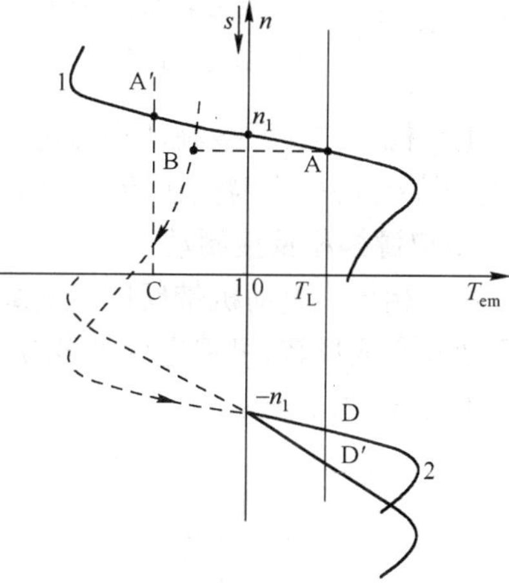

图 5-25　三相异步电动机回馈制动的机械特性

由图 5-25 可知，当异步电动机拖动位能性负载下放重物时，若负载转矩 T_L 不变，转子所串电阻越大，转速越高。为了避免因转速高而损坏电机，在回馈制动时，转子回路中不串电阻。

回馈制动时，异步电动机处于发电状态，不过如果定子不接电网，电机不能从电网吸取无功电流建立磁场，就发不出有功电能。回馈制动一般用于高速匀速下放重物。

5.4.3　反接制动

1. 电动机转速反向反接制动

电动机转速反向反接制动电路图如图 5-26 所示，其机械特性如图 5-27 所示，三相异步电动机原稳定运行于 A 点，转子突然串接较大电阻，由于转速不能突变，将过渡到 B 点，沿曲线 2 运行，当转速降为 $n=0$(C 点)时，启动转矩方向和重物 G 产生的负载转矩的方向相反，而且 $T_{st}<T_L$，在重物 G 的作用下，迫使电动机反 T_{st}的方向旋转，并沿重物下放的方向加速。其转差率 s 为

$$s=\frac{n_1-(-n)}{n_1}>1 \tag{5-40}$$

随$|-n|$的增加,s、I_2及T_{em}都增大,直到满足$T_{em}=T_L$(图5-27中的D点),电动机转速为$-n_D$时其稳定运行,重物匀速下放。电动机转速反向反接制动适用于低速匀速下放重物。

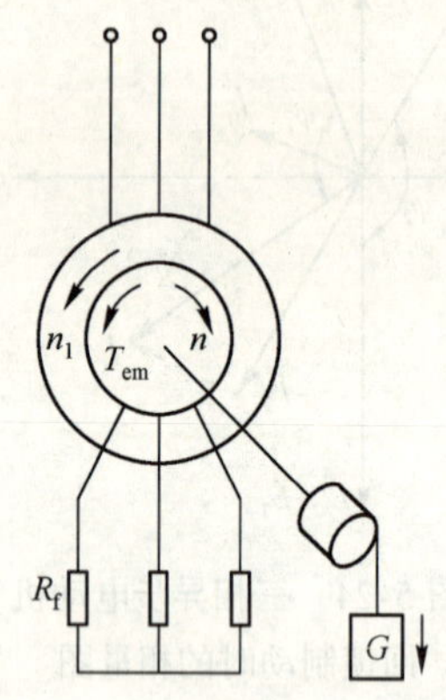

图5-26 电动机转速反向反接制动电路图

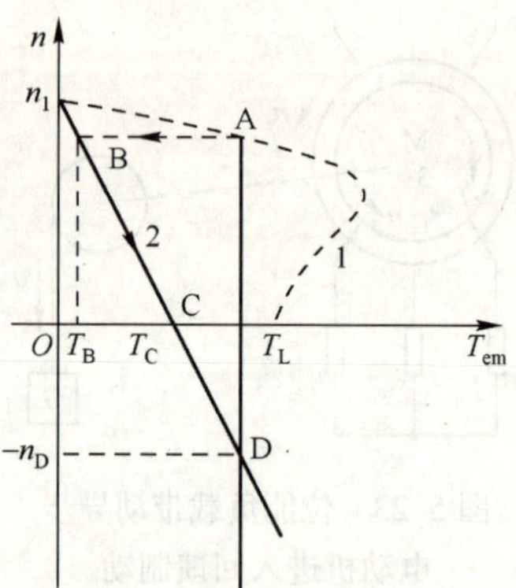

图5-27 电动机转速反向反接制动时的机械特性

电动机工作在反接制动状态时,它由轴上输入机械功率,定子又通过气隙向转子输送电功率,这两部分功率都消耗在转子电路的总电阻上。

2. 电源换相反接制动

设三相异步电动机带反抗性负载原来稳定运行于电动状态,如图5-28(b)所示的A点,为了迅速停车或反转,可将电源两相换接,并同时在绕线式异步电动机转子回路串接附加电阻R_{ad},如图5-28(a)所示。

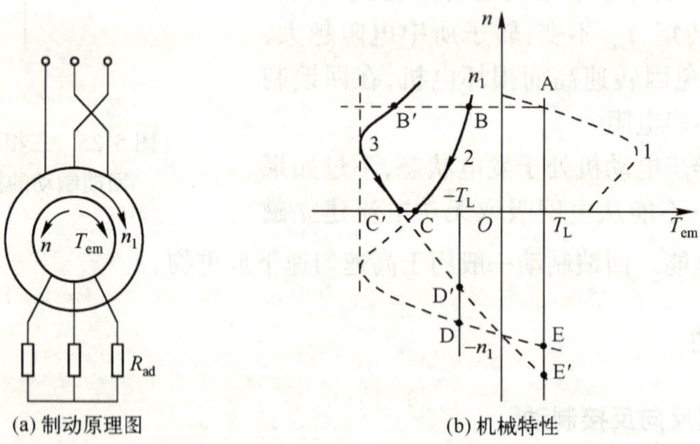

图5-28 异步电动机电源换相反接制动的原理图与机械特性

由于定子电源相序的改变,使旋转磁场的方向发生改变,从而使异步电动机的工作点从原来机械特性的A点,转移到新的机械特性(通过$-n_1$的特性)上的B点,此时,由于转子切割磁场的方向与电动状态时相反,则感应电动势的方向也改变。此时的转差率为

$$s=\frac{n_1-(-n)}{n_1}=\frac{n_1+n}{n}>1 \tag{5-41}$$

由上式可知，$s>1$ 是反接制动的特点。

电源两相换接时，E_2、sE_2、I_2及 T_{em}都与电动状态时相反，即电磁转矩变负，与负载转矩共同作用下，使电动机转速很快下降，如图 5-28(b)中的 BC 段。当转速降至零(即 C 点)时如不切除电源，则电动机将反向加速而进入反向电动状态(对应于 CD 段)，当加速到 D 点，电动机稳定运转，从而实现了反转。

以上分析是电动机带反抗性负载的情况，当电动机带位能性负载，电源两相换接时，负载转矩不变，但电磁转矩 T_{em}变负，在电磁转矩 T_{em}和负载转矩的共同作用下，使电动机减速，直到转速为零时，在 T_{em}和 T_L 的作用下，电动机反向启动并加速。随转子反向加速，电磁转矩仍为负，但绝对值减少，直到转速达 $-n_1$ 时，$T_{em}=0$。由于负载的作用，转速继续升高，此时 $T_{em}>0$，直到 $T_{em}=T_L$，电动机才稳定运行于图 5-28(b)中的 E 点。

异步电动机带位能性负载，电源两相换接使转速反转后，在图 5-28(b)上 D 点不能稳定运行，还将继续反向加速，当$|-n|>|-n_1|$时，电动机进入反向回馈制动状态。

应当指出，上述两种反接制动，虽然电动机轴上都有机械功率输入，但有所不同。在转速反向反接制动时，这部分机械功率由位能性负载提供；而定子两相反接制动时，则是由整个转动部分所储存的动能提供。因此，前者可恒速运转，后者只能减速，因为储存的动能随转速的降低而减少，以致不能保持恒速运转。

电源换相反接制动的优点是制动效果好，缺点是耗能大，制动准确度差，如要停车，还须由控制线路及时切除电源。这种制动适用于要求迅速停车并迅速反转的生产机械。

三相异步电动机各种制动方法的比较见表 5-3。

表 5-3　三相异步电动机各种制动方法的比较

方　法	回馈制动	反接制动		能耗制动
		转速反向反接	电源换相反接	
操　作	在某一转矩作用下，使电动机转速超过同步转速	定子按提升方向接通电源，转子串入较大电阻，电动机被重物倒拉反转	突然改变定子电源相序，使定子旋转磁场方向改变	切断电源的同时，在定子两相中接入直流电流
能量关系	轴上输入机械功率并转换成电功率，由定子回馈到电网	吸收系统储存的动能，作为轴上输入的机械功率并转换成电能后，连同定子传递给转子的电磁功率一起，全部消耗在转子电路电阻上		吸收系统储存的动能并转换成电能，消耗在转子电路电阻上
优　点	向电网回馈电能，比较经济	使位能负载在 $n<n_1$ 下稳定下放	制动强烈，停车迅速	制动平稳、便于实现，准确停车
缺　点	在 $n<n_1$ 时不能实现回馈制动	能量损耗大	能量损耗大，控制较复杂，不易实现准确停车	制动较慢，需要一套直流电源
适用场合	限制位能负载的下放速度，并在 $n>n_1$ 的情况下采用	限制位能负载的下放速度，并在 $n<n_1$ 的情况下采用	要求迅速停车和需要反转的场合	要求平稳、准确停车的场合；限制位能负载的下降速度

5.5　三相异步电动机节电运行

在工农业生产中，电动机经常存在“大马拉小车”和变载运行中的长期空载，造成了电能的严重浪费。

5.5.1 三相异步电动机目前存在的问题

1. 设备陈旧、老化现象普遍存在

据近几年来掌握的资料,目前我国 J_2、JO_2 系列及其派生电动机还大量存在,约占总装机容量的 52%。这些电动机采用 E 级绝缘,体积大,启动性能较差,效率较低,是电能浪费的主要原因之一。

2. 电源电压不对称或电压过低

由于供电半径过大,负荷分布不均及三相四线制低压供电系统三相负荷的不平衡等诸多因素,造成电网电压长期偏低,使得正常工作的电动机电流偏大,因而损耗增大;导致电动机的三相电压不对称,增大电动机运行中的损耗。

3. 负载率过低

电动机容量应按照设备实际需要来确定,富裕量过大使得运行效率过低,浪费大量电能。

4. 运行不当

没有按照《三相异步电动机经济运行标准》对电动机及设备进行合理使用,而且维护、维修不及时,管理不善,人为地造成电能的大量损失。

5.5.2 电动机在轻(空)载运行时的降压节电原理分析

对于满载或重载运行的电动机,降低其端电压将会造成严重后果,随着端电压的降低,电动机的磁通和电动势随之减小,铁耗无疑将下降。但与此同时,随电压平方变化的电动机转矩也迅速下降而小于负载转矩,电动机只能依靠增大转差率,提高电磁转矩以达到与负载转矩相平衡的状态。转差率的增大,引起转子电流增大,同时引起定子和转子电压间的相角增大,导致定子电流增大,从而使定子和转子铜耗增加值大大超过铁耗的下降值,这时电动机绕组温升将会增高,效率将会下降,甚至发生电动机烧毁事故。因而,一般规程都规定了电动机正常运行时电压变化范围不得超过额定电压的 95%~110%。

然而,对于轻载运行的电动机,情况就截然不同。由电动机负载转矩公式 $T_L = C_T\Phi_m I'_2\cos\varphi_2$ 可知,适当降低供电电压,将有利于节电运行。这是因为电动机在轻载运行时,电动机的实际转差率远远小于额定值,转子电流并不大,在降压运行时,转子电流增加的数值有限。另一方面,由于电压的降低,使空载电流和铁损耗大幅减少。在这种情况下,电动机的总损耗就可降低,定子温升、运行效率和功率因数同时得到改善。由此可见,电动机的节电运行与电动机负载率和运行电压是否合理匹配有很大的关系。实际上,并不是所有的降压运行都能达到节电的目的,只有当电压降低程度大于转差率及功率因数上升程度时,才能使运行效率提高。

由上述分析可知:电动机在轻(空)载时,降低其端电压,会提高其效率,具有较好的节电效果。例如一台电动机在额定负载时,其定子绕组为"△"形连接,在其轻(空)载($T_L = 0.1T_N$)时,改为"Y"形连接,效率可由 66.7%提高到 79.7%。

5.5.3 几种节电技术

1. 采用 Y 系列节能、高效电动机

采用 Y 系列节能型和 YX 系列高效型电动机能减少空载损耗,若将 52%的老系列电动机用 Y 系列和 YX 系列电动机代替,1 年可节电 25 万 kW·h,节电效果十分明显。虽然节能电动机在价格上昂贵一些,但经过 1～3 年即可全部收回这些费用。

2. 电动机运行于最高效率

三相异步电动机不变损耗与可变损耗相等时效率最高,然而,此时并不是出现在额定负载处,而是小于额定负载。对于常用的中小型异步电动机来说,一般出现在约 3/4 额定负载处。如果我们能保证电动机在最高效率下运行,能量损耗就最小。

3. 适当调节电压

异步电动机的三相电压不平衡时,电动机内产生负序磁场,形成负序电流与负序转矩,从电动机轴上吸收一部分功率并消耗在电动机内部,使输出的机械功率降低,同时,负序磁场在转子上还引起额外的损耗,使电动机总损耗增加。如果能尽量平衡电网的三相负荷,使电动机电源的三相电压对称,就能避免电动机的这部分额外损耗。

从前面分析可知,三相异步电动机运行在空载或轻载时,不变损耗大于可变损耗,运行效率下降,如果能及时降低电动机运行电压,就可降低铁损和铜损,达到节电的目的。以下是常用的方法。

① △/Y 变换法。Y 接时电压降为原来的 $1/\sqrt{3}$倍。

② 功率因数($\cos\varphi$)控制法。其原理是通过降低电动机的端电压来提高 $\cos\varphi$,实现节电。

③ 最小输入功率法。其原理就是在保证轴上机械功率输出的前提下,通过降低电机的端电压而减小电机自身的损耗,从而达到节能的目的。

④ 无级调压法。采用随负载大小变化而变化的无级调压装置,效果更好,只是设备较复杂。

4. 电动机就地无功补偿

三相异步电动机在感性负载下运行时要消耗一定的无功,使得电动机的功率因数不高,如果用电容器给电动机就地补偿,就能大大减少无功损耗,同时由于电容补偿后的总电流减小,使得线路的有功损耗也有所减少。补偿后的功率因数一般为 0.92～0.96 即可,如果再提高,则需要更大的投资,不经济。

5. 异步电动机同步化

同步电动机的功率因数一般较高(0.9～1.0),如果在过励磁的情况下运行,就能从电网吸收超前的电流,出现超前的功率因数,还能补偿异步电动机等感性负载的无功。因此,在负载转速变化不大的场合,把绕线式异步电动机改作同步电动机运行,即可达到节电效果。

6. 高效节电器的使用

近几年,市场上研制生产了各种节电装置,由于这些节电装置功能单一,保护功能少且许多不能与电动机启动装置结合在一起,限制了其应用。高效节电器克服了上述缺陷,它集节电、恒流软启动、软停止、过载、缺相、过流、超温、欠压等保护功能于一体,采用无触点电子开关,取代了降压启动柜及接触器,降低了一次性投资和日常维护费用,使该产品具有其他节电装置无可比拟的优点。

(1) 高效节电器节电原理

高效节电器以电动机的工作电流和电压作为取样对象,自动跟踪、监测负载的变化,动态调整电动机的供电电压。在电动机轻(空)载情况下,将电动机的端电压自动降至最低需求,而电动机转速保持恒定，降低了有功和无功损耗，提高了功率因数，达到了节能的目的。对经常处于低负载及负载变化较频繁的电动机，节电效果更加显著，其最高节电效果可达损耗的40%。

(2) 高效节电器的保护功能

高效节电器除具有节电功能外，还具有以下功能。

① 恒流软启动：启动电压在0～380 V间，启动电流在(1～7) I_N 之间，连续可调，设定后保持恒定，自动切换运行。

② 缺相保护(或三相严重不平衡)：当电机电压缺相或三相电流严重不平衡时，保护电路动作，自动切断电机电源，同时缺相指示灯亮，发出报警信号，当故障排除后，方可重新启动。

③ 过载保护：当电机工作电流超出额定值1.2～1.5倍时，(通过电位器设定)，过载指示灯亮，同时通过延时电路(可设定5～45秒)，使保护电路动作，自动关断晶闸管，达到保护电机的目的。

④ 过热保护：当晶闸管工作温度超过规定值(一般设定在85℃以下)时，温度继电器动作，并关断晶闸管，实现双重保护。

该装置节电效果显著，空载时，可将空载启动电流下降70%以上，使输入功率降低70%左右，空载运行功率降低47.6%，空载节电达50%以上，最高可达68%。特别是对那些经常处于低负载及负载变化较频繁的电动机，平均节电率在(16～40)%，提高了功率因数，降低了电网线损及变压器的铜损，是一种较理想的电机节电、启动综合装置。

思考题与习题

5-1 何谓三相异步电动机的固有机械特性和人为机械特性？

5-2 三相异步电动机的定子电压、转子电阻及定、转子漏电抗对最大转矩、临界转差率及启动转矩有何影响？

5-3 三相异步电动机在额定负载下运行，如果电源电压低于其额定电压，则电动机的转速、主磁通及定、转子电流将如何变化？

5-4 为什么通常把三相异步电动机机械特性的线性段认为是稳定运行段；而把机械特性的非线性段认为是不稳定运行段？非线性段是否有稳定运行点？

5-5 对于三相异步电动机，降低定子电压、转子串接对称电阻、定子串接对称电抗器时其人为机械特性各有什么特点？

5-6 三相笼式异步电动机在什么条件下可以直接启动？不能直接启动时，应采用什么方法启动？

5-7 三相笼式异步电动机定子串接电阻(或电抗)降压启动时，当定子电压降到额定电压的$\frac{1}{k}$倍时，启动电流和启动转矩降到额定电压时的多少倍？

5-8 三相笼式异步电动机采用自耦变压器降压启动时，启动电流和启动转矩与自耦变压器的变比有什么关系？

5-9 什么是三相异步电动机的Y－D降压启动？它与直接启动相比，启动转矩和启动电流有何变化？

5-10 三相异步电动机怎样实现变极调速？变极调速时为什么要改变定子电源的相序？

5-11 三相绕线式异步电动机转子回路串接适当的电阻时，为什么启动电流减小，而启动转矩增大？如果串接电抗器，会有同样的结果吗？为什么？

5-12　为使三相异步电动机快速停车，可采用哪几种制动方法？如何改变制动的强弱？

5-13　当三相异步电动机拖动位能性负载时，为了限制负载下降时的速度，可采用哪几种制动方法？

5-14　三相异步电动机有哪几种制动运行状态？每种状态下的转差率及能量关系有什么不同？

5-15　三相异步电动机有哪几种调速方法？各有何特点？如何与负载类型相配合？

5-16　三相异步电动机采用 Y-YY 连接和 Δ-YY 连接变极时，其机械特性有何变化？对于切削机床一类的恒功率负载，应采用哪种接法的变极线路来实现调速才比较合理？

5-17　三相异步电动机在基频以下和基频以上变频调速时，应按什么规律来控制定子电压？为什么？

5-18　三相绕线式异步电动机转子串接电抗能否实现调速？这时的机械特性有何变化？

5-19　为什么在降压启动的各种方法中，自耦变压器降压启动性能相对最佳？

5-20　有一台三相八极异步电动机的额定数据：$P_N = 260$ kW，$U_N = 380$ V，$n_N = 720$ r/min，$f_1 = 50$ Hz，$n_N = 727$ r/min，过载能力 $\lambda_m = 2.13$，求：

(1) 产生最大转矩 T_m 时的转差率 s_m；

(2) 当 $s = 0.02$ 时的电磁转矩。

5-21　一台三相绕线式异步电动机，已知 $P_N = 75$ kW，$U_{1N} = 380$ V，$I_{1N} = 148$ A，$n_N = 720$ r/min，$\eta_N = 90.5\%$，$\lambda_m = 2.4$，$\cos\varphi_N = 0.85$，$E_{2N} = 213$ V，$I_{2N} = 220$ A，试用机械特性的实用表达式绘制电动机的固有机械特性。

5-22　已知三相笼式异步电动机，$P_N = 2.8$ kW，$U_N = 380$ V，Y 接，$n_N = 1430$ r/min，$\cos\varphi_N = 0.84$，$\eta_N = 83.5\%$，$f_N = 50$ Hz，启动电流倍数 $k_i = 6$，启动转矩倍数 $k_{st} = 1.9$，过载能力 $\lambda_m = 2$，求：(1)额定转差率 s_N；(2)额定电流 I_N；(3)额定转矩 T_N；(4)启动电流 I_{st}；(5)启动转矩 T_{st}；(6)最大转矩 T_m。

5-23　一台三相笼式异步电动机，已知数据为：$U_N = 380$ V，$I_N = 20$ A，△接法，$\cos\varphi_N = 0.87$，$\eta_N = 87.5\%$，$n_N = 1450$ r/min，$\lambda_m = 2$，启动电流倍数 $k_i = 7$，启动转矩倍数 $k_{st} = 1.4$，试求：

(1) 电动机轴上输出的额定转矩 T_N；

(2) 若要满载启动，电网电压不能低于多少伏？

(3) 若采用 Y-D 启动，T_{st}等于多少？能否半载启动？

5-24　一台三相异步电动机的额定数据为 $P_N = 7.5$ kW，$f_N = 50$ Hz，$n_N = 1440$ r/min，$\lambda_m = 2.2$，求：(1)临界转差率 s_m；(2)实用机械特性表达式；(3)电磁转矩为多大时电动机的转速为 1300 r/min；(4)绘制出电动机的固有机械特性曲线。

5-25　一台三相绕线式异步电动机，$P_N = 7.5$ kW，$n_N = 720$ r/min，$\lambda_m = 2.4$，求：(1)临界转差率 s_m 和最大转矩 T_m；(2)用实用表达式计算并绘制固有机械特性。

5-26　一台三相笼式异步电动机，$P_N = 40$ kW，启动电流倍数 $k_i = 6$，启动转矩倍数 $k_{st} = 1.3$，电源容量为 560 kVA，电动机带负载 $T_L = 0.6\ T_N$ 启动，试问能否直接启动？

5-27　一台三相 4 极笼式异步电动机 $P_N = 28$ kW，$U_N = 380$ V，$n_N = 1450$ r/min，D 连接，

$k_i=5.6$, $k_{st}=1.2$, $\cos\varphi_N=0.88$, $\eta_N=90\%$，求 Y-D 启动时的启动电流 I_{st}和启动转矩 T_{st}。

5-28 一台三相笼式异步电动机的数据为，$U_N=380$ V，D 连接，$I_N=20$ A，$k_i=7$，$k_{st}=1.4$。如用 Y-D 降压启动，启动电流为多少？能否半载启动？如用自耦变压器在半载下启动，启动电流为多少？试选择抽头比(40%、60%、80%)。

5-29 一台三相笼式异步电动机的数据为，$P_N=55$ kW，$k_i=7$，$k_{st}=2$，定子绕组为 D 连接，电源容量为 1000 kV·A，如满载启动，试问可以采用哪些启动方法，通过计算说明之。

5-30 某三相异步电动机的数据为，$U_N=380$ V，D 连接，$n_N=1460$ r/min，$\lambda_m=2$，设 $T_L=T_N=$常数，问：(1)是否可以用降压的办法使转速 $n=1100$ r/min，为什么？(2)如采用降压调速，转速最低能调到多少？此时电压应降到多少伏？(3)当电压降到多少伏时，可以使 $n=1400$ r/min？(提示：用机械特性实用表达式计算降压后的最大转矩，再根据最大转矩与电压平方成正比的关系求电压。)

第 6 章　单相异步电动机

【知识目标】 掌握单相异步电动机的工作原理和结构及单相异步电动机的启动方法和调速方法。

【能力目标】 学会单相异步电动机的应用、使用方法及其运行和维修方法。

【学习方法】 结合生产实际。

6.1　单相异步电动机工作原理

单相异步电动机是指使用单相交流电源的异步电动机。

6.1.1　单相异步电动机的磁场

在单相异步电动机的定子绕组通入单相交流电，电动机内产生一个大小及方向随时间沿定子绕组轴线方向变化的磁场，称为脉动磁场。如图 6-1 所示。

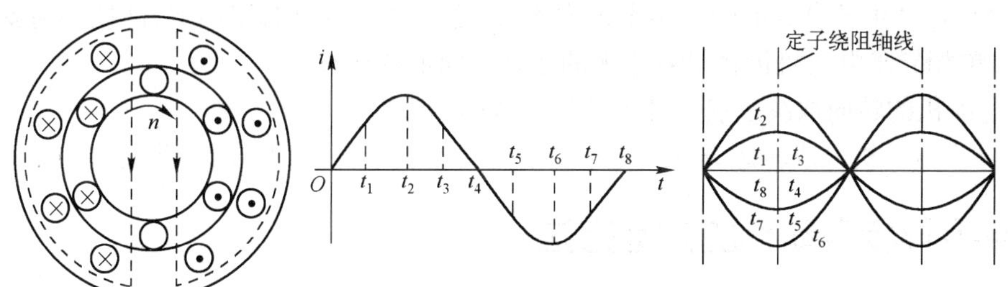

图 6-1　单相异步电动机的脉动磁场

如图 6-2 所示，将两个大小相等、转速相同、方向相反的旋转磁场 $\boldsymbol{B}_1$、$\boldsymbol{B}_2$ 合成一个脉动磁场 $\boldsymbol{B}$。

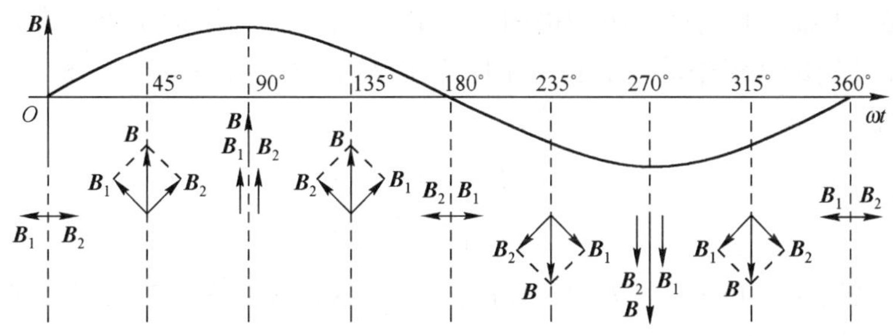

图 6-2　脉动磁场的分解

因此脉动磁场可以分解为两个大小相等、转速相同、方向相反的旋转磁场。

6.1.2 单相异步电动机的工作原理

脉动磁场可以分解为两个旋转磁场,顺时针方向转动的旋转磁场 $\boldsymbol{B}_1$ 对转子产生顺时针方向的电磁转矩 T_1;逆时针方向转动的旋转磁场 $\boldsymbol{B}_2$ 对转子产生逆时针方向的电磁转矩 T_2。机械特性曲线形成对原点的对称。电动机合成转矩为 $T = T_1 + T_2$。因此单相异步电动机机械特性 $T = T_1 + T_2 = f(n)$,如图 6-3 中实线所示的特性曲线。从单相异步电动机机械特性曲线可以看出,单相异步电动机有以下三个特点。

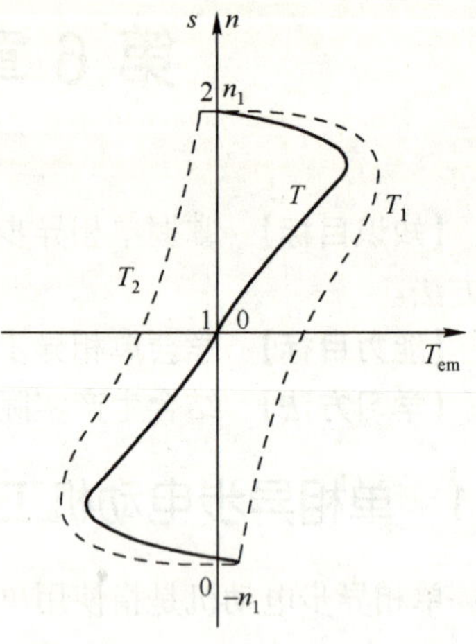

图 6-3 单相电动机机械特性

(1) 单相异步电动机自身没有启动转矩

单相异步电动机静止时,$n = 0$,$s_1 = s_2 = 1$,由于 T_1 和 T_2 这两个电磁转矩大小相等、方向相反,合成转矩 $T = T_1 + T_2 = 0$,所以单相异步电动机本身的启动转矩为零,也就是说单相异步电动机本身是不能自行启动的。

(2) 启动外力消失后仍能继续旋转

单相异步电动机若用外力让单相异步电动机转动起来,由于顺时针旋转磁场 B_1 和逆时针旋转磁场 B_2 产生的合成电磁转矩不再为零,在这个合成转矩的作用下,即使不需要其他的外在因素,单相异步电动机仍将沿着原来的运动方向继续运转。

(3) 电动机的转向取决于启动外力产生的转矩的方向

单相异步电动机合成转矩方向决定于所加外力使转子开始旋转时所取的方向。

6.2 单相异步电动机的启动方法

6.2.1 分相启动

单相异步电动机本身没有启动转矩,所以为了启动,在单相异步电动机定子铁芯装有两个绕组:一个是主绕组(又称工作绕组);另一个是辅助绕组(又称启动绕组),它与主绕组在空间相差 90°电角度。主绕组和辅助绕组均接到同一单相电源上,在辅助绕组中串接适当的电容,如图 6-4 所示。使辅助绕组中的电流相位不同于主绕组,辅助绕组电流 i_2 和主绕组电流 i_1 产生 90°相位差,即

$$\begin{aligned} i_1 &= \sqrt{2} I_1 \sin\omega t \\ i_2 &= \sqrt{2} I_2 \sin(\omega t + 90°) \end{aligned} \tag{6-1}$$

分别取 $\omega t = 0°$、$\omega t = 45°$、$\omega t = 90°$不同角度来分析两相通电绕组产生磁场的情况,如图 6-5 所示。

由图 6-5 可见,主绕组与辅助绕组中通入的两相电流 i_1 和 i_2 随时间产生顺时针方向旋转磁场,区别于三相异步电动机的三相电流产生的圆形旋转磁场,通常把两相电流产生的旋转磁场称椭圆形旋转磁场。这样一来,单相异步电动机就可以在该旋转磁场的作用下产生电磁转

矩而启动。

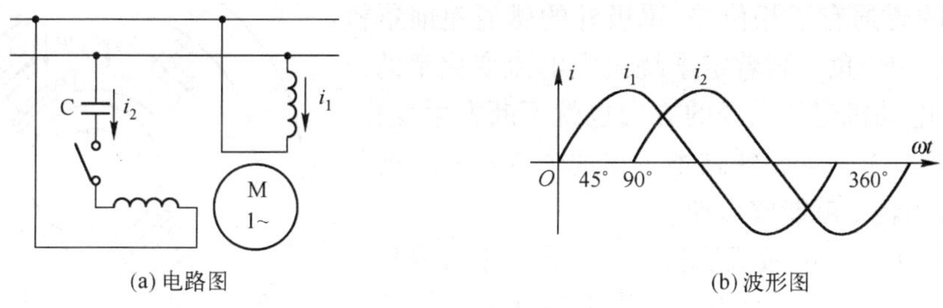

(a) 电路图　(b) 波形图

图 6-4　单相异步电动机主绕组与辅助绕组

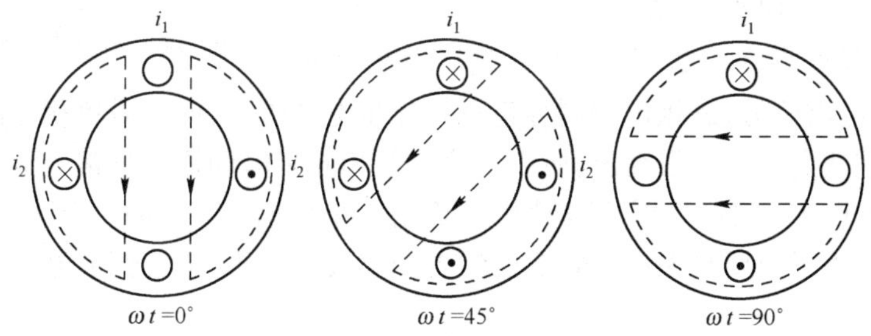

图 6-5　两相旋转磁场

辅助绕组接入电阻的叫电阻分相,电阻分相也可将辅助绕组选用较细的导线,匝数较少的线圈,使其电阻增大,电感减小。而主绕组因电阻较小,电感较大,使得辅助绕组电流 i_2 和主绕组电流 i_1 产生小于 90°的相位差。因而用这种方法产生的启动转矩小。

为了节省铜线,电动机的启动绕组通常按短时运行来设计,其导线截面比较细,因此在启动完毕即予以切除,可在启动绕组线路中串联离心开关,在刚开始启动时因转速较低,离心开关是闭合的。启动完毕,即电机的转速比较高时,离心开关自动将启动绕组从电源断开,靠工作绕组单相运行。

如果把电容分相电动机的辅助绕组设计成能长期安装在电源上工作。启动后仍保留部分电容器在辅助绕组线路上,这种电动机称为电容电动机。这时,电动机实质上是一台两相异步电动机,因此在运行时,定子绕组在空气隙中仍能产生对称的两相旋转磁场。这种电动机在运行性能上有较大的改善,它的功率因数、效率、过载能力都比普通单相电动机高,运转也比较平稳。如果要改变分相电动机的旋转方向,只要将辅助绕组或主绕组的两个出线端对调即可。

6.2.2　罩极启动

罩极启动是在单相异步电动机定子磁极的极面上约 1/3 处套装了一个铜环(短路环),套有短路环的磁极部分叫做罩极。罩极单相异步电动机有凸极式和隐极式两种形式。凸极式每个极上装有集中绕组,即为主绕组,每个极的极靴一边开有一个小槽,小槽中嵌入短路铜环,即将部分磁极罩起来,这个短路环称为罩极绕组。转子是笼式结构。罩极电动机结构示意图如图 6-6 所示。

当定子绕组通入电流产生脉动磁场后,有一部分磁通穿过铜环,使铜环内产生感应电动势和感应电流。根据楞次定律,铜环中的感应电流所产生的磁场,阻止铜环部分磁通的变化,结果使得没套铜环的那部分磁极中的磁通与套有铜环的这部分磁极内的磁通有了相位差，罩极外的磁通超前罩极内的磁通一个相位角。随着定子绕组中电流变化率的改变，单相异步电动机定子磁场的方向也就不断发生变化，在电动机内形成了一个旋转磁场。在这个旋转磁场的作用下，电动机的转子就能够启动。

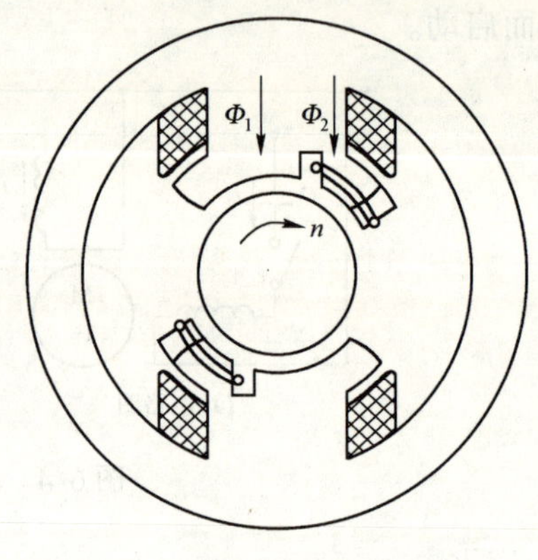

图 6-6　罩极电动机结构示意图

罩极式电动机也可做成隐极式，定子铁芯槽内除主绕组外，还有短路的辅助绕组。主绕组和辅助绕组在空间有一定的电角度(一般为 45°电角)。主绕组匝数较多；辅助绕组匝数较少，一般为 2～8 匝。

单相电动机虽然功率因数、效率和过载能力都比同容量的三相异步电动机低，体积也较同容量三相异步电动机大，但只需单相电源供电。如果容量不大，上述这些缺点就不是很突出，所以小容量单相异步电动机在日常生活、家用电器、医疗器械和某些工业中应用很广。罩极电动机主要用于小台扇、电唱机中，容量一般在几十瓦以下；电容电动机应用于需要较大启动转矩的装置如空气压缩机、空气调节器、电冰箱等，容量在几百瓦以下。

6.3　单相异步电动机的应用

单相异步电动机直接使用普通民用电源，所以广泛地应用于小型电动工具、日用电器、仪器仪表、办公用具和文教卫生设备中。

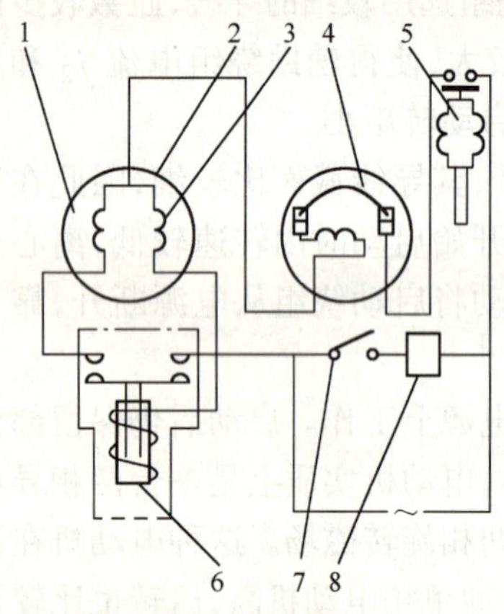

图 6-7　电冰箱电路控制系统图

1—启动绕组；2—压缩机电动机；3—工作绕组；4—保护继电器；5—温度控制器；6—照明灯；7—六门灯开关；8—启动继电器

6.3.1　电冰箱中的应用

图 6-7 为电冰箱电路控制系统图。电冰箱要求电动机具有大启动转矩、高功率因素、高效率等性能。图 6-7 中采用了电阻分相式单相异步电动机。

6.3.2　家用电风扇中的应用

电风扇的种类很多，规格各异，但电风扇的主要功能是送风、吹凉，尽管它的型号很多，但原理与结构基本相同，其中电动机就是电风扇的关键部件，其性能指标基本上就可以决定电风扇的质量高低。

电风扇用的电动机可分为交流和直流电动机，一般使用的有单相电容运转异步电动机、罩极电动机、交直流电动机和直流电动机等，其中以单相电容运转异步电动机的用量占绝大多数。

图 6-8 为采用电容分相式异步电动机拖动，利用电抗器降压进行调速，调速电路中串入具有抽头的电抗器，当转速开关 S 处于不同位置时，电抗器的电压降不同，使电动机端电压改变而实现有级调速。

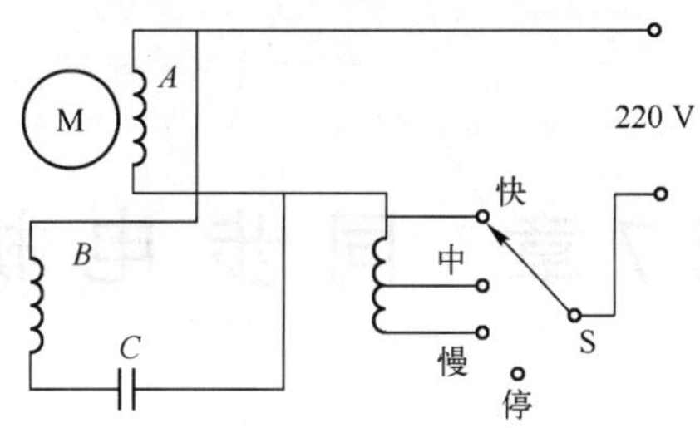

图 6-8　单相异步电动机在电风扇中的调速电路

6.3.3　洗衣机中的应用

洗衣机是以电动机为动力，驱动波轮或滚筒等搅拌类的轮盘，形成特殊的水流以除去衣物之污垢。洗衣机的类型很多，按照水流情况可分为波轮式、滚筒式和搅拌式。其中大多采用波轮式洗衣机。

波轮洗衣机的洗涤用电动机和脱水用电动机均属单相电容运转式电动机，该电动机额定电压为 220 V，额定转速为 1360～1400 r/min，输出功率为 90～370 W，效率为 49%～62%。洗衣机用电动机的两相绕组一般都是完全对称的。洗涤时电动机需要自动正、反转工作。

思考题与习题

6-1　单相异步电动机的旋转磁场是如何产生的？

6-2　单相异步电动机的启动方式有几种？各有何特点？

6-3　三相异步电动机单相运行会产生什么后果？

第7章　同步电机

【知识目标】 掌握同步电机的基本结构、工作原理,同步电机常用类型和主要技术参数,同步电机的励磁方式;同步发电机运行特性分析,同步发电机并联运行的条件及并入电网的方法,同步电动机的机械特性和功角特性,同步电动机的工作特性和功率因数。

【能力目标】 学会同步发电机的并列运行方法和同步电动机的异步启动法。

【学习方法】 结合实验和模型、实物学习。

7.1　同步电机的结构与基本原理

同步电机是一种交流电机,主要用作发电机,也可作电动机和调相机(专门用于电网的无功补偿)使用。

7.1.1　同步电机的结构与分类

同步电机的转速 n 与定子电流频率 f 和极对数 p 保持严格不变的关系 $n=\dfrac{60f}{p}$,即同步电机的转速等于旋转磁场的转速(同步转速),所以同步电机是相对异步电机而言的。

1. 同步电机的结构

同步电机按结构可分为旋转磁极式和旋转电枢式两种。

(1) 旋转磁极式

旋转磁极式的励磁绕组安装在转子上,转子转动带动磁极旋转;其电枢绕组安装在定子上。

同步电机的定子也是由硅钢片叠压而成,在内圆上开有均匀分布的槽,嵌放三相对称交流绕组,转子铁芯上绕有励磁绕组,用来通入直流电流产生磁场,旋转磁场是由转子转动形成的,这样就要将励磁绕组的两端分别接在两个滑环上,滑环固定装在转轴的一端,因此两个滑环之间、滑环与转轴之间应互相绝缘。

旋转磁极式又有凸极式和隐极式两种结构,如图 7-1 所示。

① 凸极式。转子具有突出的磁极,磁极的形状和直流电机的磁极相似,铁芯常用普通薄钢板冲压后叠成,装有成形的集中励磁绕组。其转子结构简单,制造方便,容易制造多极电机,但机械强度较低,适用于低速、多极同步电机,比如水轮发电机、柴油发电机等就是采用凸极式同步电机。

② 隐极式。转子呈圆柱形,无明显磁极,常用整块钢板制成,圆周的三分之二部分开有槽,用以安装分布式集中绕组,没有开槽的部分为磁极的中心位置。隐极式具有过载能力强,稳定性较高,机械强度好等特点,虽然其制造工艺复杂,但还被广泛使用在高速、极数多的大、中型容量的同步电机中(如汽轮发电机等)。

旋转磁极式的主要特点有:

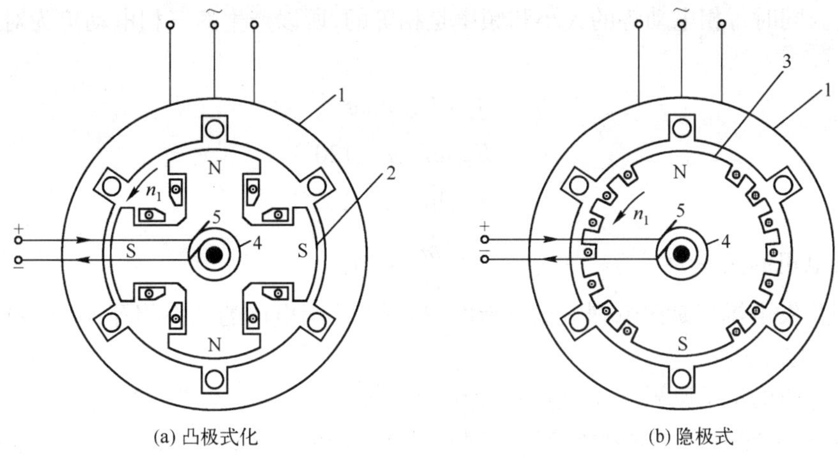

(a) 凸极式化　　(b) 隐极式

图 7-1　旋转磁极式同步电机

1—定子;2—凸极转子;3—隐极转子;4—滑环;5—电刷

- 励磁电流比电枢电流小很多,同时励磁电压也低很多,减轻电刷和滑环的负担,工作更加可靠;
- 同步电机的容量一般都很大,电枢装在定子上,能很方便地进行嵌线、加强绝缘水平和通风;通过固定的连接进行大电流的交换,保证了电能使用的安全。

(2) 旋转电枢式

励磁绕组安装在定子上,电枢绕组安装在转子上,如图 7-2 所示。从旋转部分输入或输出电能,就必须经过滑动装置即滑环,这样对大容量的电机就很困难。所以这种型式一般只适用于几个千瓦的小功率电机。

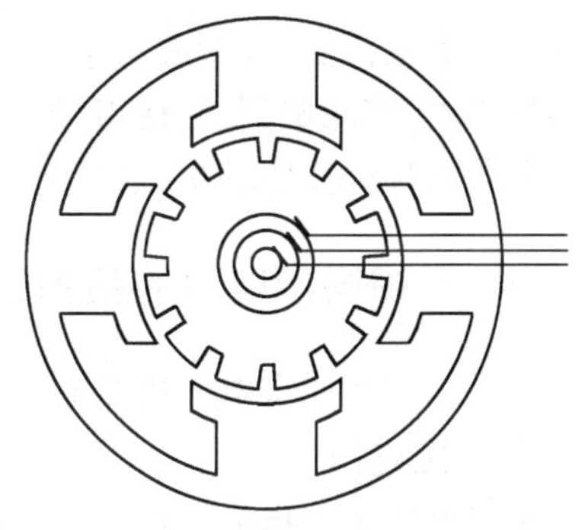

图 7-2　旋转电枢式同步电机

2. 同步电机的分类

同步电机按结构分有旋转磁极式和旋转电枢式,旋转磁极式又分为凸极式和隐极式两种;按防护型式分为开启式、防护式和封闭式;按冷却方式分为空气冷却、氢冷与水冷和混合式;按用途分为发电机、电动机和调相机。发电机按拖动发电机的原动机类型又可分为汽轮发电机、水轮发电机、柴油发电机、风力发电机等。

7.1.2　同步电机的工作原理

1. 同步发电机的工作原理

同步发电机将机械能转变为电能。

(1) 旋转磁极式

同步发电机的转子励磁绕组通电产生恒定磁场,在原动机的拖动下,转子以同步转速旋转,参照图 7-1 所示。在气隙中产生旋转磁场,该磁场切割定子三相绕组,在绕组中产生交变的感应电动势,气隙磁场在空间都是按正弦规律分布的,所以在定子绕组中产生的交变电动势也是按正弦规律分布。由于三相绕组在空间也是按 120°电角度分布,每相电动势的相位互差

120°电角度。同时每相电动势的大小和频率是相等的,所以产生的三相电动势为对称电动势。即

$$\begin{aligned} e_U &= E_m \sin\omega t \\ e_V &= E_m \sin(\omega t - 120°) \\ e_W &= E_m \sin(\omega t + 120°) \end{aligned} \tag{7-1}$$

同步发电机的频率为 $f = \dfrac{pn}{60}$ (Hz)

一般同步发电机都是向电网输送电能的,其频率应与电网的频率相等,即为 50 Hz。

(2) 旋转电枢式

同步发电机的定子励磁绕组通电产生恒定磁场,转子在原动机的拖动下,以同步转速旋转,转子(电枢)对称绕组切割磁场产生交变的感应电动势,由于气隙磁场在空间也是按正弦规律分布的,所以在转子绕组中产生的交变电动势也是按正弦规律分布。由于三相转子绕组在空间同样按 120°电角度分布,每相电动势的相位互差 120°电角度。所以产生的三相电动势同样为对称电动势,一般同步发电机通过滑环向外界输送电能。

2. 同步电动机的工作原理

同步电动机将电能转换为机械能。在同步电动机的三相对称绕组中通入三相交流电流后,会产生一个以同步转速 $n_1 = \dfrac{60f_1}{p}$ 旋转的磁场,旋转方向由电源的相序决定。当转子绕组中通入直流电流后,会形成一个恒定磁场,极数与定子绕组相同。当转子的磁极 N 与定子磁极 S 对齐时,产生吸引力,使得转子跟着定子磁极旋转,旋转的速度与定子磁场转速(即同步速)相同,故称同步电动机,也只有同步后才有稳定拉力,形成固定的转矩来拖动负载。

7.1.3 三相同步电机的铭牌数据

以下是三相同步电机主要的铭牌数据。

1. 额定电压

额定电压 U_N 指电机在正常条件运行时,定子绕组的线电压,单位为伏(V)或千伏(kV)。

2. 额定电流

额定电流 I_N 指在正常运行条件下,定子绕组的线电流,单位为安(A)或千安(kA)。

3. 额定容量(或额定功率 P_N)

额定容量 S_N 是指电机在额定条件下运行时,输出或接受的电能的容量。发电机额定容量是指输出的视在功率,单位为千伏安(kVA)或兆伏安(MVA,即百万伏安);额定功率是指在额定条件下输出的功率,对发电机来说是指输出的有功功率,对电动机来说是指转轴上输出的机械功率,单位为千瓦(kW)或兆瓦(MW,即百万瓦),对调相机则是指出线端的无功功率,单位千乏(kvar)或兆乏(Mvar)。

有功功率与额定电流、电压的关系为

- 三相同步发电机

$$P_N = S_N = \sqrt{3} U_N I_N \cos\varphi_N \tag{7-2}$$

- 三相同步电动机

$$P_N = \sqrt{3} U_N I_N \cos\varphi_N \eta_N \tag{7-3}$$

4. 额定功率因数

额定功率因数 $\cos\varphi_N$ 指电机在额定运行条件下的功率因数。

5. 额定效率

额定效率 η_N 指电机在额定运行条件下的效率。

6. 额定频率

额定频率 f_N 指国家规定的交流电标准频率 50 Hz。

此外还有电机的极数、温升、绝缘等级、励磁电压和励磁容量等，在运行时也要注意。

7.2 同步发电机

7.2.1 同步发电机的励磁方式

同步发电机运行时，必须通入直流电流来建立磁场，即必须进行励磁。提供励磁电流的系统称为励磁系统，主要分为两大类：一类是直流发电机励磁系统；另一类是交流整流励磁系统。

1. 直流发电机励磁系统

将一台小容量的直流并励发电机与同步发电机同轴连接，如图 7-3 所示。并励直流发电机发出直流电，供给同步发电机的励磁绕组。当改变并励直流发电机的励磁电流时，直流发电机端电压改变，使同步发电机的励磁电流、输出的端电压和输出功率也改变。

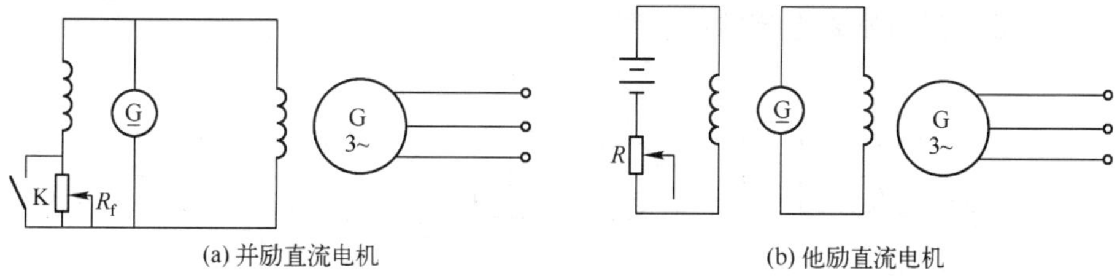

(a) 并励直流电机　　(b) 他励直流电机

图 7-3　同轴直流发电机励磁原理线路

对容量稍大的同步发电机，采用他励直流发电机作励磁机，他励直流发电机的励磁电流由另一台直流发电机供给。这种方法励磁电压升高很快，在低压时调节方便，电压也比较稳定。但由于增加了一台直流发电机，使设备复杂，运行可靠性降低。

直流发电机励磁系统原理简单，但由于直流励磁机制造工艺复杂、成本高、维护困难等，现在发电机组的容量越来越大，所需要的励磁电流也就越来越大，所以大容量的发电机组不能采用同轴发电机励磁，而是采用非同轴的直流发电机励磁方式。

2. 晶闸管整流励磁系统

晶闸管整流励磁系统也称为静止的交流励磁系统，晶闸管整流励磁系统分自励和他励两种。

(1) 自励式晶闸管励磁系统

这种励磁方法是利用晶闸管的整流特性，对同步发电机发出的交流电进行整流后又供给同步发电机作为励磁电流。晶闸管的输出电压可以很方便地进行调节，也就可以很方便地调节同步发电机的输出电压。其原理图如图 7-4 所示。

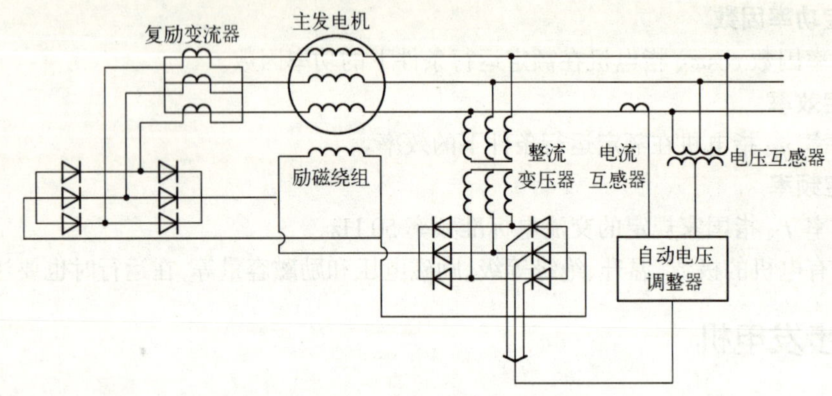

图 7-4 自励式晶闸管励磁系统原理图

(2) 他励式晶闸管励磁系统

他励式晶闸管励磁系统原理图如图 7-5 所示。它由一台交流主励磁机、一台交流副励磁机、三套整流装置、自动电压调整器等构成。交流主励磁机为中频(国内多采用1000 Hz)的三相交流发电机,副励磁机是频率为 400 Hz 的中频率交流发电机。同步发电机的励磁电流,由与它同轴的交流主励磁机经晶闸管整流后提供,交流主励磁机的励磁电流则由副励磁机经晶闸管整流后提供。副励磁机的电流,开始由直流电源提供,建立起电压后,再改为由自励恒压装置提供,并保持恒压。通过调节电压互感器、电流互感器和自动调整器改变晶闸管的控制角,实现对主励磁机进行励磁电流的自动调节。

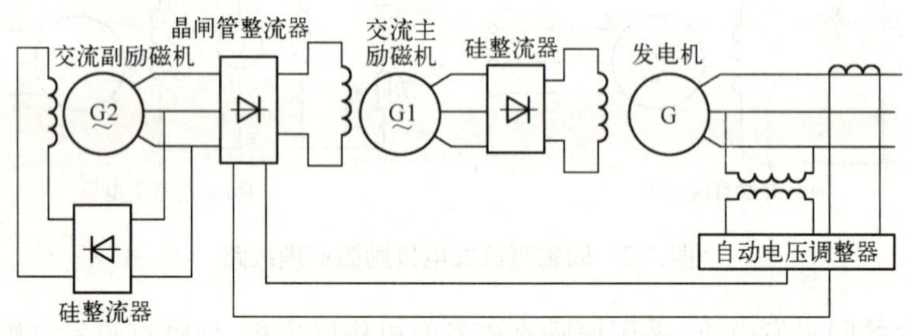

图 7-5 他励式晶闸管励磁系统原理图

虽然整个装置较为复杂,启动时还需要直流电源,但由于这种励磁方式具有运行维护方便、技术性能较好等优点,在大容量的发电机组中得到了广泛应用。目前我国 100 MVA、200 MVA、300 MVA 等的汽轮发电机都是采用这种励磁方式。

(3) 三次谐波励磁系统

凸极式同步发电机的主磁极绕组多为集中绕组,在空载时主磁极的磁场在空间的分布为矩形,同时由于极靴下的气隙不均匀,主磁极的波形为一平顶波,即矩形波,可以将该平顶波分解为一个正弦基波和各次谐波,其中三次谐波的含量最大。为此,在发电机的定子铁芯上开一套专门的槽用来嵌放谐波绕组,绕组的节距为磁极的 1/3,每极下的三个绕组串联起来构成一个元件组,绕组元件之间的电角度为 60°。在发电机的额定转速下,基波在谐波绕组中产生的电动势为 0,三次谐波将产生频率为基波频率 3 倍的电动势,将该电动势经整流后,提供给发电机作为励磁电流，如图7-6所示。这种励磁方式提高了发电机的效率，节约了设备投入。三次谐波的电动势会随负载的变化而变化，能起到自动稳压的作用，同时谐波绕组是静止的，整流设备的安装和维护都比较容易，在小容量的发电机组中比较适用。

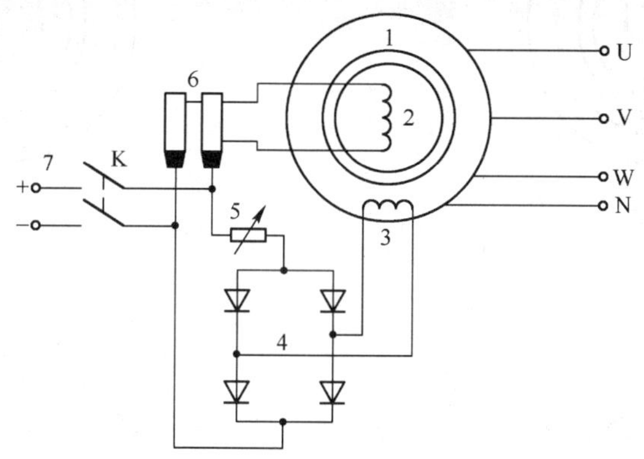

图7-6 三次谐波的单相桥式整流电路图

1—同步发电机；2—励磁绕组；3—谐波绕组；4—硅桥式整流；5—调节电阻；6—集电环；7—直流电源

7.2.2 同步发电机的运行特性

1. 同步发电机的电枢反应

同步发电机在负载运行时，其气隙中存在机械旋转磁场和电气旋转磁场。机械旋转磁场是由转子电流产生的，因转子在原动机的带动下旋转，称为主磁场，其磁通称为主磁通，用 Φ_0 表示。电气旋转磁场由定子电流产生，称为电枢磁场，其磁通称为电枢磁通。电枢磁通又可分为两部分：大部分在气隙中流通，将对主磁极产生影响，这部分称为电枢反应磁通，记为 Φ_a（这种电枢磁场对主磁极的影响称为同步电机的电枢反应）另一小部分不在发电机的磁路中流通，对主磁极没有影响，成为定子电流的漏磁通，记为 Φ_σ。所以同步发电机气隙中的磁通为主磁通和电枢反应磁通的合成，即

$$\dot{\Phi} = \dot{\Phi}_0 + \dot{\Phi}_a \tag{7-4}$$

合成电动势 $\dot{E}$ 由 $\dot{\Phi}$ 产生，空载电势 $\dot{E}_0$ 由 $\dot{\Phi}_0$ 产生，电枢反应电势 $\dot{E}_a$ 由 $\dot{\Phi}_a$ 产生，因此电枢反应既要影响磁路中的磁通，还要影响电路中的电动势。

（1）$\psi=0$ 时的电枢反应

ψ 为同步发电机空载电动势与电枢电流间的相位角，$\cos\psi$ 称为同步发电机的内角功率因数。当 $\psi=0$，$\cos\psi=1$ 时，电枢电流 $\dot{I}$ 与 $\dot{E}_0$ 同相，这时电枢反应磁通 $\dot{\Phi}_a$ 的方向与转子主磁通 $\dot{\Phi}_0$ 方向垂直，称为交轴（或横轴）电枢反应，如图7-7所示。结果使转子一边的磁通减少，另一边的磁通增加。电机磁路工作在近饱和状态，因此，磁通增加很少而减少很多，使得气隙中的合成磁场沿轴线偏转一个角度 θ，且总的合成磁通减少，即电枢反应具有去磁作用，

（2）$\psi=+90°$ 时的电枢反应

$\psi=+90°$ 时，$\cos\psi=0$，相当于发电机只带有感性负载，也就是只向电网输送无功功率。这时电枢反应磁通 $\dot{\Phi}_a$ 与转子主磁通 $\dot{\Phi}_0$ 方向相反，使得气隙磁通减少，起去磁反应，称为直轴（或称纵轴）去磁电枢反应，如图7-8所示。

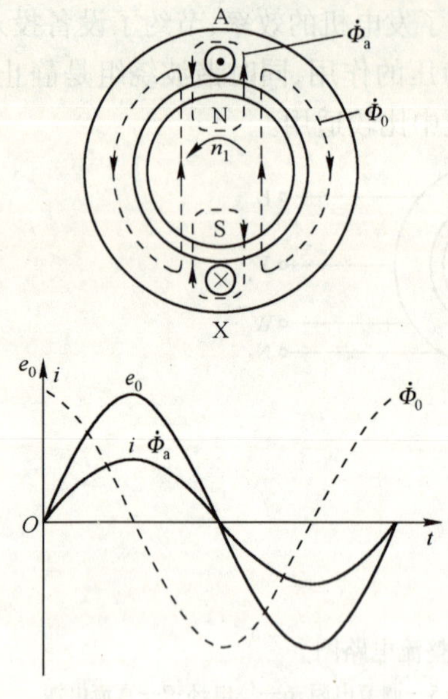

图 7-7 $\psi=0$ 时的电枢反应

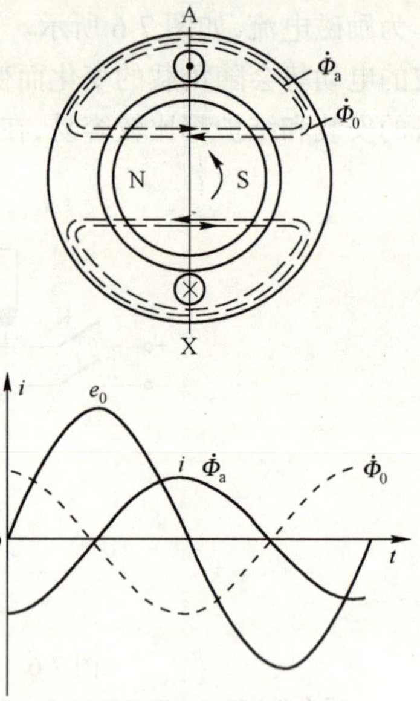

图 7-8 $\psi=+90°$时的电枢反应

(3) $\psi=-90°$时的电枢反应

$\psi=-90°$时，$\cos\psi=0$，相当于发电机只带有容性负载，也是只向电网输送无功功率。这时电枢反应磁通 Φ_a 与转子主磁通 Φ_0 方向相同，使气隙磁通增加，起增磁作用，称为直轴增磁电枢反应，如图 7-9 所示。

除上述三种特殊情况外，一般带有感性负载时，既有交轴电枢反应，又有直轴电枢反应，使得气隙磁通减少，并发生偏移；带有容性负载时，它们共同作用的结果使得气隙磁通增加，同样发生偏移。

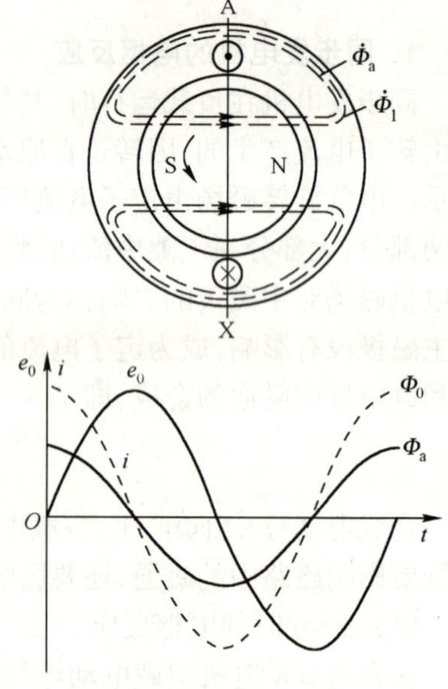

图 7-9 $\psi=-90°$时的电枢反应

2. 同步发电机的运行特性

以隐极式发电机为例进行分析。同步发电机的等值电路如图 7-10 所示。电压平衡方程为

$$\dot{E}_0=\dot{U}+\dot{I}R_a+\mathrm{j}\,\dot{I}(X_a+X_\sigma) \tag{7-5}$$

以电压为参考的同步发电机的相量图(假定负载为感性)如图7-11所示。其中，$\dot{E}_0$ 为空载电动势，由主磁通 $\dot{\Phi}_0$ 产生，在相位上滞后$\dot{\Phi}_0$90°电角度。

$\dot{I}R_a$ 为电枢绕组上的电压降落。由于目前同步发电机容量都很大，电阻很小，因此电枢绕组压降可忽略不计。

$\mathrm{j}\dot{I}X_a$ 为电枢反应电抗电压降，由电枢反应产生的电枢反应电势$\dot{E}_a$ 引起，而 E_a 由电枢反应磁通$\dot{\Phi}_a$ 产生。X_a 称为电枢反应电抗。$\dot{E}_a$ 在相位上滞后$\dot{I}$90°电角度，$\mathrm{j}\dot{I}X_a$ 则超前$\dot{I}$90°电角度，即

$$\dot{E}_a = -j\dot{I}X_a \tag{7-6}$$

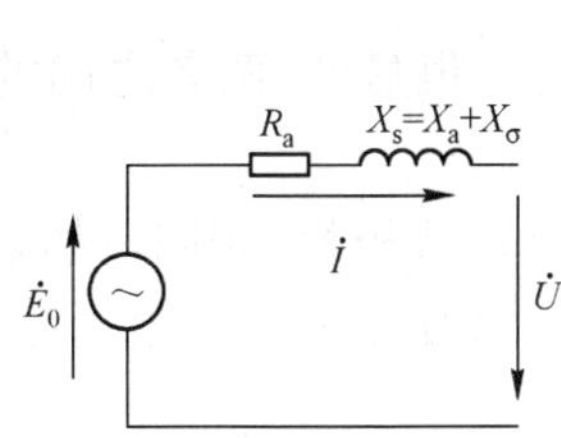

图 7-10 同步发电机的等值电路

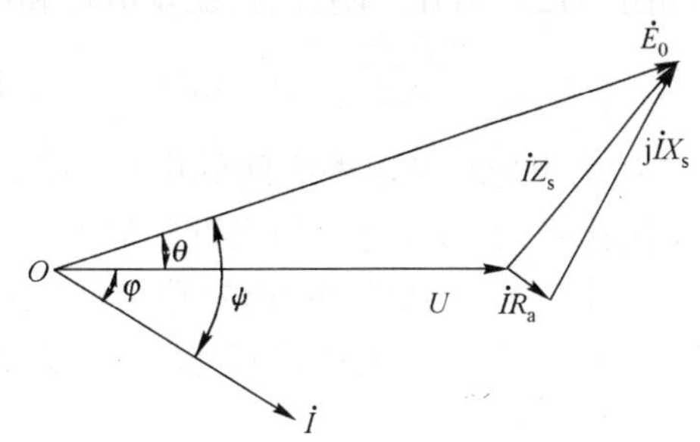

图 7-11 同步发电机的相量图

$j\dot{I}X_\sigma$ 为漏磁电抗电压降，由电枢漏磁电势 E_σ 引起，而 E_σ 由电枢漏磁通 Φ_σ 产生。X_σ 为定子漏电抗。$\dot{E}_\sigma$ 滞后 $\dot{I}$ 90°电角度，$j\dot{I}X_\sigma$ 则超前 $\dot{I}$ 90°电角度。即

$$\dot{E}_\sigma = -j\dot{I}X_\sigma \tag{7-7}$$

从相量图可以得到，当发电机的负载为感性时，电枢反应有去磁作用，发电机的端电压变低，感性负载越大，去磁作用越大，端电压下降就越多。当发电机的负载为容性时，电枢反应有增磁作用，使得端电压升高。

同步发电机从空载到额定负载，其端电压的变化用电压变化率表示，即

$$\Delta U\% = \frac{E_0 - U_N}{U_N} \times 100\% \tag{7-8}$$

式中 U_N 为发电机的额定电压。

电压变化率是同步发电机运行的一个重要参数。同步发电机多带感性负载，一旦突然失去负荷，会造成电压升高很快而击穿电机绝缘；同时电力用户也要求有一个稳定的工作电压，因此，发电机的电压变化不宜太大。当它超过允许的范围时，应通过调节励磁电流来保持发电机的端电压。

7.2.3 同步发电机的并联运行

1. 并联运行的意义

同步发电机的并联运行是指将两台或更多台同步发电机分别接在电力系统的对应母线上或通过主变压器、输电线接在电力系统的公共母线上，共同向用户供电。同步发电机并联运行的意义在于以下几点。

① 可以根据负载的变化，来合理地调整发电机运行的台数，提高机组的运行效率。

② 便于轮流安排检修，提高供电的可靠性，同时可以减少系统的备用容量。

③ 实现各地能源的合理、充分利用。火电与水电并联运行后，在丰水期就可以多发水电，节约大量的燃煤，而在枯水期就可以多生产火电，保证生产和人民生活对电能的需求。

④ 能更好地调节电能，提高电能质量。多个发电厂并联在一起后，负载波动所引起的电压、频率的变化由一大电网来承担，可以将影响大大减小，从而保证了供电的质量。

2. 同步发电机并联运行的条件

同步发电机并联运行应满足一定的条件。

① 同步发电机的端电压应等于电网的电压。如果这两个电压不相等,就会出现一个电压差,如图 7-12。当开关闭合后,在发电机和电网构成的环形回路中就会出现环流 I_P。

$$I_P=\frac{\Delta U}{X} \tag{7-9}$$

ΔU 为发电机与电网之间的电压差,X 为发电机的电抗。很显然,两者之间的电压差越大,环流就越大,对发电机的运行非常不利。

② 同步发电机电压的相位(或极性)应与电网电压的相位(或极性)相同。如果它们的大小相等,而只是相位(或极性)不同,同样存在电压差,如图 7-13 所示。同样会引起环流,影响发电机的正常运行。

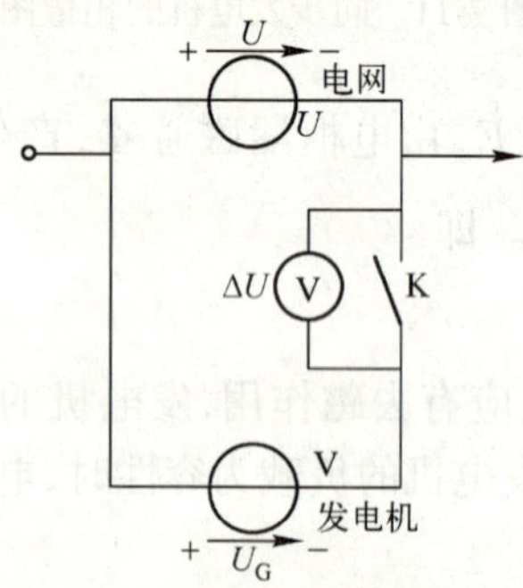

图 7-12 并网时的等效电路

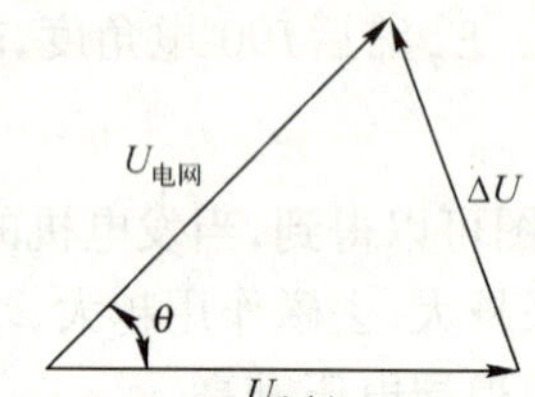

图 7-13 电网与发电机电压相同相位不同的电压差

③ 发电机的频率应与电网的频率相同。当电网和发电机的频率分别为 f_1、f_2,且它们不相等时,假设电压值和相位是相同的,它们的电压差为

$$\begin{aligned}\Delta U &= U_2-U_1\\ &=\sqrt{2}U_1(\sin 2\pi f_2 t-\sin 2\pi f_1 t)\\ &=2\sqrt{2}U_1\sin 2\pi\left[\frac{1}{2}(f_2-f_1)\right]t\cos 2\pi\left[\frac{1}{2}(f_2+f_1)\right]t\\ &=2\sqrt{2}U_1\sin\frac{1}{2}(\omega_2-\omega_1)t\cos\frac{1}{2}(\omega_2+\omega_1)t\end{aligned} \tag{7-10}$$

式中,$\omega_1=2\pi f_1$、$\omega_2=2\pi f_2$。

由此可知,发电机与电网的电压差 ΔU 的瞬时值以频率$\frac{1}{2}(f_2-f_1)$在 $0\sim 2\sqrt{2}U_1$ 之间变化,其本身是一个频率为$\frac{1}{2}(f_2+f_1)$的交流电动势。所以虽然电压值相等,但有相位差,也就存在电压差 ΔU,环形回路中一样会有环流。

④ 发电机的电压波形应与电网的电压波形相同,即均应为正弦波。

⑤ 发电机的相序应与电网的相序相同。

实际将发电机投入并联运行时,要绝对满足上述条件是很困难的,如果在以下允许的范围内还是可以并联运行的。即要求发电机与电网的频率差在 0.2%~0.5%、电压有效值相差在 5%~10%、相序相同而相位差不超过 10°的范围内。

3. 并联运行的投入方法

(1) 准同期法

准同期法是将发电机完全调整到符合并联运行条件后再并入电网运行。这种方法需要采用同步指示器。最简单的同步指示器由三组指示灯组成。

① 灯光熄灭法。如图 7-14(a)所示,将三组指示灯接在同步发电机和电网并联开关的两侧。在投入运行前,应保证发电机与电网的相序相同,如三相相序不同,三个灯会轮流变暗。如果发电机与电网的电压有差别,则依据电压表中的读数,可以通过调节发电机的励磁电流使得它们之间的电压相等;当发电机与电网的频率有差别时,并联开关的两端存在一个变化的电压差,会使灯光忽亮忽暗,通过调节发电机的转速,使发电机的频率与电网频率接近,当调节至亮、暗变化的频率很低时,就可以准备合闸,一旦电压表指示为 0、指示灯全熄,发电机已符合并联条件,运行人员应迅速进行合闸操作,将发电机投入运行。

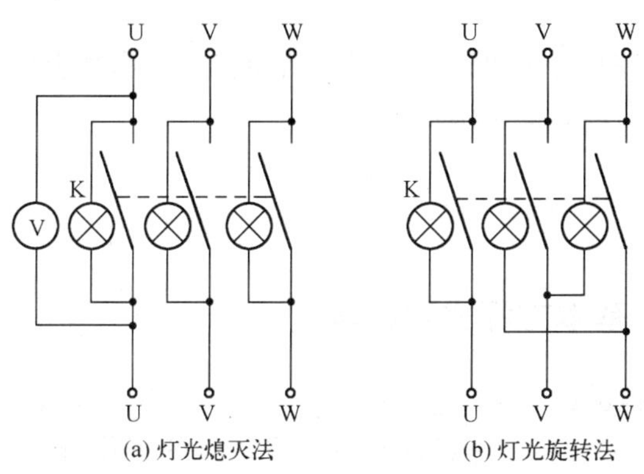

图 7-14 准同期时同步灯的接法

② 灯光旋转法。如图 7-14(b)所示。如果发电机与电网的相序不同,三组灯将同时亮或同时暗;如果相序相同,灯光会旋转。所以在合闸前一定保证相序相同。如果发电机的频率比电网高,将按相序方向旋转;否则,按相序的相反方向旋转,因此可以根据灯光的旋转方向,适当调节发电机的转速,使灯光的转速变得很低,当接在同一相的一组灯熄灭而另两组灯亮度相同时,应迅速合闸。

采用这种方法时应注意:一是白炽灯在电压低于 $1/6U_N$ 时就会熄灭,为了使合闸更准确,可在开关的两端接个指示 0 电压的电压表作为辅助仪表,也可采用“同步指示器”;二是各指示灯的电压可能出现二倍的相电压,会烧坏灯泡,当相电压为 220 伏时,每组应串接两个指示灯,如发电机和电网的电压较高时,应采用电压互感器降压后再接入指示灯,两个三相互感器应具有相同的连接组别。

准同期法的优点是在投入的瞬间,发电机和电网之间没有冲击电流。缺点是操作复杂,尤其是当频率和电压变化时,很难准确掌握投入的时机。

(2) 自同期法

如图 7-15 所示。先将发电机的励磁绕组用电阻短接,当发电机转速升高到接近同步转速时,将发电机并入电网,并立即进行直流励磁。发电机转子依靠定子和转子主磁极形成的自同期作用把转子自动投入同步。

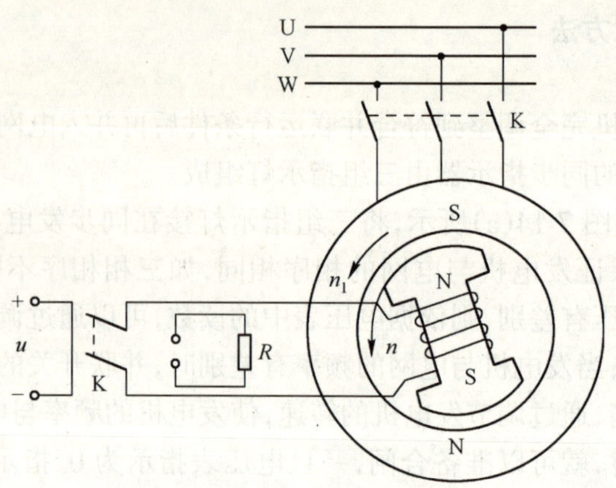

图 7-15 自同期法接线图

这种方法具有操作简单、并网迅速的优点。然而在合闸和加上励磁时，会有电流冲击，但不会危及发电机的安全，所以它非常适用。

7.3 同步电动机

7.3.1 同步电动机的基本方程式和相量图

1. 同步电动机的电枢反应

同步电动机电枢反应的分析应考虑同步电动机本身的工作特性（即电阻性、电感性、电容性）。

设主磁极的位置和旋转方向不变，同步电动机的电枢电流方向应与发电机的电枢电流方向相反，以便电枢反应的结果也相反。因此可以得到同步电动机电枢反应的结果如下：

① 当同步电动机为感性时，电枢反应有磁化作用；

② 当同步电动机为容性时，电枢反应有去磁作用；

③ 当同步电动机为阻性时，电枢反应略有去磁作用，使磁场发生偏转。

2. 隐极式同步电动机的方程式和相量图

同步电动机正常工作时，转子中直流电流产生的主磁极磁场和定子电流产生的旋转磁场都以同步速度 n_1 旋转，它们形成一个合成磁场，合成磁场的磁通量为

$$\dot{\Phi} = \dot{\Phi}_0 + \dot{\Phi}_a \tag{7-11}$$

上述三个旋转的磁通切割定子绕组，绕组中分别产生三个对应电动势，即合成磁通 $\dot{\Phi}$ 产生一个合成电动势 $\dot{E}_1$；主磁通 $\dot{\Phi}_0$ 产生空载电动势 $\dot{E}_0$；电枢磁通 $\dot{\Phi}_\sigma$ 产生电枢反应电动势 $\dot{E}_a$，且

$$\dot{E} = \dot{E}_0 + \dot{E}_a \tag{7-12}$$

同步电动机其中一相绕组的电动势平衡方程式为

$$\dot{U}_1 = -\dot{E}_1 + \dot{I}_1 R_1 + \mathrm{j}\,\dot{I}_1 X_\sigma \tag{7-13}$$

式中，X_σ——定子漏抗；

R_1——定子绕组电阻。

一般同步电动机容量都比较大，R_1 的值很小，分析时常忽略。因此可得

$$\dot{U}_1 = -\dot{E}_0 - \dot{E}_a + j\dot{I}_1 X_\sigma \tag{7-14}$$

由以前分析可知，电枢电动势 $\dot{E}_a = -j\dot{I}_1 X_a$，$X_a$ 为电枢电抗（也称电枢反应电抗），上式变为

$$\begin{aligned}\dot{U}_1 &= -\dot{E}_0 + j\dot{I}_1 X_a + j\dot{I}_1 X_\sigma \\ &= -\dot{E}_0 + j\dot{I}_1 X_s\end{aligned} \tag{7-15}$$

式中，$X_s = X_a + X_\sigma$ 称为隐极式同步电动机的同步电抗，其中 X_a 要比 X_σ 大很多，常为 5～8 倍。

由此，可绘出隐极式同步电动机的等值电路图和相量图，如图 7-16 所示。图中电流超前电压，是同步电动机经常工作的状态，目的是在拖动负载时，可以提高电网的功率因数。

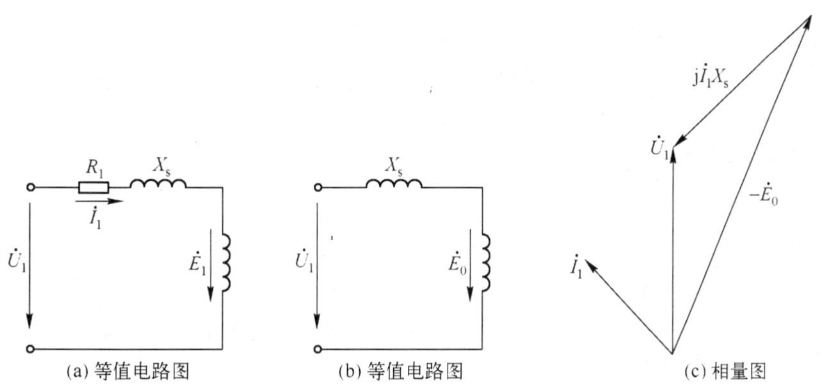

图 7-16 隐极同步电动机等值电路图和相量图

隐极式同步电动机气隙均匀，无明显磁极，电枢电动势在任何位置，所受到的磁阻都是一样的，电抗也不变，在不考虑因磁路饱和所引起的非线性时，电枢电抗和同步电抗都应是常数。

3. 凸极式同步电动机的方程式和相量图

凸极式同步电动机的气隙是不均匀的，存在明显的磁极，因此电枢电动势在磁极的不同位置受到的磁阻是不相同的，电抗 X_a 和 X_σ 不再为常数。

首先考虑两个特殊位置。一是当电枢磁场的轴线与主磁极的轴线重合，这时气隙最小，磁阻最小，磁导最大，电抗也最大，将这时的电抗称为电枢反应直轴电抗，记为 X_{ad}。二是电枢磁场的轴线处于主磁极的几何中线，这时气隙最大，磁阻最大，磁导最小，电抗也最小，将这时的电抗称为电枢反应交轴电抗，记为 X_{aq}。当电枢磁场处在上述两个特殊位置之间时，磁阻、磁导、电抗也处在上述值之间，并随着位置变化而发生变化。所以在分析凸极式电动机电动势方程时，应将电枢磁通分解为直轴和交轴两个分量。

在不考虑因磁路饱和引起的非线性和高次谐波的影响，只考虑磁通中的基波分量时，可以把电枢磁通分解为直轴和交轴两个分量，分别用 Φ_{ad} 和 Φ_{aq} 表示，它们在气隙也以同步转速旋转。因此总的电枢磁通

$$\dot{\Phi}_a = \dot{\Phi}_{ad} + \dot{\Phi}_{aq} \tag{7-16}$$

$\dot{\Phi}_{ad}$ 和 $\dot{\Phi}_{aq}$ 分别在定子绕组中产生感应电动势 $\dot{E}_{ad}$ 和 $\dot{E}_{aq}$，也就是电枢磁动势在定子绕组产

生的电动势$\dot{E}_a$的两个分量。所以

$$\dot{E}_a = \dot{E}_{ad} + \dot{E}_{aq} \tag{7-17}$$

由于$\dot{\Phi}_{ad}$作用在主磁极的轴线上,对应直轴反应电抗为X_{ad},电流的直轴分量用$\dot{I}_d$表示,这样$\dot{E}_{ad} = -j\dot{I}_d X_{ad}$;同理$\Phi_{aq}$作用在主磁极的几何中线上,对应交轴反应电抗为$X_{aq}$,电流的直轴分量用$\dot{I}_q$表示,这样$\dot{E}_{aq} = -j\dot{I}_q X_{aq}$,$X_{ad}$和$X_{aq}$在不考虑磁路饱和的影响下为常数。因此,凸极同步电动机的电动势平衡方程式为

$$\dot{U}_1 = -\dot{E}_0 - \dot{E}_a + j\dot{I}_1 X_\sigma$$

$$\dot{U}_1 = -\dot{E}_0 - \dot{E}_{ad} - \dot{E}_{aq} + j\dot{I}_1 X_\sigma \tag{7-18}$$

$$\dot{U}_1 = -\dot{E}_0 + j\dot{I}_d X_{ad} + j\dot{I}_q X_{aq} + j\dot{I}_1 X_\sigma$$

同样,电阻R_1因很小可忽略。将$j\dot{I}_1 X_\sigma$也分解为直轴和交轴两个分量并由上式作出凸极同步电动机电动势相量图,如图 7-17 所示。图中的φ角是功率因数角,ψ角是内功率因数角,θ角为功率角,它们的关系为$\varphi = \psi + \theta$。

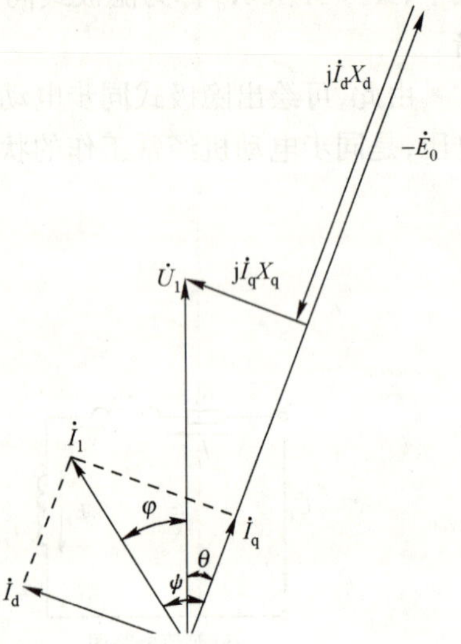

图 7-17 凸极同步电动机电动势相量图

由图 7-17 可知

$$\dot{U}_1 = -\dot{E}_0 + j\dot{I}_d X_{ad} + j\dot{I}_q X_{aq} + j\dot{I}_d X_\sigma + j\dot{I}_q X_\sigma$$

$$\dot{U}_1 = -\dot{E}_0 + j\dot{I}_d X_d + j\dot{I}_q X_q \tag{7-19}$$

式中,$X_d = X_{ad} + X_\sigma$称为直轴同步电抗,$X_q = X_{aq} + X_\sigma$称为交轴同步电抗。对于隐极式,$X_d = X_q = X_\sigma$,代入上式就得到隐极式的电动势平衡方程,因此隐极式实际是凸极式的一个特例。

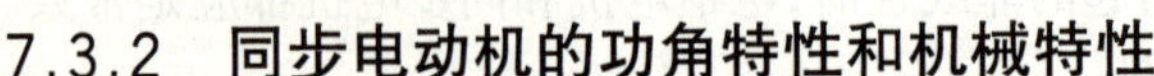

7.3.2 同步电动机的功角特性和机械特性

1. 同步电动机的功率及转矩平衡方程式

电网向同步电动机输送的电功率为P_1,除少数部分在定子绕组引起铜耗外,大部分转变为电磁功率,传递给转子。同步电动机的功率流程图如图 7-18 所示。

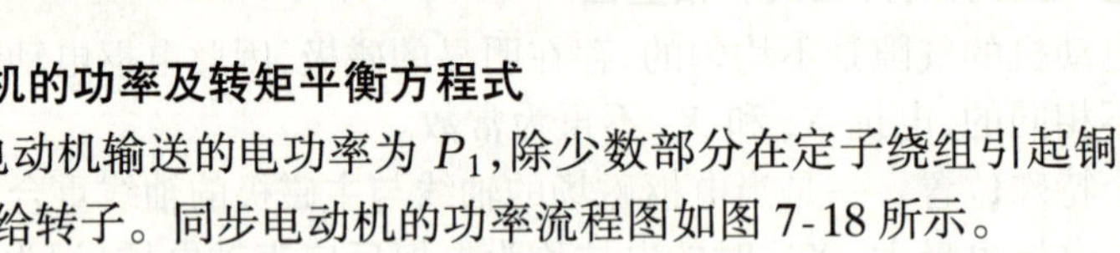

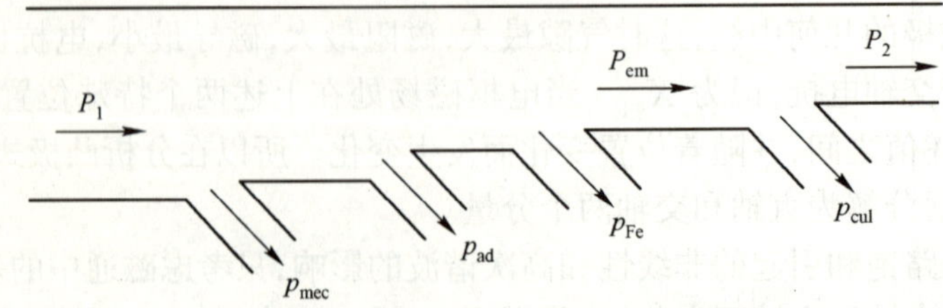

图 7-18 同步电动机的功率流程图

从中可以得到

$$P_1 = P_{em} + P_{Cu1}$$

$$P_{em}=P_2+(p_{mec}+p_{Fe}+p_{ad}) \\ =P_2+P_0 \tag{7-20}$$

式中：P_1——定子输入的电功率；

P_{em}——电磁功率；

P_2——轴上输出的机械功率；

p_{Cu1}——定子铜耗；

p_{Fe}——铁耗；

p_{mec}——机械损耗；

p_{ad}——附加损耗。

其中，$p_0=p_{mac}+p_{Fe}+p_{ad}$。

相应的转矩平衡方程式为

$$T_{em}=T_2+T_0 \tag{7-21}$$

式中，T_{em}——电磁转矩，$T_{em}=\dfrac{P_{em}}{\Omega_0}$；

T_2——机械负载转矩，$T_2=\dfrac{P_2}{\Omega_0}$；

T_0——空载转矩，$T_0=\dfrac{P_0}{\Omega_0}$；

Ω_0——同步角速度。

同步电动机随着负载的变化，必然引起电磁转矩的变化，但转速是不会变化的，我们研究电磁功率和电磁转矩随负载变化的规律就不能用它与转速的关系来描述，而要采用功角特性。

2. 同步电动机的功角特性

同步电动机功角特性是指电磁功率(电磁转矩)随功率角 θ 变化的关系，即 $P_{em}=f(\theta)$或$T_{em}=f(\theta)$对应的关系特性曲线，称为功角特性曲线。

(1) 凸极式同步电动机的功角特性

$$P_{em}=\frac{3E_0U_1}{X_d}\sin\theta+\frac{3U_1^2}{2}\cdot\left(\frac{1}{X_q}-\frac{1}{X_d}\right)\sin2\theta \\ T_{em}=\frac{P_{em}}{\Omega_0}=\frac{3U_1E_0}{\Omega_0X_d}\sin\theta+\frac{3U_1^2}{2\Omega_0}\cdot\left(\frac{1}{X_q}-\frac{1}{X_d}\right)\sin2\theta \tag{7-22}$$

式中：θ——外加电源电压$\dot{U}_1$ 和电枢反应电动势$\dot{E}_0$ 间的夹角。

上式中的第一项为主电磁功率(转矩)，第二项为附加电磁功率(转矩)，这一项只在凸极式电动机中才存在。当电源电压为额定电压 U_N，励磁电流 $I_f=$常数时，E_0 亦为常数，电磁功率P_{em}和电磁转矩 T_{em}仅为功率角 θ 的函数。凸极式同步电动机的功角特性曲线如图 7-22 中的实线所示。

(2) 隐极式同步电动机的功角特性

$$P_{em}=\frac{3E_0U_1}{X_d}\sin\theta \\ T_{em}=\frac{3E_0U_1}{\Omega_0X_d}\sin\theta \tag{7-23}$$

其功角特性曲线为图 7-19 中的虚线。这时 $X_d=X_q$，(7-22)式中的第二项为 0。当电压、频率、空载电动势（即电枢反应电动势）都为常数，在 $\theta=90°$ 时电磁转矩达到最大值。即

$$T_{max}=\frac{3U_1E_0}{\Omega_0X_d} \tag{7-24}$$

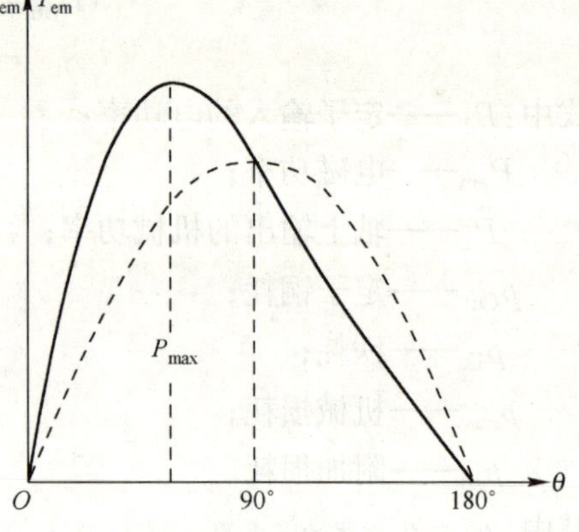

图 7-19　同步电动机的功角特性

(3) 稳定运行区分析

以隐极式为例来分析。

① 同步电动机的工作点在 0°～90°之间。当负载较小时，转速会上升，功率角 θ 减小，电磁转矩 T_{em} 减小，在 T_{em} 下降到与 T_L 相等时，电动机在新的平衡下稳定运行；当负载增加时，转速会下降，功率角 θ 增大，电磁转矩 T_{em} 增大，在 T_{em} 增大到与 T_L 相等时，又在新的平衡下稳定运行。故 0°～90°为同步电动机的稳定运行区。

② 同步电动机的工作点在 90°～180°之间。当负载增大时，转速会上升，功率角 θ 增大，电磁转矩 T_{em} 减小，在电磁转矩 T_{em} 不断下降，直至电动机停止。所以 90°～180°为同步电动机的不稳定运行区。

为了使同步电动机有足够的过载能力，额定转矩应小于最大转矩，额定功率角常在 20°～30°，这时电动机的过载能力为

$$\lambda=\frac{T_{max}}{T_N}=\frac{\sin 90°}{\sin(20°\sim30°)}=2\sim3.5 \tag{7-25}$$

凸极式同步电动机，其功角特性曲线为图 7-19 中的实线。从图中可以看到，最大转矩通常出现在 45°～90°之间。由于附加转矩的存在，其过载能力增强，稳定性就较高，因此同步电动机多制成凸极式。

(4) 稳定运行条件

用同步功率来表示同步电动机保持同步转速的能力，即运行的稳定度。同步功率是指电磁功率（或电磁转矩）的变化量 ΔP_{em}（或 ΔT_{em}）与功率角变化量 $\Delta\theta$ 之间的比值 P_S。即

$$P_S=\frac{\Delta P_{em}}{\Delta\theta} \tag{7-26}$$

对隐极式电动机，得

$$P_S=\frac{3U_1E_0}{X_d}\cos\theta \tag{7-27}$$

在电源电压和励磁电流都不变的情况下，X_d 不变，同步功率随 θ 按余弦规律变化。如图 7-20 所示。当 $\theta=0$ 时，同步功率 P_S 最大，即同步电动机在空载运行时保持同步的能力最强，也就是最稳定；当负载运行时，θ 角增大，电磁功率 P_{em} 增大，同步功率 P_S 减小，只要是在 90°范围内，电动机都能稳定运行。因此，同步电动机稳定运行的条件为 $P_S>0$。

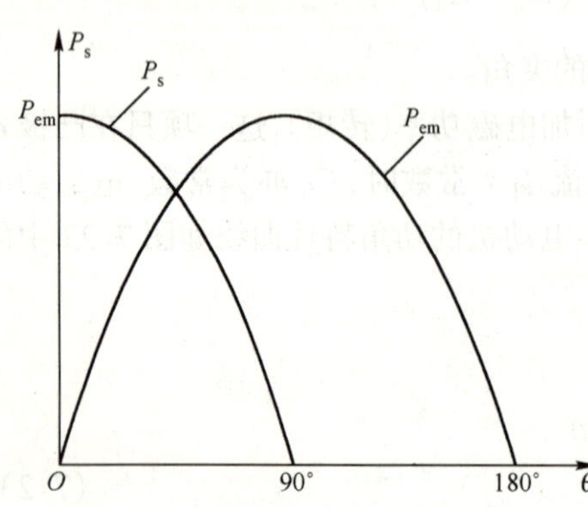

图 7-20　同步电动机的同步功率

当 $\theta=90°$时,$P_S=0$ 为同步电动机的临界点;当 θ 在 $90°\sim180°$之间时,$P_S<0$,同步功率为负值,同步电动机不能稳定运行。

所以,在稳定运行区内,同步电动机具有保持同步转速的能力;在不稳定区内,电动机的转速不能保持为同步转速,这种现象称为失步。很显然,同步电动机在稳定运行区内运行时,其转速为同步转速,不随负载的变化而变化。

7.3.3　同步电动机的工作特性和"V"形曲线

1. 同步电动机的工作特性

同步电动机的工作特性是指在外加电压 U_1、励磁电流 I_f 均为常数时,电枢电流 I、电磁转矩 T_{em}、功率因数 $\cos\varphi$ 和效率 η 与输出功率P_2 之间的关系。

由转矩平衡方程 $T_{em}=T_2+T_0=\dfrac{P_2}{\Omega_0}+T_0$ 可知,当 $P_2=0$ 时,$T_{em}=T_0$,定子绕组中仅有空载电流。随着负载的增大,P_2 也会逐渐增加,电磁转矩 T_{em}为了克服增高了的负载转矩也会逐渐增大,因此 $T_{em}=f(P_2)$是一条直线。由于功率平衡的关系,P_2 的增加会使输入的电功率 P_1 增加,励磁电流也会上升,$I_f=f(P_2)$近似一条直线。同步电动机的效率特性与其他电动机相同。同步电动机的工作特性曲线如图 7-21 所示。

图 7-22 所示为同步电动机在不同励磁下的功率因素特性。曲线 1 是在较小励磁电流下,只能在空载时才会使 $\cos\varphi=1$;当负载增大,功率因数会降低且滞后;曲线 2 为较大的励磁电流下,当负载小于半载时,功率因数为超前(过励状态),大于半载时,为滞后(欠励状态);曲线 3 为更大的励磁电流下,电动机满载时,功率因数为 1。因此,可以通过调节同步电动机的励磁电流来达到在任意负载下,使功率因数为 1 的目的,且可以在超前与滞后之间变化,这是同步电动机的优点之一。

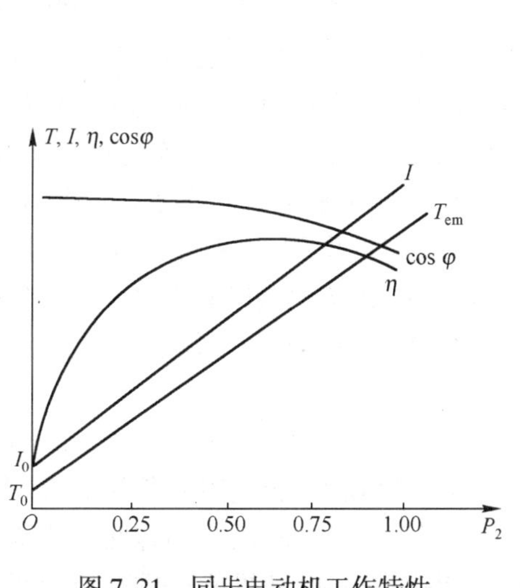

图 7-21　同步电动机工作特性

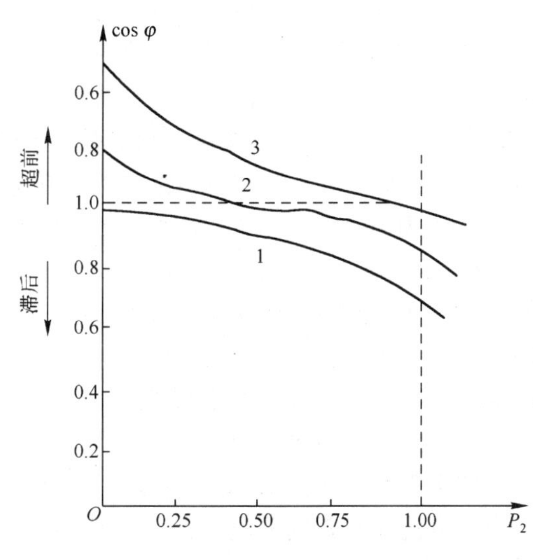

图 7-22　不同励磁下的 $\cos\varphi$ 特性

2. "V"形曲线

同步电动机的"V"形曲线是指在电网电压、频率和电动机输出功率恒定的情况下,电枢电

流 I 和励磁电流 I_f 之间的关系曲线 $I=f(I_f)$。因其形状像“V”字，故称“V”形曲线，图 7-23 所示为不同输出功率的同步电动机“V”形曲线，输出功率越大，在相同的励磁电流下，电枢电流越大，曲线越往上移。

忽略电动机的所有损耗，不计凸极效应，输入的电功率应与电磁功率相等。即当 $U_1=U_N$ 时，$I\cos\varphi=$ 常数，$E_0\sin\theta=$ 常数，所以 $P_1=3U_1I_1\cos\varphi=P_{em}=3\dfrac{U_1E_1}{X_d}\sin\theta=$ 常数。这时调节励磁电流，电枢电流和励磁电动势均会发生变化。将不同励磁电流的相量绘制在一起，如图 7-24 所示。

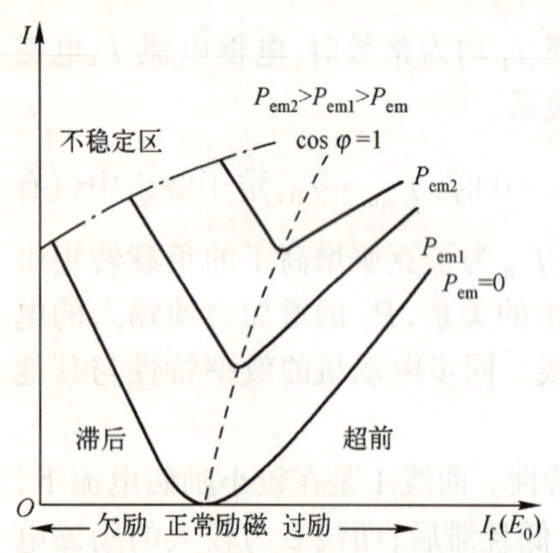

图 7-23 同步电动机“V”形曲线

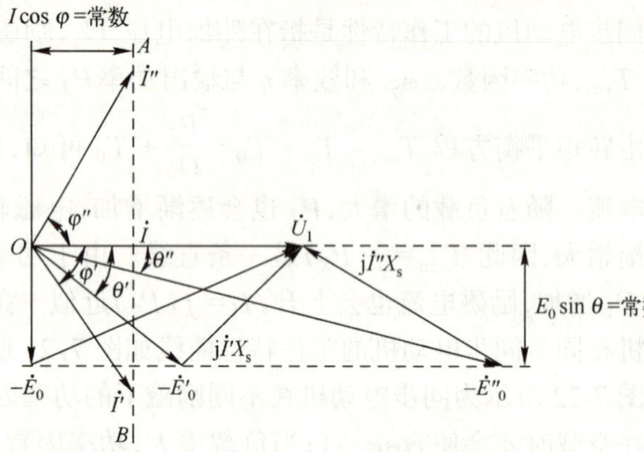

图 7-24 不同励磁电流的相量图

① 调节励磁电流 I_f 会使励磁磁场 Φ_0 和由其产生的电动势 E_0 发生变化。而 $E_0\sin\theta$ 为常数，这样 E_0 变化会引起电枢电流 I 的变化。

② 调节励磁电流 I_f 可能使电枢电流 I 超前或滞后。当励磁电流 I_f 减小至 I'_f 时，主磁通 Φ'_0 也较小，E'_0 较小，$E'_0<U_1$，电枢电流 I' 滞后 U_1，电动机处于欠励状态，相当于感性负载，功率因数小于 1 且为滞后，由于电源向某一感性负载输送功率，降低了电网的功率因数。所以一般情况下同步电动机不能在欠励状态下运行。增大励磁电流至 I_f，随着主磁通 Φ_0 增大，E_0 也增大，使电枢电流 I 和 U_1 同相，均为有功电流，电动机为阻性负载，功率因数 $\cos\varphi=1$，电动机处于正常励磁状态，电网只向电动机提供有功功率。继续增大励磁电流至 I''_f，会使电枢电流 I'' 超前 U_1，电动机处于过励状态，相当于容性负载起到电容的作用，功率因数小于 1 且为超前，电动机这时能够提高电网的功率因数，这对电网十分有利，因为电网带有大量的感性负载，如果有处于过励运行的同步电动机，就能补偿感性负载中的无功部分，而不须电网提供无功功率，减小输电线路的电流，降低线损。

每条曲线中的最低点为正常励磁状态，将所有的最低点连接起来就为功率因数 $\cos\varphi=1$ 线，如图 7-24 中的虚线。虚线的右边为“过励”状态，励磁电流较大，功率因数角为负值，为超前，电枢电流比正常励磁电流大，电网除向电动机能提供有功功率外，还提供容性无功功率。虚线的左边，励磁电流较小，功率因数角为正值，为滞后，电网除向电动机能提供有功功率外，还提供感性无功功率。

同步电动机的最大电磁功率 P_{max} 与 E_0 成正比，在恒定负载下，减小励磁电流，会降低电动机的过载能力，当励磁电流减小到一定程度时，电动机会进入不稳定运行区而失去同步，如

图 7-24 中的虚线表示电动机不稳定区的极限位置。

7.3.4　同步电动机的启动方法

同步电动机的三相定子绕组通电后,旋转磁场就以同步转速旋转,由于转子惯性很大,不能立即也以同步转速转动。在非变频启动时,转子转速与同步转速不等,功角 θ 在 0°～360°间变化。当功角 θ 在 0°～180°间时,电磁转矩为正值,是拖动力矩,而 θ 在 180°～360°间电磁转矩则为负值,是制动力矩。在一个周期内,转子产生的平均电磁转矩为 0,因此同步电动机也不能自行启动。

同步电动机常用异步启动法、辅助启动法和调频启动法。

1. 异步启动法

在制造同步电动机时,在转子磁极的圆周上装有与笼式异步电动机一样的短路绕组作为启动绕组,也称为阻尼绕组。其原理接线图如图 7-25 所示,以下是其启动步骤。

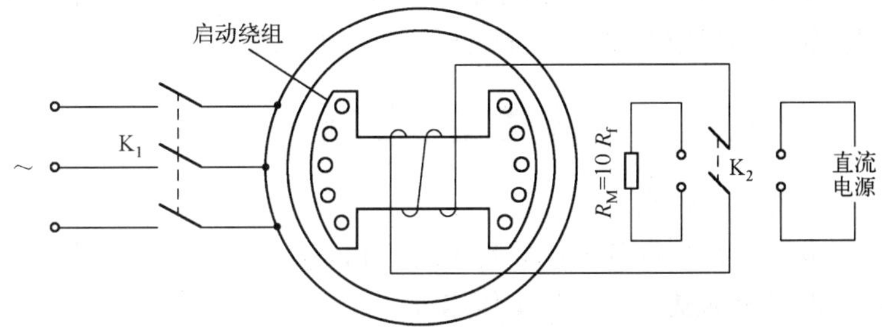

图 7-25　同步电动机异步启动法原理接线图

① 将同步电动机的励磁绕组和限流电阻 R_M 相接。启动时,如果励磁绕组开路,启动时会产生很高的电动势,可能损坏电机绝缘及危及人身安全,但如果将励磁绕组直接短接,在励磁绕组中会出现很大的感应电流,这个电流与旋转磁场一起,在转子上产生很大的附加转矩,造成转子启动困难。所以启动前必须先将同步电动机的励磁绕组和限流电阻 R_M 相接以限制启动电流和减小附加转矩。限流电阻 $R_M \approx 10R_f$(R_f 为励磁绕组电阻)。

② 同步电动机三相定子绕组接通三相电源。同步电动机三相定子绕组接通三相电源产生旋转磁场,该磁场作用在阻尼绕组上(此时,同步电动机相当于三相异步电动机)使转子转动,即异步启动。

③ 当转子转速升高到接近于同步转速($95\% n_1$)时,将转子绕组接通直流电源,同时将限流电阻断开。转子绕组接上直流电源是进行直流励磁,利用旋转磁场与转子磁场间的相互吸引力,将转子拉入同步。

如果是大容量的同步电动机采用异步启动,与三相异步电动机一样,会出现很高的启动电流,为了限制过高的启动电流,同样可以采用三相异步电动机降低启动电流的方法来启动同步电动机。

需要注意的是,同步电动机停止运行时,应先断开定子电源,再断开励磁电源,不然转子突然失磁,将在定子中产生很大电流,在转子中产生很高的电压,会损坏电机绝缘,影响人身安全。

2. 辅助启动法

辅助启动法是用辅助的动力机械将同步电动机加速到接近同步转速，在脱开动力机械的同时，立即给转子绕组加上电源，将同步电动机拉入同步。

辅助动力机械采用异步电动机时，其容量一般为同步电动机容量的5%～15%，磁极数与同步电机相同，当转速接近同步转速时，给转子绕组加上励磁电流，将同步电动机拉入同步，并断开异步机电源；也可采用极数比主机少一对的异步电动机，将同步电动机转速升高超过同步转速，断开异步机电源，当同步机转速下降到同步转速时，立即加上励磁电流。

这种方法主要缺点是不能带负载启动，否则将要求辅助电机的容量很大，造成启动设备和操作复杂。

3. 调频启动法

同步电动机转子绕组通电形成磁场后，如果定子旋转磁场从0开始逐渐升高，利用异性相吸的原理，定子旋转磁场就能将转子逐渐升速至同步转速，这样转子的转速始终与定子磁场的转速相同，即同步。但这种方法需要变频电源，且励磁机不能和主机同轴，因为启动开始就需要进行励磁，如果同轴，在转速很低时，不能建立所需要的励磁电压。

思考题与习题

7-1 “同步”的意义是指什么？

7-2 三相同步电动机在结构和工作原理上与三相异步电动机有什么异同？

7-3 简述同步发电机的基本结构和工作原理。

7-4 简述同步电动机的基本结构和工作原理。

7-5 大容量的同步电机为什么要做成旋转磁极式？

7-6 同步发电机的励磁方式有哪几种？

7-7 为什么同步发电机要并联运行？

7-8 同步发电机并联运行的条件有哪些？

7-9 什么是同步电机的电枢反应？简述同步发电机和电动机的电枢反应的异同。

7-10 同步电动机为什么不能自行启动？常用的启动方法有哪些？

7-11 什么是同步电动机的功角特性和工作特性？

7-12 什么是同步电动机的“V”形曲线？

7-13 同步电动机在过励状态时为什么能提高电网的功率因数？

7-14 同步电动机采用异步启动时，励磁绕组为什么要接入限流电阻？

第 8 章　步进电动机

【知识目标】 掌握步进电动机的结构和工作原理。

【能力目标】 学会对步进电动机的控制方法。

【学习方法】 理论与实践相结合。

8.1　概述

步进电动机又称为脉冲电动机，是数字控制系统中的一种执行元件。其作用是将脉冲电信号变换为相应的角位移或直线位移，即给一个脉冲电信号，电动机就转动一个角度或前进一步。如图 8-1 所示。

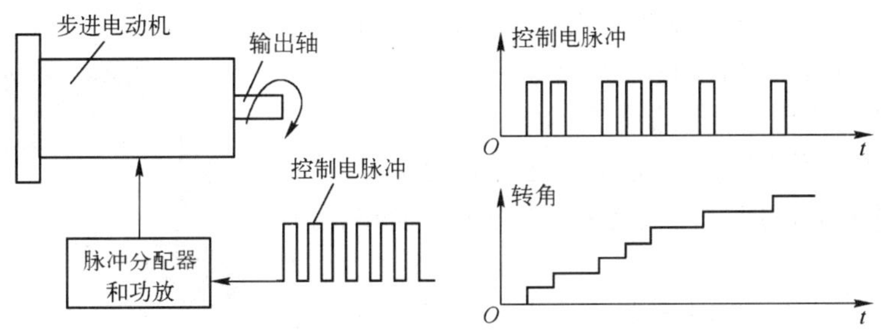

图 8-1　步进电动机控制示意图

步进电动机的角位移量 θ 或线位移量 s 与脉冲数 k 成正比，如图 8-2(a)所示；它的转速 n 或线速度 v 与脉冲频率 f 成正比，如图 8-2(b)所示。在负载能力范围内这些关系不因电源电压、负载大小、环境条件的波动而变化。因而可用于控制系统中作执行元件，使控制系统大为简化。步进电动机可以在很宽的范围内通过改变脉冲频率来调速；能够快速启动、反转和制动。它不需要变换，能直接将数字脉冲信号转换为角位移，很适合采用微型计算机控制。

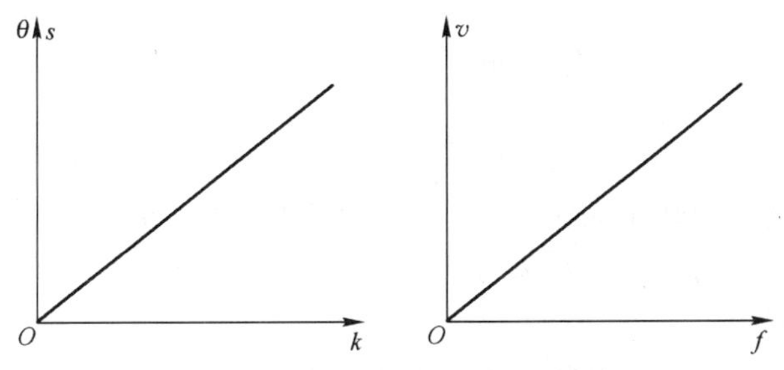

图 8-2　步进电动机的控制特性

近十几年来，数字技术和电子计算机的迅速发展为步进电动机的应用开辟了广阔的前景。目前，我国已较多地将步进电动机应用于机械加工的数控机床中，如图 8-3 所示。它在绘图机、轧钢机的自动控制及自动记录仪表和数模变换等方面也得到广泛应用。

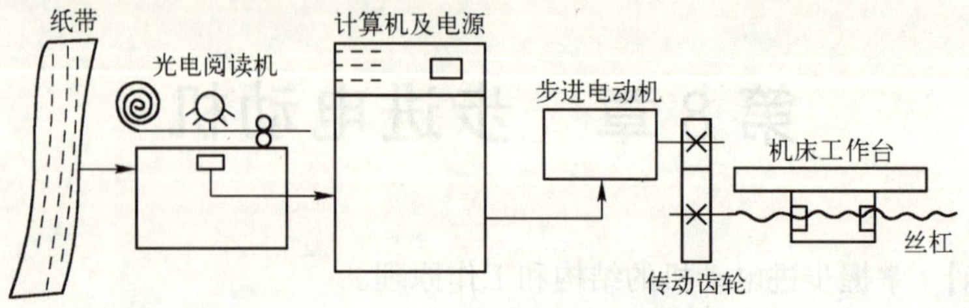

图 8-3 数控机床工作示意图

8.2 反应式步进电动机

8.2.1 反应式步进电动机的结构

步进电动机按励磁方式可分为反应式、永磁式和感应子式；按使用场合可分为功率步进电动机和控制步进电动机；按相数可分为三相、四相、五相等；按使用频率可分为高频步进电动机和低频步进电动机。不同类型的步进电动机，其工作原理、驱动装置也不完全一样。其中反应式步进电动机用得比较普遍，结构也较简单，本章着重分析。

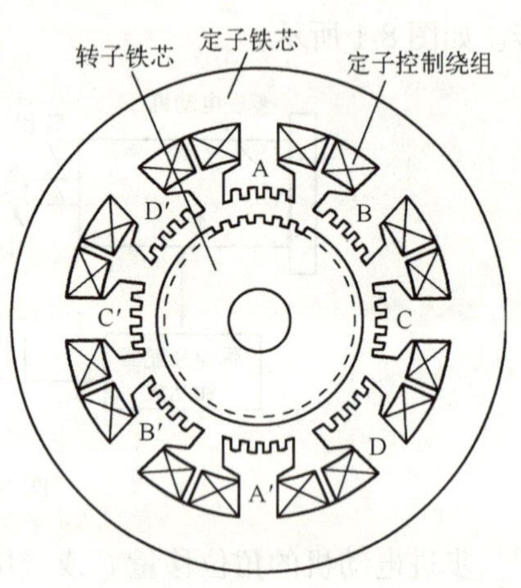

图 8-4 四相反应式步进电动机的典型结构

反应式步进电动机又称为磁阻式步进电动机，其典型结构如图 8-4 所示。这是一台四相电机，定子铁芯由硅钢片叠成，定子上有 8 个磁极(大齿)，每个磁极上又有许多小齿。四相反应式步进电动机共有 4 套定子控制绕组，绕在径向相对的两个磁极上的一套绕组为一相。转子也是由叠片铁芯构成，沿圆周有很多小齿，转子上没有绕组。根据工作要求，定子磁极上小齿的齿距和转子上小齿的齿距必须相等，而且转子的小齿数有一定的限制。图中转子小齿数为 50 个，定子每个磁极上小齿数为 5 个。

8.2.2 反应式步进电动机工作原理

反应式步进电动机的工作原理与反应式同步电动机一样，也是利用凸极转子横轴磁阻与直轴磁阻之差所引起的反应转矩而转动的。如图 8-5 所示是一台三相反应式步进电动机三相单三拍运行图，定子有 6 个极，不带小齿，每两个相对的极上绕有一相控制绕组，转子只有 4 个齿，齿宽等于定子的极靴宽。

当 A 相控制绕组通电，而 B 相和 C 相都不通电时，由于磁通具有力图走磁阻最小路径的特点，所以转子齿 1 和 3 的轴线与定子 A 极轴线对齐。同理，当断开 A 相接通 B 相时，转子便按逆时针方向转过 30°，使转子齿 2 和 4 的轴线与定子 B 极轴线对齐。断开 B 相，接通 C 相，则转子再转过 30°，使转子齿 1 和 3 的轴线与 C 极轴线对齐。

(a) A相接通　(b) B相接通　(c) C相接通

图 8-5　反应式步进电动机三相单三拍运行图

如此按 A→B→C→A→……顺序不断接通和断开控制绕组，转子就会一步一步地按逆时针方向连续转动，如图 8-5 所示。

步进电动机的转速取决于各控制绕组通电和断电的频率(即输入的脉冲频率)，旋转方向取决于控制绕组轮流通电的顺序。如上述电机通电顺序改为 A→C→B→A→……则电机转向相反，变为按顺时针方向转动。

这种按 A→B→C→A→……通电方式运行的，称为三相单三拍运行方式。所谓“三相”是指此步进电动机具有三相定子绕组；“单”是指每次只有一相绕组通电；“三拍”是指三次换接为一个循环，第四次换接重复第一次的情况。除了这种运行方式外，三相步进电动机还可以三相双三拍和三相六拍运行。

如果通电顺序为 AB→BC→CA→AB→……则称为三相双三拍工作方式。此时，步进电动机的转子按顺时针方向旋转。若定子绕组的通电顺序为 AC→CB→BA→AC→……则步进电动机的转子就逆时针方向转动。

如果通电顺序为 A→AB→B→BC→C→CA→A→……则称为三相单(双)六拍或三相六拍工作方式。

对于三相双三拍和三相六拍工作方式，在状态切换时，始终有一相绕组通电，保证了状态切换过程中电动机运行的稳定和可靠。因此，实际中常采用这两种控制方式。推而广之，对于四相步进电动机的工作方式有：

① 双四拍：

AB→BC→CD→DA→AB→……

或 AB→DA→CD→BC→AB→……

② 四相八拍：

A→AB→B→BC→C→CD→D→DA→A……

或 A→AD→D→DC→C→CB→B→BA→A……

或 AB→ABC→BC→BCD→CD→CDA→DA→DAB→AB……

或 AB→ABD→DA→DAC→DC→DCB→CB→CBA→AB……

步进电动机每输入一个脉冲电信号，转子转过的角度称为步距角，用符号 θ 表示。步进电动机的步距角 θ 与相数 m、转子齿数 Z、通电方式 C 有关，其关系为

$$\theta = \frac{360^\circ}{mZC} \tag{8-1}$$

式中,C 为状态系数,当采用单三拍或双三拍方式时,$C=1$;当采用单、双六拍时,$C=2$。

为了提高工作精度,希望步距角很小。要减小步距角可以增加拍数 $N=mC$。相数增加相当于拍数增加,但相数越多,电源及电机的结构也越复杂。反应式步进电动机一般做到六相,个别的也有八相或更多相数。对同一相数既可以采用单拍制,也可采用双拍制。采用双拍制时步距角减小一半。所以一台步进电动机可有两个步距角,如 1.5°/0.75°、1.2°/0.6°、3°/1.5°等。增加转子齿数 Z,步距角也可减小。所以反应式步进电动机的转子齿数一般是很多的,通常情况下反应式步进电动机的步距角为零点几度到几度。

反应式步进电动机可以按特定指令进行角度控制,也可以进行速度控制。例如在采用速度控制时,每输入一个脉冲,转子转过的角度是整个圆周角的 $1/(ZmC)$,也就是转过 $1/(ZmC)$转,因此每分钟转子所转过的圆周数,即转速为

$$n=\frac{60f}{ZmC}=\frac{60f\times 360^\circ}{ZmC\times 360^\circ}=\frac{60f\times\theta}{360^\circ}=\frac{f\times\theta}{6^\circ}\text{(r/min)} \tag{8-2}$$

反应式步进电动机转速取决于脉冲频率、转子齿数和拍数,而与电压、负载、温度等因素无关。当转子齿数一定时,转子旋转速度与输入脉冲频率成正比,或者说其转速和脉冲频率同步。改变脉冲频率可以改变转速,故可进行无级调速,调速范围很宽。另外,若改变通电顺序,即改变定子磁场旋转的方向,就可以控制电机正转或反转。所以步进电动机是用电脉冲进行控制的电机。改变电脉冲输入的情况,就可方便地控制它并使它快速启动、反转、制动或改变转速。

步进电动机具有自锁能力。当控制电脉冲停止输入,而让最后一个脉冲控制的绕组继续通直流电时,电机可以保持在固定的位置上,即停在最后一个脉冲控制的角位移的终点位置上。这样,步进电动机可以实现停车时转子定位。

8.3 其他类型的步进电动机

8.3.1 永磁式步进电动机

永磁式步进电动机的典型结构如图 8-6 所示。定子上有两相或多相绕组,转子为一对或几对极的星形磁铁,转子的极数与定子每相的极数相同。图中画出的是定子为两相集中绕组(AO、BO),每相为两对极,转子磁铁也是两对极的情况。从图中不难看出,当定子绕组按 A→B→(−A)→(→B)→A……轮流通以直流电时,转子将按顺时针方向转动,每次转过 45°空间角度,也就是步距角为 45°。

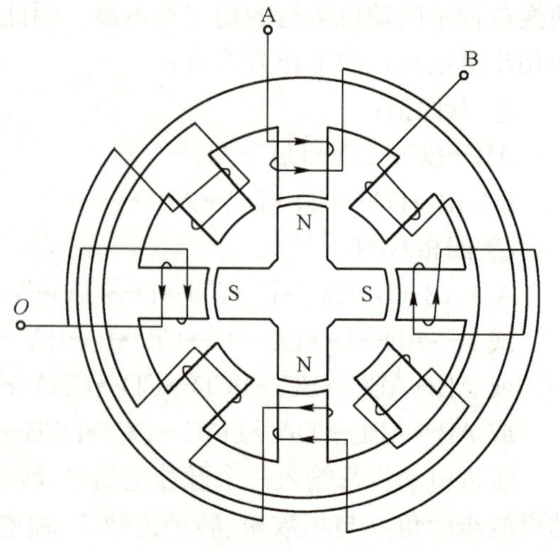

图 8-6 永磁式步进电动机的典型结构

一般来说,步距角的值为

$$\theta=\frac{360^\circ}{2mp} \tag{8-3}$$

式中,p——转子极对数;

m——相数。

由此可知,永磁式步进电动机要求电源供给正负脉冲,否则不能连续运转,这就使电源的线路复杂化。这个问题可通过在同一相的极上绕上两套绕向相反的绕组,电源只供给正脉冲的方法来解决。这样,虽增加了用铜量和电机的尺寸,但却降低了对电源的要求。

永磁式步进电动机的特点是: 大步距角, 例如 15°、22.5°、30°、45°、90°等;启动频率较低, 通常为几十到几百赫兹(但转速不一定低);控制功率小;在断电情况下有定位转矩; 有强的内阻尼力矩。

8.3.2　感应子式步进电动机

感应子式步进电动机也称为混合式步进电动机。图 8-7 表示这种步进电动机的典型结构。

感应子式步进电动机的定子铁芯与反应式步进电动机相同,即分成若干大极,每个极上有小齿及控制绕组;定子控制绕组与永磁式步进电动机相同,也是两相集中绕组,每相为两对极。按 A→B→(－A)→(－B)→A……次序轮流通以正负电脉冲(也可在同一相的极上绕上两套绕向相反的绕组,通以正脉冲);转子的结构与永磁式同步电动机相同,两段转子铁芯上也开有齿槽,其齿距与定子小齿齿距相同。

转子磁铁充磁后,一端(如图中 A 端)为 N 极,则 A 端转子铁芯的整个圆周上都呈 N 极性,B 端转子铁芯则呈 S 极性。当定子 A 相通电时,定子 1-3-5-7 极上的极性为 N-S-N-S,这时转子的稳定平衡位置就是图 8-7 所示的位置,即定子磁极 1 和 5 上的齿在 B 端与转子的齿对齐,在 A 端则与转子槽对齐,磁极 3 和 7 上的齿与 A 端上的转子齿及 B 端上的转子槽对齐,而 B 相 4 个极(2、4、6、8 极)上的齿与转子齿都错开 1/4 齿距。

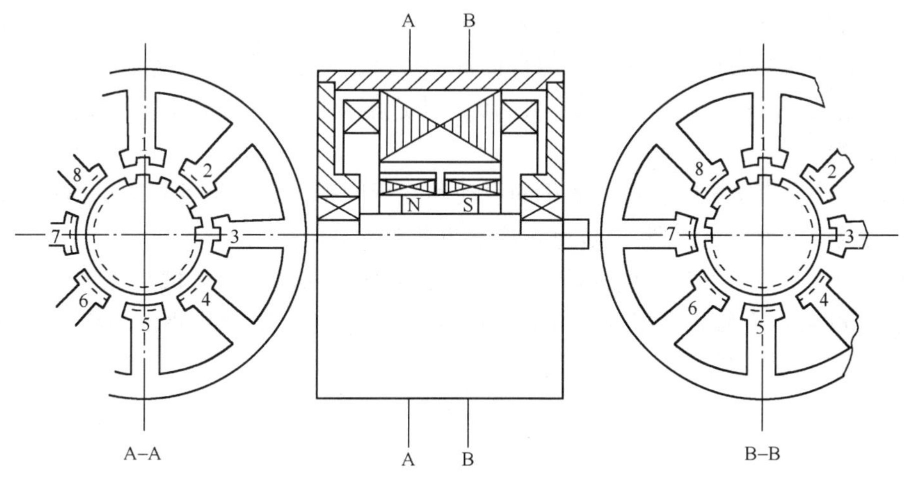

图 8-7　感应子式步进电动机的典型结构

由于定子同一个极的两端极性相同,转子两端极性相反,但错开半个齿距,所以当转子偏离平衡位置时,两端作用转矩的方向是一致的。在同一端,定子第一个极与第三个极的极性相反,转子同一端极性相同,但第一和第三极下定、转子小齿的相对位置错开了半个齿距,所以作用转矩的方向也是一致的。当定子各相绕组按顺序通以直流脉冲时,转子每次将转过一个步

距角,其值为

$$\theta=\frac{360^{\circ}}{2mZ} \tag{8-4}$$

这种电机可以像反应式步进电动机一样做成小步距角，并有较高的启动频率，同时它又具有控制功率小的优点(这点对于航空设备来说特别重要)。当然，由于采用磁铁,转子铁芯须分成两段，结构和工艺都比反应式复杂一些。

8.4 步进电动机的主要性能指标和控制

8.4.1 步进电动机的主要性能指标

1. 最大静转矩 T_{jmax}

最大静转矩是指步进电动机在规定的通电相数下矩角特性上的转矩最大值。绕组电流越大,最大静转矩也越大,如图 8-8 所示。通常技术数据中所规定的最大静转矩是指每相绕组通以额定电流时所得的值。一般说来,最大静转矩较大的电机,可以带动较大的负载。

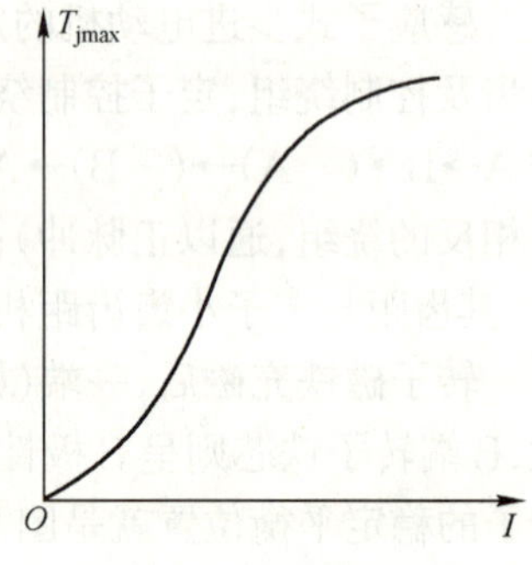

图 8-8 最大静转矩 T_{jmax}

负载转矩和最大静转矩的比值通常取为 0.3～0.5 左右,即

$$T_{L}=(0.3\sim0.5)T_{jmax} \tag{8-5}$$

按最大静转矩的值可以把步进电动机分为伺服步进电动机和功率步进电动机。前者输出力矩较小，有时需要经过液压力矩放大器或伺服功率放大系统放大后再去带动负载。而功率步进电动机的最大静转矩一般大于 5 N·m。它不需要力矩放大装置就能直接带动负载运动。这不仅大大简化了系统,而且提高了传动的精度。所以提高输出转矩,制造功率步进电动机是当前步进电动机发展方向之一。

2. 步距角 θ

步距角大小会直接影响步进电动机的启动和运行频率。外形尺寸相同的电机,步距角小的往往启动及运行频率比较高,但转速和输出功率不一定高。

步进电动机驱动对象多是直线运动,因此需加装如滚珠丝杠等机械装置将旋转运动变为直线运动。此时,步距角 θ 可根据系统要求的脉冲当量(每一脉冲步进电动机带动负载移动的直线位移量)和丝杠螺距,由下式确定。

$$\theta=\frac{360^{\circ}\delta_{p}}{ti} \tag{8-6}$$

式中,δ_{p}——脉冲当量(mm);

t——丝杠螺距(mm);

i——传动比。

3. 静态步距角误差 $\Delta\theta$

静态步距角误差即实际的步距角与理论的步距角之间的差值,通常用理论步距角的百分数或绝对值来衡量。静态步距角误差小,表示电机精度高。$\Delta\theta$ 通常是在空载情况下测量的。

4. **启动频率 f_{st} 和启动矩频特性**

启动频率又称突跳频率，是指步进电动机能够不失步启动时的最高脉冲频率，是步进电动机的一项重要指标。产品目录上一般都有空载启动频率的数据。但在实际使用时，步进电动机大都要在带负载的情况下启动。这时，负载启动频率是一个重要指标。负载启动频率与负载转矩及惯量的大小有关。负载惯量一定，负载转矩增加，或负载转矩一定，负载惯量增加都会使启动频率下降。在一定的负载惯量下，启动频率随负载转矩变化的特性称为启动矩频特性，通常以表格或曲线形式给出。

5. **运行频率 f_y 和运行矩频特性**

步进电动机启动后，控制脉冲频率连续上升而维持不失步的最高频率，称为运行频率。通常给出的也是空载情况下的运行频率。当电机带着一定负载运行时，运行频率与负载转矩大小有关，两者的关系称为运行矩频特性，在技术数据中通常也是以表格或曲线形式表示。提高运行频率对于提高生产率和系统的快速性具有很大的实际意义。由于运行频率比启动频率要高得多，所以使用时经常通过自动升、降频控制线路，先在低频（不大于启动频率）下使电机启动，然后逐渐升频到工作频率使电机处于连续运行。升频时间一般不大于 1 s。

另外，必须注意，步进电动机的启动频率、运行频率及其矩频特性都与电源型式有密切关系。使用时首先必须了解给出的性能指标是在怎样型式的电源下测定的。一般使用高低压切换型电源，其性能指标较高；如使用时改为单一电压型电源，则性能指标要作相应降低。

6. **额定电流**

电机不动时每相绕组容许通过的电流定为额定电流。当电机运转时，每相绕组通过的电流是脉冲电流，电流表指示的读数为脉冲电流平均值，并非为额定电流（此值比额定电流低）。绕组电流太大，电机温升会超过容许值。

7. **额定电压**

额定电压是指加在驱动电源各相主回路的直流电压。一般它不等于加在绕组两端的电压。国家标准规定步进电动机的额定电压应为：单一电压型电源有 6 V、12 V、27 V、48 V、60 V、80 V；高低压切换型电源有 60/12 V、80/12 V。

8.4.2　步进电动机的控制

步进电动机可以采用硬件控制方式，但这种情况下，如果需要变动控制功能，则须重新设计硬件电路，因此灵活性差、调整困难。计算机数控技术为步进电动机的控制开辟了新的途径。原来由硬件线路实现的控制，都可由相应的计算机程序模块来实现。这样不但使控制功能增强，电路简化、成本降低，而且可靠性也大大提高。下面以三相步进电动机为例，简要介绍计算机程序控制的方法。

1. **步进电动机运转控制**

利用微型计算机的 I/O 控制接口板，可实现步进电动机的控制，其控制图如图 8-9 所示。

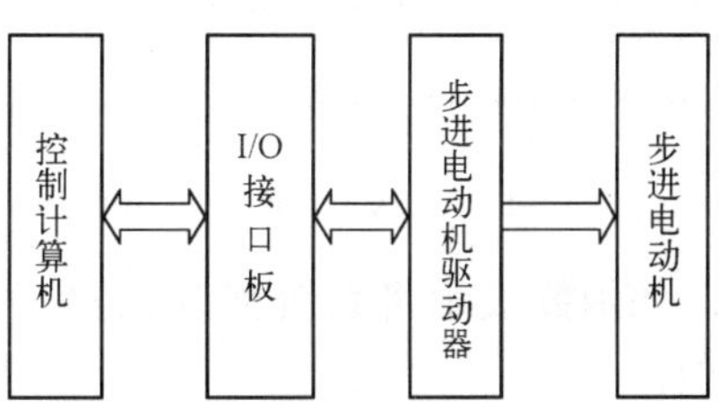

图 8-9　步进电动机控制图

若以“1”（高电平）表示通电，以“0”（低电平）表示断电，使用 I/O 接口板的一个输出端口对步进电动机按照三相六拍方式进行控制。此时，通电顺序应为

A→AB→B→BC→C→CA→……(正转)或 CA→C→BC→B→AB→A→……(反转)。设步进电动机的A、B、C相分别接至I/O输出端口(地址为2000H)的A0、A1、A2位,则步进电动机三相六拍环形分配表如表8-1所示。

表 8-1 步进电动机三相六拍环形分配表(正转)

控制节拍	A2 A1 A0	控制方向	方向
1	0 0 1	01H	反转 ↑
2	0 1 1	03H	
3	0 1 0	02H	
4	1 1 0	06H	
5	1 0 0	04H	
6	1 0 1	05H	↓ 正转

如果用C语言实现其控制动作,则相应的计算机环形控制软件为一个如下的循环体程序。

```
正转程序:outportb (0x2000,0x01);
        outportb (0x2000,0x03);
        outportb (0x2000,0x02);
        outportb (0x2000,0x06);
        outportb (0x2000,0x04);
        outportb (0x2000,0x05)。
反转程序:outportb (0x2000,0x05);
        outportb (0x2000,0x04);
        outportb (0x2000,0x06);
        outportb (0x2000,0x02);
        outportb (0x2000,0x03);
        outportb (0x2000,0x01);
```

计算机如果执行上述循环体,则步进电动机将不停地旋转。如果要求步进电动机正方向运转,则执行第一个循环体;而如果要求步进电动机反方向运转,则执行第二个循环体。

2. 步进电动机速度控制

在生产实际中,对控制系统的速度范围要求很高。步进电动机运转的速度,取决于输入脉冲的频率。只要在控制软件中,控制两个节拍进给脉冲的间隔时间,就可以方便地实现步进电动机运转速度的控制。两个节拍间的间隔时间通常采用软件延时的方法实现,如在C语言中,可采用delay()函数实现,delay()函数的调用格式为

```
void delay (unsigned int milliseconds);
```

该函数表示将系统挂起,暂停一段时间,delay()函数中的milliseconds是指以毫秒为单位。

因此,设 T 为步进电动机速度控制变量,则可通过以下循环体控制步进电动机按照一定的转速进行正方向旋转。这里出现的 T 与前面斜体的转矩 T 是有区别的,代表不同的含义。

同理可得反方向运动。

```
outportb (0x2000,0x01);
delay (T);
outportb (0x2000,0x03);
delay (T);
outportb (0x2000,0x02);
delay (T);
outportb (0x2000,0x06);
delay (T);
outportb (0x2000,0x04);
delay (T);
outportb (0x2000,0x05);
delay (T);
```

步进电动机速度控制变量 T 的确定方法是:根据数控机床的加工要求,求出步进电动机的转速 n(r/min),再根据步进电动机步距角 θ 的大小,由式(8-2)求出相应的脉冲频率 f(Hz),即

$$f=\frac{6^{\circ}}{\theta}\times n \tag{8-7}$$

则两个节拍间的间隔时间 T 可根据 $T=1/f$ 的关系求出。

3. 步进电动机位置控制

在实际应用中,实现步进电动机位置控制的方法是。首先按照机械传动关系,求出丝杠位移量与步进时间转角的关系,从而得到一定直线位移量所对应的步进电动机转角,并根据步距角的大小换算为步进电动机相应转过的步数。其次将该步数赋给一变量,当电动机每进给一步,控制程序自动完成减一运算,并判断是否为零。如不为零,则继续进给加工;若为零,则停止进给加工,即停止电动机的运行。

思考题与习题

8-1　简述三相步进电动机的工作原理。

8-2　步进电动机的性能指标有哪些?

8-3　步进电动机的控制方式有哪几种?

第 9 章　伺服电动机

【知识目标】 掌握直流伺服电动机和交流伺服电动机的结构、原理。

【能力目标】 学会区分交直流伺服电动机的性能和使用。

【学习方法】 比较、归纳。

伺服电动机的功能是把输入的控制电压转换为转轴上的角位移和角速度输出，转轴的转速和转向随着输入电压信号的大小和方向而改变。在自动控制系统中，伺服电动机作为执行元件，因此它又被称为执行电动机。

对伺服电动机的基本要求如下。

① 可控性好，有控制电压信号时，电动机在转向和转速上应能作出正确的反应，控制电压信号消失时，电动机应能可靠停转。

② 响应快，电动机转速的高低和方向随控制电压信号的改变而快速变化，反应灵敏，即要求机电时间常数小，启动转矩大。

③ 机械特性线性度好，调速范围大，转速稳定。

④ 控制功率小，空载始动电压低(从静止到连续转动的最小电压)。

9.1　直流伺服电动机

9.1.1　直流伺服电动机的分类

直流伺服电动机有传统型和低惯量型两类。低惯量型又有圆盘型、无槽电枢型和无刷型等结构方式。

1. 传统直流伺服电动机

传统直流伺服电动机就是微型他励直流电动机，在结构上有永磁式和电磁式两种基本类型。电磁式直流伺服电动机的定子通常用硅钢片叠成铁芯，铁芯上套有励磁绕组，使用时须加励磁电源，按励磁方式不同又分为他励、并励、串励和复励四种。我国生产的 SZ 系列直流伺服电动机就属于这种结构。永磁式直流伺服电动机是在定子上安装由永久磁铁做成的磁极，不需励磁电源，应用方便。我国生产的 SY 系列直流伺服电动机就属于这种结构。

传统型直流伺服电动机的电枢与普通直流电动机的电枢相同，铁芯是用硅钢片冲压叠片制成，外圆均匀分布有槽齿，电枢绕组按一定规律嵌放在槽中，并经换向器和电刷引出。

2. 低惯量直流伺服电动机

盘形电枢直流伺服电动机的特点是电枢的直径远大于长度，电枢有效导体沿径向排列，定、转子间的气隙为轴向平面气隙，主磁通沿轴向通过气隙。圆盘中电枢绕组可以是印制绕组或绕线式绕组，后者功率比前者大。

印制绕组是采用与制造印制电路板相类似的工艺制成的，它可以是单片双面或多片重叠的。

绕线式绕组则是先绕成单个线圈，然后把全部线圈排列成盘形，再用环氧树脂热固化成型。图 9-1 为印制绕组盘形电枢直流伺服电动机结构简图。由此图可见，它不单独设置换向器，而是利用靠近转轴的电枢端部兼作换向器，但导体表面需另外镀一层耐磨材料，以延长使用寿命。图 9-2 为绕线式盘形电枢直流伺服电动机结构简图。

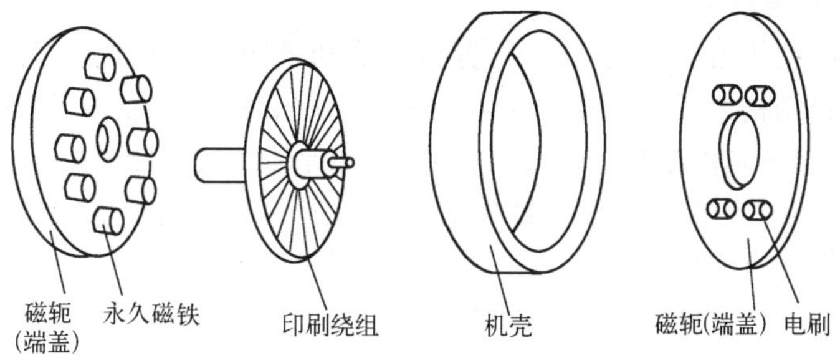

图 9-1　印制绕组直流伺服电动机

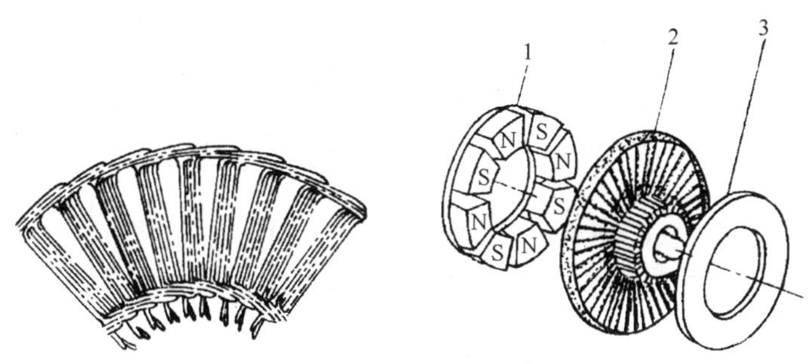

图 9-2　绕线式盘形电枢电动机的主要零部件结构图

盘形电枢直流伺服电动机具有以下特点。

① 电机结构简单，制造成本低。

② 启动转矩大。由于电枢绕组全部在气隙中，散热良好，其绕组电流密度比一般普通的直流伺服电动机高 10 倍以上，因此允许的启动电流大，启动转矩也大。

③ 力矩波动很小，低速运行稳定，调速范围广而平滑，能在 1∶20 的速度比范围内可靠平稳地运行。这主要是由于这种电机没有齿槽效应及电枢元件数、换向片数很多的缘故。

④ 换向性能好。电枢由非磁性材料组成，换向元件电感小，所以换向火花小。

⑤ 电枢转动惯量小，反应快，机电时间常数一般为 10～15 ms，属于中等低惯量伺服电动机。

3. 无槽电枢直流伺服电动机

无槽电枢直流电动机结构和普通直流电动机结构的差别仅仅是电枢铁芯是光滑、无槽的圆柱体。电枢的制造是将敷设在光滑电枢铁芯表面的绕组，用环氧树脂固化成型并与铁芯黏结在一起，其气隙尺寸较大，比普通的直流电动机大 10 倍以上。定子励磁一般采用高磁能的永久磁铁。

由于无槽直流电动机在磁路上不存在齿部磁通密度饱和的问题，因此就有可能大大提高电机的气隙磁通密度和减小电枢的外径。这种电动机的气隙磁通密度可达 1T 以上，比普通直流伺服电动机大 1.5 倍左右。电枢的长度与外径之比在 5 倍以上，所以无槽直流电动机具有转动惯量低、启动转矩大、反应快、启动灵敏度高、转速平稳、低速运行均匀、换向性能良好等优点。目前电动机的输出功率在几十瓦到 10 kW 之间，机电时间常数为 5～10 ms。主要用于要求快速动作、功率较大的系统，例如数控机床和雷达天线驱动等方面。

4. 无刷直流伺服电动机

无刷直流伺服电动机由电动机、转子位置传感器和半导体开关电路三部分组成。无刷直流伺服电动机的简要结构如图 9-3 所示。它的磁极是旋转的，即永磁转子，静止的定子安有多相电枢绕组，各相绕组分别由半导体开关元件控制，半导体开关的导通由转子位置传感器所决定，并使电枢绕组中的电流随转子位置的改变而按一定的顺序进行换向，从而实现了无接触(电刷)电子换向。无刷直流伺服电动机既具有直流伺服电动机良好的机械特性和调节特性，又具有交流电动机的维护方便、运行可靠的优点。

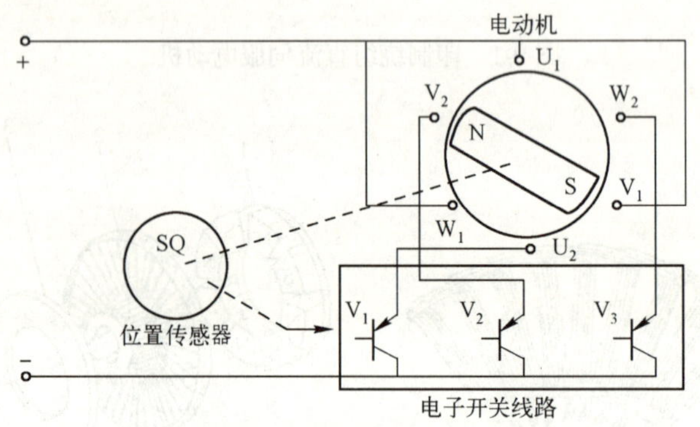

图 9-3　无刷直流伺服电动机的简要结构

9.1.2　直流伺服电动机的控制方法与静态特性

1. 直流伺服电动机的控制方法

由直流电动机的电压平衡方程式

$$U_a = I_a R_a + E_a \tag{9-1}$$

可推得

$$I_a = (U_a - E_a)/R_a = (U_a - C_e \Phi n)/R_a \tag{9-2}$$

$$n = U_a/(C_e \Phi) - T_{em} R_a/(C_e C_T \Phi^2) \tag{9-3}$$

由此可见，当转矩 T_{em} 一定时，转速 n 是电枢电压 U_a 和磁通 Φ 的函数。它表明了电动机的控制特性，也就是说，改变 U_a 或 Φ 都可以达到调节转速 n 的目的。通过调节电枢电压 U_a 来控制转速的方法叫“电枢控制”；通过调节磁通 Φ(改变励磁电压 U_f)来控制转速的方法叫“磁场控制”。这两种方法是不同的，“电枢控制”中转速 n 和控制量 U_a 之间是线性关系；“磁场控制”中转速 n 和控制量 Φ 是非线性关系。因此，在直流伺服系统中多采用“电枢控制”。

2. 直流伺服电动机的静态特性

当直流电动机的控制电压和负载转矩不变，电动机的电流和转速达到恒定的稳定值时，就称电动机处于静态(稳态)，此时直流电动机所具有的特性叫静态特性。电动机的静态特性一般包括机械特性(转速与转矩的关系)和调节特性(转速与控制电压的关系)。

(1) 机械特性

由式(9-3)知,当电枢电压 U_a 和磁通 Φ 一定时,转速 n 是转矩 T_{em}的函数,它表明了直流伺服电动机的机械特性,如图 9-4 所示。

在理想的空载情况下,即电磁转矩 $T_{em}=0$ 时,理想空载转速为

$$n_0=U_a/(C_e\Phi) \tag{9-4}$$

由式(9-3)可见,当 $n=0$ 时,

$$T_{em}=T_{st}=U_aC_T\Phi/R_a \tag{9-5}$$

其中 T_{st}称为启动转矩。

斜率为

$$\beta=R_a/(C_eC_T\Phi^2) \tag{9-6}$$

它表明了机械特性的硬软程度,β 越小,说明转速 n 随转矩 T_{em}变化越小,即机械特性比较硬;β 越大,说明转速随转矩变化越大,即机械特性比较软。从电动机控制的角度,希望机械特性硬些好。

β 与电枢电压无关,如果改变电枢电压 U_a,可得到一组平行直线,如图 9-5 所示。由图可见,提高电枢控制电压 U_c,机械特性直线平行上移。在相同转矩时,电枢控制电压越高,静态转速越高。

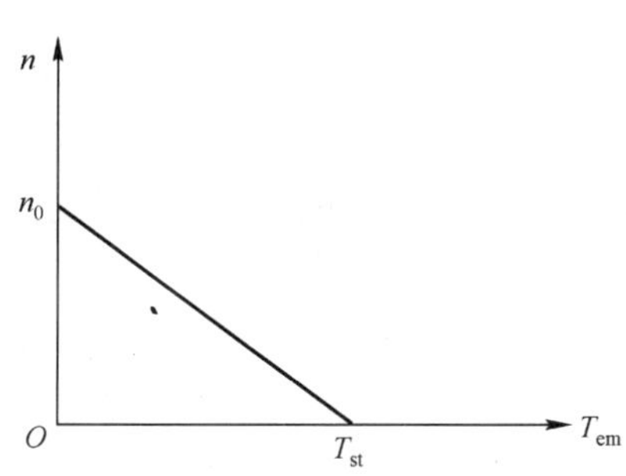

图 9-4　直流伺服电动机的机械特性

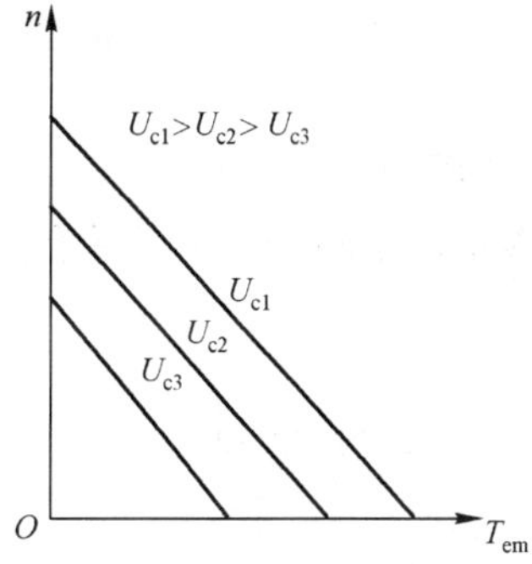

图 9-5　不同控制电压时的机械特性

(2) 调节特性

调节特性是指电磁转矩(或负载转矩)一定时电机的静态转速与电枢电压的关系。调节特性表明电压 U_a 对转速 n 的调节作用。图 9-6 是转速 n 和控制电压 U_a 在不同转矩值时的调节特性曲线族。

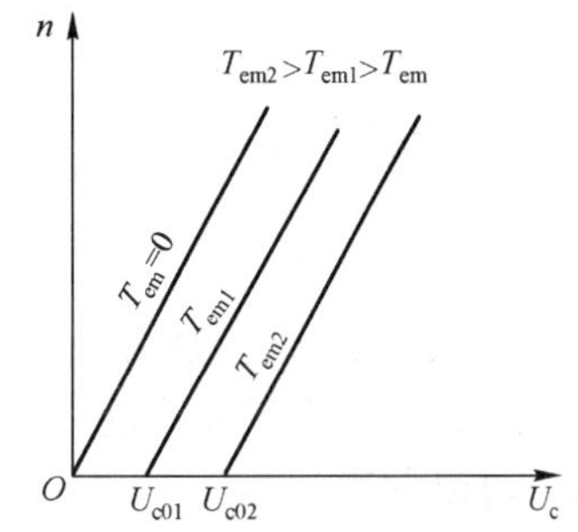

图 9-6　直流伺服电动机的调节特性

由图 9-6 可见,当电磁转矩(或负载转矩)为零时,电动机的启动没有死区。如果电磁转矩(或负载转矩)不为零,则调节特性就会出现死区。只有电枢电压 U_a 大到一定值,所产生的电磁转矩大到足以克服负载转矩时,电动机才能开始转动,并随着电枢电压的提高,转速也逐渐提高。电动机开始连续旋转所需的最小电枢电压 U_{C01}称为始动电压。由式(9-3)可知,当 $n=0$ 时,

$$U_{\mathrm{a}} = U_{\mathrm{C01}} = T_{\mathrm{em}} R_{\mathrm{a}} / (C_{\mathrm{T}} \Phi) \tag{9-7}$$

由此可见，始动电压和电磁转矩(或负载转矩)成正比。

综上所述，直流电动机采用电枢控制时，机械特性和调节特性都是直线，特性曲线族是平行直线，这是很大的优点，便于控制系统的设计。

9.2 交流伺服电动机

20 世纪 80 年代以前，在数控机床中采用的伺服系统，一直是以直流伺服电动机为主，这主要是因为直流伺服电动机具有控制简单、输出转矩大、调速性能好、工作平稳可靠的性能。近年来，交流调速有了飞速的发展，交流电动机的可变速驱动系统已发展为数字化，这使得交流电动机的大范围平滑调速成为现实，交流伺服电动机的调速性能已可以与直流电动机相媲美，同时发挥了其结构简单坚固、容易维护、转子的转动惯量可以设计得很小、可以高速运转等优点。因此，在当代的数控机床上，交流伺服系统得到了广泛的应用。

交流伺服电动机分为同步伺服电动机和异步伺服电动机两大类型。

9.2.1 同步交流伺服电动机

同步交流伺服电动机在变频电源供电时，可方便地获得与频率成正比的可变转速，得到非常硬的机械特性及较宽的调速范围。所以在数控机床的伺服系统中多采用永磁式交流同步伺服电动机。

1. 工作原理

图 9-7 所示的转子是一个具有两个极的永磁转子。当同步电动机的定子绕组接通三相交流电流时，产生旋转磁场(N_s, S_s)，以同步转速 n_s 逆时针方向旋转。根据异性磁极相吸引的道理，定子磁极 N_s(或 S_s)紧紧吸住转子永久磁极，以同步转速 n_s 在空间旋转，即转子和定子磁场同步旋转。当转子的负载转矩增大时，定子磁极轴线与转子磁极轴线间的夹角 θ 就会增大；当其负载转矩减小时 θ 会减小，但只要负载不超过一定的限度，转子就始终跟着定子旋转磁场以同步转速转动。此时转子的转速只决定于电源频率和电动机的极对数，而与负载的大小无关。

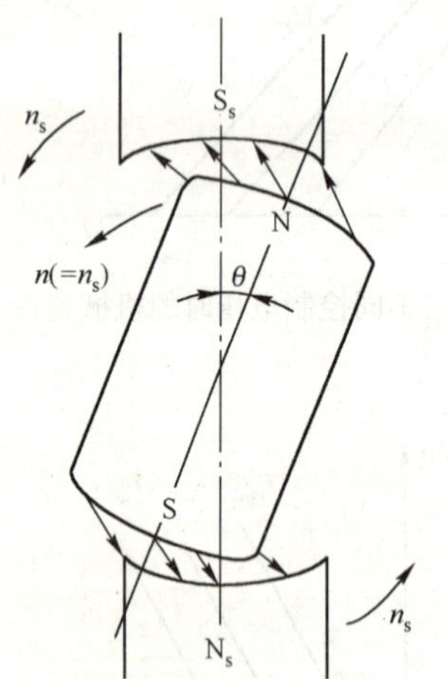

图 9-7 永磁式同步电动机的工作原理

当转子的负载转矩超过一定的限度，则电动机就会“失步”，即不再按同步转速运行甚至最后会停转。这个最大限度的转矩称为最大同步转矩。因此，使用永磁式同步电动机时，负载转矩不能大于最大同步转矩。

2. 调速方法

当同步电动机的定子绕组，接通三相交流电源后，就会产生一个一定转速的旋转磁场，并吸引永磁式转子磁极同步旋转，只要负载在允许范围内，转子就会与磁场同步旋转。同步电动机也因此而得名。永磁同步伺服电动机转子的转速为

$$n = 60f/p \tag{9-8}$$

式中，f——电源频率；

p——磁极对数。

与异步伺服电动机的调速方法不同，同步交流伺服电动机不能用调节转差率 s 的方法来调速，也不能用改变磁极对数 p 来调速，而只能用变频调速才能满足数控机床的要求，实现无级调速。因此，变频器是永磁同步交流伺服电动机调速控制的一个关键部件。

9.2.2　异步交流伺服电动机

1. 结构特点

异步交流伺服电动机的结构主要可分为两大部分，即定子部分和转子部分。在定子铁芯中安放着空间互成 90°电角度的两相绕组，如图 9-8 所示。其中 l_1-l_2 称为励磁绕组，k_1-k_2 称为控制绕组，所以交流伺服电动机是一种两相的交流电动机。转子的结构常用笼形转子和非磁性杯形转子。

非磁性杯形转子交流伺服电动机的结构如图 9-9 所示。图中外定子与笼形转子伺服电动机的定子完全一样，内定子由环形钢片叠成，通常内定子不放绕组，只是代替笼形转子的铁芯作为电机磁路的一部分。在内、外定子之间有细长的空心转子装在转轴上，空心转子做成杯子形状，所以又称为空心杯形转子。空心杯由非磁性材料铝或铜制成，它的杯壁极薄，一般在 0.3 mm 左右。杯形转子套在内定子铁芯外，并通过转轴可以在内、外定子之间的气隙中自由转动，而内、外定子是不动的。

杯形转子与笼形转子从外表形状来看是不一样的。但实际上，杯形转子可以看做是笼条数目非常多的、条与条之间彼此紧靠在一起的笼形转子，杯形转子的两端也可看成是由短路环相连接。这样，杯形转子只是笼形转子的一种特殊形式。实质上，二者没有什么差别，在电机中所起的作用也完全相同。因此在分析时，只以笼形转子为例，分析结果对杯形转子电动机也完全适用。

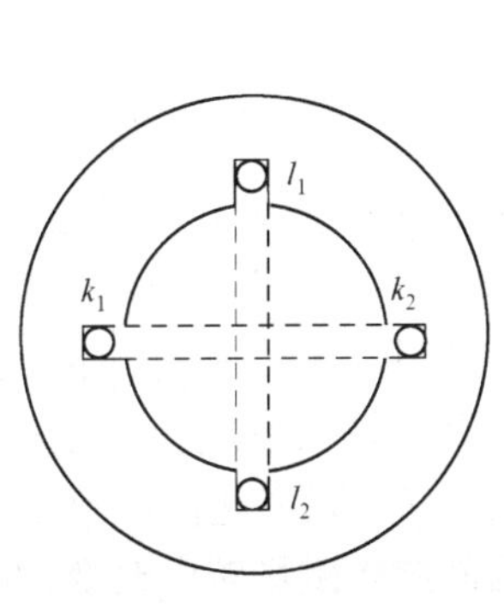

图 9-8　定子两相绕组分布图

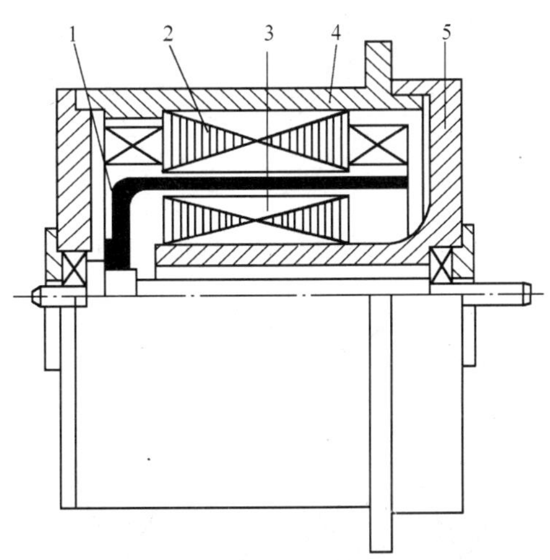

图 9-9　非磁性杯形转子伺服电动机的结构

1—杯形转子；2—外定子；3—内定子；4—机壳；5—端盖

与笼形转子相比较，非磁性杯形转子惯量小，轴承摩擦阻转矩小。由于它的转子没有齿和槽，所以定、转子间没有齿槽黏合现象，转矩不会随转子不同的位置而发生变化，恒速旋转时，转子一般不会有抖动现象，运转平稳。但是由于它内、外定子间气隙较大(杯壁厚度加上杯壁两边的气隙)，所以励磁电流就大，降低了电机的利用率，因而在相同的体积和重量下，在一定的功率范围内，杯形转子伺服电动机比笼形转子伺服电动机所产生的启动转矩和输出功率都小；另外，杯形转子伺服电动机结构和制造工艺又比较复杂。因此，目前广泛应用的是笼形转子伺服电动机，只有在要求运转非常平稳的某些特殊场合下(如积分电路等)，才采用非磁性杯形转子伺服电动机。

2. 工作原理

异步交流伺服电动机使用时，若定子的励磁绕组两端施加恒定的励磁电压 u_f，控制绕组两端施加控制电压 u_k(其原理图如图 9-10 所示)，则励磁绕组中产生励磁电流 i_f，控制绕组中产生控制电流 i_k。由单相异步电动机一章的分析可知：在空间互差 90 度电角度的两相交流绕组的电流 i_f、i_k 将在电动机内部产生椭圆形的旋转磁场。转子绕组切割磁力线感应电动势和电流，转子电流在磁场中受力使转子沿着旋转磁场的方向转动起来。即当定子绕组加上电压后，伺服电动机就会很快转动起来，将电信号转换成转轴的机械转动。

异步交流伺服电动机的转子是跟着旋转磁场转的，也就是说，旋转磁场的转向决定了电动机的转向。旋转磁场的转向是从流过超前电流的绕组轴线转到流过滞后电流的绕组轴线。如果控制电流 i_k 超前励磁电流 i_f，则旋转磁场从控制绕组轴线转到励磁绕组轴线，即按顺时针的方向转动，如图 9-11 所示。

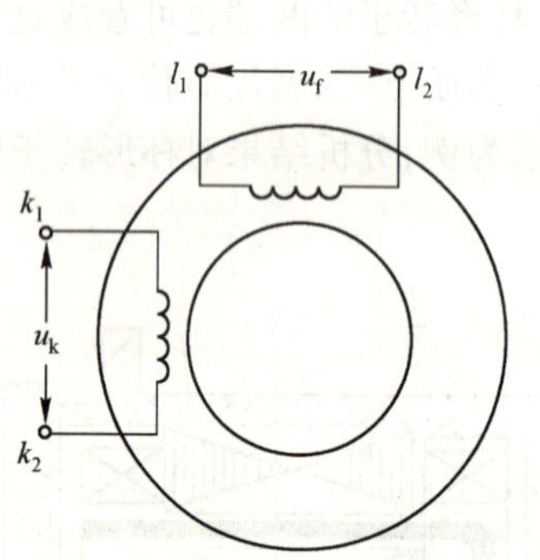

图 9-10　异步交流伺服电动机电气原理图

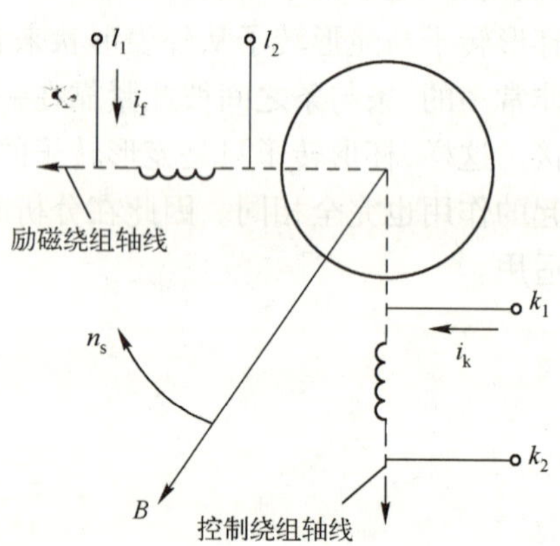

图 9-11　旋转磁场转向

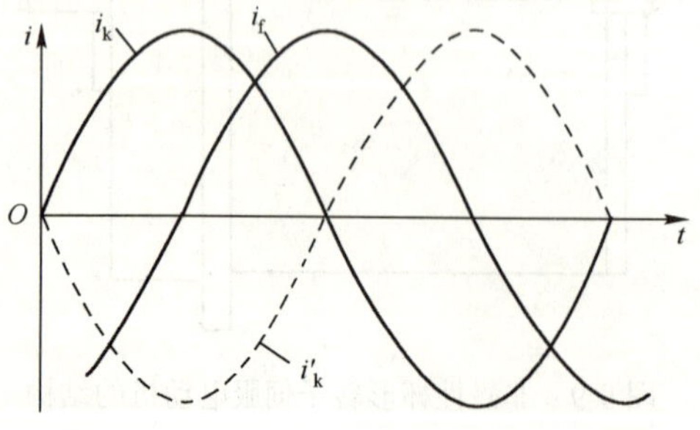

图 9-12　一相电压倒相后的绕组电流波形

显然，当任意一个绕组上所加的电压反相(电压倒相或绕组两个端头换接)时，则流过该绕组的电流也反相，即原来是超前电流的就变成滞后电流，原来是滞后电流的则变成超前电流(如图 9-12 所示，原来超前电流 i_k 变成落后电流 i'_k)，因而旋转磁场转向改变，变成逆时针方向。这样电动机的转向也发生变化。实际上，也就是采用这种方法使交流伺服电动机反转的。

9.3 交、直流伺服电动机的性能比较

在自动控制系统中,交、直流伺服电动机应用都很广泛,在此对这两类伺服电动机的性能加以比较,说明其优缺点,以供选用时参考。

1. 机械特性

直流伺服电动机转矩随转速的增加而均匀下降,斜率固定。在不同控制电压下,机械特性曲线是平行的,即机械特性是线性的,且为硬特性,负载转矩的变化对转速的影响很小。

交流伺服电动机的机械特性是非线性的,电容移相控制时非线性更为严重,而且斜率随控制电压的变化而变化,这会给系统的稳定和校正带来困难。其负载转矩变化对转速影响很大,机械特性很软,低速段更软,而且会使阻尼系数减小,时间常数增大,从而降低了系统品质。

2. "自转"现象

直流伺服电动机无"自转"现象。

交流伺服电动机若设计参数选择不当,或制造工艺不良,在单相状态下会产生"自转"而失控。

3. 体积、重量和效率

交流伺服电动机的转子电阻相当大,所以损耗大,效率低,电动机的利用程度差。而且交流伺服电动机通常运行在椭圆形旋转磁场下,反向磁场产生的制动转矩使得电动机输出的有效转矩减小,所以当输出功率相同时,交流伺服电动机比直流伺服电动机的体积大,重量大,效率低。故交流伺服电动机只适用于小功率系统,功率较大的控制系统普遍采用直流伺服电动机。

4. 结构

直流伺服电动机结构复杂,制造麻烦,运行时电刷和换向器滑动接触,接触电阻不稳定,会影响电动机运行的稳定,又容易出现火花,给运行和维护带来一定困难。

交流伺服电动机结构简单,维护方便,运行可靠,适宜于不易检修的场合使用。

5. 控制装置

直流伺服电动机的控制绕组通常由直流放大器供电,直流放大器比交流放大器结构复杂,且有零点漂移现象,影响系统的稳定性和精度。

9.4 交流伺服电动机与步进电动机的性能比较

步进电动机是一种离散运动的装置,它和现代数字控制技术有着本质的联系。在目前国内的数字控制系统中,步进电动机的应用十分广泛。随着全数字式交流伺服系统的出现,交流伺服电动机也越来越多地应用于数字控制系统中。为了适应数字控制的发展趋势,运动控制系统中大多采用步进电动机或全数字式交流伺服电动机作为执行电动机。虽然两者在控制方式上相似(脉冲串和方向信号),但在使用性能和应用场合上存在着较大的差异。现就二者的使用性能作一比较。

1. 控制精度不同

交流伺服电动机的控制精度由电动机轴后端的旋转编码器保证。以松下全数字式交流伺

服电动机为例，对于带标准2500线编码器的电动机而言，由于驱动器内部采用四倍频技术，其脉冲当量为360°/10000 = 0.036°。对于带17位编码器的电动机而言，驱动器每接收2^{17} = 131072个脉冲，电动机转一圈，即其脉冲当量为360°/131072 = 9.89秒，是步距角为1.8°的步进电动机的脉冲当量的1/655。

两相混合式步进电动机步距角一般为3.6°、1.8°，五相混合式步进电动机步距角一般为0.72°、0.36°。也有一些高性能的步进电动机步距角更小。如四通公司生产的一种用于慢走丝机床的步进电动机，其步距角为0.09°；德国百格拉公司(BERGER LAHR)生产的三相混合式步进电动机其步距角可通过拨码开关设置为1.8°、0.9°、0.72°、0.36°、0.18°、0.09°、0.072°、0.036°，兼容了两相和五相混合式步进电动机的步距角。

2. 低频特性不同

交流伺服电动机运转非常平稳，即使在低速时也不会出现振动现象。交流伺服系统具有共振抑制功能，可补偿机械的刚性不足，并且系统内部具有频率解析机能(FFT)，可检测出机械的共振点，便于系统调整。

步进电动机在低速时易出现低频振动现象。振动频率与负载情况和驱动器性能有关，一般认为振动频率为电动机空载起跳频率的一半。这种由步进电动机的工作原理所决定的低频振动现象对于机器的正常运转非常不利。当步进电动机工作在低速时，一般应采用阻尼技术来克服低频振动现象，比如在电动机上加阻尼器，或驱动器上采用细分技术等。

3. 矩频特性不同

交流伺服电动机为恒转矩输出，即在其额定转速(一般为2000 r/min或3000 r/min)以内，都能输出额定转矩，在额定转速以上为恒功率输出。

步进电动机的输出力矩随转速升高而下降，且在较高转速时会急剧下降，所以其最高工作转速一般在300～600 r/min。

4. 过载能力不同

交流伺服电动机具有较强的过载能力。以松下交流伺服系统为例，它具有速度过载和转矩过载能力。其最大转矩为额定转矩的三倍，可用于克服惯性负载在启动瞬间的惯性力矩。

步进电动机因为没有这种过载能力，在选型时为了克服这种惯性力矩，往往需要选取较大转矩的电动机，而机器在正常工作期间又不需要那么大的转矩，便出现了力矩浪费的现象。

5. 运行性能不同

交流伺服驱动系统为闭环控制，驱动器可直接对电动机编码器反馈信号进行采样，内部构成位置环和速度环，一般不会出现步进电动机的丢步或过冲的现象，控制性能更为可靠。

步进电动机的控制为开环控制，启动频率过高或负载过大易出现丢步或堵转的现象，停止时转速过高易出现过冲的现象，所以为保证其控制精度，应处理好升速、降速问题。

6. 速度响应性能不同

交流伺服系统的加速性能较好，以松下MSMA 400W交流伺服电动机为例，从静止加速到其额定转速3000 r/min，仅需几毫秒，可用于要求快速启动、停止的控制场合。步进电动机从静止加速到工作转速(一般为每分钟几百转)需要200～400 ms。

综上所述，交流伺服系统在许多性能方面都优于步进电动机。但在一些要求不高的场合也经常用步进电动机作为执行电动机。所以，在控制系统的设计过程中要综合考虑控制要求、成本等多方面的因素，选用适当的控制电动机。

9.5 伺服电动机的应用

9.5.1 在电子电位差计中的应用

电子电位差计是用伺服电动机作为执行元件的闭环自动测温系统，常用于工业企业的加热炉温度测量，它的基本电路原理图如图 9-13 所示。

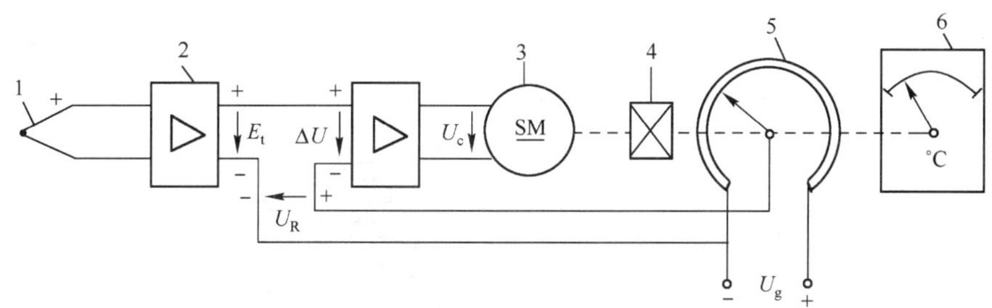

图 9-13　电子电位差计的基本电路原理图

1—金属热电偶；2—放大器；3—伺服电动机；4—变速机构；5—变阻器；6—温度指示器

电子电位差计的基本原理是：测温系统工作时，金属热电偶 1 处于炉膛中，并产生与温度对应的电动势，经补偿和放大后得到与温度成正比的热电动势 E_t，然后与工作电源 U_g 经变阻器的分压 U_R 进行比较，得到误差电压 ΔU，$\Delta U = E_t - U_R$。若 ΔU 为正，则经放大后加在伺服电动机 3 上的控制电压 E_c 为正，伺服电动机正转，经变速机构带动变阻器和温度指示器指针顺时针方向偏转，一方面指示温度值升高，另一方面变阻器的分压升高，使误差电压 ΔU 减小，当伺服电动机旋转至使 $U_R = E_t$ 时，误差电压 ΔU 变为零，伺服电动机的控制电压也为零，电动机停止转动，则温度指示器指针也就停止在某一对应位置上，指示出相应的炉温。若误差电压 ΔU 为负，则伺服电动机的控制电压也为负，电动机将反转，带动变阻器及温度指示器指针逆时针方向偏转，U_R 减小，直至 ΔU 为零，电动机才停止转动，指示炉温较低。

9.5.2 在家用录像机中的应用

家用录像机中伺服电动机应用非常普遍，如磁鼓伺服系统、主导轴伺服系统等。以磁鼓伺服系统为例，它采用的是无刷直流伺服电动机直接驱动磁鼓旋转，无刷直流伺服电动机的控制系统原理图如图 9-14 所示。

伺服电动机的转子用环形永久磁铁制成，并与上磁鼓连接成一整体，使上磁鼓与转子同步旋转。定子铁芯及两个互成 90°的定子线圈固定在下磁鼓上，如图 9-14 所示。由这两个线圈产生旋转磁场牵着转子同步旋转。定子上装有两个检测位置的霍尔元件，并对着环形磁铁转子的上表面，当转子磁铁经过霍尔元件时，由于霍尔效应，在霍尔元件输出端产生霍尔电动动势，利用此电动势来控制驱动电路对定子绕组电流进行换向，使定子绕组中电流按一定顺序流过和换向，电动机便按一定的方向连续旋转。当图中转子 N 极正对霍尔元件 H_1 的左侧为正电位，右侧为负电位时，此电位使晶体管 VT_1 和 VT_4 导通，VT_2 和 VT_3 截止，控制电流由 VT_1 流向定子绕组 1 及 VT_4，绕组 1 产生的磁场使转子 3 顺时针方向旋转，而此时霍尔元件 H_2 由于处于磁极交界处，不产生霍尔电动势，使 $VT_5 \sim VT_8$ 均截止，绕组 2 中无电流。转子旋转 30°时，S 极正对 H_2，H_2 的输出端上端为霍尔电动势正极，下端为负极，使晶体管 VT_7 和 VT_6 导通，VT_5 和 VT_8 截止，控制电流由 VT_7 流向绕组 2 及 VT_6，绕组 2 产生的磁场使用转子继续顺时针方向旋转。然后是 S 极转至 H_1 处，VT_2 和 VT_3 导通，再 N 极转至 H_2 处，使 VT_5 和 VT_8 导通，如此循环不断进行下去，使磁鼓电动机连续旋转。转速的控制由驱动电源电压 V_{CC} 的高低来实现。磁鼓电动机采用无刷伺服电动机，可提高录像机的可靠性，减小噪声，不产生火花干扰，转速稳定，体积小，使用寿命长。

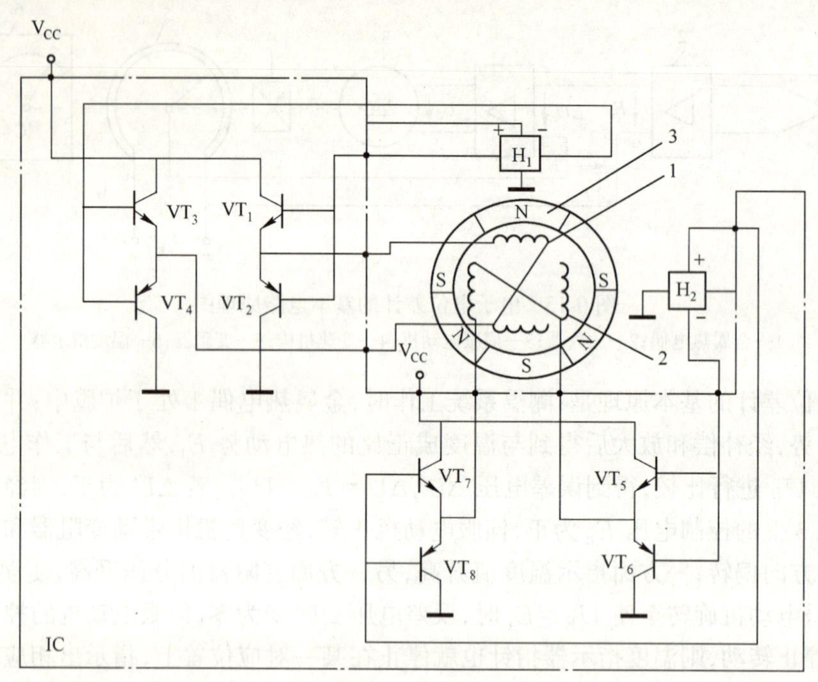

图 9-14 无刷直流伺服电动机的控制系统原理图

1,2—定子线圈；3—环形永久磁铁

思考题与习题

9-1 伺服电动机有哪几种类型？结构和作用如何？

9-2 一台直流伺服电动机带动一恒转矩负载，测得始动电压为 4 V，当电枢电压为 50 V 时，其转速为 1500 r/min，试求要加多大电枢电压？

第 10 章　测速发电机

【知识目标】 掌握直流测速发电机、交流测速发电机的机械特性和工作原理。

【能力目标】 学会区分交直流测速发电机的性能、使用这两种测速发电机。

【学习方法】 对比、归纳。

在自动控制系统中,测速发电机除了能测量平均速度及瞬时转速外,还可作为进行微分和积分的解算元件,并常用作提高系统精度及稳定性的校正元件。根据输出电压的不同,测速发电机分为直流测速发电机和交流测速发电机两种。

10.1　直流测速发电机

直流测速发电机实质上是一种微型直流发电机。根据励磁方式,直流测速发电机有他励式和永磁式两种。他励式与直流伺服电动机在结构上基本相同;永磁式也只是磁极为永久磁铁,其余部分与他励式相同,主要优点是省去了一个励磁电流。如果保持发电机的磁通 Φ 恒定不变,直流测速发电机的空载电动势 E_0 便与转速 n 成正比,即

$$E_0 = C_e \Phi n = C_1 n \tag{10-1}$$

式中,$C_1 = C_e\Phi$ 为一常数。因此只要测出相应的信号电压值(即发电机的 E_0),便可间接地知道与测速发电机作机械连接的被测机构的转速。

式(10-1)可改写为

$$E_0 = C_1 n = C'_1 \omega = C''_1 \frac{\mathrm{d}\theta}{\mathrm{d}t} \tag{10-2}$$

式中,$\omega = \dfrac{2\pi n}{t}$——扭轴的角速度;

θ——角位移。

式(10-2)说明测速发电机的输出电压与机械转角的一次微分成正比,因此,它也可以作为计算装置中的微分元件。

测速发电机和普通直流发电机一样,在有负载时,电枢端电压为

$$U = E_0 - I R_a = E_0 - U R_a / R_L$$

上式也可改写为

$$U = C_e \Phi n / (1 + R_a/R_L) = C_1 n / (1 + R_a/R_L) = C_2 n \tag{10-3}$$

式(10-3)表示电枢绕组的输出电压和转速的关系,即输出特性。在理想情况下,略去电枢反应的影响,并认为电枢回路中的电阻 R_a 为常数时,输出特性为一过原点的直线。改变负载电阻 R_L,仅影响常数 C_2 的大小。这也就是说,只改变输出特性的斜率。如图 10-1 所示。

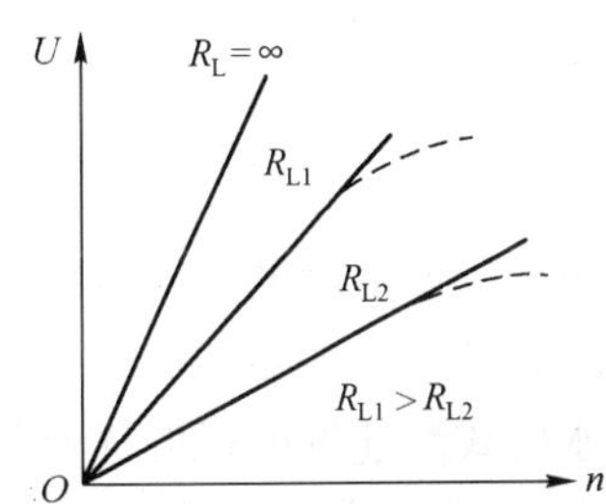

图 10-1　直流测速发电机的输出特性

在实际运行中,若励磁电流不变(他励),可能由以下两种因素引起误差:

① 电枢反应使主磁通减小;

② 在电枢回路中,电刷的接触电压降随负载电流的变化而变化。

考虑电枢反应,负载时的感应电动势为

$$E = C_e n(\Phi - \Delta\Phi) = C_e n\Phi - C_e n\Delta\Phi$$

式中,$\Delta\Phi$——由电枢反应所削弱的磁通。

设电枢反应的去磁作用与负载电流成正比,即 $\Delta\Phi = RU/R_L$,则上式可写为

$$E = C_e n\Phi - C_e RUn/R_L = C_1 n - C_3 Un/R_L \tag{10-4}$$

考虑到电刷的接触电阻不是常数,R_a 为电枢绕组的电阻,$2\Delta U$ 为正负电刷的接触电压降,则有

$$E = U + IR_a + 2\Delta U = U + UR_a/R_L + 2\Delta U \tag{10-5}$$

由式(10-4)和式(10-5)可得

$$C_1 n - C_3 Un/R_L = U - UR_a/R_L + 2\Delta U$$

整理后可得

$$U = C_1 n/[(1 + R_a/R_L) + C_3 n/R_L] - 2\Delta U/[(1 + R_a/R_L) + C_3 n/R] \tag{10-6}$$

比较式(10-5)和式(10-6),可以看到,由于 $C_3 n/R_L$ 及 ΔU 项的存在,将使输出电压 U 和输入量 n 之间不再是直线关系。$C_3 n/R_L$ 项对输出电压 U 的影响:当 n 增大时,式(10-6)的分母也增大,与式(10-3)比较,U 增加得慢一些,也就是说它使输出特性变成下弯的曲线(图10-1)。ΔU 对输出电压 U 的影响:使输山特性出现“无信号区”。如图 10-2 所示。

输出特性并不通过原点,这意味着在发电机达到某一转速以前($C_1 n < 2\Delta U$),电枢两端电压 U 为零。

为了减少电枢反应的影响,应使负载电流尽可能小,即负载电阻 R_L 尽可能大。有时也可采取一般直流发电机补偿电枢反应的办法,在定子磁极上加装补偿绕组 W_c,其接线图如图 10-3 所示。补偿绕组中的电流可由分流电阻 R_c 来调节。采用这种办法能够得到非常满意的输出特性。

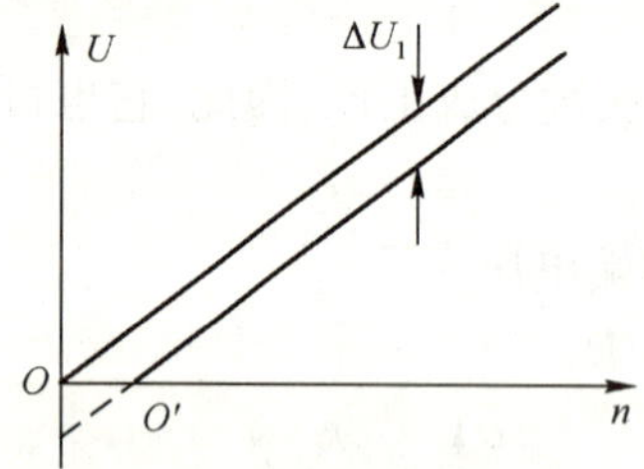

图 10-2 电刷接触压降的影响

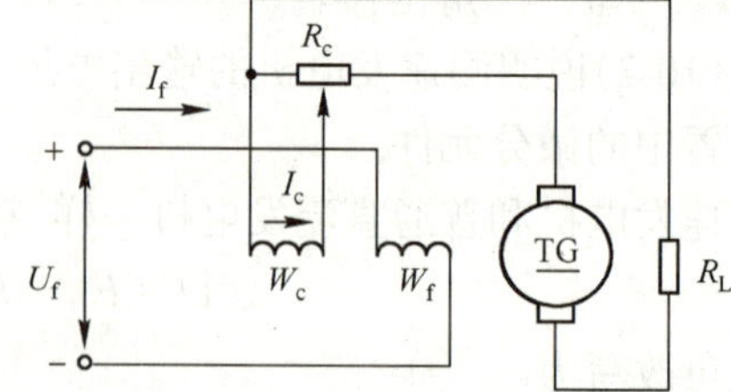

图 10-3 具有补偿绕组的直流测速发电机接线图

为了降低电刷的接触压降,常采用黄铜-石墨电刷,有时也采用含银的金属电刷,这样可使“无信号区”大大缩小。

永磁式测速发电机的优点是励磁与电源无关,其缺点是当有激烈的振动时,永久磁铁因受振而退磁,久而久之,其特性可能改变。

温度对测速发电机也有影响。对永磁式测速发电机来说,普通的合金磁铁,温度每增高

1℃时，磁通将减少 0.2%～0.3%。在他励测速发电机中，励磁绕组发热会使磁通减少，降低输出电压，致使他励测速发电机的误差可能达到很大的数值。为了减小这种影响，常应用磁化曲线的饱和部分，有时在励磁绕组的电路中串联上电阻温度系数较小的康钢或锰钢电阻。

10.2　交流测速发电机

10.2.1　交流测速发电机的结构

交流测速发电机主要采用空心杯形转子。这主要是因为：

① 杯形转子在转动过程中，内外定子间隙不发生变化，磁阻不变，因而气隙中磁通密度分布不受转子转动的影响，输出电压波形比较好，没有齿谐波而引起的畸变；

② 杯形转子的转动惯量小，有利于控制系统的动态品质。

10.2.2　交流测速发电机的原理

交流测速发电机的作用原理可用转子不动和转子旋转两种情况下，发电机产生的电磁感应现象来解释。交流测速发电机的原理图如图 10-4 所示。两相交流测速发电机的外定子有两个在空间互差 90°电角度的绕组，即励磁绕组 W_f 和输出绕组 W_{ex}。励磁绕组接到电压大小及频率均为恒定的交流电源上，输出绕组接入自控或测量回路。

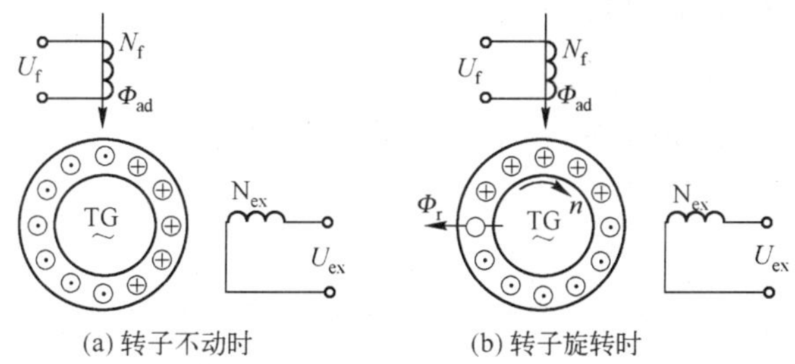

(a) 转子不动时　(b) 转子旋转时

图 10-4　交流测速发电机的原理图

1. 转子不动

图 10-4(a)表示转子不动的情况，把励磁绕组放在纵轴位置，当励磁绕组通过交流电流时，产生的脉动磁通 Φ_{ad}，叫做直轴磁通，它的正方向如图 10-4(a)所示，箭头向下。杯形转子可以看成是由无数导线所组成的闭合笼式线圈。直轴磁通 Φ_{ad}穿过转子而在转子导体中感生电动势，这个电动势叫做变压器电动势。当 Φ_{ad}增加时，电动势的方向如图 10-4(a)所示。当转子感应电动势引起电流(涡流)时，它将对励磁绕组有去磁作用，但励磁电压 U_f 不变，根据磁势平衡原理，励磁绕组要输入相应的电流以补偿转子电流对其影响，从而维持气隙中的合成磁通基本不变。

由于输出绕组的轴线与励磁绕组的轴线互相垂直，亦即输出绕组的轴线与 Φ_{ad}方向垂直，因而 Φ_{ad}在输出绕组中不感应电动势，所以当转子不动时，没有输出电压。

2. 转子旋转

转子转动后，转子导线中感应的变压器电动势并没有改变，只是这时又出现了转子导线切

割磁通 Φ_{ad}而产生的旋转电动势。这个电动势与变压器电动势不同,它的方向可用右手定则判定,如图 10-4(b)所示。因为 Φ_{ad}是随着励磁电流而交变的,变化的频率取决于励磁电源的频率 f。在直轴磁通为最大值的瞬间,转子导线切割磁通 Φ_{ad}产生的旋转电动势 E_r 的最大值为

$$\sqrt{2}E_r = C_1\Phi_{ad}n$$

其有效值为

$$E_r = C_1\Phi_{ad}n/\sqrt{2} = K_1 n \tag{10-7}$$

式中,C_1——与转子绕组数据有关的常数;

K_1——常数,$K_1 = C_1\Phi_{ad}n/\sqrt{2}$。

由 E_r 引起的电流 I_r 方向与 E_r 相同,其大小与 E_r 成正比。电流 I_r 产生的磁通 Φ_r 的方向,如图 10-4(b)所示,它与励磁绕组轴线相垂直,因此叫做交轴磁通,它的大小与 I_r 成正比,也就是与 E_r 成正比。转子的转速 n 改变时,使得 E_r 和 Φ_r 的大小成比例的改变,但由于转子电流 I_r 的分布没有改变,所以磁通 Φ_r 的轴线位置不变。I_r 及 Φ_r 的频率与 Φ_{ad}的频率相同,也就是说与励磁电源的频率 f 相同。这个交轴磁通 Φ_r 穿过输出绕组,就会在其中感应出频率为 f 的变压器电动势E_{ex},即

$$E_{ex} = 4.44fN_{ex}K_{ex}\Phi_r = K_2\Phi_r \tag{10-8}$$

式中,N_{ex}——输出绕组的匝数;

K_{ex}——输出绕组的绕组系数;

K_2——常数,$K_2 = 4.44fN_{ex}K_{ex}$。

因为 $\Phi_r \propto I_r \propto E_r \propto n$,即 $\Phi_r = K_3 n$,代入上式则得

$$E_{ex} = K_2K_3n = Kn$$

式中,$K = K_2K_3$ 为测速发电机常数。

通常交流测速发电机输出绕组所接的负载,要求有较大的阻抗,这样输出电流可较小,输出绕组的阻抗压降可忽略不计,因此,输出绕组的输出电压 U_{ex}可认为近似等于其变压器电动势 E_{ex},即

$$U_{ex} \approx E_{ex} = Kn \tag{10-9}$$

由上面讨论可知,交流测速发电机输出电压的大小与转子转速成正比,其频率与励磁电压的频率相同而与转速无关。转子转向改变时,输出电压的相位也随之改变,这就是交流测速发电机的基本工作原理。

10.2.3 交流测速发电机的误差

在分析交流测速发电机的输出特性时,忽略了励磁绕组阻抗和转子漏阻抗的影响,实际上这些阻抗对测速发电机的性能影响是比较大的。即使是输出绕组开路,实际的输出特性与直线性输出特性仍然存在着一定的误差。

1. 幅值及相位误差

为了使得输出电压 U_{ex}与转速 n 成正比,首先要求直轴磁通 Φ_{ad}为一常数。事实上,当励磁电压不变时,Φ_{ad}随负载的改变而略有变化,这是因为励磁绕组电动势与外加励磁电压之间

相差一个励磁绕组的漏阻抗压降 $I_f Z_f$ 的缘故。$I_f Z_f$ 越大，励磁绕组电动势 E_f 和磁通 Φ_{ad} 的幅值及相位的变化越大，输出电压的幅值和相位误差就越大。可设法减小定子励磁绕组的漏阻抗，以减小误差。若使转子有较大的电阻，转子电流将减小，从而使 I_f 减小，也可达到同样的目的。

2. 零位误差

从原理上讲，测速发电机转子不动时，输出绕组上并没有感应电动势，也就没有输出电压。但是由于在电动机的加工和装配过程中，存在机械上的不对称及定子磁性材料性能在各个方向的不对称导致磁力线发生畸变等。因而在转子不动时，输出绕组上也有磁通穿过而产生感应电动势，把它叫做零位电压。由于零位电压的存在，当转子不动时给出错误的信号：在转子旋转时，零位电压就叠加在输出电压上，使输出信号的大小和相位改变而造成误差。这对控制系统是有害的，因此应合理地选择磁性材料和提高加工质量，并采用绕组补偿和磁路补偿等措施，使零位误差尽量减小。

10.2.4　直流测速发电机与交流测速发电机的比较

直流测速发电机与交流测速发电机相比较，以下是直流测速发电机的主要特点。

1. 直流测速发电机的优点

① 不存在输出电压相位移问题。

② 转速为零时，无零位电压。

③ 输出特性曲线的斜率 $\mathrm{d}U_{ex}/\mathrm{d}n$ 较大，负载电阻较小。

2. 直流测速发电机的缺点

① 由于有电刷和换向器，所以结构比较复杂，维护较麻烦。

② 电刷的接触电阻不恒定使输出电压有波动。

③ 电刷下的火花对无线电有干扰。

10.3　测速发电机的应用

直流测速发电机通常用作控制系统中的测速元件，能直接测出拖动电动机和执行机构的转速，以便进行速度控制和速度显示。测速发电机用于恒速控制系统的原理图如图 10-5 所示。

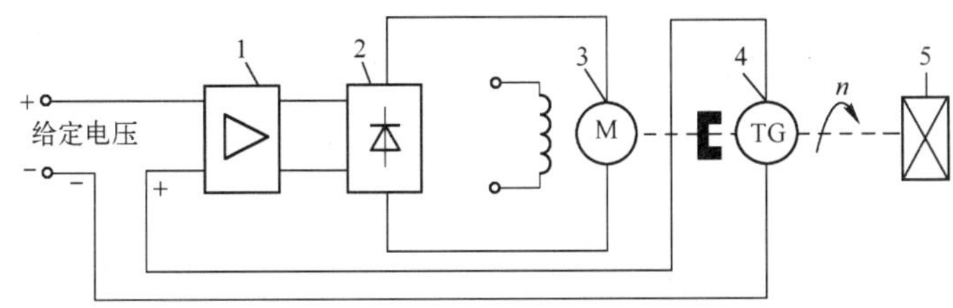

图 10-5　测速发电机用于恒速控制系统原理图

1—放大器；2—可控整流电流；3—他励直流电动机；4—测速发电机；5—负载

系统中，直流电动机直接拖动生产机械旋转。由电动机的机械特性可知，在某一机械特性上，生产机械的负载转矩增大，电动机的转速将下降；生产机械的负载转矩减小时，电动机的转速将升高,即转速随负载转矩的波动而变化。为了稳定拖动系统的转速,在电动机和生产机械的同一轴上安装了一台测速发电机,并将测速发电机的输出电压送至系统输入控制端,与给定电压相减后,将差值电压再加入到放大器,经放大后控制晶闸管整流电路的输出电压,以调整直流电动机的转速。当负载转矩由于某种原因而减小时,电动机的转速升高,测速发电机的输出电压也随着升高,使给定电压与测速发电机的输出电压之差减小,经放大后控制可控整流电路,使整流输出电压降低,则直流电动机的转速下降,以抵消负载引起的转速上升。反之,若负载转矩增大,使电动机转速下降,测速发电机的输出电压随之减小,给定电压与测速发电机输出电压的差值增大,经放大后控制整流输出电压升高,则电动机的转速上升。因此,不论负载转矩如何波动,由于本系统具有自动调节作用,生产机械的转速变化很小,接近于恒速。因此要人为地改变生产机械的转速,只需改变给定电压的大小即可。系统中给定电压要求很稳定,必须取自稳压电源。

思考题与习题

10-1 什么是直流测速发电机的输出特性?

10-2 简述交流测速发电机的工作原理。

10-3 比较直流测速发电机和交流测速发电机有何异同。

第 11 章 直线电动机

【知识目标】 掌握直线电动机的类型、结构和原理。

【能力目标】 学会直线电动机的使用。

【学习方法】 与其他类型电动机进行比较,区别异同。

直线电动机是利用电能直接产生直线运动的电动机。直线电动机与普通旋转电动机都是实现能量转换的机械,普通旋转电动机将电能转换成旋转运动的机械能,直线电动机将电能转换成直线运动的机械能。直线电动机应用于要求直线运动的某些场合时,可以简化中间传动机构,使运动系统的响应速度、稳定性、精度得以提高。直线电动机在工业、交通运输等行业中的应用日益广泛。

直线电动机按原理分为直流直线电动机、交流直线异步电动机、直线步进电动机和交流直线同步电动机。其中前三种应用较多。直流电动机按结构可分为单边型和双边型两种。在单边型结构中,定子和转子之间受有较大的单边磁拉力;双边型结构由于两边磁拉力互相平衡,支撑部分摩擦力较小,动作比较灵活。

11.1 直流直线电动机

直流直线电动机是直流供电的直线电动机,由一套磁极和一组绕组构成。绕组中的电流有的通过电刷和换向片结构引入,称为刷型电动机;有的不经换向器和电刷,直接用导线引入,称无刷型电动机。直流直线电动机从结构上还可分为动极式和动圈式两种。图 11-1 所示为圆柱式直流动圈式直线电动机,由于其结构与扬声器的音圈相似,故又称为音圈式直线电动机,简称音圈电动机。其中图 11-1(a)为短线圈音圈电动机,图 11-1(b)为长线圈音圈电动机。

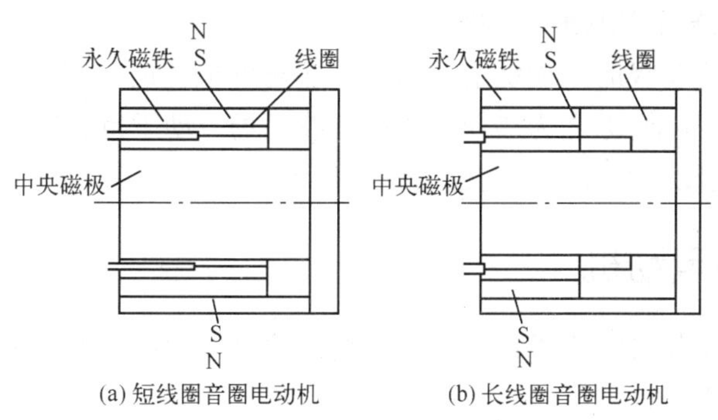

图 11-1 音圈电动机

直流直线电动机由于推力与电枢电流成正比,速度与电枢电压成正比,故具有良好的线性控制特性,它与闭环控制系统配合,可以进行精密的调节和控制,适用于自动控制系统,例如计算机磁盘驱动器的磁头定位系统。

11.2 交流直线异步电动机

交流直线异步电动机可以看做将普通笼式转子三相异步电动机沿径向剖开后展平而成，其结构原理图如图 11-2 所示。对应于旋转电动机定子的一边嵌有三相绕组，称为初级；对应于旋转电动机转子的一边称为次级或动子(滑子)。实际平板形直线异步电动机初级长度和动子长度并不相等，通常是动子较长。为了抵消初级磁场对滑子的单边磁吸力，平板形直线异步电动机通常采用双边结构，即有两个初级将动子夹在中间的结构形式。

初级铁芯由硅钢片叠成，其表面的槽中嵌有三相绕组(有些是单相或两相绕组)，动子由整块钢板或铜板制成片状，其中也有嵌入导条的。

交流直线异步电动机的原理与相应的旋转式电动机相似，在电磁力的作用下，动子带动外界负载运动做功。在需要直线运动的地方，采用直线电动机可使装置的总体结构得到简化。直线电动机较多地应用于各种定位系统和自动控制系统。大功率的直线电动机还常用于电气铁路高速列车的牵引、鱼雷的发射等装备中。

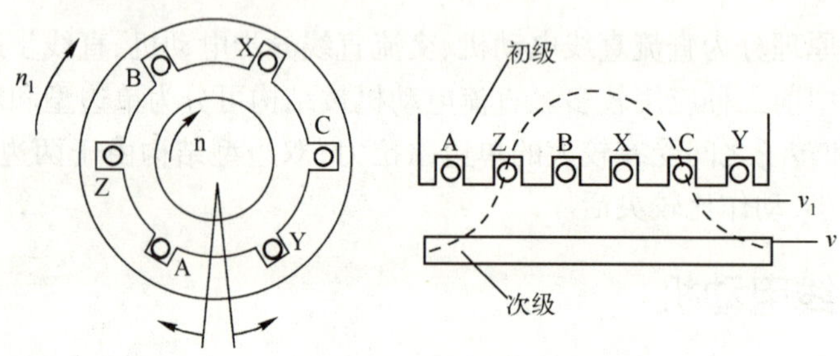

图 11-2 交流直线异步电动机结构原理图

我们知道，在普通笼式转子三相异步电动机的定子绕组中通入三相对称电流时，会在气隙中产生转速为 n_1 的旋转磁场，转子导条切割旋转磁场在其闭合回路中产生电流，带电的转子在磁场作用下产生电磁转矩，使转子沿旋转磁场的转向以转速 n 旋转。改变三相电流的相序时，可以使旋转磁场及转子的旋转方向改变。

在直线异步电动机初级的三相绕组中通入三相对称电流时，在气隙中产生的磁场也是运动的，只是沿直线方向移动，称之为移行磁场或行波磁场。动子也会因此而沿移行磁场运动的方向移动，移行磁场及动子的移动方向也由三相电流的相序决定。

11.3 直线步进电动机

直线步进电动机是作直线步进运动的电动机。按其电磁推力产生的原理可以分为反应式和永磁感应子式两大类。

1. 反应式直线步进电动机

反应式直线步进电动机的定子是一条开有均匀齿槽的导轨，动子是一个绕有三相绕组的 E 形铁芯。每个铁芯柱上都开有和定子齿距相等的齿槽，且各相铁芯柱上的齿槽相对于定子齿槽依次错开 1/3 齿距。如果输入三相绕组电脉冲的顺序依次为 A→B→C→A，则动子就会向左作步进运动。如果通电顺序改为 A→C→B→A，则动子就向右作步进运动。在结构上也可以把 E 形铁芯固定，让齿条作为动子。齿条的运动将与上述运动方向相反。

2. 永磁感应子式直线步进电动机

永磁感应子式直线步进电动机的定子由软铁材料制成，上面铣有均匀间隔的齿槽；动子由永久磁铁加上两个带齿的电磁铁组成。两个电磁铁上的齿相互错开一定距离。在电磁铁线圈不通电时，动子位置由永久磁铁决定。而在两个电磁铁按一定顺序轮流通电时，将使动子以一定齿距作步进运动。如果对两个电磁铁不是轮流通电，而是使其中的电流一个按正弦变化，一个按余弦变化，则可使动子运动平滑，步距很小。其步距(位置)分辨率可以达到 0.01 mm 以下。在要求高精度定位的场合，例如绘图仪、磁头定位机构、激光定位器和数控系统中得到较多的应用。

第12章　电动机的选择

【知识目标】 掌握电动机选择的内容和方法。
【能力目标】 学会如何选择电动机的额定功率、种类、结构型式、额定电压、额定转速等。
【学习方法】 理论联系实际。

12.1　概述

电动机选择的主要内容包括电动机的种类、结构形式、额定电压、额定转速和额定功率的选择,其中额定功率的选择是最重要的。

12.1.1　电动机选择的一般原则

为适应工农业生产的要求,合理选择电动机,应充分考虑机械和电气两方面的因素并遵循以下几项原则。

1. 选择在结构上与所处环境条件相适应的电动机,如根据使用场合的环境条件选用相适应的防护方式及冷却方式的电动机。

2. 电动机应满足生产机械所提出的各种机械特性要求。如速度、速度的稳定性、速度的调节以及启动、制动时间等。

3. 电动机的功率能被充分利用,防止出现“大马拉小车”的现象。通过计算确定出合适的电动机功率,使设备需求的功率与被选电动机的功率相接近。

4. 电动机的可靠性高并且便于维护。

5. 互换性能要好,一般情况下尽量选择标准电动机产品。

6. 综合考虑电动机的极数和电压等级,使电动机在高效率、低损耗状态下可靠运行。

12.1.2　电动机选择的主要步骤

1. 根据生产机械性能的要求,选择电动机的种类。
2. 根据电动机和生产机械安装的位置和场所环境,选择电动机的结构和防护型式,
3. 根据电源的情况,选择电动机额定电压。
4. 根据生产机械所要求的转速及传动设备的情况,选择电动机额定转速。
5. 根据生产机械所需要的功率和电动机的运行方式,决定电动机的额定功率。

综合以上因素,根据制造厂的产品目录,选定一台合适的电动机。

12.1.3　电动机工作方式的分类

为了便于电动机的系列生产和用户的选择使用,将电动机分成三种工作方式或称三种工作制。

1. 连续工作制

连续工作制是指电动机带额定负载运行时，连续运行时间 t_g 很长的工作方式。连续工作制的电动机使用很广泛，一般在铭牌上标注 S_1 或不标明工作制。

2. 短时工作制

短时工作制是指电动机带额定负载运行时，运行时间 t_g 很短，停机时间 t_0 很长的工作方式。短时工作制的电动机在铭牌上标注 S_2，我国短时工作制电动机的运行时间有 15 min，30 min，60 min，90 min 四种定额。

3. 断续周期工作制（周期断续工作制）（重复短时工作制）

断续周期工作制是指电动机带额定负载运行时，运行时间 t_g 很短，停止时间 t_0 也很短，工作周期小于 10 min 的工作方式。

我们把工作时间占工作周期的百分比称为负载持续率，用 FC% 表示。即

$$FC\% = \frac{\text{工作时间 } t_g}{\text{工作时间 } t_g + \text{停止时间 } t_0} \times 100\% \tag{12-1}$$

我国断续周期工作制电动机的负载持续率有 15%、25%、40%、60% 四种定额，每一个工作周期为 10 min。

断续周期工作制的电动机在铭牌上标注 S_3。要求频繁启动、制动的电动机常采用断续周期工作制电动机，如拖动电梯、起重机的电动机等。

12.2　电动机种类、结构型式、电压、转速的选择

12.2.1　电动机种类的选择

选择电动机种类的原则是在满足生产机械对过载能力、启动能力、调速性能指标及运行状态等各方面要求的前提下，优先选用结构简单、运行可靠、维修方便和价格便宜的电动机。

由于三相笼型异步电动机具有结构简单、运行可靠、维修方便和价格便宜等特点，并且它采用的动力电源是很普遍的三相交流电源。因此广泛应用于国民经济和日常生活的各个领域，是生产量最大、应用面最广的电动机。但它的启动和调速性能差，功率因数低。对调速、启动性能要求不高的一般生产机械，如机床、水泵、通风机、家用电器等，应优先采用笼型异步电动机。对于要求高启动转矩的生产机械，如空气压缩机、皮带运输机、纺织机等，可采用深槽或双笼型异步电动机。对要求有级调速的生产机械，如某些机床，可采用双速、三速或四速等多速笼型异步电动机。

由于绕线式异步电动机可通过转子回路做到限制启动电流，提高启动、制动转矩，实现一定的调速功能。因此，对启动、制动频繁且启动转矩较大，并要求有一定调速的生产机械，如起重机、提升机等，可采用绕线式异步电动机。

同步电动机在运行时，可以对电网进行无功补偿，提高功率因数。当生产机械的功率较大而要求改善功率因数且速度恒定的场合，如球磨机、破碎机、矿用通风机、空气压缩机等，可采用同步电动机。

对于要求启动转矩较大、启动性能好，调速范围宽、调速平滑性较好、调速精度高且准确的生产机械，如高精度数控机床、龙门刨床、造纸机、印染机等，则应选用他励（复励）直流电动机

拖动。

值得注意的是,目前交流电动机变频调速技术发展很快,高性能的交流电动机变频调速系统的技术指标已接近直流电动机调速系统的水平。随着交流调速技术的不断发展,笼型异步电动机将大量用在要求无级调速的生产机械上。

12.2.2 电动机结构型式的选择

电动机的安装型式有卧式和立式两种。一般情况下用卧式,特殊情况下用立式。

电动机的外壳防护形式有开启式、防护式、封闭式及防爆式几种。开启式电动机,在定子两侧与端盖上都有很大的通风口,其价格便宜、散热条件好,但容易进灰尘、水滴、铁屑等,只能在清洁、干燥的环境中使用。防护式电动机在机座下面有通风口,散热好,能防止水滴、铁屑等从上方落入电动机内,但不能防止灰尘和潮气侵入,一般在比较干燥、灰尘不多、较清洁的环境中使用。封闭式电动机有自扇冷式、他扇冷式和密闭式三种。其中,前两种型式的电动机是机座及端盖上均无通风孔,外部空气不能进入电动机内部,可用在潮湿、有腐蚀性气体、灰尘多、易受风雨侵蚀等较恶劣的环境中;密闭式电动机,外部的气体、液体都不能进入电动机内部,一般用于在液体中工作的机械,如潜水泵电动机等。防爆式电动机适用于有易燃、易爆气体的场所,如油库、煤气站、加油站及矿井等场所。

12.2.3 电动机额定电压的选择

电动机额定电压选择的原则应与供电电网或电源电压一致。

一般工厂企业低压电网为380 V。中小型异步电动机都是低压的,额定电压为380/220 V(Y/Δ 接法),或220/380 V(Δ/Y 接法)及380/660 V(Δ/Y 接法)三种。

高压电动机的额定电压为3000 V、6000 V甚至达10000 V。

一般情况下,电动机额定功率 $P_N < 100$ kW,选用380 V;$P_N < 200$ kW,选用380 V或3000 V;$P_N \geqslant 200$ kW,选用6000 V;$P_N > 1000$ kW,选用10 kV。

直流电动机的额定电压一般为110 V、220 V、440 V,大功率电动机可提高到600 V、800 V,甚至1000 V。当直流电动机由晶闸管整流电源供电时,则应根据不同的整流形式选取相应的电压等级。

12.2.4 电动机额定转速的选择

就电动机本身而言,额定功率相同的电动机,额定转速越高,电动机的体积越小,重量和成本也就越低,因此选用高速电动机比较经济。但由于生产机械的转速有一定的要求,电动机转速越高,传动机构的传动比就越大,导致传动机构复杂,传动效率降低。所以选择电动机的额定转速时,要兼顾电动机和传动机构两方面来考虑。

对于启动、制动或反转很少,不需要调速的连续工作制的电动机,可选择相应额定转速的电动机,从而省去减速传动机构。

对于经常启动、制动和反转的生产机械,选择额定转速时则应主要考虑缩短启动、制动时间以提高生产效率。启动、制动时间的长、短主要取决于电动机的飞轮矩 GD^2 和额定转速 n_N,应选择较小的飞轮矩和额定转速。

对于调速性能要求不高的生产机械,可选用多速电动机或者额定转速稍高于生产机械的电动机配以减速机构,也可以采用电气调速的电动机拖动系统。当然,应尽可能地优先选用电气调速方案。

对于调速性能要求较高的生产机械,应使电动机的最高转速与生产机械的最高转速相适应,直接采用电气调速。

12.3　电动机额定功率的选择

电动机额定功率(容量)的选择步骤是:

第一步:计算负载功率 P_L;

第二步:根据 P_L 预选电动机的额定功率 P_N;

第三步:进行发热、过载能力和启动能力校验,直至合适为止。

12.3.1　连续工作制电动机额定功率的选择

连续工作制电动机的负载可分成两大类,即恒定负载和周期性变化负载。

1. 恒定负载下电动机额定功率的选择

这类生产机械电动机功率的选择较为简单,根据负载的功率 P_L,在产品目录中选一台额定功率等于或略大于 P_L,且转速合适的电动机即可。

2. 周期性变化负载下电动机额定功率的选择

电动机在变动负载下运行,其输出的功率不断地变化,电动机内部的损耗及温升也在不断地变化。在这种情况下,如按最大负载功率选择电动机功率,电动机将不能充分利用;而按最小负载功率选择电动机功率,电动机要过载,会引起电动机温升过高。因此,变化负载下电动机额定功率的选择要复杂些,一般按下列步骤进行。

1) 预选电动机额定功率

(1) 负载功率的确定

① 恒定负载功率的确定:

对直线运动的生产机械,有

$$P_L = \frac{F_L \nu}{\eta} \times 10^{-3} \tag{12-2}$$

式中,F_L——生产机械的负载力;

ν——生产机械的线速度。

对旋转运动的生产机械,有

$$P_L = \frac{T_L n}{9550 \eta} \tag{12-3}$$

式中,T_L——负载转矩;

n——转速。

② 周期变化负载平均功率的确定:

图 12-1 所示是一个周期内变动负载下连续工作制电动机的负载图。

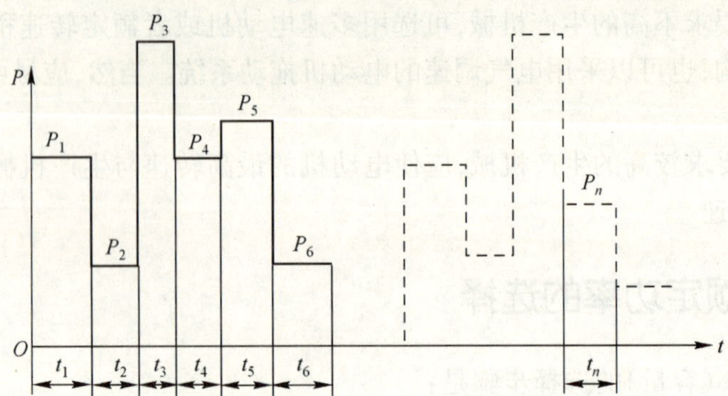

图 12-1　变化负载下连续工作制电动机的负载图

t_1、t_2、t_3……分别为对应 P_1、P_2、P_3……的工作时间

由此图可得变化负载的平均功率为

$$P_{\mathrm{LPj}}=\frac{P_1t_1+P_2t_2+\cdots+P_nt_n}{t_1+t_2+\cdots+t_n} \tag{12-4}$$

式中，P_1、P_2、$P_3\cdots P_n$——各段负载的功率；

t_1、t_2、$t_3\cdots t_n$——各段负载的持续时间。

(2) 电动机额定功率的预选

电动机将电源的吸收功率一部分转换为机械功率供给负载，另一部分消耗在电动机内部。电动机内部的损耗可分为不变损耗和可变损耗，不变损耗不随负载电流的变化而变化，可变损耗与负载电流有关，与负载电流平方成正比。负载电流增大时，可变损耗要增大，电动机的额定功率也要相应地选大些。考虑到电动机启动、制动时因负载电流增加而要求电动机额定功率增大的问题。实际预选电动机额定功率时，应扩大一定余量，再行预选。即

$$P_{\mathrm{N}}\geqslant(1.1\sim1.6)P_{\mathrm{LPj}} \tag{12-5}$$

其中系数 1.1～1.6 的取值由实际启动、制动时间占整个工作周期的比重来决定。所占比重大时，系数可适当取得大一些。

2) 电动机额定功率的校验

校验电动机功率时，首先要校验电动机的发热，然后校验过载能力，必要时校验启动能力。

(1) 电动机的发热校验

用平均功率法初选电动机的额定功率，虽然在理论上是合理的，但它没有考虑到电动机在过渡过程中可变损耗与电流平方成比例，尤其在负载变化较大时可变损耗变化大，会影响到电动机的温升。因此，还要进行电动机的发热校验。

进行电动机的发热校验，一般采用平均损耗法、等效电流法、等效转矩法、等效功率法等进行校验。

① 平均损耗法。预选电动机功率以后，根据预选电动机的效率曲线，计算出电动机带各段负载时对应的损耗功率 Δp_1、Δp_2、$\Delta p_3\cdots\Delta p_n$，然后计算出一个周期平均损耗功率 Δp_{pj}。

$$\Delta p_{\mathrm{i}}=\frac{P_{\mathrm{i}}}{\eta_{\mathrm{i}}}-P_{\mathrm{i}}$$

式中，P_{i}——电动机在各段负载时的输出功率。

$$\Delta p_{\mathrm{Pj}}=\frac{\Delta p_1 t_1+\Delta p_2 t_2+\cdots+\Delta p_n t_n}{t_1+t_2+\cdots+t_n} \tag{12-6}$$

由于电动机的发热是由其内部损耗所决定，所以电动机损耗的大小直接反映了电动机的温升情况。将上式计算出的平均损耗与电动机的额定损耗相比较，如果满足

$$\Delta p_{\mathrm{N}} \geqslant \Delta p_{\mathrm{pj}} \tag{12-7}$$

式中　Δp_{N}——预选电动机所对应的额定损耗。

则预选电动机的发热校验通过。

② 等效电流法。由于电动机不变损耗 Δp_0 与负载无关，绕组电阻 R 近似不变，两者均可视为常数，因此，电动机带各段负载时的损耗与其对应的电动机电流平方成正比，即

$$\Delta p_{\mathrm{i}}=\Delta p_0+I_{\mathrm{i}}^2 R$$

电动机总的平均损耗为

$$\Delta p_{\mathrm{Pj}}=\Delta p_0+I_{\mathrm{dx}}^2 R$$

等效电流 I_{dx}为

$$I_{\mathrm{dx}}=\sqrt{\frac{I_1^2 t_1+I_2^2 t_2+I_3^2 t_3+\cdots+I_n^2 t_n}{t_1+t_2+t_3+\cdots+t_n}} \tag{12-8}$$

求出等效电流以后，将等效电流与预选电动机的额定电流比较，如果满足

$$I_{\mathrm{N}} \geqslant I_{\mathrm{dx}} \tag{12-9}$$

式中　I_{N}——预选电动机所对应的额定电流。

则电动机的发热校验通过。

注意：深槽和双笼转子异步电动机绕组电阻在启动、制动期间不是常数，因此不能采用等效电流法进行发热校验。

③ 等效转矩法。如果不变损耗、绕组电阻、主磁通及异步电动机的功率因数都可视为常数，则电动机带各段负载时的电流与其对应的电磁转矩成正比，即

$$T_{\mathrm{i}}=C_{\mathrm{T}} \Phi I_{\mathrm{i}} \cos \varphi$$

$$T_{\mathrm{dx}}=C_{\mathrm{T}} \Phi I_{\mathrm{dx}} \cos \varphi$$

等效转矩为

$$T_{\mathrm{dx}}=\sqrt{\frac{T_1^2 t_1+T_2^2 t_2+T_3^2 t_3+\cdots+T_n^2 t_n}{t_1+t_2+t_3+\cdots+t_n}} \tag{12-10}$$

求出等效转矩以后，将等效转矩与预选电动机的额定转矩比较，如果满足

$$T_{\mathrm{N}} \geqslant T_{\mathrm{dx}} \tag{12-11}$$

式中　T_{N}——预选的电动机所对应的额定转矩。

则电动机的发热校验通过。

注意：串励直流电动机、复励直流电动机不能用等效转矩法进行发热校验，因为其负载变化时的主磁通不为常数。经常启动、制动的异步电动机也不能用等效转矩法进行发热校验，因为其启动、制动时的功率因数也不为常数。

④ 等效功率法。如果不变损耗、电阻、主磁通、异步电动机的功率因数、转速为常数，则电动机带各段负载时的转矩与其对应的输出功率成正比，即

$$P_{\mathrm{i}}=\frac{T_{\mathrm{i}} n}{9550}$$

$$P_{dx}=\frac{T_{dx}n}{9550}$$

等效功率为

$$P_{dx}=\sqrt{\frac{P_1^2t_1+P_2^2t_2+P_3^2t_3+\cdots+P_n^2t_n}{t_1+t_2+t_3+\cdots+t_n}} \tag{12-12}$$

求出等效功率以后，将等效功率与预选电动机的额定功率相比较，如果满足

$$P_N \geqslant P_{dx} \tag{12-13}$$

式中 P_N——预选的电动机所对应的额定功率。

则电动机发热校验通过。

注意：需要频繁启动、制动时，一般不用等效功率法进行发热校验，因为启动、制动过程转速不是常数。

启动、制动次数很少时，应先把启动、制动各段对应的功率修正为 $P'_i=\frac{n_N}{n}P_i$（其中 n 为各启、制动阶段平均转速，且 $n<n_N$），再进行发热校验。

3）电动机额定功率的修正

电动机的额定功率，是指在标准环境温度（40℃）下，在规定的工作制和其他条件下，能够连续输出的最大机械功率。如果实际情况与所规定的条件相同，则只要电动机的额定功率大于负载的实际功率，就能使电动机运行时的实际温升不超过允许温升，使电动机的发热条件得到充分利用，同时又能使电动机达到规定的使用寿命。但是，实际情况与规定的条件往往不尽相同。在保证电动机能达到规定的使用寿命的前提下，如果实际环境温度与标准环境温度不同时，那么在选择电动机的额定功率时，可对所选电动机的额定功率进行修正。

按照电动机在工作过程中的温升不超过规定的允许稳定温升的原则，当环境温度高于40℃时，电动机需要降低功率使用；反之，则可提高功率运行。

周围环境温度不同时，电动机的功率可按下式进行修正：

$$P'_N=P_N\sqrt{\frac{t_{max}-t_0}{t_{max}-40}(\alpha+1)-\alpha} \tag{12-14}$$

式中，t_{max}——绝缘材料所允许的最高温度；

t_0——周围的环境温度；

α——电动机的铁损与铜损的比值（0.4～1.1）。

也可按照表 7-2 进行修正。

表 7-2 环境温度变化时电动机额定功率的修正

环境温度/℃	≤30	35	40	45	50	55
功率增减量/%	+8	+5	0	−5	−12.5	−25

这样选择电动机，不会因额定功率选得过大而使电动机的发热条件得不到充分利用，也不会因额定功率选得过小而导致电动机过载运行，缩短使用寿命、甚至损坏。

4）过载能力和启动能力的校验

在承受短时负载波动时，由于热惯性，温升增大并不多，电动机能否稳定运行取决于过载能力，只要预选电动机的最大转矩 T_{max} 大于负载图上的最大负载转矩 T_{Lmax}，即

$$T_{max} \geqslant T_{Lmax} \tag{12-15}$$

则过载能力就能满足要求。

在选择异步电动机时,考虑到电网电压下降时会使转矩成平方倍的下降,应对异步电动机的最大转矩 T_{max}进行修正,考虑 15%的电压波动,一般按下式进行修正:

$$0.85^2 T_{max} \geqslant T_{Lmax} \tag{12-16}$$

当所选的电动机为笼式异步电动机时,还需要校验其启动能力是否满足要求。由机械特性知道异步电动机的启动转矩一般不是很大,当生产机械的负载转矩较大时,会造成启动太慢或不能启动,甚至损坏电动机。

一般要求启动转矩应大于 1.1 倍负载转矩,即

$$T_{st} \geqslant k_{st} T_N > 1.1 T_{Lmax} \tag{12-17}$$

12.3.2　短时工作制下电动机功率的选择

短时工作制的负载,应选用专用的短时工作制电动机。在没有专用电动机的情况下,也可以选用连续工作制的电动机。

1. 直接选用短时工作制电动机

电动机制造厂专门为短时工作制的生产机械设计制造了短时工作制电动机,其时间规格有:15 min、30 min、60 min、90 min 四种。

当工作时间接近上述标准时间时,可以按生产机械的功率、工作时间及转速的要求,由产品目录上直接选取。选择时使 $P_N \geqslant P_L$ 即可。

一般情况下,生产机械的工作时间不一定恰好符合上述四种标准工作时间,即实际工作时间 t_{sj}与标准短时工作时间 t_g 不相同。这时,应进行功率折算,即计算出实际工作时间 t_{sj}所对应的功率 P_{sj},并折算为标准工作时间 t_g 所对应的功率 P_g,再按 P_g 的大小选择合适规格的电动机。

折算的原则是两种情况下发热相同即损耗相等。由此可推出折算公式为

$$P_g = P_{sj}\sqrt{\frac{t_{sj}}{t_g}} \tag{12-18}$$

折算时,应选取与 t_{sj}最相近的 t_g 值代入上式。

计算出 P_g 后,按 P_g 所对应的 t_g,如果预选电动机的额定功率

$$P_N \geqslant P_g \tag{12-19}$$

则满足发热条件。

当没有合适的短时工作制电动机时,可采用专为断续周期性工作制设计的电动机来代替。短时工作时间与负载持续率 FC% 之间的换算关系,可近似地认为:30 min 相当于 FC% = 15%;60 min 相当于 FC% = 25%;90 min 相当于 FC% = 40%。

2. 选用连续工作制电动机

由于短时工作制的电动机很少生产,实践中常选用连续工作制的电动机来代替短时工作制的电动机工作。

如果选择一台连续工作制的电动机,使 $P_N \geqslant P_g$,则电动机在发热上没有被充分利用。为此,可选择一台功率较小的电动机,使 $P_N < P_g$,让电动机在工作时间内短时过载运行,此时电

动机功率 P_N 的选择依据为:在短时工作时间 t_g 内,电动机过载运行所达到的温升恰好等于电动机所允许的最高温升。

按发热条件为短时工作负载选择连续工作制电动机时,电动机功率 P_N 为

$$P_N = P_g\sqrt{\frac{1-e^{-t_g/T}}{1-ke^{-t_g/T}}} \tag{12-20}$$

其中 $k = p_0/p_{cuN}$。考虑到电动机的过载能力,电动机工作时的实际过载倍数 λ' 应小于电动机允许的过载倍数 λ,即

$$\lambda' < \lambda$$

此时按电动机允许的过载倍数来选择电动机的额定功率,即按下式选择。

$$P_N \geqslant \frac{P_g}{\lambda} \tag{12-21}$$

通过理论和实践证明,一般按允许过载倍数选择的电动机,发热校验一定能通过,没必要再进行。最后校验电动机的启动能力(参照连续工作制下电动机选择的方法)。

12.3.3 断续周期工作制下电动机功率的选择

在生产实践中,许多生产机械是在断续周期性工作制下工作的。按标准规定,断续周期性工作的每个周期不超过 10 min,其中包括启动、运行、制动和停歇各阶段。普通形式的电动机往往难以胜任如此频繁的启动、制动工作,因此,专门设计了断续周期工作制的电动机。这类电动机的共同特点是启动和过载能力强、惯性小(飞轮力矩小)、机械强度大、绝缘材料等级高。

断续周期工作制下电动机的标准负载持续率有 15%、25%、40%、60% 四种。同一台电动机,在不同 FC% 下其额定输出功率不同,FC% 越小,额定功率就越大,即 $P_{15\%} > P_{25\%} > P_{40\%} > P_{60\%}$。

断续周期工作制电动机功率选择的步骤与连续工作制变动负载下的功率选择是相似的,须经过预选电动机和校验等步骤。一般情况下,应根据生产机械的负载持续率来预选电动机。

1. 如果生产机械的实际负载持续率 $FC_{sj}\%$ 与标准持续率 FC% 相同或相近,平均负载功率和转速也已知,便可以从产品目录中直接选取,最后校验。

2. 如果实际负载持续率 $FC_{sj}\%$ 与标准持续率 FC% 不同,就需要把实际负载持续率 $FC_{sj}\%$ 下的实际功率 P_{sj} 换算成标准 FC% 下的负载功率 P_g,然后再预选电动机功率和校验发热。

换算的原则是实际负载持续率 $FC_{sj}\%$ 下与标准持续率 FC% 下损耗相等,即发热相同。功率换算公式为

$$P_g \approx P_{sj}\sqrt{FC_{sj}\%/FC\%} \tag{12-22}$$

换算时,应选取与 $FC_{sj}\%$ 最相近的 $FC\%$ 值代入上式。

计算出 P_g 后,按 P_g 所对应的 FC%,预选电动机的额定功率 $P_N \geqslant P_g$,则发热校验通过。

应该指出,如果 $FC_{sj}\% < 10\%$,按短时工作制处理,应选用短时工作制电动机。如果 $FC_{sj}\% > 70\%$,按连续工作制处理,应选用连续工作制电动机。

思考题和习题

12-1 电动机有哪几种工作制?各有什么特点?

12-2　电力拖动系统中电动机的选择主要包括哪些内容？

12-3　选择电动机额定功率时主要应考虑哪些因素？

12-4　电动机的额定功率选得过大和不足时会引起什么后果？

12-5　连续工作变化负载下，电动机功率选择的一般步骤是什么？

12-6　等效电流法、等效转矩法、等效功率法的适用条件分别有哪些？

12-7　如图 12-2 所示为电动机断续周期工作负载图，现有一台绕线式电动机，$P_N=16$ kW，$n_N=720$ r/min，过载系数 $\lambda_m=3$，$FC\%=25\%$。设电动机为他冷式，在启动过程中磁通和功率因数不变。试校验电动机是否合适？

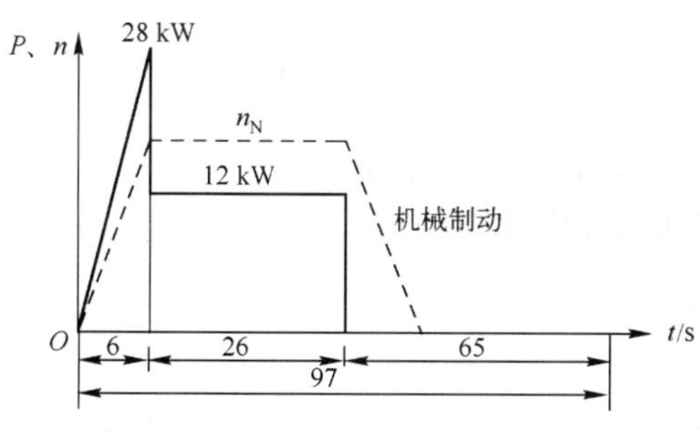

图 12-2　题 12-7

第 13 章　电机与拖动实验

13.1　直流电机认识实验

13.1.1　实验目的

① 认识直流电机实验中所用的设备及仪表。

② 学会直流电机的接线与操作方法。

13.1.2　实验仪器、设备

实验仪器、设备有直流并励电动－发电机组、电机组实验台、直流电动机启动变阻器、双向开关、变阻器、直流电流表和直流电压表。

13.1.3　实验原理

1. 直流电机的励磁方式接线练习。见图 13-1。

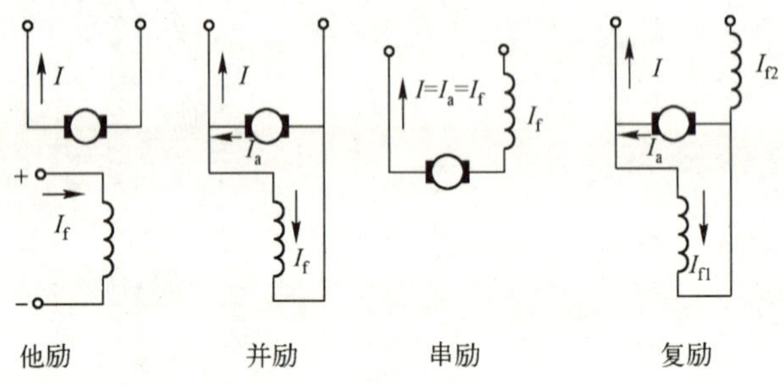

图 13-1　直流电机励磁接线图

2. 直流并励电动—发电机组接线练习。见图 13-2。

13.1.4　实验步骤

1. 熟悉直流电机实验的仪器、设备及使用方法。

2. 学会选择仪表与变阻器。

根据被试电机铭牌数据和实验中可能达到的最大测量值的范围，选择仪表、量程及变阻器的大小。仪表的选择能力要逐步培养，要能正确选择量程；电压表和电流表按实验中可能达到的最高电压及电流值来选择其量程；变阻器按通过它的最大电流值和所需要的电阻值来选择。

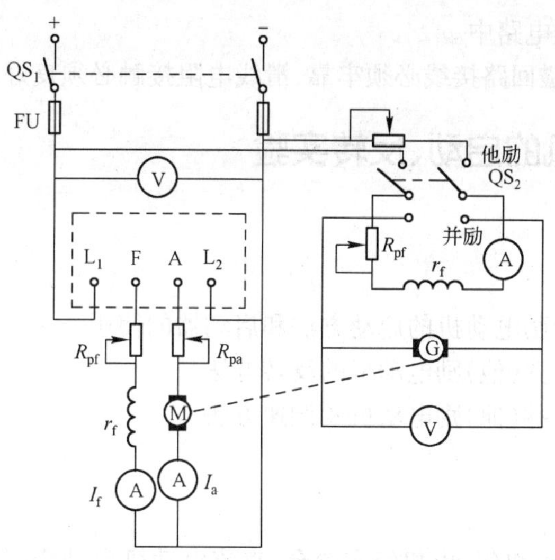

图 13-2　直流并励电动机、发电机组接线图

例如：电机的铭牌数据为

直流电动机	1.5 kW	110 V	1500 r/min	17.6 A
直流发电机	1.1 kW	115 V	1450 r/min	9.58 A

① 选择直流电压表。因为电动机额定电压为 110 V，发电机额定电压为 115 V，进行发电机空载试验时外加电压一般要达到额定电压的 1.25 倍左右，故测量电源电压、电动机电枢电压及发电机输出电压时，可选用 0～150 V 量程的直流电压表。

② 选择直流电流表。因为电动机额定电流为 17.6 A，发电机额定电流为 9.58 A，故测量电动机电枢电流和发电机输出电流时，可选用 0～10～20 A 的直流电流表。直流电机的励磁电流一般不超过其额定电流的(5～10)%，可选择 0～2.5A 量程的直流电流表。

③ 选择变阻器。根据线路所需通过的最大电流及调节范围选择电阻，由于电动机额定电流为 17.6 A，故电动机线路串联电阻和电枢串联电阻应选择 20 A、10 Ω 的可变电阻，电动机和发电机励磁回路调节电阻根据励磁电流大小可选用 2 A、300 Ω 左右的变阻器。

④ 准备离心式转速表或其他测速设备，量程为 1500 r/min，用来测量电机的转速。

3. 直流电机的励磁方式接线练习

按图 13-1 练习接线。

4. 直流并励电动－发电机组接线练习

按图 13-2 接线，每位同学必须熟悉直流并励电机的接线标号，接线后要互相检查是否正确。

13.1.5　实验结论

列出电机及使用的设备、仪表编号、规格、铭牌数据。

13.1.6　注意事项

① 接线可从一极出发，经过主要线路上的各仪表、设备，回到另一极；最后再接并联支路。

② 电流表要串接在电路中。

③ 要特别注意,励磁回路接线必须牢靠,滑线电阻接触必须良好。

13.2 直流电动机的启动、反转实验

13.2.1 实验目的

① 学会直流并(他)励电动机的启动方法和启动器的使用。

② 熟悉和掌握直流并(他)励电动机的反转方法。

③ 熟悉和掌握直流并(他)励电动机的调速方法。

13.2.2 实验仪器

直流并励电动-发电机组,电机组实验台,直流电动机启动变阻器,变阻器,转速表,直流电压表,直流电流表,负载箱。

13.2.3 实验原理

直流电机的启动、反转接线图如图 13-3 所示。

13.2.4 实验步骤

1. 启动

① 直流电动机启动变阻器启动。按图 4-6 接线,检查 RS 启动器和各调节电阻器的手柄位置,合上电源开关,然后转动启动器手柄,逐步减小启动电阻,使电动机启动并观察启动过程。

② 降压启动。启动前,将实验台的电枢电压复位到零,逐渐增加电枢电压,观察电动机的启动。

2. 反转

① 切断电源,将电枢绕组两端对调,然后重新启动,观察电动机的旋转方向。

② 切断电源,将励磁绕组两端对调,然后重新启动,观察电动机的旋转方向。

③ 切断电源,将电枢绕组和励磁绕阻两端同时对调,然后重新启动,观察电动机的旋转方向。

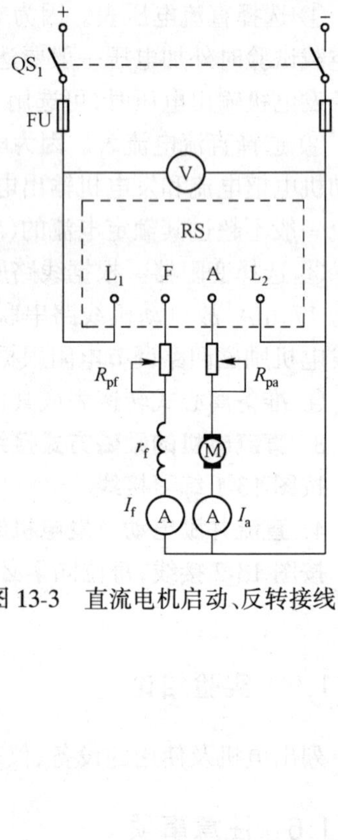

图 13-3 直流电机启动、反转接线图

13.2.5 实验结论

① 直流电动机的启动方法有哪几种?

② 直流电动机的反转方法有哪几种?

13.2.6　分析讨论

直流电动机的启动电流取决于什么？与正常运行时的电枢电流有何不同？

13.2.7　注意事项

① 接线可从一极出发，经过主要线路之各仪表、设备，最后回到另一极；而后再接并联支路。

② 通电前要仔细检查线路连接是否正确和牢靠，仪表的量程和极性及设备的手柄位置是否正确，确保无误方可通电。

③ 正确启动直流电动机，如发现不转，要立即切断电源检查线路。

④ 每次停机后，都要把启动电阻退回到电阻值最大位置，防止下次直接启动。

13.3　并励直流电动机的调速实验

13.3.1　实验目的

① 掌握测定直流电动机的速度特性。

② 掌握直流电动机的调速方法。

13.3.2　实验仪器、设备

实验仪器、设备有直流并励电动－发电机组，电机组实验台，RS 启动器，变阻器，转速表，直流电压表，直流电流表，负载箱。

13.3.3　实验原理

实验接线图如图 13-4 所示。

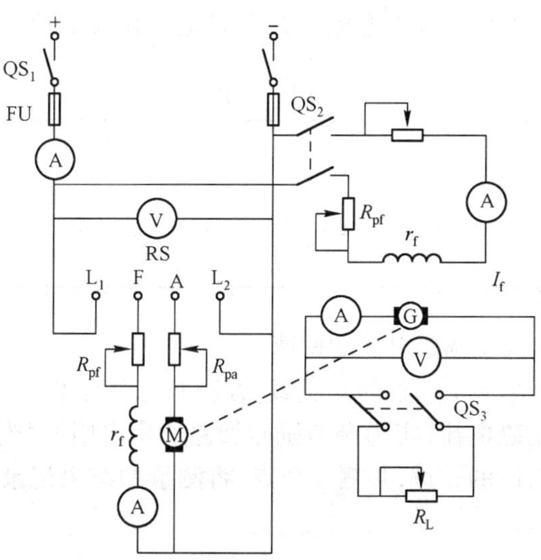

图 13-4　直流电动机调速实验接线图

13.3.4 实验步骤

1. 并励直流电动机速度特性的测定

按原理图接线后，合上 QS_1，空载启动直流电动机，把电动机的转速调至额定转速 n_N。之后合上 QS_2 给发电机励磁，发电机建立起电压后，合上 QS_3，逐步给发电机带上负载。发电机向外供电后电动机带上负载，电枢电流要增加，转速要下降。调节电动机的励磁电流及发电机的负载电流，使电动机运行在额定工作点，即在额定电压、额定电流和额定转速下。直流电动机运行于额定工作点时的励磁电流，称为额定励磁电流。

进行直流电动机的速度特性测试。保持电动机的额定电压和额定励磁电流不变，减小直流电动机的负载即靠减小直流发电机的负载电流或励磁电流来实现的。从额定负载到空载之间，共测取电动机的七组数据。将不同负载时的直流电动机电枢电流 I_a 与转速记录在表 13-1 内。

表 13-1

I_a/A							
n/r·min^{-1}							

2. 改变并励直流电动机电枢回路电阻与励磁电流的调速

(1) 电枢回路串电阻调速

实验条件：$U=U_N$，$I_f=I_{fN}$，在调速过程中电动机带一个恒转矩的负载。将电源电压与电动机的励磁电流均调到额定值。为使发电机能等效于一个恒转矩的负载，应设法在整个调速过程中，保持发电机的励磁电流与电枢电流均不变。具体操作如下：合上 QS_3，并调节 R_{f2}，使发电机励磁电流等于其额定励磁电流，再调节发电机负载电阻 R_2，选择发电机负载电流为某个数值。

将电动机电枢回路电阻 R_{pa} 从零开始逐渐变化增大，此时，转速也会发生变化，从而使发电机的感应电动势发生变化，这时必须调节 R_L，才能使发电机负载电流仍维持为原先的数值。将所串电阻 R_{pa} 与对应的转速 n 及电枢电流 I_a 分别记录在表 13-2 中。

表 13-2

R_{pa}/Ω				
n/r·min^{-1}				
I_a/A				

(2) 并励直流电动机改变励磁电流的调速

实验条件：$U=U_N$，$R_{pa}=0$，带恒转矩负载，方法如前面所述。

调节直流电动机的励磁电流(实为调节励磁回路所串电阻)。当 R_{pf} 由小变大时，I_{f1} 由大变小。测量励磁电流与对应的转速，共测 5 个点，将测量的结果记录于表 3 内。注意，电动机最高转速不要超过 $1.2n_N$。

表　13-3

I_{f1}/A					
n/r·min^{-1}					

13.3.5　实验结论

(1) 用直角坐标纸画出下列特性曲线

① 转速特性 $n=f(I_a)$。

② 调速特性 $n=f(R_{pa})$。

③ 调速特性 $n=f(I_{f1})$。

(2) 说明直流电动机调速的方法

13.3.6　注意事项

① 正确可靠地接线,仪表的量程选择和极性要正确。

② 调整电动机的额定工作点是个细致的工作,要明确调整哪个量会对电动机有什么影响,最后需要同时调整几个量。

③ 直流电动机的额定励磁电流需通过实验测定。

④ 在进行弱磁调速时,最高转速不要超过 $1.2n_N$,以免损坏电动机。

13.4　直流发电机的空载实验

13.4.1　实验目的

① 学会直流发电机空载实验的接线和操作方法。

② 掌握直流发电机的自励条件,并观察自励过程。

13.4.2　实验仪器、设备

实验仪器、设备有直流并励电动 - 发电机组,电机组实验台,直流电动机启动变阻器,变阻器,转速表,双向开关,直流电压表,直流电流表。

13.4.3　实验原理

直流发电机空载实验原理图如图 13-5 所示。

13.4.4　实验步骤

将仪表和设备合理地布置于实验台面上,选择好仪表的量程,按图接线,经认真检查无误后,方可按下列步骤进行实验。

1. 他励发电机空载特性的求取

空载特性是指发电机的负载电流 $I=0$,并保持转速 $n=n_N$ 不变时,空载电压 U_0 和励磁

电流 I_f 之间的关系，即 $U_0 = f(I_f)$。

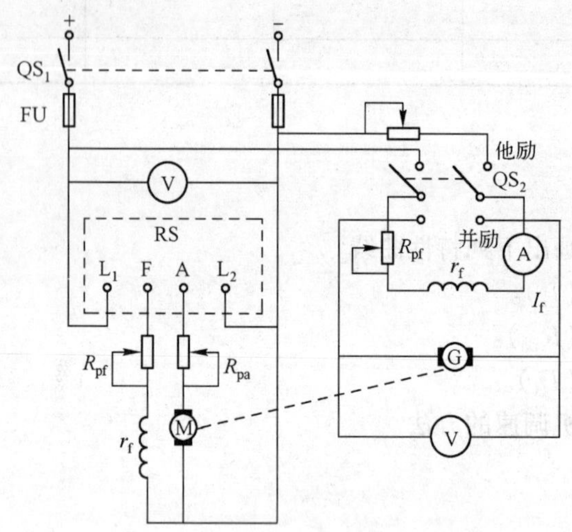

图 13-5　直流发电机空载实验原理图

① 将开关 QS_2 合于上侧，即为他励发电机空载实验线路。

② 合上电源开关 QS_1，用直流电动机启动变阻器启动直流电动机，如果有可调的直流电源则可用降压启动，并注意电动机的转向是否与机壳上标志方向一致。启动后，调节电动机电枢电路电阻及励磁回路电阻，使发电机转速达到额定值，并保持 $n = n_N$ 不变。

③ 逐渐增加发电机的励磁电流，使空载电枢电压 U_0 升高到 $1.25U_N$ 值。

④ 逐渐增大发电机回路的电阻，使励磁电流 I_f 逐渐减少到零为止(拉开开关 QS_2)，期间读取电枢电压 U_0 与相应的励磁电流 I_f 值 5～7 组，记录于表 13-4 中。当 $I_f = 0$ 时，测得的电压即为发电机的剩磁电压，约为(2～4)U_N%。注意减少励磁电流时，只能单方向调节。

表 13-4　　他励直流发电机空载特性数据　　(条件：$n = n_N =$　　r/min，$I = 0$)

U_0/V						
I_f/A						

2. 自励条件的检查

① 电机有剩磁是自励的第一条件；电枢转向和励磁绕组的接法必须正确地配合，以使励磁磁势和剩磁方向一致，是自励的第二条件。当自励电机无剩磁时，需用电源充磁。

② 直流电动机励磁回路中的调节电阻应取最小值，同时，实验中应防止励磁回路断路。

③ 将双向开关 QS_2 置于中间位置，使发电机励磁回路和电枢回路开路。

④ 合上电源开关 QS_1，用直流电动机启动变阻器(或降压)来启动直流电动机，然后用小量程电压表检查发电机的剩磁，并记录剩磁电压。

⑤ 开关 QS_2 合于下侧，接通发电机的励磁回路，调节其电阻(由大到小)观察电枢电路电压，检查转向和励磁绕组的接法是否正确地配合。

3. 并励发电机空载特性的求取

① 并励发电机的空载特性与他励电机相同，即 $U_0 = f(I_f)$。

② 并励发电机电压建立后，保持转速 $n = n_N$ 不变，调节发电机励磁回路电阻，从剩磁电

压开始，逐渐升高到空载电压 $U_0=1.25U_N$ 时为止，随时读取空载电压 U_0 及相应的励磁电流 I_f 的值几组，并记入表 13-5 中。

③ 逐渐增大励磁回路电阻，减小励磁电流，直到励磁电流 $I_f=0$ 为止，读取空载电枢电压 U_0 及相应的励磁电流 I_f 值几组，记入表 13-5 中。

表 13-5　并励发电机空载特性数据　（条件：$n=n_N=$ 　r/min，$I=0$）

励磁电流增加	U_0/V					
	I_f/A					
励磁电流减小	U_0/V					
	I_f/A					

13.4.5　实验结论

① 根据所测得的数据，绘出他励发电机空载特性曲线。

② 根据所测得的数据，绘出并励发电机空载特性曲线。

13.4.6　分析讨论

① 做空载实验时，励磁回路的电阻为什么不得时增时减？

② 并励电动机的励磁电流和并励发电机的励磁电流各用哪个电阻调节？各自的电阻不同时，只能对哪些量有影响？

③ 结合实际讨论，如果并励发电机不能自励，应如何采取措施给予解决？

13.4.7　注意事项

① 在实验中，最好采用磁电式直流仪表进行测量，测量中还应注意仪表的极性。

② 启动时电动机励磁回路电阻应置于最小位置，以防转速过高；发电机励磁回路电阻应置于最大位置，以防电压偏高。注意防止电动机励磁回路断路或接触不良。

13.5　直流发电机的负载实验

13.5.1　实验目的

① 掌握直流发电机外特性的测定方法。

② 掌握直流发电机调节特性的测定方法。

13.5.2　实验仪器、设备

实验仪器、设备有直流并励电动-发电机组，直流电源，直流电机启动变阻器，变阻器，转速表，直流电压表，直流电流表，负载。

13.5.3 实验原理

① 无可调直流电源时,直流发电机的实验原理图见图 13-6 所示。

② 有可调直流电源时,直流发电机的实验原理图见图 13-7 所示。

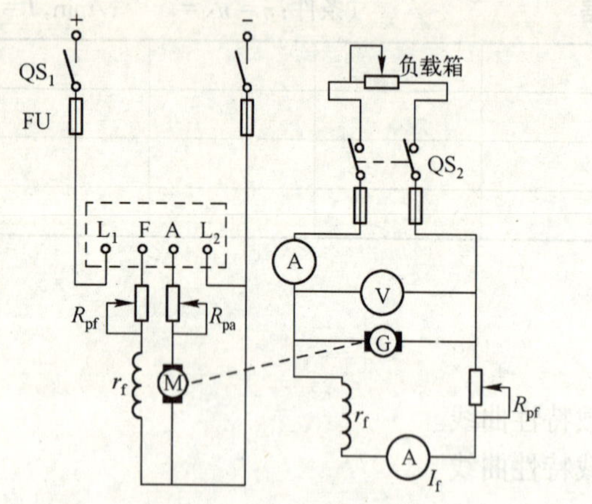

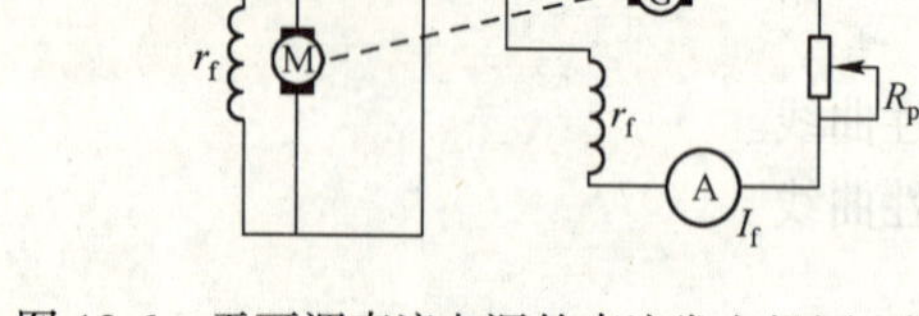

图 13-6　无可调直流电源的直流发电机原理图

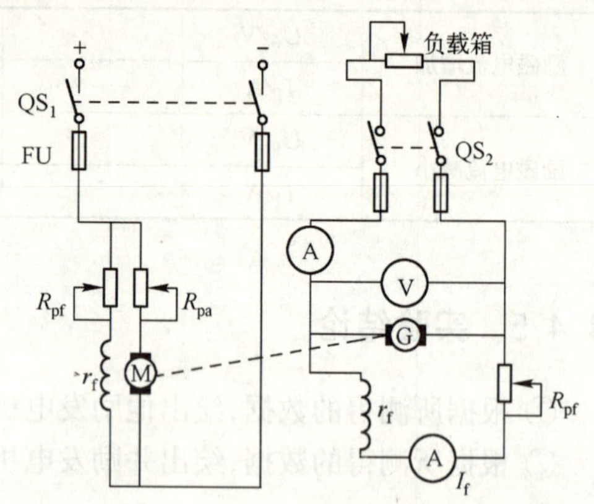

图 13-7　有可调直流电源的直流发电机原理图

13.5.4 实验步骤

1. 并励发电机外特性

将仪表和设备合理地布置于实验台面上,选择好仪表的量程,无可调直流电源时按图 13-6 接线;有可调直流电源时,按图 13-7 接线,经认真检查无误后,方可按下列步骤进行实验。

① 直流电动机励磁回路的调节电阻 R_{pf}取最小值,直流发电机励磁回路的调节电阻 R_{pf}取最大值。

② 合上电源开关 QS_1,用启动变阻器启动直流电动机(有可调的直流电源应用降压启动),之后,调节电动机励磁回路电阻 R_{pf},使电动机转速 $n=n_N$,调节发电机励磁回路电阻 R_{pf},使发电机的电压 $U=U_N$。

③ 合上负载开关 QS_2,并保持 $n=n_N$ 不变,同时调节发电机的励磁回路电阻 R_{pf}和负载电阻 R,使发电机的负载电流 $I=I_N$,电压 $U=U_N$。然后在保持此时的励磁回路电阻 R_{pf}和转速 $n=n_N$ 不变的情况下,逐渐减小负载直到空载($I=0$)时为止,其间读取 U 和 I 的数据几组,并记录于表 13-6 中。

2. 并励发电机的调节特性

① 恢复并励发电机外特性实验中(1)和(2)项的做法。

② 合上负载开关 QS_2,逐渐增加负载,调节电动机和发电机的励磁回路电阻 R_{pf},使发电机在 $n=n_N$ 不变的情况下,逐渐增加发电机的输出电流 I,随后,相应地调节励磁电流 I_f,使端电压保持 $U=U_N$,直到 $I=I_N$ 为止,每次读取发电机负载电流 I 及该电压,然后在保持此时的励磁回路电阻 R_{pf}和转速 $n=n_N$ 不变的情况下,逐渐减小负载直到空载($I=0$)时为止,其间读取 U、I 和励磁电流 I_f 的数据几组,并记录于表 13-7 中。

表 13-6　并励发电机外特性数据　(条件: $n = n_N =$ 　r/min, $R_{pf} =$ 常数)

U/V						
I/A						

表 13-7　并励发电机调整特性数据　(条件: $n = n_N =$ 　r/min, $U = U_N =$ 　V)

I/A						
I_f/A						

13.5.5　实验结论

① 根据所测得的数据,绘出并励发电机外特性曲线。
② 根据所测得的数据,绘出并励发电机调节特性曲线。

13.5.6　分析讨论

① 与他励发电机比较,并励发电机的外特性有哪些特点,为什么?
② 并励发电机不自励可能是什么原因? 应如何处理?

13.5.7　注意事项

① 在实验中,最好采用磁电式直流仪表进行测量,但应注意仪表的极性。
② 每次停机后,都要把启动变阻器退回到电阻值最大位置,防止下次直接启动。
③ 启动时电动机励磁回路电阻应置于最小位置,以防转速过高;发电机励磁回路电阻应置于最大位置,以防电压偏高。
④ 防止电动机励磁回路断路或接触不良。

13.6　直流电机电刷位置的调整

13.6.1　实验目的

学会直流电机电刷位置的调整方法。

13.6.2　实验仪器、设备

实验仪器、设备有直流电动机、万用表、直流电源(电池 3 V)。

13.6.3　实验原理

直流电机的电刷应该安放在磁极的几何中心线上,考虑到电枢反应的影响,电刷应该安放在磁极的物理中心线上,即被电刷短接的电枢绕组中感应电动势为零。直流电机电刷位置实验接线图如图 13-8 所示。当不停地开、合开关 S 时,如果电刷位置安装不正确,则微安表中将有电流产生;如果电刷位置安装正确,则微安表中应有电流产生。

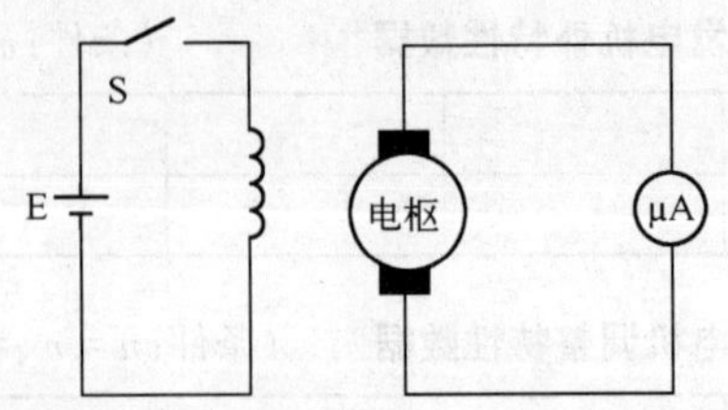

图 13-8 直流电机电刷位置实验接线图

13.6.4 实验步骤

① 准备仪器设备。
② 检查电刷接触是否良好。
③ 按图 13-8 接线,将直流电机的励磁绕组接电池,电枢绕组接万用表的直流电流 μA 档,不断地关、合开关 K,调整电刷的位置。
④ 电刷位置调整完毕,恢复现场。

13.6.5 分析讨论

直流电机的电刷应放在什么位置?为什么?

13.6.6 注意事项

① 接线要正确。
② 万用表的量程要选择正确。

13.7 变压器空载参数的测定实验

13.7.1 实验目的

① 熟悉和掌握变压器空载实验的方法。
② 测定变压器的性能数据 I_0、P_0、U_0。
③ 计算变压器的空载参数。

13.7.2 实验仪器、设备

实验仪器、设备有单相调压器、单相变压器、电机组实验台、万用表、低功率因素功率表、交流电压表、交流电流表。

13.7.3 实验原理

变压器空载参数设定线路图如图 13-9 所示。

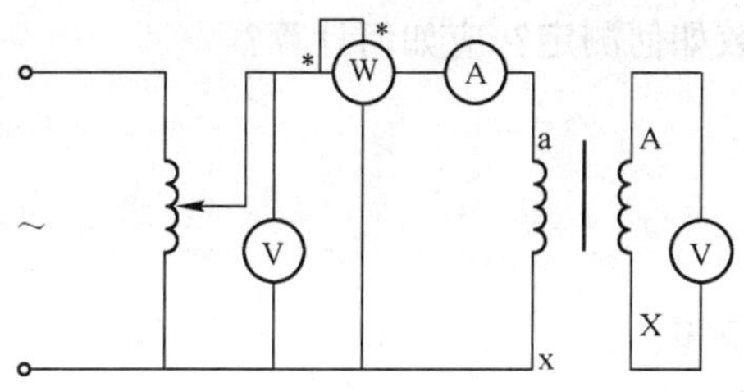

图 13-9　变压器空载参数设定线路图

13.7.4　实验步骤

空载试验电压需调至$(1.1\sim2.2)U_{2N}$,以此为选择电压表的依据。中小型电力变压器空载电流$I_0\approx(4\%\sim16\%)I_N$,依此选择电流表与功率表的电流量程。变压器空载运行时功率因数甚低、一般在0.2以下时,应选用低功率因数功率表测量功率,以减少功率测量误差。

变压器接通电源前(开关Q合闸前),将调压器调在输出电压最小位置,以避免电流表和功率表被合闸瞬间的冲击电流所损坏。开关Q合闸后,调节电压至$1.2U_{2N}$,然后逐次降压,每次测量空载电压U_0、电流I_0、损耗p_0及U_{AX},在$(1.2\sim0.5)U_{2N}$范围内,共读取6～7组数据(包括点$U_0=U_{2N}$,在该点附近测点应较密),记录于表13-8中。

表 13-8　数据表

次　数	U_0	P_0	I_0	U_{AX}
1	$1.2U_{2N}=$			
2	$1.1\ U_{2N}=$			
3	$1.05\ U_{2N}=$			
4	$U_{2N}=$			
5	$0.9\ U_{2N}=$			
6	$0.8U_{2N}=$			
7	$0.5\ U_{2N}=$			

13.7.5　计算及结论

① 绘制空载特性曲线。

- $U_0=f(I_0)$
- $P_0=f(I_0)$

② 按照$U_0=U_{2N}=$________的数据,计算空载参数。

③ 折算到高压侧的参数。

13.7.6　分析讨论

① 在变压器空载实验中,各种仪表应怎样连接才能使测量误差最小?

② 为什么变压器空载实验所测得的功率即为变压器的铁耗?

③ 三相变压器空载参数如何测定？应如何计算？

13.7.7 注意事项

① 安全第一。
② 调压器开始时应调至零。
③ 在低压侧做空载实验。
④ 各种仪表的量程选择要准确。

13.8 变压器短路参数的测定实验

13.8.1 实验目的

① 熟悉和掌握变压器短路实验的方法。
② 测定变压器的性能数据 I_k、P_k、U_k。
③ 计算变压器的短路参数，了解这些参数对变压器性能的影响。

13.8.2 实验仪器、设备

实验仪器、设备有单相调压器、单相变压器、电机组实验台、万用表、低功率因素功率表、交流电压表、交流电流表、温度计。

13.8.3 实验原理

变压器短路参数测试实验线路图如图 13-10 所示。

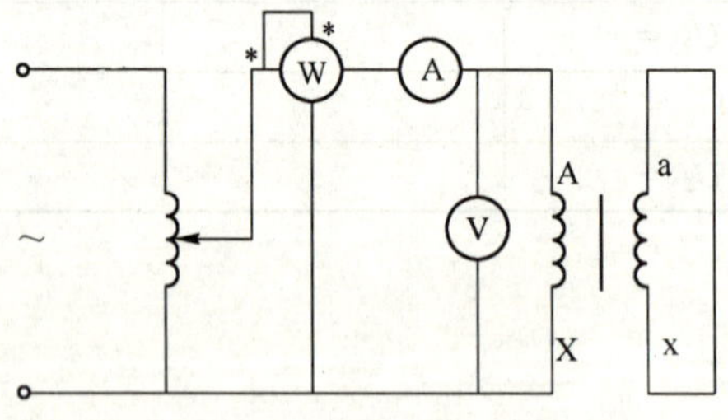

图 13-10 变压器短路参数测试实验线路图

13.8.4 实验步骤

① 按图 13-9 接线，使调压器置于输出电压最低位置。

② 将调压器缓慢调节，使输出电压逐渐升高至电流表所示的短路电流 $I_s = 1.1I_{1N}$，然后分多次逐渐降低电压，分别读电流表、功率表及电压表读数。填数据表 13-9。

③ 读温度计读数 $\theta =$ ______ ℃。

表 13-9　数据表

次　数	I_k	P_k	U_k
1	$1.1I_{1N}=$		
2	$I_{1N}=$		
3	$0.8I_{1N}=$		
4	$0.5I_{1N}=$		

13.8.5　计算及结论

① 绘制短路特性曲线。

- $U_k=f(I_k)$
- $P_k=f(I_k)$

② 按照 $I_k=I_{1N}=$______的数据,计算短路参数。

③ 求短路电压百分数。

$U_k(\%)=(U_k/U_{1N})\times 100\%=$

13.8.6　分析讨论

① 在短路实验中,各种仪表应怎样连接才能使测量误差最小?

② 短路参数为什么须折算到 75℃?

③ 为什么短路实验所测得的功率即为变压器的铜损耗?

④ 三相变压器短路参数测定进行计算时,应如何计算?

13.8.7　注意事项

① 安全第一。

② 调压器开始时应调至零。

③ 在高压侧做短路实验。

④ 实验时间应尽量缩短,否则会使线圈过热。

13.9　变压器同名端的测定实验

13.9.1　实验目的

本实验目的是掌握变压器同名端的测定方法。

13.9.2　实验仪器、设备

实验仪器、设备有单相变压器、电机组实验台、万用表、直流电源(3 V)

13.9.3 实验原理

① 交流法如图 13-11 所示。

② 直流法如图 13-12 所示。

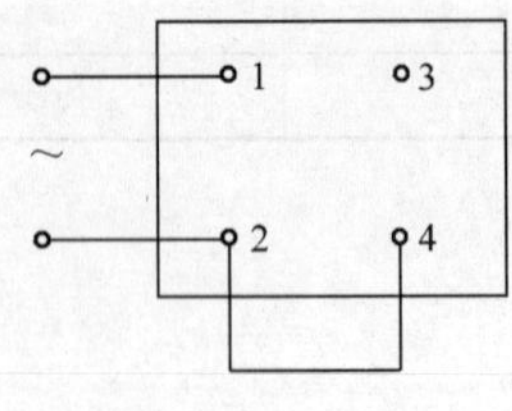

图 13-11 交流法

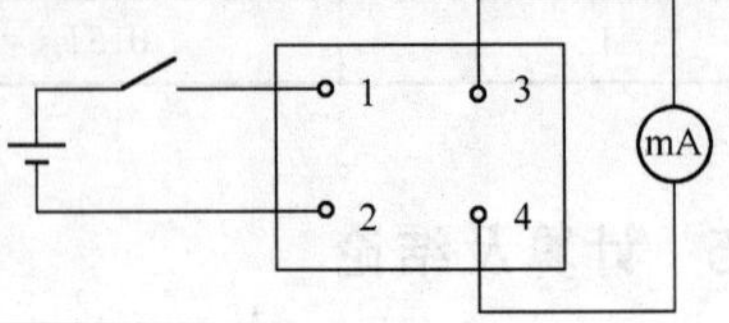

图 13-12 直流法

13.9.4 实验步骤

① 用万用表测定变压器的原、副绕组,并假定原绕组为 1-2,副绕组为 3-4。

② 交流法。

按图 13-11 接线,用万用表测 U_{12}、U_{34}、U_{13},填表 13-10。

表 13-10 **交流法数据表**

U_{12}	U_{34}	U_{13}	关 系

③ 直流法。

按图 13-12 接线,闭合开关瞬间,观察万用表的偏转方向______。

13.9.5 实验结论

1. 交流法

① 如果 $U_{13} = U_{12} + U_{34}$,则 1、3 为______端。

② 如果 $U_{13} = U_{12} - U_{34}$,则 1、3 为______端。

2. 直流法

① 如果万用表正向偏转,则 1、3 为______端。

② 如果万用表反向偏转,则 1、3 为______端。

3. 在图 13-13 上标明所测定的变压器的同名端

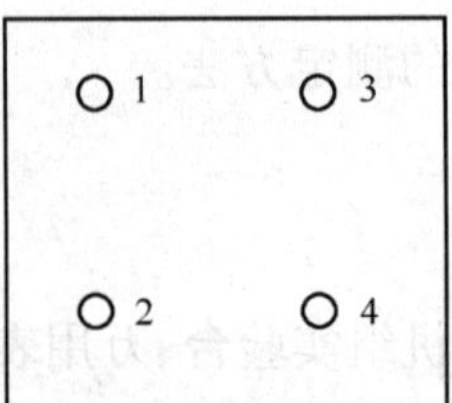

图 13-13 单相变压器同名端测定线路图

13.9.6　分析讨论

1. 万用表可否用晶体管毫伏表代替?
2. 为什么可用直流法测定?
3. 三相变压器(如图 13-14)的同名端如何测定?

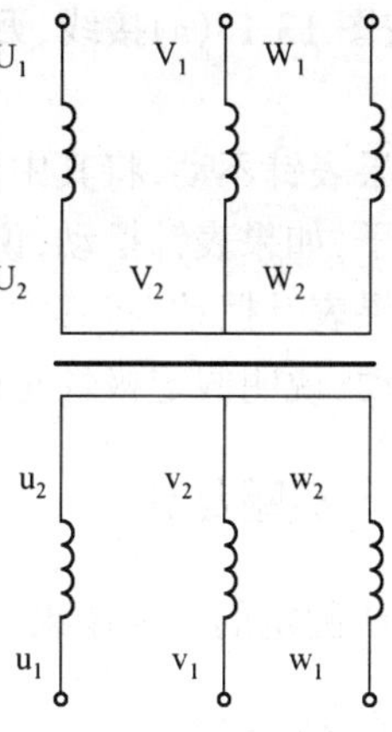

图 13-14　三相变压器同名端测定线路图

13.9.7　注意事项

① 安全第一。

② 万用表的量程要选择准确,切记不能用欧姆挡测交流电压,否则可能将表烧坏。

③ 采用直流法要注意电源与表的极性。

13.10　三相异步电动机的理相实验

13.10.1　实验目的

本实验目的是掌握三相异步电动机的理相方法。

13.10.2　实验仪器、设备

三相笼式异步电动机、电机组实验台、万用表

13.10.3　实验原理

三相异步电动机理相实验原理图如图 13-15 所示。

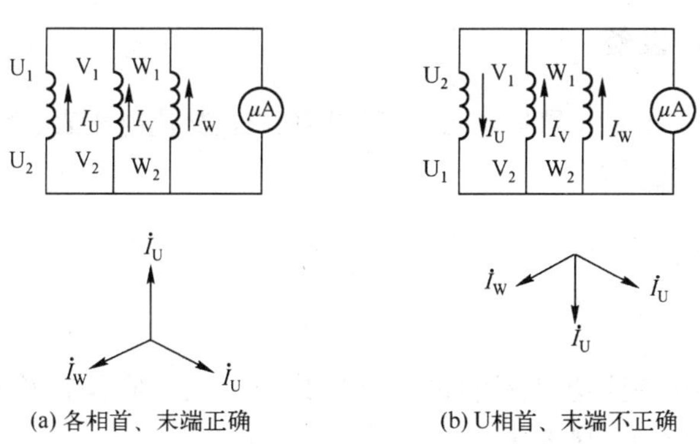

图 13-15　三相异步电动机理相实验原理图

13.10.4　实验步骤

① 用万用表的欧姆挡测定三相异步电动机的各相绕组,并假定为 U_1-U_2,V_1-V_2,W_1-W_2。

② 给三相异步电动机充磁,即将其中任意一相绕组接通电源一会儿。

③ 按图 13-15(a)接线，万用表选择直流电流 50 μA 挡，手工迅速转动转子，观察表针的摆动情况。

- 如果表针不动，将其中任意一相绕组的首末端换接，如图 13-15(b)所示，手工迅速转动转子，如果表针摆动，说明表针不动时的假定极性正确；
- 如果表针摆动，将其中任意一相绕组的首末端换接，重复上述过程，依次进行，直到表针不动，说明假定极性正确。

13.10.5　实验结论

标明所测定的理相结果。

13.10.6　分析讨论

根据所测定的理相结果，画图表示星接、角接是如何接线的。

13.10.7　注意事项

① 安全第一。

② 万用表量程要选择正确，接触要良好。

③ 转子转动方向要一致。

13.11　三相异步电动机的参数测定实验

13.11.1　实验目的

本实验目的是掌握三相异步电动机参数的测定方法。

13.11.2　实验仪器、设备

实验仪器、设备有三相笼式异步电动机、三相调压器、交流电压表、交流电流表、功率表、直流电压表、直流电流表、变阻器。

13.11.3　实验原理

1. 短路实验

短路实验的目的是确定异步电动机的短路参数 R_k、X_k。它是在转子堵转的情况下进行的。短路实验接线图如图 13-16 所示。

根据短路实验数据可绘出短路特性曲线 $I_k=f(U_k)$、$P_k=f(U_k)$。由 $I_k=I_N$ 时的 U_k 和 P_k 值，则得

$$Z_k=\frac{U_k}{\sqrt{3}I_k}$$

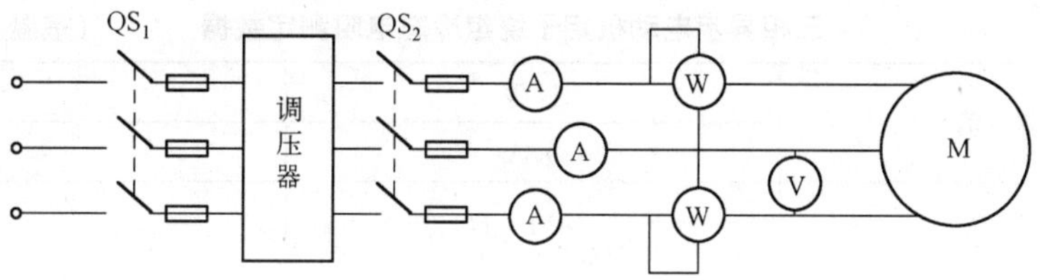

图 13-16　三相异步电动机短路和空载实验接线图

$$R_k=\frac{P_k}{3I_k^2}$$

$$X_k=\sqrt{Z_k^2-R_k^2}$$

根据规定,短路参数需换算到工作时的值 $R_{k75℃}$、$Z_{k75℃}$,且可认为 $R_1=R'_2\approx\frac{R_k}{2}$,$X_1=X'_2\approx\frac{X_k}{2}$。

2. 空载实验

空载实验的目的是确定电动机的励磁参数 R_m、X_m,铁损耗 p_{Fe}及机械损耗 p_{mec}。根据空载实验数据绘制空载特性曲线 $p_0=f(U_0)$和 $I_0=f(U_0)$,选用空载特性数据可分离铁损耗 p_{Fe}及机械损耗 p_{mec}。

$$p_{Fe}+p_{mec}=p_0-p_{cu0}$$

式中,p_{cu0}为空载时定子铜损耗,对 Y 连接绕组;$p_{cu0}=3R_1I_0^2$,对 D 连接绕组;$p_{cu0}=R_1I_0^2$,作出曲线 $p_{Fe}+p_{mec}=f(U_0^2)$,将该曲线延长,使之与纵轴相交,即可将铁损耗与机械损耗分开。

对应 $U_0=U_N$ 时的 I_0 和 p_0 值,则得

$$Z_0=\frac{U_0}{\sqrt{3}I_0}$$

$$R_0=\frac{P_0}{3I_0^2}$$

$$X_0=\sqrt{Z_0^2-R_0^2}$$

励磁参数 $R_m=R_0-R_1$、$X_m=X_0-X_1$。

13.11.4　实验步骤

1. 定子绕组冷态电阻 R_1 的测定

按图 13-17 接线,将三相定子绕组串联,变阻器接成分压式,取一个小电压加到三相串联绕组上(注意:通过绕组的电流不要过大,一般取 20% I_N)。测量电压、电流值,记录于表 13-11 中,同时记下室温。

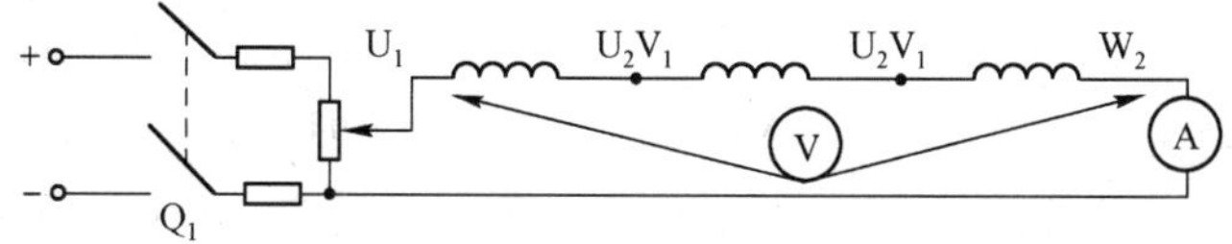

图 13-17　测定定子绕组冷态电阻 R_1 的线路图

表 13-11 三相异步电动机定子绕组冷态电阻测定数据 (室温 $\theta_0=$ ℃)

测量值	U/V	
	I/A	
计算值	$R_{1\theta_0}=\frac{1}{3}\cdot\frac{U}{I}/\Omega$	

2. 短路(堵转)实验

按图 13-18 接线,注意选择仪表的量程,先通电试转,观察电动机的转向,然后切断电源,根据旋转方向在轴上增加制动器具(如短路棒),但要防止制动工具伤害周围人员。将调压器调至零位,然后闭合电源开关,缓慢调节调压器输出电压,严密监视电流表读数,一直调到额定电流为止。测量短路电压、短路电流和短路损耗,读取 4~5 组数据(含 I_N 点)并记录于表 13-12 中。

表 13-12 三相异步电动机短路实验数据

序号	电压 U/V				电流 I/A				功率 P/W		
	U_{UV}	U_{VW}	U_{WU}	U_k(平均)	I_U	I_V	I_W	I_k(平均)	P_1	P_2	P_k

3. 空载实验

按图 13-16 接线,接通电源,调节调压器启动电动机,让电动机空转一段时间,使机械损耗稳定。

调节调压器使电压从 $1.2U_N$ 开始下降至转速有明显下降(或定子电流稍有回升)时为止,取 5~7 点进行测量,测量每一点的空载电压、空载电流和空载损耗(在 U_N 附近多测几点)记录于表 13-13 中。

表 13-13 三相异步电动机空载实验数据

序号	电 压 U/V				电 流 I/A				功 率 P/W		
	U_{UV}	U_{VW}	U_{WU}	U_0(平均)	I_U	I_V	I_W	I_0(平均)	P_1	P_2	P_0

13.11.5 实验结论

① 将定子绕组冷态电阻换算为规定工作温度 75℃的电阻值。

② 绘制三相异步电动机短路特性曲线 $I_k = f(U_k)$ 和 $P_k = f(U_k)$，并计算短路参数。

③ 绘制三相异步电动机空载特性曲线 $I_0 = f(U_0)$ 和 $P_0 = f(U_0)$，并计算空载参数。

13.12　三相笼式异步电动机的启动实验

13.12.1　实验目的

实验目的是掌握三相异步电动机的启动设备和启动方法。

13.12.2　实验仪器、设备

实验仪器、设备有三相笼式异步电动机、三相调压器、交流电流表、交流电压表、万用表、Y-Δ 转换开关(双向开关或倒顺开关)、三相电阻箱、转速表。

13.12.3　实验原理

三相异步电动机的启动电流约为额定电流的 4～7 倍，为限制启动电流对电网的冲击，笼式异步电动机通常采用降压启动，如定子回路串电阻(或电抗)降压启动、Y－Δ 降压启动、自耦变压器降压启动。由于降压启动在限制启动电流的同时，也降低了启动转矩，故只适用于对启动转矩要求不高的场合。

13.12.4　实验步骤

① 直接启动(全压启动)。按图 13-18 接线，先闭合开关 QS_1，然后闭合电源开关 QS_2，读取瞬时启动电流数值，记录于表 13-14 中。

② 定子回路串电阻(或电抗)降压启动。仍按图 13-18 接线，开关 QS_2 断开，定子回路串入对称电阻启动，并测量不同电阻值时的启动电流，记录于表 13-14 中。待电动机转速稳定后，将开关 QS_2 闭合，电动机正常运行。

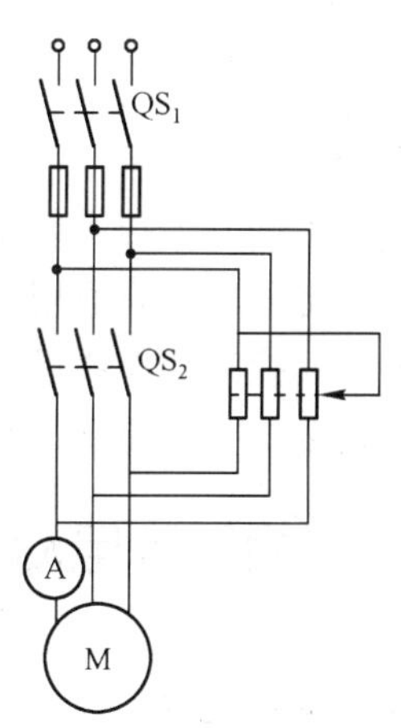

图 13-18　定子回路串电阻降压启动

③ Y-Δ 降压启动。按图 13-19 接线，先将开关 QS_2 向下闭合，定子绕组为 Y 形，然后闭合电源开关 QS_1，读取启动电流数值，记录于表 13-14 中，待电动机转速稳定后，将开关 QS_2 拉开并迅速向上闭合，定子绕组接成 Δ 形而转入正常运行。

④ 自耦变压器降压启动。按图 13-20 接线，如果电动机的容量不大，自耦降压启动器可用三相调压器代替。将三相调压器调在不同的输出电压下，再降压启动电动机，测量启动电流，记录于表 13-14 中，待电动机转速稳定后，转入全压运行。

表 13-14 三相笼式异步电动机各种启动方法的启动电流

启动条件	直接启动	定子回路串电阻降压启动			Y-Δ 降压启动		自耦变压器降压启动		
		$R_1=$ (Ω)	$R_2=$ (Ω)	$R_3=$ (Ω)	Y 接	Δ 接	$U_1=$ (V)	$U_2=$ (V)	$U_3=$ (V)
启动电流									

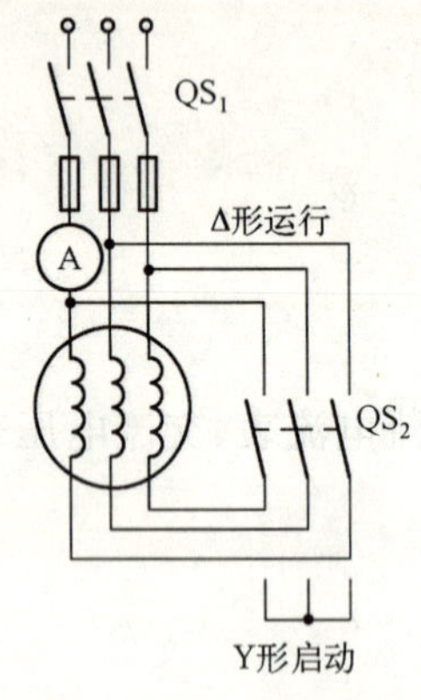

图 13-19 Y-Δ 降压启动

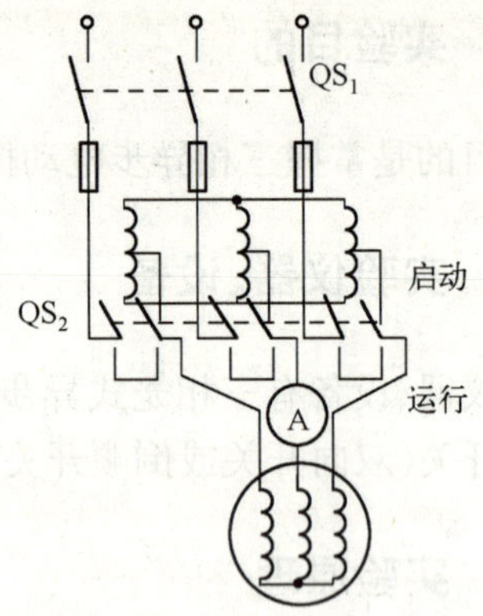

图 13-20 自耦变压器降压启动

13.12.5 分析讨论

① 三相笼式异步电动机有哪几种启动方法?

② 比较三相笼式异步电动机不同启动方法的特点和优缺点。

13.12.6 注意事项

① 安全第一。

② 使用双向开关接头要良好,不应有毛刺。

③ Y-Δ 降压启动只适用于正常运行时 Δ 形的三相笼式异步电动机。

④ Y-Δ 切换时动作要迅速。

⑤ 电流表的位置不要接错。

13.13 三相异步电动机的反转与制动实验

13.13.1 实验目的

① 掌握三相异步电动机的反转方法。

② 熟悉三相异步电动机制动方法。

13.13.2 实验仪器、设备

实验仪器、设备有三相笼式异步电动机、三相调压器、交流电流表、交流电压表、万用表、Y-Δ 转换开关(双向开关或倒顺开关)、三相电阻箱。

13.13.3　实验原理

三相异步电动机的反转方法是改变电源电流的相序。其接线图如图 13-21 所示。

三相异步电动机的制动方法有能耗制动、反接制动和回馈制动。能耗制动接线图如图 13-22 所示。

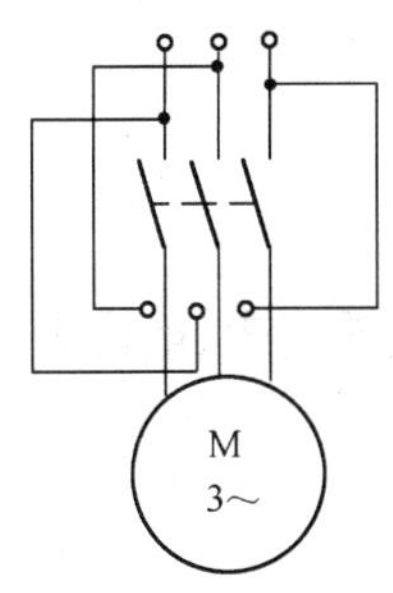

图 13-21　反转实验接线图

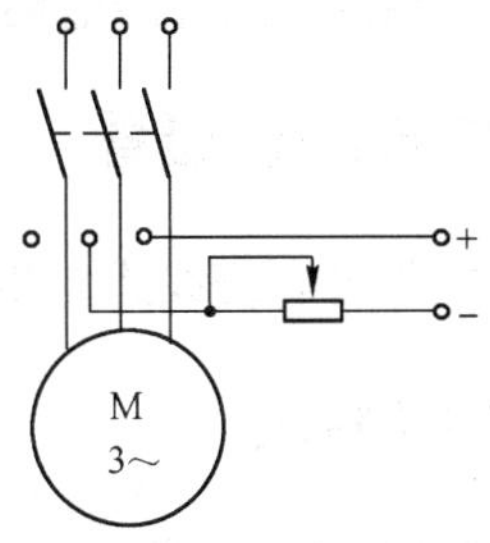

图 13-22　能耗制动实验接线图

13.13.4　实验步骤

1. 三相异步电动机的反转实验

按图 13-21 接线,将倒顺开关(双向开关)置于正转位置,接通电源,启动电动机,测量启动电流,观察电动机转向。然后将倒顺开关置于反转位置,测量反转时电动机的最大电流,并观察电动机的转向,填表 13-15。

表 13-15　三相异步电动机反转实验数据

电动机的转向	正　转	反　转
启动电流		

2. 三相异步电动机的制动实验

按图 4-22 接线,启动电动机,稳定后,切断电源,观察电动机的停转时间;重新启动电动机,切断电源的同时,接到直流电源上,观察电动机的停转时间。

13.13.5　分析讨论

① 三相异步电动机的反转方法有哪几种?

② 三相异步电动机的调速方法有哪几种?

③ 三相异步电动机的制动方法有哪几种?

13.13.6　注意事项

① 安全第一。

② 制动时动作要迅速。

13.14 三相绕线式异步电动机的启动、调速

13.14.1 实验目的

① 掌握绕线式电动机的结构,了解滑环的短路装置、提刷装置及其操作方法。

② 掌握三相绕线式异步电动机的启动、调速方法。

13.14.2 实验仪器、设备

实验仪器、设备有绕线式异步电动机、三相变阻器、万用表、转速表、电流表。

13.14.3 实验接线

三相绕线式异步电动机接线图如图 13-23 所示。

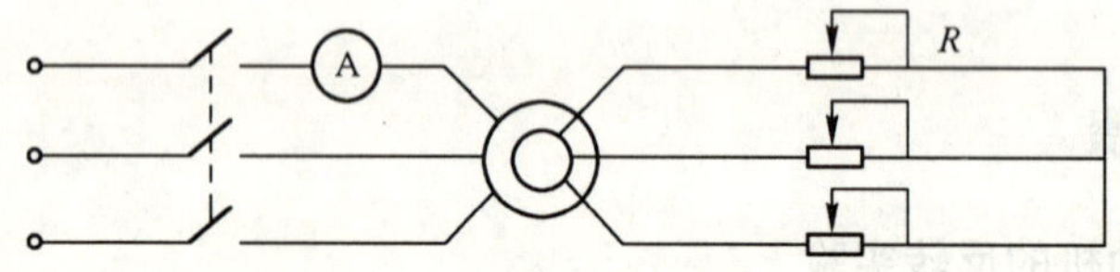

图 13-23 三相绕线式异步电动机接线图

13.14.4 实验步骤

1. 启动

采用转子回路串电阻启动。

① 按图 13-23 接线。

② 转动变阻器手柄,改变 R 的值,启动电动机,测启动电流,填表 13-16。

表 13-16 三相绕线式异步电动机启动数据表

R/Ω	0	3	5	8
启动电流/A				

2. 调速

采用转子回路串电阻调速。

① 接通电源,启动电动机。

② 改变 R 的阻值,观察转速的变化,填入表 13-17。

表 13-17 三相绕线式异步电动机调速数据表

R/Ω	0	3	5	8
$n/\mathrm{r \cdot min^{-1}}$				

13.14.5　分析讨论

1. 绕线式异步电动机的启动方法有哪几种?
2. 绕线式异步电动机的调速方法有哪几种?
3. 转子回路串电阻调速时阻值与转速的关系。

13.14.6　注意事项

① 安全第一。
② 接头要接触良好,不应有毛刺。

13.15　三相同步发电机的并联运行

13.15.1　实验目的

① 掌握三相同步发电机并联运行的条件和操作方法。
② 掌握三相同步发电机并联运行时有功功率和无功功率的调节方法。

13.15.2　实验仪器、设备

实验仪器、设备有同步发电机、直流电动机、三相功率表、指示灯、交流电流表和交流电压表等。

13.15.3　实验原理

三相同步发电机的并联运行接线图如图 13-24 所示。

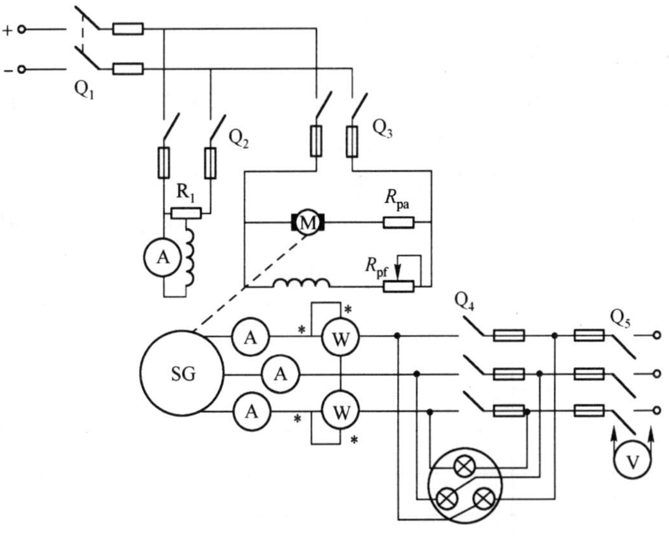

图 13-24　三相同步发电机的并联运行接线图

13.15.4 实验步骤

1. **用灯光熄灭法将发电机并入电网运行**

① 实验前,应复习并掌握同步发电机并联运行的条件。

② 熟悉准同步法的原理及接线,并按图 13-24 进行接线。

③ 合上开关 Q_1、Q_3 启动原动机,将发电机带到接近于同步转速。

④ 合上开关 Q_2,对同步发电机加上励磁,通过调节 R_1 来调节其电压,使发电机的三相电压等于电网电压。用电压表测量发电机和电网电压是否相等。

⑤ 合上开关 Q_5 并接入相灯,检查发电机相序与电网是否相同。如果三个指示灯不是同时明亮或熄灭而是旋转的,说明发电机与电网相序不一致。应将 Q_1、Q_2 和 Q_5 断开,任意调换发电机(或电网)的两相即可。

⑥ 灯光明、暗变化的快慢表明发电机与电网之间频率之差,可以通过调节直流电动机的励磁电阻,使它们之间的频率相差很小。

⑦ 当直接相连的一相灯光熄灭,交叉相连的两相灯光亮度相同时,立即合上开关 Q_4,将发电机并入电网运行。

灯光熄灭法基本步骤与灯光旋转法相同,只是将灯的接法改为如图 13-25 的接法。当发电机与电网相序不一致时,三相灯不是同时亮或暗;当三相灯同时缓慢熄灭,同时亮时,说明发电机与电网同相序。对三相同步发电机进行并联运行操作时,应在三相指示灯同时熄灭的瞬间进行。当然为了准确,可以放过几次合闸机会,以选择最好机会将发电机投入同步运行。

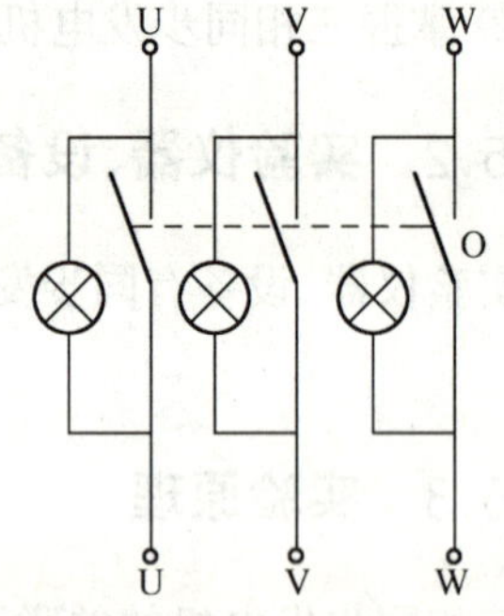

图 13-25 灯光旋转法三上灯的接法

2. **测取同步发电机的"V"形曲线**

在 $n=$ 常数,$f=$ 常数,$U_1=$ 常数时,测取 $P_2\approx 0$,$P_2=1/3\ P_N$ 的"V"形曲线。

(1) 测取 $P_2\approx 0$ 的"V"形曲线

接上三相功率表后调节 R_{pf},使功率表的读数为 0。实验中,应注意随时调节 R_{pf},保持 $P_2=0$。通过调节 R_1,降低发电机的励磁电流,使电枢电流达到额定值。从这点开始,逐点增加励磁电流,使电枢电流变为最小值;再继续增大励磁电流,使电枢电流变为额定值。在励磁电流由欠励到过励的变化过程中,逐点记录励磁电流和对应的电枢电流,将数据填入表 13-18 中。

表 13-18 **$P_2=0$ 时的数据**

测 试 量	测 量 数 据								
	1	2	3	4	5	6	7	8	9
I_f									
I_A									
I_B									
I_C									

(2) 测取 $P_2=1/3\ P_N$ 的"V"形曲线

实验步骤同 $P_2\approx0$，只是应注意在实验中应随时通过调节 R_{pf}，保持 $P_2=1/3\ P_N$。将各点实验数据记录在表 13-19 中。

表 13-19　$P_2=1/3\ P_N$ 时的数据

测试量	测量数据								
	1	2	3	4	5	6	7	8	9
I_f									
I_A									
I_B									
I_C									

13.15.5　实验结论

① 绘制 $P_2\approx0$ 时的"V"形曲线。

② 绘制 $P_2=1/3\ P_N$ 时的"V"形曲线。

13.15.6　分析讨论

同步发电机并联运行的条件是什么?

13.15.7　注意事项

实验时，为防止冲击电流损坏仪表，在合上开关 Q_4 前，应将仪表从电路中断开。

13.16　同步电动机实验

13.16.1　实验目的

① 掌握同步电动机的异步启动法。

② 同步电动机的"V"形曲线的测取。

13.16.2　实验仪器、设备

实验仪器、设备有同步电动机、直流发电机、三相调压器、双向开关、变阻器等。

13.16.3　实验原理

同步电动机异步启动实验接线图如图 13-26 所示。

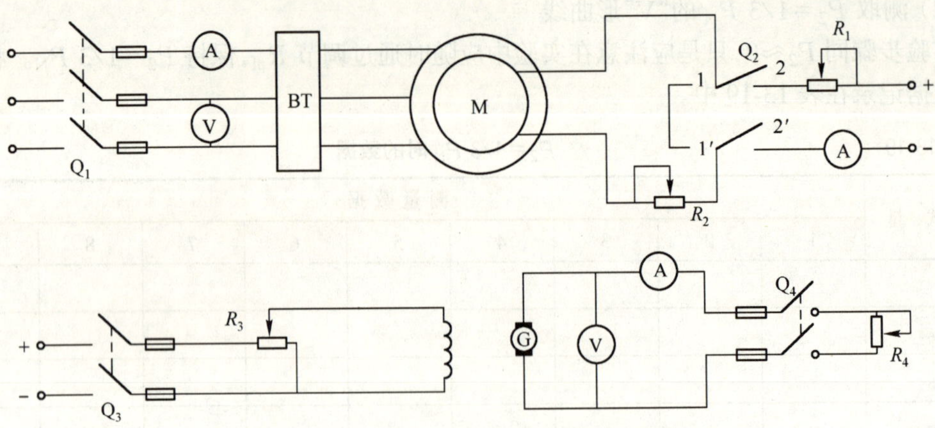

图 13-26 同步电动机异步启动实验接线图

13.16.4 实验步骤

1. 同步电动机的异步启动

① 复习并掌握同步电动机的异步启动原理。

② 按同步电动机异步启动实验接线图 13-26 进行接线。

③ 检查各开关并保证其应在断开位置。合上开关 Q_2 到 1-1′,将励磁回路接入电阻 R_2,$R_2=(5\sim10)R_f$,R_f 为励磁绕阻电阻。

④ 合上开关 Q_1,转向 Y 接法,等到转速稳定后,再转向 Δ 接法。测量电动机定子电流和电动机转速。将数据记录在表 13-20 中。

表 13-20 同步电动机的异步启动数据表

测试量		I_A	I_B	I_C	n/r·min^{-1}
测量数据	异步启动后				
	同步运行				

⑤ 合上开关 Q_2 到 2-2′位置,对电动机加上励磁电流,牵入同步。将测量的定子电流和转速记录在表 1 中。

⑥ 对于 Y 接法的同步电动机,可通过降低电源电压的方法(一般将电压降到 U_N% 左右)。当电动机转速稳定后,再升至额定电压,然后再给励磁绕组通入励磁电流,将电动机拉入同步。

2. 测取同步电动机 $P_2=1/2P_N$ 时的"V"形曲线

① 先建立直流发电机电压。调节 R_3 至分压值为 0 的位置,合上开关,逐渐调节 R_3 使发电机电压接近额定电压。

② 将同步电动机带上负载。调节 R_4 到最大位置，合上开关 Q_4，逐点调节 R_4，使发电机也带上一定的负载，并使同步电动机输出功率 $P_2=1/2P_N$，且保持不变。

③ 将各点数据记录在表 13-21 中。绘出"V"形曲线。

表 13-21 同步电动机的 $P_2=1/2P_N$ 时的"V"形曲线数据表

测试量	测量数据								
	1	2	3	4	5	6	7	8	9
I_f									
I_A									
I_B									
I_C									

13.16.5 实验结论

根据实验数据绘制同步电动机 $P_2=1/2P_N$ 时的"V"形曲线。

13.16.6 分析讨论

同步电动机的启动方法有哪几种？

13.16.7 注意事项

在进行异步启动时，不要将电流表接入电路中，防止损坏电表。等启动完成后，再进行测量。注意 R_1 和 R_2 的调节顺序。绘"V"形曲线时，同步电动机的励磁电流一定要单方向调节，在接近定子电流最小值时，调节要慢，以便能较为准确地找到定子电流最小值。

13.17 直流伺服电动机实验

13.17.1 实验目的

① 熟悉直流伺服电动机的调速和反转方法。

② 掌握测定直流伺服电动机的机械特性和调节特性的方法。

13.17.2 实验仪器、设备

实验仪器、设备有直流伺服电动机、变阻器、测功机、直流电压表、直流电流表。

13.17.3 实验原理

直流伺服电动机实质上是一台他励直流电动机，在自动控制系统中作为执行元件，把输入的电压信号变换为转轴上的角位移或角速度输出。输入的电压信号称为控制电压，改变控制电压就可以改变伺服电动机的转速和转向。直流伺服电动机的控制方式有电枢控制和磁极控制两种。将电枢绕组作为接受控制信号的控制绕组，而励磁绕组接到恒定的直流电压 U_f 上，称为电枢控制，如图 13-27(a)所示。而将励磁绕组作为控制绕组，电枢绕组接到恒定的直流电压 U_a 上，称为磁极控制，如图 13-27(b)所示。

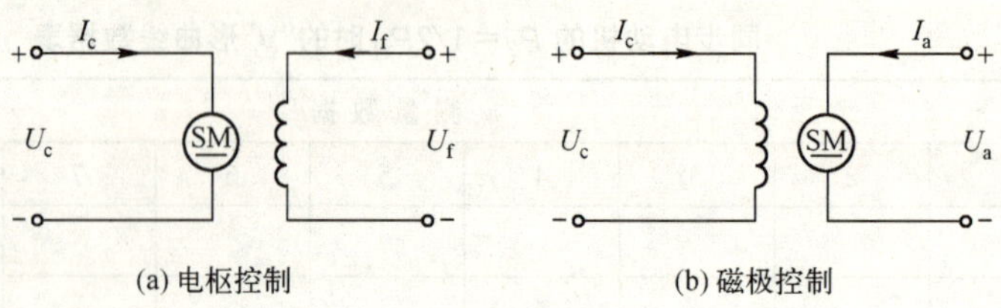

图 13-27 直流伺服电动机的控制方式

直流伺服电动机的机械特性是指当 U_f、U_C 保持不变时，转速随转矩变化的关系 $n=f(T)$。

直流伺服电动机的调节特性是指当负载转矩不变时，转速随控制电压 U_C 变化的关系 $n=f(U_C)$。

13.17.4 实验步骤

1. 测定直流伺服电动机的绕组电阻

用电桥法测定励磁绕组电阻 R_f 和电枢绕组电阻 R_a，并记录室温。

2. 测定直流伺服电动机的空载转速 n_0

按图 13-28 接线，拆除测功机，合上开关 Q_1，调节 R_1，使 $U_f=U_{fN}$。合上开关 Q_2，调节 R_2，测取 U_a、I_a、n 共 3 组数据，记录于表 13-22 中。

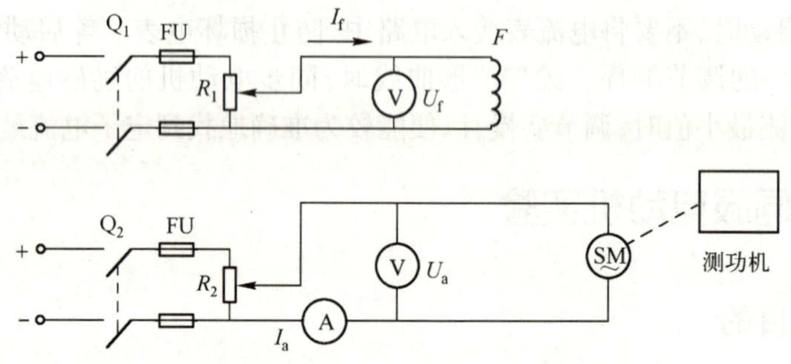

图 13-28 直流伺服电动机实验接线图

表 13-22 **直流伺服电动机空载转速数据**

序号	测量数据			计算值
	U_a/V	I_a/A	n/r·min^{-1}	n_0/r·min^{-1}

3. 测定电枢控制时的机械特性

按图 13-28 接线，调节 R_1、R_2，使 $U_f = U_{fN}$，$U_a = U_N$，调节转矩 T，直到电枢电流 $I_a = I_{aN}$ 为止，测取 T、I_a、n 共 5 组数据，记录于表 2 中。

调节可变电阻 R_2，使 $U_a = 60\% U_N$，重复上述过程，将数据填入表 13-23 中。

表 13-23　直流伺服电动机机械特性数据

序　号	$Ua = U_N =$　　V			$U_a =$　　V		
	I_a/A	n/r·min^{-1}	T/N·m	I_a/A	n/r·min^{-1}	T/N·m

4. 测定电枢控制时的调节特性

按图 13-26 接线，在 $U_f = U_{fN}$时使电动机处于空载状态，调节 R_2，直到 $U_a = U_N$，读取转速 n 与电压 U_a 共 5 组数据，记录于表 13-24 中。

保持 $U_f = U_{fN}$，使电动机轴上的转矩为某一定值，重复上述过程，将数据填入表 13-24 中。

表 13-24　直流伺服电动机调节特性数据　$U_f =$ ______V

序　号	$T =$　0　N·m		$T =$　　N·m	
	n/r·min^{-1}	$U_a =$ /V	n/r·min^{-1}	$U_a =$ /V

5. 观察直流伺服电动机在磁极控制下的调速及反转

接线如图 13-28 所示。在 $U_a = U_N$ 时，调节 R_1 改变 U_f，观察电动机转速的变化情况。将 U_f 电源反向，观察电动机转向的变化。

13.17.5　实验结论

① 根据实测数据计算励磁绕组电阻 $R_{f75℃}$及电枢绕组电阻 $R_{a75℃}$。

② 计算理想空载转速 $n_0 = \dfrac{U_f n}{U_a - R_a I_a}$。

③ 根据测得的数据作出电枢控制时电动机的机械特性 $n = f(T)$。

④ 根据测得的数据作出电枢控制时电动机的调节特性 $n = f(U_a)$。

13.17.6　分析讨论

分析并讨论直流伺服电动机的反转方法。

13.17.7　注意事项

① 安全第一。
② 接线要正确。

13.18　交流伺服电动机实验

13.18.1　实验目的

① 熟悉由三相电源变成相位差成 90°电角度的两相电源的方法。
② 观察交流伺服电动机有无“自转”现象。
③ 熟悉交流伺服电动机改变转向的方法。
④ 了解交流伺服电动机的控制方式。
⑤ 掌握测定交流伺服电动机的机械特性和调节特性的方法。

13.18.2　实验仪器、设备

实验仪器、设备有交流伺服电动机、单相调压器、测功机、交流电压表、交流电流表。

13.18.3　实验原理

交流伺服电动机定子有两个在空间互差 90°电角度的绕组，即励磁绕组和控制绕组。交流伺服电动机的控制方式有幅值控制、相位控制和幅值—相位控制三种。

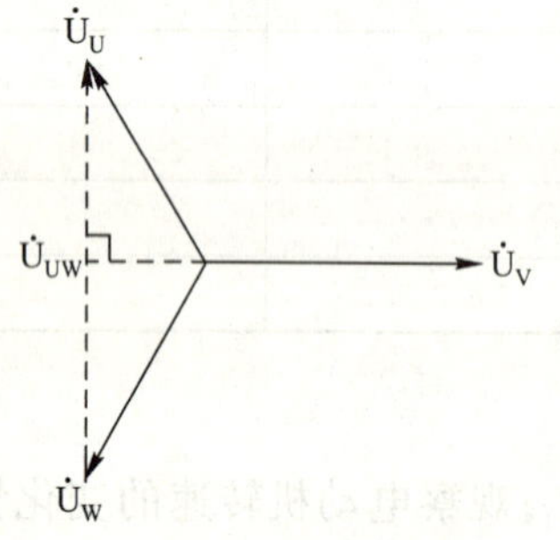

图 13-29　互成 90°相位差的电压相量图

施加于交流伺服电动机上的两相正弦电源是通过两个单相调压器变换得到，将其中一个调压器接某相的电压如 U_V，另一个调压器接另两相的线电压 U_{UW}，则两个单相调压器输出的电压之间相差 90°电角度，如图 13-29 所示。

交流伺服电动机的机械特性是指当控制电压 U_C 保持不变时，转矩随转速变化的关系 $T = f(n)$。

交流伺服电动机的调节特性是指当电磁转矩不变时，转速随控制电压 U_C 变化的关系 $n = f(U_C)$。

13.18.4　实验步骤

1. 观察交流伺服电动机有无“自转”现象

按图 13-30 接线，合上开关 Q_1、Q_2，启动伺服电动机，当伺服电动机空载运转时，迅速将控制绕组两端开路或将调压变压器 T_2 的输出电压调节至零，观察电动机有无“自转”现象，并比较这两种方法电动机的停转速度。将控制电压相位改变 180°电角度，注意电动机的转向有无改变。

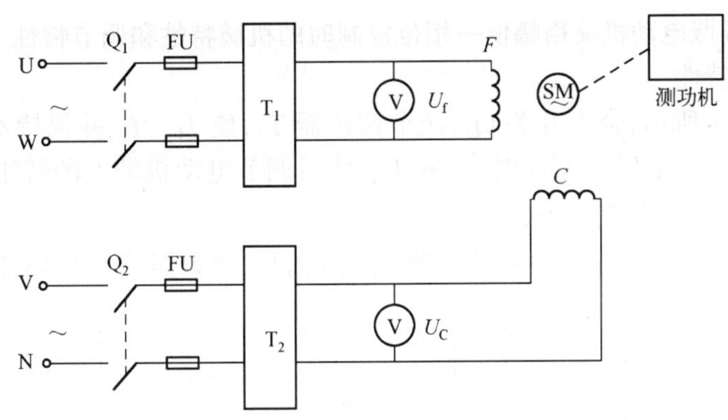

图 13-30　交流伺服电动机实验接线图

2. 测定交流伺服电动机采用幅值控制时的机械特性和调节特性

(1) 测定机械特性

接线如图 13-30 所示，调节调压器 T_1、T_2，使 $U_f = U_{fN}$，$U_C = U_{CN}$。伺服电动机空载运行时，记录空载转速 n_0。然后调节测功机，逐步增加电动机轴上负载，直至将电动机堵转，读取转速 n 与相应的转矩 T(共 6～7 组数据)，记录于表 1 中。改变控制电压 U_C，使 $U_C = 50\%\ U_{CN}$，重复上述过程，将数据填入表 13-25 中。

表 13-25　　**交流伺服电动机机械特性数据**　　U_f = ______V

序　　号	$U_C = U_{CN} =$　　V		$U_C = 50\%\ U_{CN} =$　　V	
	n/r·min^{-1}	T/N·m	n/r·min^{-1}	T/N·m

(2) 测定调节特性

按图 13－30 接线，保持 $U_f = U_{fN}$，电动机轴上不加负载，调节控制电压，从 $U_C = U_{CN}$ 开始逐渐减小到零，分别读取转速 n 与相应的控制电压 U_C(共 5～6 组数据)，记录于表 13-26 中。

增加电动机轴上负载，并保持电动机输出转矩不变，重复上述过程，将数据填入表 13-26 中。

表 13-26　　**交流伺服电动机调节特性数据**　　U_f = ______V

序　　号	T =　　0　　N·m		T =　　　N·m	
	n/r·min^{-1}	U_C/V	n/r·min^{-1}	U_C/V

3. **测定交流伺服电动机采用幅值—相位控制时的机械特性和调节特性**

(1) 测定机械特性

接线如图 13-31 所示,合上开关 Q_1,调节调压器 T_1,使 $I_f = I_{fN}$并保持不变,调节调压器 T_2,启动伺服电动机。当 $U_C = U_{CN}$时,测取 U_f,然后调节电动机轴上的转矩 T,读取转矩 T 和转速 n 共(5~6)组数据,记录于表 13-27 中。

改变控制电压 U_C,使 $U_C = 50\% U_{CN}$,重复上述过程,将数据填入表 13-27 中。

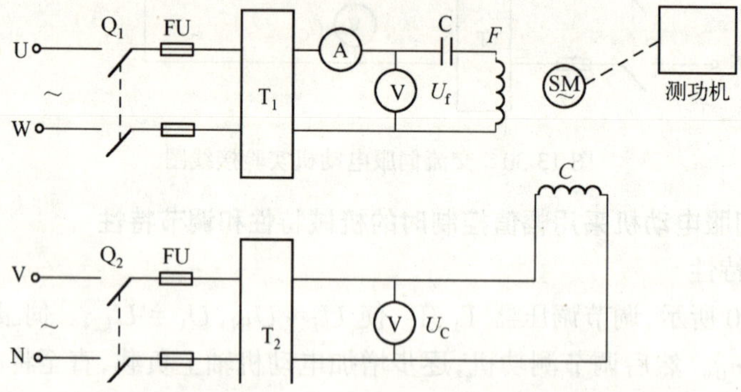

图 13-31 交流伺服电动机幅值－相位控制实训接线图

表 13-27 **交流伺服电动机幅值－相位控制时机械特性数据** $U_f=$______V

序 号	$U_C = U_{CN} =$ V		$U_C = 50\% U_{CN} =$ V	
	T/N·m	n/r·min^{-1}	T/N·m	n/r·min^{-1}

(2) 测定调节特性

按图 13-31 接线,合上开关 Q_1,保持 U_f 为常数,电动机空载,合上开关 Q_2,调节控制电压,从 $U_C = 0$ 开始,逐渐增加到 U_{CN},分别读取转速 n 与相应的控制电压 U_C(共 5~6 组数据),记录于表 13-28 中。

保持 U_f 为常数,增加电动机轴上负载 $T = 25\% T_N$,重复上述过程,将数据填入表 13-28 中。

表 13-28 **交流伺服电动机幅值－相位控制时调节特性数据** $U_f=$______V

序 号	$T=$ 0 N·m		$T = 25\% T_N =$ N·m	
	n/r·min^{-1}	U_C/V	n/r·min^{-1}	U_C/V

13.18.5　实验结论

① 根据幅值控制测得的数据作出交流伺服电动机的机械特性 $T=f(n)$。
② 根据幅值控制测得的数据作出交流伺服电动机的调节特性 $n=f(U_C)$。
③ 根据幅值—相位控制测得的数据作出交流伺服电动机的机械特性 $T=f(n)$。
④ 根据幅值—相位控制测得的数据作出交流伺服电动机的调节特性 $n=f(U_C)$。

13.18.6　分析讨论

分析、讨论交流伺服电动机的反转方法。

13.18.7　注意事项

① 安全第一。
② 接线要正确。

附录A 部分习题参考答案

第1章

1-23 $I_N = 630$ A

1-24 $I_N = 808.1$ A

1-25 $I_N = 434.78$ A; $P_1 = 11$;764 kW

1-29 $n = 1500$ r/min 时; $E_a = 209$ V; $n = 500$ r/min 时, $E_a = 69.65$ V

1-30 单叠, $T_{em} = 13.3$N·m;单波, $T_{em} = 39.91$ N·m

1-31 $I_N = 73.91$ A; $E_a = 209$ V

1-32 $T_2 = 118.5$ N·m; $\eta_N = 0.73$

1-33 (1) 154.12 N·m;(2) 58.62 N·m;(3) 86.9%

1-34 (1) 100.8 kW;(2) 89.3%

1-35 (1) 7.419 kW;(2) 7.043 kW;(3) 46.38 Nm;(4) 80.8%

第2章

2-24 1485 r/min;65.65 N·m

2-26 (1) 0.4376 Ω; (2) 179 V; (3) 0.63

2-27 (1) 两种方法,串电阻为 0.83 Ω,降电压为 115 V;(2)减弱磁通为额定值的 0.8 倍

2-28 (1) 722 r/min; (2) 0.361 Ω; (3) 由回馈状态要提升重物,必须限制电流,以 2.5 倍额定电流为最大值;先再串入 5.33 Ω,稳定运行后,再切除,最后剩的电阻为 1.3 Ω

2-29 (1) 3.48 Ω; (2) 两种方法;能耗制动串 3 Ω,倒拉反接串 10.24 Ω (3) −1699 r/min。

第3章

3-4 (1) 400,222; (2) 1000 kVA,57.7 A; (3) 57.7 A,105.83 A;(4)1000 kW,850 kW

3-18 (1) $Z'_m = 3.85$ Ω, $R'_m = 0.35$ Ω, $X'_m = 3.83$ Ω,折算到高压侧 $Z_m = 2406$ Ω, $R_m = 218$ Ω, $X_m = 2396$ Ω, $Z_k = 5.87$ Ω, $R_k = 1.94$ Ω, $X_k = 5.54$ Ω, $R_{k75℃} = 2.36$ Ω, $Z_{k75℃} = 6.02$ Ω, $R_1 = R'_2 = 1.18$ Ω, $X_1 = X'_2 = 2.77$ Ω

第4章

4-13 (1) $2p = 6$; $s_N = 0.03$ (2) $s = 1.97$

4-14 (1) $f_2 = 2$ Hz (2) $p_{Cu2} = 1213$ W (3) $\eta = 86.4\%$ (4) $I_{1\varphi} = 32.33$ A (5) $T = 289.5$ N·m

4-15 (1) $P_{em} = 155.65$ kW; (2) $s_N = 0.0142$; (3) $n_N = 1479$ r/min; (4) $T_{em} =$

990.8 N·m

第5章

5-20 (1) $s_m=0.123$;(2) $T_{em}=2304.8$ N·m

5-21 $T_{em}=\dfrac{4775}{\dfrac{s}{0.183}+\dfrac{0.183}{s}}$

5-22 (1) $s_N=0.047$;(2) $I_N=6.05$ A;(3) $T_N=18.69$ N·m;(4) $I_{st}=36.3$ A;(5) $T_{st}=35.51$ N·m;(6) $T_m=37.3$ N·m

5-23 (1) $T_N=65.99$ N·m;(2) $U=321$ V;(3) $T_{st}=30.82$ N·m$<0.5\ T_N$

5-24 (1) $s_m=0.166$;(2) 略;(3) $T_{em}=106.7$ N·m;(4) 略

5-25 (1) $s_m=0.183$, $T_m=2387.5$ N·m;(2) 略

5-26 不能

5-27 (1) $I_{st}=100.26$ A;(2) $T_{st}=73.77$ N·m

5-28 (1) $I'_{st}=46.67$ A,不能;(2) $I'_{st}=50.4$ A,60%

5-30 (1) $n=741$ r/min;(2) $R_B=1.38\ \Omega$;(3) $n=-975$ r/min(反向回馈)

第12章

12-7 工作期间的等效功率 $P_{dx}=16.24$ kW,$FC_x\%=32.96\%$,取标准 $FC\%=25\%$,则所选电动机功率应为:$P=18.65\ \text{kW}>P_N$,故该电动机不合适。

附录B 三相异步电动机的检修及常见故障处理

三相异步电动机在长期的运行过程中,会发生各种各样的故障,综合起来可分为电气故障和机械故障两大类。电气故障主要有定子绕组、转子绕组、定转子铁芯、开关及启动设备的故障等;机械故障主要有轴承、转轴、风扇、机座、端盖、负载机械设备等。及时判断分析故障原因并进行相应处理,有利于防止故障扩大、保证设备的正常运行。

三相异步电动机的定期检修是消除故障隐患,防止故障发生或扩大的重要措施。定期检修分为定期小修和定期大修。

1. 定期小修的期限和项目

定期小修一般不拆开电动机,只对电动机进行清理和检查,小修周期为6～12个月。定期小修的主要项目有:

① 清扫电动机外壳,擦除运行中积累的油垢;

② 测量电动机定子绕组的绝缘电阻,注意测后要重新接好线,拧紧接头螺母;

③ 检查电动机端盖、地脚螺栓是否紧固,若有松动应拧紧或更换新螺栓;

④ 检查接地线是否可靠;

⑤ 检查、清扫电动机的通风道及冷却装置;

⑥ 拆下轴承盖,检查润滑油是否干枯、变质,并及时加油或更换洁净的润滑油,处理完后,应注意上好的轴承盖及紧固螺栓;

⑦ 检查电动机与负载机械间的传动装置是否良好;

⑧ 检查电动机的启动和保护装置是否完好。

2. 定期大修的期限和项目

三相异步电动机的定期大修应结合负载机械的大修进行,大修周期一般为2～3年。定期大修时,须把电动机全部拆开,进行以下项目的检查和修理。

(1) 定子的清扫及检修

① 用压力为0.2～0.3 MPa的干净压缩空气,将通风道和绕组端部的灰尘或杂质吹干净,并用棉布蘸汽油擦净绕组端部的油垢,但必须注意防火,如果油垢较厚,可用木板或绝缘板制成的刮片清除。

② 检查外壳、地脚,应无开焊、裂纹和损伤变形。

③ 检查铁芯各部位应紧固完整,没有过热变色、锈斑、磨损、变形、折断和松动等异常现象。铁芯的松紧可用小刀片或螺丝刀插试,若有松弛现象,应在松弛处打入绝缘板制成的楔子。若发现铁芯有局部过热烧成的蓝色痕迹,应进行处理并做铁芯发热试验。

④ 检查槽楔是否有松动、断裂、变形等现象,并用小木锤轻轻敲击应无空振声。如果松动的槽楔超过全长的1/3以上,须退出槽楔,加绝缘垫后重新打紧。更换槽楔后应喷漆或涂漆,并按规程规定做耐压试验。

⑤ 检查定子绕组端部绝缘有无损坏、过热、漆膜脱落现象，端部绑线、垫块等有无松动，若漆膜有脱落、膨胀、变焦和裂纹等，应刷漆修补，脱落严重时应在彻底清除后，重新喷涂绝缘漆，甚至更换绕组；若端部绑线松弛或断裂时，应重新绑扎牢固。

⑥ 检查定子绕组引线及端子盒，引线绝缘应完好无损，否则应重包绝缘；引线焊接应无虚焊、开焊；引线应无断股；引线接头应紧固无松动。

⑦ 测量定子绕组的绝缘电阻和吸收比，判断绕组绝缘是否受潮或有无短路，若绕组有短路、接地(触壳)故障，应进行修理，若绝缘受潮，应根据具体情况和现场条件选用适当的干燥方法进行干燥处理。

(2) 转子的清扫及检修

① 用压力为0.2～0.3 MPa的干净压缩空气吹扫转子各部位的积灰，用棉布蘸汽油擦除油垢，再用干净的棉布擦净。

② 检查转子铁芯，应紧密，无锈蚀、损伤和过热变色等现象。

③ 检查转子绕组，对笼式转子，导条及短路环应紧固可靠，没有断裂和松动，如发现有开焊、断条等现象应进行修理；对绕线式转子，除检查与定子绕组相同的项目外，还要检查转子两端钢轧带应紧固可靠，无松动、移位、断裂、过热、开焊等现象。

④ 检查绕线式转子的集电环和电刷装置，并清扫刷架、集电环引线，调整电刷压力，打磨集电环，还要检查举刷装置，其动作应灵活可靠。

⑤ 检查风扇叶片应紧固，铆钉齐全丰满，用木锤轻敲叶片，响声应清脆，风扇上的平衡块应紧固无移位。

⑥ 检查转轴滑动面应清洁光滑，无碰伤、锈斑及椭圆变形。

(3) 轴承的清洗及检修

① 清除轴承内的旧润滑油，用汽油或煤油清洗后，再用干净的棉布擦拭干净，清洗后不得将刷毛或布丝遗留在轴承内。

② 对清洗后的轴承进行仔细检查，滑动轴承瓦胎与钨金应紧密结合，钨金面应圆滑光亮，无砂眼、碰伤等现象；滚动轴承内、外圈应光滑，无伤痕、裂纹和锈迹；手工拨转应转动灵活，无卡涩、制动、摇摆及轴向窜动等缺陷，否则应进行修理或更换。

③ 测量轴承间隙，滑动轴承的间障可用塞尺测量，滚动轴承间隙可用塞尺或铅丝测量，若测得的轴承间隙超过规定值，应进行修理或更换新轴承。

④ 检查轴承盖、轴承、放油门及轴头等接合部位，应严密无甩油现象。

三相异步电动机的常见故障现象、故障的可能原因以及相应的处理方法见附表。

附表　　三相异步电动机的常见故障、可能原因及处理

故障现象	故障可能的原因	处理方法
通电后电动机不能启动，但无异常，也无异味和冒烟	① 电源未通(至少两相未通) ② 熔丝熔断(至少两相熔断) ③ 过流继电器调得过小 ④ 控制设备接线错误	① 检查电源开关、接线盒处是否有断线，修复 ② 熔丝熔断(至少两相熔断) ③ 过流继电器调节适当 ④ 检查控制设备接线，改接正确

续表

故障现象	故障可能的原因	处理方法
通电后电动机不能启动，但有嗡嗡声	① 定子、转子绕组或电源有一相断路 ② 绕组引出线或绕组内部接错 ③ 电源回路接点松动，接触电阻大 ④ 电动机负载过大或转子卡住 ⑤ 电源电压过低 ⑥ 轴承卡住	① 查明断路点，予以修复 ② 检查绕组极性，判断绕组首尾端是否正确，将错接处改正 ③ 紧固松动的接线螺丝，用万用表判断各接点是否接触不良，予以修复 ④ 减载或查出并消除机械故障 ⑤ 检查三相绕组接线是否把D接法误接为Y接法，若误接，应更正 ⑥ 更换合格油脂或修复轴承
通电后电动机不能启动，然后熔丝熔断	① 缺一相电源 ② 定子绕组相间短路 ③ 定子绕组接地 ④ 定子绕组接线错误 ⑤ 熔丝截面过小	① 检查开关，找出电源回路断线并接好 ② 查出短路点，予以修复 ③ 查出接地点，予以修复 ④ 查出错接处并改接正确 ⑤ 更换熔丝
电动机转速太低	① 绕组有匝间短路 ② 定子绕组局部线圈错接 ③ 电动机过载 ④ 转子开焊或断裂 ⑤ 电源电压太低或频率低	① 查出短路点，重新绝缘处理或更换绕组 ② 查出错接处，予以改正 ③ 减轻电动机负载 ④ 检查转子开焊或断裂点并修复或更换转子 ⑤ 调整电源
电动机空载电流不平衡，三相相差较大	① 定子绕组有匝间短路 ② 三相绕组匝数不等 ③ 电源电压不平衡 ④ 定子绕组局部线圈错接	① 检查定子绕组，消除短路故障 ② 严重时重新绕制定子绕组 ③ 调整电源以设法消除不平衡 ④ 查出错接处，予以改正
电动机空载或负载时电流表指针不稳而摆动	① 笼转子开焊或断裂 ② 绕线转子一相断路或电刷、集电环短路装置接触不良	① 检查笼转子开焊或断裂处，予以修复 ② 检查绕线转子回路并加以修复
电动机运转过程中突然停转	① 电动机过热或过电流 ② 控制电路元器件失灵（继电器出故障） ③ 电源断电 ④ 定子绕组烧毁	① 查找电动机过热或过电流原因进行处理 ② 更换控制电路元器件（继电器） ③ 找出电源断电原因并加以解决 ④ 定子绕组重新嵌线
触摸电动机外壳时有触电手麻的感觉	① 绕组接地（触壳） ② 电动机受潮，绝缘强度下降 ③ 绕线式电动机电刷（触壳）、集电环接地（触壳）	① 查出绕组接地（触壳）点，重新进行绝缘 ② 采用低压通电或灯泡烘烤法去潮干燥 ③ 加强绝缘
电动机过热（烫手）但能继续运行	① 定子绕组有轻微短路 ② 定子绕组轻微接地（触壳） ③ 轴承磨损 ④ 负载较重 ⑤ 电源电压过高或过低 ⑥ 电动机通风不良 ⑦ 定子绕组个别元件反嵌	① 找出短路点，重新绝缘或重新嵌线 ② 对接地（触壳）点夹上绝缘纸或增大绝缘气隙 ③ 更换轴承 ④ 减轻负载 ⑤ 调整电源电压 ⑥ 检查风扇，疏通风道 ⑦ 找出反嵌元件，重新调换接头
电动机运行时产生焦糊味	① 绝缘受潮 ② 绝缘老化、绝缘层烧毁 ③ 烧定子绕组	① 烘干电机 ② 重新绝缘、浸漆、烘干 ③ 更换定子绕组
电动机噪声大	① 转子有扫堂现象 ② 电动机端盖松动 ③ 轴承损坏、缺润滑油 ④ 轴承滑套（松动） ⑤ 风扇与风罩相擦	① 根据扫堂具体原因，或修转子，或校正轴承，或更换转子 ② 拧紧端盖螺丝 ③ 更换轴承、及时加润滑油 ④ 紧固或更换轴承 ⑤ 重新安装风扇或风罩

参 考 文 献

[1] 郑立平,张晶.电机与拖动技术[M].大连:大连理工大学出版社,2006.

[2] 许晓峰.电机及拖动[M].北京:高等教育出版社,2000.

[3] 周定颐.电机及电力拖动[M].北京:机械工业出版社,1998.

[4] 吴浩烈.电机及电力拖动基础[M].重庆:重庆大学出版社,1996.

[5] 胡幸鸣.电机及拖动基础[M].北京:机械工业出版社,2000.

[6] 王桂英,贾兰英.电机与拖动[M].沈阳:东北大学出版社,2004.

[7] 诸葛致.电机及电力拖动[M].重庆:重庆大学出版社,2004.

[8] 王广惠.电机与拖动[M].北京:中国电力出版社,2004.

[9] 王勇.电机及电力拖动[M].北京:中国农业出版社,2004.